2013年度国家法治与法学理论研究项目（司法部），项目编号13SFB2003

中国核能利用立法问题研究

Studies on Legislative Issues of Nuclear Energy Utilization in China

马忠法·著

法律出版社
LAW PRESS·CHINA

图书在版编目(CIP)数据

中国核能利用立法问题研究 / 马忠法著. -- 北京 : 法律出版社, 2019

ISBN 978-7-5197-3000-0

Ⅰ. ①中… Ⅱ. ①马… Ⅲ. ①核能-综合利用-立法-研究-中国 Ⅳ. ①D922.674

中国版本图书馆 CIP 数据核字(2018)第 283491 号

中国核能利用立法问题研究
ZHONGGUO HENENG LIYONG LIFA WENTI YANJIU

马忠法 著

策划编辑 王 曦 麦 锐
责任编辑 麦 锐
装帧设计 李 瞻 臧晓飞

编辑统筹 法规出版分社
出版 法律出版社
开本 720 毫米×960 毫米 1/16
总发行 中国法律图书有限公司
印张 20
经销 新华书店
字数 330 千
印刷 北京虎彩文化传播有限公司
版本 2019 年 2 月第 1 版
责任印制 吕亚莉
印次 2019 年 2 月第 1 次印刷

法律出版社/北京市丰台区莲花池西里 7 号(100073)
网址/www. lawpress. com. cn
投稿邮箱/info@ lawpress. com. cn
销售热线/010-83938336
举报维权邮箱/jbwq@ lawpress. com. cn
咨询电话/010-63939796

中国法律图书有限公司/北京市丰台区莲花池西里 7 号(100073)
全国各地中法图分、子公司销售电话:
统一销售客服/400-660-6393
第一法律书店/010-83938334/8335 西安分公司/029-85330678 重庆分公司/023-67453036
上海分公司/021-62071639/1636 深圳分公司/0755-83072995

书号:ISBN 978-7-5197-3000-0 **定价**:68.00 元
(如有缺页或倒装,中国法律图书有限公司负责退换)

摘　要

本书有“引言”“全球民用核能主要国家的发展、立法概况及相关理论”“中国核能立法的现状及其不足”“民用核能相关的国际组织与国际条约及它们可以提供的立法借鉴”“中国民用核能法律制度的完善”及“结束语”六个部分。“引言”部分主要介绍写作该书的原因、意义、整体思路和书的结构等；而“结束语”部分是对全书的总结及提出的研究展望等。书的正文部分首先从全球核能发展的总体状况、主要核国家的核能立法及其主管部门的现状出发，分析它们的立法体系和经验，同时对民用核能领域的相关理论也做了简要分析；上述研究的主要目的是了解我国在全球核能发展中的位置，为我国从中可以获得的立法参考提供借鉴和理论基础。其次分析我国核能领域的立法现实与不足，以明确我们所需解决的主要立法问题和要实现的目标。再次基于核领域的技术性、高风险性等共性问题及它们对多数国家核能立法所起到的作用，分析和探讨主要的国际组织及国际条约的基本内容，为我国核能法律制度的完善提供国际视野和国际法依据。最后基于前述三章的研究和分析，提出我国民用核能领域法律制度的完善建议。

要使核能在民用方面得到安全、充分和高效的利用，必须要有科学、合理、符合规律的法律制度。在实证方面，作为立法后进国，借鉴他国，十分必要。美国、日本、韩国、英国和法国，它们基本上构建了从核能基本法到一般单行法律再到行政法规、部门规章直至相关的标准和指南等较为完整的核能法律体系。其中韩国和日本的核法律制度最值得我们借鉴和学习；它们在核能领域的立法时间较长，积累了丰富的经验；2011 年日本福岛核事件之后，它们法律制度完善的活动也给我国核能立法带来启示：韩国取消了《原子能法》，用《核能促进法》和《核安全法》取而代之；专门设立核安全和安保委员会(NSSR)，赋予其较大的权限并对核活动进行有效、充分的监督和管理；通过单行法律规定成立专门的技术辅助机构帮助和支持 NSSR 实现或履行其职能等。日本的核能基本法规定的框架、内容、监管机构的设置及许可程序等也给我们带来了有益启示。在理论方面，分析核能立法与一般能源立法的关系及核能立法理念、原则、模式、核能的法律渊源等也十分重要。核能立法与一般能源立法的最大区别是由于核能具有较为突出的技术性、专业性，其立法的国际性与共性的内容较多；立法遵循的原则有和平、安全、安保、许可、责任、合作、独立性、透明与可持续发展等；在法律渊源方面，除了国内法的一般形式之外，国际条约与技术标准是其较为明显的两个特征；此外，由于多数国家核能行业由国家或国有企业运营，其法律又体现出较强的政府干预性，立法中要处理好核能国际条约与国内立法关系、国家干预与遵循市场规律的关系以及核企业投资、运营模式与政府监督和管理的关系等。

中国现有核能立法的现实是：尚未构建系统和健全的核法律体系，由立法机关通过的专门法律只有两部：2017 年的注重核安全规范的《核安全法》与 2003 年的集中于辐射防护及污染防治等方面的《放射性污染防治法》；涉及核能活动方面的法律规范主要有 2009 年的《侵权责任法》、2013 年修正的《环境保护法》及 2017 年的《民法总则》等，它们只是作出原则性的一般规定，绝大多数的核活动主要受行政法规和部门规章等规定的调整。在国际条约签署和加入方面，中国已加入核安全、核事故通知、核不扩散等条约，但未加入核损害责任等方面的条约。我国核能法律制度目前存在的严重不足有以下几点：(1)缺少统率核能利用法律体系的基本法，单行法律严重欠缺，尚未构建权力机关通过的完整的核法律体系；(2)调整核活动的法律规范效力等级较低；(3)核法律制度中的有关规定零散、不成体系且相互冲突；(4)多部门管理造成的职能重叠或相互推诿现象严重；(5)核损害法律责任的法律规范单薄、未形成体系；(6)某些内容欠缺，如核发展方面相关人才(包括立法人才)培养的法律制度严重不足等。存在不足的原因主要有：核能发展脱胎于计划经济模式，思维惯性在该领域较为持久；在中国核行业主要由国家控制和垄断，产生相应法律制度的动力不足；过分注重技术及产业发展的政策引导，而对核产业的立法与规范重视不够；核产业不像轻工等产业那样普及，国内相关主体对立法的需求不是很迫切客观上使立法相对滞后；及核技术及核能产业本身的复杂性、高风险性等影响立法进程等。

由于核能使用的技术性、科学性、高风险性及国际性等，相关国际组织和国际条约在各国核能民用的立法方面大有用武之地。核能领域的活动和立法之全球性或国际性较为突出。自 20 世纪核能用于和平目的和造福人民之际，联合国、国际原子能机构及经济合作发展组织等国际组织对有关国家核能立法起到了积极推动的作用，特别是国际原子能机构。设立该机构的《国际原子能机构规约》明确了其使命、职责，对推动核能的和平利用、有关国家的核能立法产生了积极影响。在国际条约方面,重点分析了《核安全条约》《核事故及早通知公约》《核材料实物保护公约》《核损害民事责任维也纳公约》等民用核能方面十多个国际条约的大概内容。在借鉴方面,主要分析了相关国际条约对我国在立法框架、立法内容、主管机构的设置及权限、核法律责任等方面可以提供的借鉴和参考。

基于相关理论、主要国家的立法经验和国际条约的主要规范,本报告分析论证了完善我国核能法律制度的主要建议,包括模式进路、基本框架和相关内容。这些建议紧紧围绕“好的法律就是特定领域规律的反映”之核心而提出。立法可以采取以下模式:构建以《核能(基本)法》为基础的法律体系,即核能法为基本法;然后依据核能利用的“核电发展”与“非核电发展”两个体系,制定《核安全法》《核发展法》《核责任法》《核信息披露法》等单行法(但单行法如果规定的过多,在立法成本和实施效果方面也会带来诸多问题);在有关自然资源开采的法律中规定涉及核材料开采及运输的内容,在有关空气污染、水污染及土壤污染等治理的法律中规定污染方面的内容。以此为基础,制定相应的行政法规、部门规章与地方性法规和规章,最后是相关指南和标准等。立法进路是:先制定核能基本法和核安全法,然后是核责任法、核能促进法等相关单行法。我们期待的理想的核能法律体系的基本框架主要由宪法、核能基本法、核安全法、主管机构法、核责任法、核事业发展法、放射性污染防治法、核材料(核燃料)与核废弃物运输法、核废弃物处置法、核与辐射事故应急法、核事件评估法、核材料管控法、核设施运营和管控法及核进出口管制方面法律的法律规范构成。最终立法的结果是避免各相关法律之间的冲突,使它们相互间形成衔接、协调的有机统一;基本法和各分支(部门法之间的关系)相互兼容和统一。我们建议将正在讨论的核能基本法的名称由《原子能法》改为《核能法》,建立独立于国务院各部门、具有一定权威的专门的核能管理或监管部门;尽快制定核责任法;完善核技术核设备投资及出口、进口及人才培养等方面的法律制度。

本书主要缩略用语简表[1](根据英文简称首字母排序)

中文名称	英文简称
原子能委员会(韩国)	AEC
阿贡国家实验室、武装部队放射生物学研究所(美国)	AFRRI
核安全(管理)局(法国)	ASN
商务、能源产业战略部(英国)	BEIS
原子能委员会(法国)	CEA
联邦条例法典(美国)	CFR
中国广核集团有限公司	CGN
工业地质处置中心(法国)	CIGEO
中国核工业建设集团公司	CNEC
中国核工业集团有限公司	CNNC
核能政策委员会(法国)	CPN
能源部(美国)	DOE
核设施安全指挥部(法国)	DSIN
核安全与辐射防护总局(法国)	DGSNR
电力事业法	EBA
试验增值反应堆	EBR
法国电力集团	EDF
能源情报署(美国)	EIA
能源政策法案(美国)	EPACT
能源研发局(美国)	ERDA
能源税法案(美国)	ETA
10亿瓦时	GW·h
10亿(千兆)瓦电力	GWe(Gigawatt Electric)
通用设计评估(英国)	GDA

[1] 由于本书中涉及较多英文简称,特制作此表置于文前,便于读者对照理解。——作者注

续表

中文名称	英文简称
高级核安全透明与信息委员会(法国)	HCTSIN
欣克利角 C 核电项目(英国)	HPC 项目
健康与安全执行部/卫生安全管理局(英国)	HSE
国际原子能机构	IAEA
国际放射防护委员会	ICRP
爱达荷国家实验室(美国)	INL
核电运行研究所(美国)	INPO
辐射防护和核安全研究院(法国)	IRSN
中英核联合研发与创新中心	JRIC
韩国核安全研究院	KINS
韩国核不扩散和控制研究院	KINAC
生态、能源、可持续发展部(美国)	MEDDE
教育科技部(韩国)	MEST
教育文化体育科技部(日本)	MEXT
经济、贸易和产业局(日本)	METI
土地基础设施和运输部(日本)	MLIT
国土、交通和事务部(韩国)	MLTM
环境部(韩国)	MOE
雇佣和劳动部(韩国)	MOEL
国民安全管理部(韩国)	MOPAS
贸易、工业和能源部(韩国)	MOTIE
OECD 核能局	NEA
核能与工业安全局(日本)	NISA
核电厂	NPPs
核规制委员会(美国)	NRC
核能管理局(日本)	NRA

续表

中文名称	英文简称
核安全法(韩国)	NSA
国家核安全管理局(美国)	NNSA
核安全与安保委员会(韩国)	NSSC
民用核安保办公室(英国)	OCNS
民用辐射废弃物管理办公室(局)(美国)	OCRWM
经济合作与发展组织	OECD
核管理办公室(英国)	ONR
电离辐射防护中央委员会(法国)	OPRI
公共设施管理法案(美国)	PURPA
工业研究和环境地区指挥部(法国)	RDIRE
苏格兰环境保护局	SEPA
中央核设施安全机构(法国)	SCSIN
国家核电技术公司(中国)	SNPTC
国家电力投资集团有限公司	SPIC
安全 safety、安保 security 和保障 safeguard	3S
10 亿千瓦时	TW · h
英国保障局	UKSO
联合国原子辐射效应科学委员会	UNSCEAR
世界核电营运者协会	WANO
世界能源组织	WEO
世界核协会	WNA

目　　录

引　言

核能是指特定物质的原子核的结构发生变化时释放出的能量，又称原子核能，俗称原子能；如重核裂变和轻核聚变时所释放的巨大能量及核衰变时慢慢释放出的能量等。它除了军事上的威慑作用外，在许多领域都有应用，如放射性同位素放出的射线在医疗卫生、食品保鲜等方面的应用，利用铀、钚、钍等核燃料在核反应堆中核裂变所释放出的热能来发电等。核能科学技术运用的发展源于19世纪末20世纪初对于放射性元素的发现，而其在军事和民用发电方面的重大突破是20世纪30年代中子在核裂变方面作用的发现，其具体运用始于“二战”末期在日本广岛和长崎爆炸的原子弹。由于其带来的巨大损害，威胁人类的整体安全，此后用于军事目的的核活动不断受到谴责，20世纪50年代后，和平利用核能的努力成为不可阻挡的历史趋势，其中最大的成就是1956年《国际原子能机构规约》的通过及1957年国际原子能机构（IAEA）的成立。

裂变核能历来是全球无碳电力的最大贡献者之一。它们的潜力对能源部门去碳化显得十分重要。同时，在许多国家，核能面对着其他更具经济性的替代品，如天然气或现代可再生能源，严峻的竞争挑战；对安全的关注和更广泛公众的接受也是其发展的障碍。世界能源组织（WEO）新政策方案预测到2040年核电领域的投资约1.1兆（万亿）美元致核电力生产增长46%左右。然而，核能在发电中所占份额降到了10%，而增加的产出还不到可持续发展预计方案增长率的一半。而且，增加的量很集中，净增加产量的93%来自中国和印度两个国家。[1] “二战”以来，核能及核科学技术在各个领域得到了广泛的应用，尤其是在人类面对石化能源的日渐枯竭和全球环境污染不断加重、

[1] Nuclear power, at http://www.iea.org/topics/nuclear/，2018年2月26日访问。

温室效应带来气候变化等压力而又尚未获得充裕的可替代的其他新型能源[1]时，核能作为一种重要的能源[2]所起到的作用已为世人认可。尽管利用它仍存在一定危险(1986 年苏联的切尔诺贝利核电站事故和 2011 年 3 月日本福岛核泄漏事件给人类留下了惨痛的教训即是例证)，但在人类应对气候变化严峻挑战面前，[3]在人类完全掌握并充分利用清洁能源技术之前，它将至少继续发挥过渡性的作用，以填补“能源空缺”。[4] 核能的和平利用仍是目前解决人类能源危机的有效途径之一，不少国家对其仍充满希望(如 60 多个目前没有利用核能发电的成员，2010 年前后纷纷向国际原子能机构传达它们对制定本国的核能法表示了极大的兴趣就是旁证)，[5]特别是对于像中国、印度这样的发展中的大国。

核能利用分为军事应用和和平利用两类，它是自然科学领域从理论研究到实际应用速度最快的一个创举。自 1938 年发现“链式反应”到 1945 年原子弹运用于战争之中，核技术从实验室到军事应用仅历时 7 年。此后又用 7 年，

---

〔1〕 新能源、清洁能源、可再生能源等几个不同但又有密切关系的概念。其中可再生能源目前在我国法律制度中是有法律明确规定的，即指“风能、太阳能、水能、生物质能、地热能、海洋能等非化石能源”(参见 2009 年修订的《可再生能源法》第 2 条)；至于新能源、清洁能源主要见于学者的定义和分析。多数人认为新能源与清洁能源同义，包括核能和可再生能源。

〔2〕 对于核能是否为清洁能源一直有争议，在 1979 年美国三里岛事件之前，肯定的声音远大于否定的声音；但该事件之后，否定的声音在日渐增强，特别是在苏联切尔诺贝利核电站和日本福岛事件之后，否定的声音似乎与肯定的声音持平。本书无意争论它是否为清洁能源，但从核能发电不会造成空气污染、不会排放加重地球温室效应的二氧化碳及发电的持续性和高效等角度看，其优势在当下和相当长一段时间内还是十分明显的。

〔3〕 2007 年，政府间气候变化小组(IPCC)第四次评估报告(AR4)明确指出，如果全球气温比工业革命前温度提高 2 摄氏度的话，它将对数 10 亿人、生态系统和物种带来灾难性的后果(See COP16：Decision 1/CP. 16：The Cancun Agreements：Outcome of the work of the Ad Hoc Working Group on Long - term Cooperative Action under the Convention, Paragraph 4)。中国从 2008 年起成为世界上的头号排放大国：2008 年、2009 年、2010 年、2011 年和 2012 年中国温室气体分别占全球的 23. 33%、23. 60%、24. 59%、25. 52% 和 25. 60%，超过美国的 18. 11%、17. 90%、17. 33%、51. 28% 和 62. 60%(See IEA Statistics：CO_2 Emissions from Fuel Combustion Highlights 2011Edition, 2012 Edition and 2013 Edition)，且近几年的每年增幅都非常快，因此，在相关国际会议上几乎每次都成为关注的焦点。尽管中国在外交上取得较大成就，减排温室气体付出的努力也得到多数国家的认可，但这丝毫没有减轻中国在减排方面的国际、国内压力。

〔4〕 Stephen Tromans, *Nuclear Law: The Law Applying to Nuclear Installations and Radioactive Substances in its Historic Context*, 2nd edition, Hart Publishing, Oxford, 2010, p. 31.

〔5〕 Carlton Stoiber, Abdelmadjid Cherf, Wolfram Tonhauser, Maria DE Lourdes VEZ Carmona, *Handbook on Nuclear Law: Implementing Legislation*, August 2010, STI/PUB/1456.

研制出更具杀伤力的热核武器——氢弹。[1] 然而由于这类武器的破坏性，经历两次世界大战的爱好和平的人类对核技术用于战争普遍表示反对，到20世纪60年代核能的军事应用除了核威慑作用外，在现实中再没有使用过：拥有核武器的国家更倾向于限制和销毁核武器，由此使核技术越来越多地运用于核电和其他造福人类的领域，如医疗、环境、探测及工业、农业等领域，为人类福利作出贡献。这后一种情况，我们统称其为"民用核能"，它又分核能发电和民用非动力核技术两类；本书主要研究核能发电方面的法律制度，在没有特别说明时，仅指核能发电及与其相关活动的法律制度。[2]

核能法（早期称"原子能法"），即与和平利用核能科技相关的法律。有专家将其界定为"国内制定与核能利用相关领域法律制度的总称"，认为它通常由核能基本法和国家核能利用相关的特别法、行政法规和国家标准组成。[3] 根据2003年国际原子能机构（IAEA）发布的《核法律手册》，核法律是指为调整从事与裂变材料、电离辐射及接触辐射自然源相关的法人或自然人行为而制定的特别法律规范的总体。[4] 由于核法律在实质上是以核能及其利用和风险防护为核心来构建的，因此，我们可以将其视为核能法律的基本定义。根据我国的实践，我们认为其外延包括国家层面的法律、行政法规、部门规章、导则或标准等[5]、地方层面的地方性法规和政府规章以及中国批准或加入的相关国际条约等。本书并不研究民用核能的所有领域，而将重点放在核电领域的法律规制研究；同时将适用于核电领域也同样适用于其他核使用领域的相关法律也作为研究分析的对象；本书没有特别说明或根据上下文有其他含义时，"核法律制度""核能法律制度""核能利用法律制度"等同使用。

---

〔1〕 参见陈刚：《国际原子能法》，中国原子能出版社2012年版，第14页。

〔2〕 限于研究的水平、时间和精力的限制，核能发电之外的其他核运用也是非常重要和有价值的，本书无力进行专门研究，但有些法律法规（如2006年6月通过的《放射性污染防治法》、2017年9月通过的《核安全法》及正在制定的《原子能法》等）适用于所有核能运用领域，本书也不会将这类运用剔除出去。

〔3〕 参见陈刚：《国际原子能法》，中国原子能出版社2012年版，第36～37页。

〔4〕 Stoiber, Carlton, Cherf, Abdelmadjid, etc., *Handbook on Nuclear Law: Implementing Legislation*, the IAEA in Austria, August 2003, STI/PUB/1160, p. 4.

〔5〕 这种分类方法参阅了中国环境保护部下属事业单位环境保护部核与辐射安全中心的分类标准。参见"法规标准"，http://www.chinansc.cn/web/static/catalogs/catalog_250600/250600.html#。

一、加强中国核能利用立法研究的背景及其意义

(一)加强和完善中国核能立法研究的背景

能源是人类社会经济发展和生活的基本依赖,而随着化石能源的日渐枯竭及人类面对的环境污染和气候变化等诸多问题,核能作为解决能源危机和保护环境的一种经济、有效的措施日益受到很多国家的重视。[1] 与传统化石能源相比,核能有许多优点:如效率高、污染少、温室气体零排放、安全系数相对较高[2]、核电厂运营成本低廉;同时,核能是地球上储量最丰富的能源,可开发的核燃料能源提供的能量是化石燃料的十几万倍。当然,它也有劣势,如建核电厂价格昂贵,技术性强、技术要求高,建造和运营较为复杂,对操作人员要求非常严格,一旦发生事故其后果是灾难性的,[3] 及核燃料易泄漏进而带来的辐射危害等。因此,各国政府对其有着十分矛盾的态度;而私人投资者也因上述原因对核能产业投资持摇摆态度。不过,核能在以下情况下更有吸引力:能源需求在快速增加,如中国、印度;石化能源的替代选择匮乏或成本高昂,如日本、韩国;或优先考虑能源供应安全,如日本、韩国和欧洲诸国;减少空气污染和温室气体排放优先;以及融资可以是长期的而金融风险又很低的情况等。[4] 因此,总体上,倾向使用核能在拥有核能力的国家占主导地位。

---

[1] 人类对核能使用充满矛盾,就政府使用核能帮助本国经济发展与应对环境污染、气候变化而言,主张发展和利用核能;但就民众、部分专业人士和社会环保组织等而言,由于核能自身的一些弱点,特别是安全方面(如核废料的处理、核辐射的泄漏、核电站服役期满后的处置等)等引起人们的不信任,反对核电站的建设和使用。实际上,核能发电使用不久,该方面的反核活动就已经开始,最早可追溯至20世纪60年代早期(实际上军事方面反核运动更早,1961年,大约50000名女性为了女性、为和平的抗争而在美国的60个城市游行来反对核武器;1963年,很多国家批准了《部分禁止核试验条约》,禁止了大气核试验),20世纪70年代成为主要的抗议对象。但目前主要发达国家的经济发展对核能的依赖难以避免,中国、印度等正在发展之中的大国能源使用与经济发展和环境保护等之间的矛盾,完全不用核能也不太现实,故在很长一段时间内,核能利用注定将成为人类普遍关注的议题。See Brown, Jerry and Rinaldo Brutoco (1997), *Profiles in Power: The Anti-nuclear Movement and the Dawn of the Solar Age*, Twayne Publishers; Fox Butterfield, *Professional Groups Flocking to Antinuclear Drive*, The New York Times, March 27, 1982.

[2] 研究表明,核事故率在百万分之一以下,而三代核技术使事故率又降低了两个数量级,到千万分之一以下。参见黄倩:《中国核事业立法拖延27年 归因主管部门频繁变动》,载《检察日报》2011年4月7日。

[3] 1986年苏联的切尔诺贝利核电站事故和2011年3月日本福岛核泄漏事件给人类留下了惨痛的教训即是例证。

[4] Alan McDonald, Nuclear Power Global Status, http://www.iaea.org/Publications/Magazines/Bulletin/Bull492/49204734548.html.

全球核电使用始于20世纪50年代，而其发展较快的年份是20世纪60年代至80年代中晚期，在1986年达到全球总电量的16%，此后一直维持类似的比例。2011年3月日本福岛核事件后在全球引起新一波反对核电站使用和建设的高潮，[1]核电比例有所下降。但一直以来，中国核电的发展与其经济规模和核技术大国的地位严重不匹配：一是起步较晚，我们20世纪90年代才开始将核能小规模地投入民用发电；二是核电占国家能源总量的比例很低，2013－2015年核电比例占国家总电量都在3%以内，远低于世界各核能发电使用国的平均占比10.7%。中国2009－2015年的有关情况见表一。

表一　中国2009－2015年核能相关数据[2]

年份 具体内容	2009	2010	2011	2012	2013	2014	2015
核能发电总量（亿千瓦时）	700	740	860	970	1120	1330	1710
占国内发电总量比重（%）	1.9	1.8	1.8	2.0	2.1	2.3	2.9
净装置核电能力（十亿瓦特）	小于9[3]	小于9[4]	12	13	16	24	27
各核能发电国家核能平均发电比重（%）	13.5	12.9	11.7	10.1	10.6	10.7	10.6
占全球核能总量的比率（%）	2.6	2.7	3.3	4	4.5	5.2	6.7
全球核能使用占总能源的平均比重（%）	5.8	5.7	5.1	4.8	4.8	4.8	4.9
OECD国家核能占其总能源的比重（%）[5]	11.3	11.0	10.2	9.7	9.7	9.9	9.8

[1] 参见陈慧敏：《日本核灾重掀全球反核浪潮》，载《南风窗》2011年第7期。

[2] 2010－2017 Key World Energy Statistics，(2018－02－28)，at http://www.iea.org/publications/free publications.

[3] 该年排名第十的是9GW，中国未进入前十，2011 Key World Energy Statistics，(2018－02－28)，at http://www.iea.org/publications/free publications。

[4] 该年排名第十的是9GW，中国未进入前十，2012 Key World Energy Statistics，(2018－02－28)，at http://www.iea.org/publications/free publications。

[5] 由于在核电占国内总发电量的统计在《关键世界能源统计》中没有列出，这里也不作分析，但在2012年10个核电大国（按核电电量的多少排序：美国、法国、俄罗斯、德国、韩国、中国、加拿大、乌克兰、英国、瑞典）中，除了中国、俄罗斯、乌克兰外，其他均是经合组织的国家，2012年其核电量占国内比重最低的是15.0%，最高是76.4%，因此，它们的核电占比均值将远远超过核电国家的平均占比量。

全球变暖、气候变化及环境污染的控制与治理使人们对核电充满期待，尤其是像中国这样处于工业化时期、正在建设为富强民主文明和谐美丽的发展中大国。[1] 核能之外的多数清洁能源技术掌握在发达国家的跨国公司（较大发展中国家的少部分企业与科研院所也拥有较少部分）的手中，但现有国际技术转让制度及相关的国际贸易制度的不公或不正当之处让多数发展中国家及其企业难以通过公平的转让或贸易制度分享现有的先进无害环境技术。[2] 作为发展中国家的中国及其企业也不例外，难以通过公平的国际技术转让获得发展所需的清洁能源和环保技术。在这种情况下，中国的核电技术相对来说较为发达，[3] 核电厂安全系数总体上较高，发电能够持续稳定，有保障、安全及利于环境，结合中国的幅员辽阔等特征，建立核电站来减缓化石能源使用的压力，为减少温室气体排放做点努力，这种选择的空间还是较大的。这些客观情况在我国有关发展规划和政策中已经有所体现。然而，尽管大力发展核电已经成为政府能源决策中的重要内容，核电发展也在提速，并且在“一带一路”倡议规划和实施中，核电技术[4] 与高铁是我们开展对外贸易和投资的重要支柱。自“华龙一号”海外首堆巴基斯坦卡拉奇核电 2 号机组于 2015 年 8 月开工建设以来至 2017 年 5 月，“华龙一号”积极参与“一带一路”建设，在

---

〔1〕 参见习近平：《决胜全面建成小康社会　夺取新时代中国特色社会主义伟大胜利》（中国共产党第十九次全国代表大会上的报告，2017 年 10 月 18 日），人民出版社 2017 年版，第 20 页。

〔2〕 参见马忠法：《应对气候变化的国际技术转让法律制度研究》，法律出版社 2014 年版，第 226 – 305 页。

〔3〕 核能发电技术到目前被分为四代：人们把 20 世纪五六十年代建造的验证性核电站称为第一代；七八十年代标准化、系列化、批量建设的核电站称为第二代；第三代是指 90 年代开发研究成熟的先进轻水堆；第四代核电技术是指待开发的核电技术，其主要特征是防止核扩散，具有更好的经济性，安全性高和废物产生量少，估计到 2030 年能够投入使用。目前，中国在第三代技术中已经取得诸多拥有自主知识产权的核技术，并得到世界上的认可。其中“华龙一号”是中国自主研发的第三代核电技术，由中核集团 ACP1000 和中广核 ACPR1000 + 等技术融合而成；中国与英国、阿根廷、巴基斯坦等国家签署了多项核电合作协议（特别是得到对核能有很高技术要求的英国这个老牌资本主义国家的认可，证明中国核电技术进步的程度），核电成为中国高端制造业走向世界的一张“国家名片”（另一张名片是高铁技术）。李克强总理在 2016 年 3 月《政府工作报告》中回顾 2015 年科技领域成就时，指出“一批创新成果达到国际先进水平，第三代核电技术取得重大进展，国产 C919 大型客机总装下线，屠呦呦获得诺贝尔生理学或医学奖”；在谈到做了哪些工作时他说“‘一带一路’建设成效显现，国际产能合作步伐加快，高铁、核电等中国装备走出去取得突破性进展”。（参见李克强：2016 年《政府工作报告》，载《人民日报》2016 年 3 月 18 日）他将第三代核电技术排在科技成就首位，超过 919 大型客机和屠呦呦获诺奖，将“核电走出去”作为主要的工作之一，足见总理对该技术的重视。

〔4〕 核技术走出去在行业内部的理解包括三层含义，即技术走出去，装备制造走出去，人才队伍走出去。这对扩大中国出口的品质、推行中国标准和提升中国的国际地位与话语权意义深远。参见李刚：《核电出海，中国制造新名片》，载《人民日报》2017 年 4 月 5 日。

"走出去"的过程中成果颇丰，除巴基斯坦外，目前已与英国、阿根廷、埃及、巴西等近20个国家达成了合作意向。[1]

但目前我们核能方面的法律制度严重不足，多年来核利用是在缺少该方面的基本法——《核能法》、《核安全法》及《核责任法》等重要法律下"裸奔"。如何尽快制定和完善核法律体系并将上述核能发展的政策上升为法律制度，以为核电在国内的健康、良性地发展，及为投资东道国提供较好的核电建造、运行和管理等方面立法规范提供参照等创造条件，是我们当下需要急切解决的问题。近几年，我们加快了立法程序，并在立法上有重大突破，人们期待已久的《核安全法》于2017年9月1日通过并于2018年1月1日生效。[2] 其生效将为我国核能的健康稳定发展创造积极条件。但是，仅有这一部法律是远远不够的，我们还需要在《核能基本法》、《核责任法》和《核发展法》等方面有所突破，以形成完整的核能法律体系，促进国内核能事业的发展，同时为"一带一路"沿线国家的相关核能利用提供借鉴和帮助，进而对整个人类的可持续发展作出贡献。[3]

根据2011－2016年国际能源机构的统计数据，至2009年年底全球核能源占所有能源总量的比重为4.8%－5.8%，而中国核能源占国内总能源的比重从2.6%逐渐增加到4.5%，经济合作与发展组织（OECD）国家核能平均占其总能源的比重从11.3%逐渐下降到9.8%（2015年）。[4] 这说明中国核能总的生产量呈增加趋势，而全球和OECD国家核能生产量总体上呈下降趋

〔1〕 参见佘惠敏，李芃达：《技术创新推动核电工业扬帆出海》，载《经济日报》2017年5月4日；See Nuclear Power in China(updated January 2018), at http://www.world－nuclear.org/information－library/country－profiles/coun tries－a－f/china－nuclear－power.aspx, 2018年2月26日访问。

〔2〕 核安全法的诞生历程及其意义可以参见张钰羚：《核安全立法的历史沿革与现实思考》，载《华北电力大学学报》（社会科学版）2017年第6期；《中国核工业》期刊综合整理：《我国〈核安全法〉问世——解读我国首部核能顶层法律》，载《中国核工业》2017年第9期；孙浩：《核安全法"诞生"保障环境安全和人民健康》，载《中国环境报》2017年9月7日。

〔3〕 习近平总书记在十九大报告中，掷地有声地说：中国共产党始终把为人类作出新的更大的贡献作为自己的使命；呼吁各国人民同心协力，构建人类命运共同体，建设持久和平、普遍安全、共同繁荣、开放包容、清洁美丽的世界；主张要坚持环境友好，合作应对气候变化，保护好人类赖以生存的地球家园［参见习近平：《决胜全面建成小康社会　夺取新时代中国特色社会主义伟大胜利》（中国共产党第十九次全国代表大会上的报告，2017年10月18日），人民出版社2017年版，第50页］。这些话语都表明中国作为一个负责任的大国在当今世界发展中的地位和作用。核能和高铁是中国的两张名片。我们国内产业发展和法律制度的良好构建对他国乃至世界的意义都非同小可。

〔4〕 See The International Energy Agency, 2011 & 2017 Key World Energy Statistics, at http://www.iea.org/textbase/nppdf/free/2011/key_world_energy_stats.pdf & http://www.iea.org/textbase/nppdf/free/2017/key_world_energy_stats.pdf.

势，它们同步的主要原因是中国在逐渐提升核能使用在经济发展中的地位，而其他国家，特别是发达国家受到福岛事件的影响及国内反核运动的影响，核能使用有所回落，[1]但2015年全球的比率略有回升。尽管如此，中国核能发电总量和占国内用电量的比重，仍然与我们的经济发展不相适应，也即我们的能源消耗仍在增加，而核电增加的速度与能源需求增加的速度持平，这种情况与我们发挥核能更大作用的期待是不吻合的。如2009年中国核发电量约70万亿瓦时，与英国(69)接近，远落后于美国(830)、法国(410)、日本(280)、俄罗斯(164)、韩国(148)、德国(135)；[2]到2014年，我们的核电量已经达到133万亿瓦时，已经超过同期的加拿大(108)，只落后于美国(831)、法国(436)、俄罗斯(181)、韩国(156)，处于世界第五，但是，占我国发电比重仍然只有2.3%左右。同期我国的能源生产和耗费目前仍主要靠煤炭(2009年为51.1%；2014年为35.2亿吨，占比45.7%，世界第一)、石油(2009年和2014年分别为5.8%和2.15亿吨，占比5.0%)和天然气(2009年和2015年分别为2.9%和1340亿立方，占比3.7%)，特别是煤炭，中国的生产量多年占全球生产量的一半左右，但尽管如此2010年和2014年中国还是世界上最大的煤炭净进口国，分别进口1.57亿吨和2.86亿吨，2015年为1.99亿吨，世界第二(印度进口2.21亿吨)；石油进口1.99亿吨(2009年)和3.08亿吨(2014年)；2015年天然气进口560亿立方米。这说明中国能源耗费还处于高速增长期，而这些不可再生能源随着时间的推移会因使用而变得越来越少。而且中国面对着气候变化的国际应对，再大量使用石化能源也成为一种沉重负担。随着全球使用量的增加，他国的存储量会越来越少，还依赖他国的继续出口不具有可持续性。因此，寻找到替代能源就成为当务之急。核能作为一种清洁能源，它运行成本低，对环境污染少，并且能量巨大，供应能力持续稳定，可以满足现代工业生产和日常生活用电的需要。尽管利用核能如发电等出现事故概率远小于石化能源和水能等，但其对技术水平和操作人员的要求甚高，且一旦因不当使

---

〔1〕 在2011年福岛事件之后不久，德国及瑞士宣布将逐步关停一些核电站(See Duroyan Fertl, *Germany: Nuclear Power to be Phased out by* 2022, Green Left, June 5, 2011; James Kanter, *Switzerland Decides on Nuclear Phase - Out*, New York Times, May 25, 2011)；2011年6月，澳大利亚、奥地利、丹麦、希腊、冰岛、意大利、列支敦士登、卢森堡、马耳他、葡萄牙、以色列、马来西亚、新西兰和挪威等国仍然拒绝核能的使用(See *Nuclear Power: When the Steam Clears*, The Economist, March 24, 2011)。这些都会影响到核电站的使用比率。

〔2〕 See The International Energy Agency, 2011 Key World Energy Statistics, pp. 16 - 17, at http://www.iea.org/textbase/nppdf/free/2011/key_world_energy_stats.pdf.

用、维护等人为因素[1]或因自然灾害如地震、海啸等[2]引发核事故,会造成核危机,给人类生存环境造成巨大而持久的危害。为此,各国对发展核能长期以来都有不同的声音,特别是在每一次事故后,都会引起不同的争论。福岛事件发生后,德国明确宣布将停办核电厂,法国也有减缓的趋势,我国政府也在对此进行深入的研究,以决定未来在核能发展方面的举措。我们认为,核能经过 50 多年的和平使用,特别是在 1957 年成立国际原子能机构之后,在发展和利用核能方面,国际社会已经积累了丰富的经验,世界上有关国家的成熟立法经验及国际原子能机构的做法已经做了很好的铺垫。在风险和利益之间,借助于国际社会和有关国家自身的积极努力,通过完善的法律制度规范、监督、有效制约等措施,及选择恰当、适合的地点等,核能的利用是有其积极作用的,尤其是随着不可再生能源的日益短缺、其他新能源还没有完全能够弥补时,且在面对温室气体减排、保护环境等压力背景下,核能利用有着极其重要的价值。我们不能因噎废食,应从事故中总结经验教训。的确,核事故带来的影响非一日一年,而有可能是上百年甚至千年;但现在所面临的问题关键不是该不该发展和利用核能,而在于如何通过法律制度确保核能利用的万无一失。

前文已经提到,2009 年我国核能仅占国内所有电力能源的 1.9%,2010 - 2014 年也多在 2.0% 左右徘徊,占比过低,在所有使用核能发电的国家中长期处于倒数第一的位置,这与中国核大国的地位极不相称。中国放弃核电既无必要也不理性,与其他清洁能源相比,核能技术相对成熟,只要做好充分准备,应当可以充分发挥其作用。在核电领域,立法应本着安全第一的原则,不可采取"摸着石头过河"的想法:因为其灾难不是一时而是长久,具有不可逆转性。

基于这样的背景,本书试图根据中国核能方面的立法现实,参考国际原子能机构的《核法律手册》及韩国、日本等在核能利用方面的立法经验,谈谈笔者的认识。中国作为核大国之一,可以充分借鉴有关国家的经验和国际原子能机构这么多年来形成的规则,并结合履行核能方面相关国际条约的义务,[3]完善自己的国内立法,充分利用后发优势,在解决自己经济发展的同

---

[1] 如 1979 年 3 月 28 日凌晨 4 时,美国宾夕法尼亚州的三里岛核电站事故和 1986 年 4 月 26 日当地时间 1 时,苏联乌克兰切尔诺贝利地区的核电站发生爆炸事故。

[2] 如日本 2011 年 3 月 11 日日本福岛核事故。

[3] 核能领域的国际法文件包括公约、条约、协定、安理会决议等;国际条约内容变成国际法的路径:转化和采纳。See Fact Sheets of P. R. China, http://ola.iaea.org/factSheets/CountryDetails.asp?country=CN.

时,保护好环境、提高人民的生活质量。而且,就核能的国际规范和各国国内使用的技术、管理和法律规范的经验来看,也为我们法律制度的完善准备好了充分条件,通过我们的核能利用法律体系的构建和完善,核能完全可以在中国发挥出自己的作用和优势,为中国的环境保护改善进而为世界的可持续发展做出贡献。

（二）构建和完善中国核法律制度的意义

我国正面临应对气候变化及环境保护的国际国内压力,当下也肩负着建设美丽生态中国的重任和使命。十九大报告指出,“生态文明建设功在当代、利在千秋”,而生态文明建设,必须推进绿色发展。为此,要加快建立绿色生产和消费的法律制度和政策导向,建立健全绿色低碳循环发展的经济体系。构建市场导向的绿色技术创新体系,发展绿色金融,壮大节能环保产业、清洁生产产业、清洁能源产业。推进能源生产和消费革命,构建清洁低碳、安全高效的能源体系。[1] 核能将在一定程度上带来能源结构的调整,对绿色低碳发展作出积极贡献。在能源需求继续增加的情况下,化石能源使用的减少很大程度上依赖于清洁能源的使用,而核能正是我国可以使用的清洁能源之一。其实,核能发展到今天,其技术及与此相关的安全已经不是主要问题,[2] 关键是如何通过法律规定来规范核能技术的开发、运营及此后核废料、废弃核设施的处理等。我国核能技术在世界上比较先进,且已经利用核能进行发电,但对它的充分运用远未实现(参见前文的相关数据和分析)。这种状况与我国核能立法较为滞后有一定关系。至 2017 年 12 月底之前,我国有效实施的与核能运用相关的法律只有一部,即《放射性污染防治法》,但它主要限于放射性污染防治,而核能发电等民用方面的行为等主要依靠国务院的行政法规和部门规章来完成。所幸《核安全法》经过多年的酝酿,从 2014 年列入第十二届人大立法规划起到 2016 年 10 月人大常委会第一次审查再到 2017 年 9 月审查通过,历时三年左右,终于通过,并于 2018 年 1 月 1 日实施,为我国核事业

---

[1] 参见习近平:《决胜全面建成小康社会　夺取新时代中国特色社会主义伟大胜利》(中国共产党第十九次全国代表大会上的报告,2017 年 10 月 18 日),人民出版社 2017 年版,第 44 页。

[2] 参见《我国核电安全保持世界先进水平》,载《深圳晚报》2015 年 3 月 13 日;《核电发展:从第一代到第四代》,载《新华能源》2015 年 1 月 6 日;中国科协科普部、中国核学会组织专家编写:《科学解读公众关注热点》,载《新华科技》2014 年 12 月 3 日。

的安全发展提供了法律保障。[1] 但对于更为全面、宏观的核能基本法仍在讨论中，其制定更为曲折和艰难。[2] 上述现象说明我们已经意识到制定相关法律的迫切性。本书主要就构建和完善核能民用法律制度的意义做点说明与探讨。

1. 中国完善核法律体系、制定核能基本法及核安全法的必要性

近年来，中国由于应对气候变化、环境污染与国内经济快速发展所需能源之间的压力，在没有更为成熟和可以大规模使用的其他清洁能源的情形下，提出大力发展核能的方针，并在 2007 年 10 月颁布了《核电中长期发展规划(2005 - 2020 年)》，要求到 2020 年，中国大陆运行核电装机容量将达到 5800 万千瓦，在建 3000 万千瓦左右；到 2030 年，力争形成能够体现世界核电发展方向的科技研发体系和配套工业体系，核电技术装备在国际市场占据相当份额，全面实现建设核电强国目标。核能年发电量达到 2600 亿 - 2800 亿千瓦时(2007 年在建和运行核电容量为 1696.8 万千瓦时)。[3] 至 2017 年 12 月 31 日，中国目前在运行核电机组 38 个，在建 19 个，[4] 占全球在建 59 个中的近三分之一(具体信息参见第一章表二)[5]。2014 年 11 月国务院发布的《能源发展战略行动计划(2014 - 2020 年)》(《行动计划》)15 次提到核电，在目标中提出要增加核电消费比重，安全发展核电，到 2020 年，核电装机容量达到 5800 万千瓦时，在建容量达到 3000 万千瓦时以上；2030 年达到 1.5 亿千瓦时，2050 年更多。[6] 在保障措施方面，提出要健全能源法律法规，其中重点提出要积极推进海洋石油天然气管道保护、核电管理、能源储备等行政法规制

---

〔1〕 参见王尔德：《中国将发核安全政策声明起草核安全法》，载《21 世纪经济报道》2014 年 11 月 4 日；2016 年 11 月 14 日全国人大常委会将《核安全法(草案)》在中国人大网网上公布，向社会公众征求意见，截止日为 2016 年 12 月 13 日。参见《核安全法(草案)征求意见》，http://www.npc.gov.cn/npc/flcazqyj/2016 - 11/14/content_2002075.htm。

〔2〕 参见王尔德：《〈核安全法〉立法已论证》，载《21 世纪经济报道》2013 年 7 月 20 日；具体分析内容也可参见后文相关部分。

〔3〕 国家发改委《核电中长期发展规划(2005 - 2020 年)》(2007 年 10 月)。

〔4〕 See Countries Statistics, at https://www.iaea.org/PRIS/CountryStatistics/CountryDetails.aspx? current = CN.

〔5〕 包括我国的台湾地区两个；如果将这两台减去，正好是三分之一。See Under Construction Reactors, https://www.iaea.org/PRIS/WorldStatistics/UnderConstructionReactors ByCountry.aspx.

〔6〕 Nuclear Power in China (2016 年 4 月更新), http://www.world - nuclear.org/information - library/country - profiles/countries - a - f/china - nuclear - power.aspx.

定或修订工作。[1] 这些规定为核电未来几年的发展指明目标。中国2012年、2013年、2015年核发电分别只有970亿千瓦时、1120亿千瓦时和1704(3.03%)亿千瓦时，在使用核能发电的30个国家中，占国内发电量最低，[2] 中国核发电量2012年、2013年、2014年在世界前十名核电大国的排位(见表二)，要在较短时间内达到规划要求，还是面对着一定的挑战。中国核电已经进入快速发展时期，在"一带一路"倡议下，核能技术是中国走出去的重要的拳头产品。同时，它要求到2020年，中国应建立符合国情并与国际接轨的核能法规和技术标准体系。此外，环境保护部、国家发展改革委员会等于2012年10月联合发布的《核安全与放射性污染防治"十二五"规划及2020年远景目标》指出，我国要进一步提高核设施与核技术利用装置安全水平，明显降低辐射环境安全风险，保障核安全、环境安全和公众健康，辐射环境质量保持良好。但我国目前与之配套的核能法律制度建设滞后很多，不仅没有形成较为系统的核法律体系，涉及核能利用的单行法很少，有关内容在法律层面几乎一篇空白，而且缺少统领核能利用的基本法与核责任法等。目前调整核能发展的规范多是行政法规和法律效力等级较低的部门规章，以及一些指导规则和操作规范等。这些都对我国核能法律制度的完善提出了迫切要求。

表二 2012－2015年核能发电十大生产国数据[3]

	2012年		2013年		2014年		2015年	
国家	发电/占比1/比2%[4]	排名1/2/3[5]	发电/占比1/比2%	排名1/2/3	发电/占比1/比2%	排名1/2/3	发电/占比1/比2%	排名1/2/3
美国	801/18.8/33.2	1/6/1	822/19.2/33.2	1/6/1	831/19.2/32.8	1/5/1	830/19.3/32.3	1/6/1
法国	425/76.1/17.3	2/1/2	424/74.7/17.1	2/1/2	436/78.4/17.2	2/1/2	437/77.6/17	2/1/2

〔1〕 国务院办公厅:《能源发展战略行动计划(2014－2020年)》(国办发〔2014〕31号),2014年6月7日。

〔2〕 参见王一竹:《核能发电全球TOP17 法国第一、中国倒数第一》,2014年3月11日, http://companies.caixin.com/2014-03-11/100649873.html。

〔3〕 2014 and 2015 Key World Energy Statistics, http://www.iea.org/publications/freepublications/publication/KeyWorld2014.pdf and http://www.iea.org/publications/freepublications/publication/KeyWorld2015.pdf.

〔4〕 占国内发电量的比例。

〔5〕 前面的为发电量全球排名,后者为占国内发电量排名。

续表

	2012 年		2013 年		2014 年		2015 年	
国家	发电/占比 1/比 2%	排名 1/2/3	发电/占比 1/比 2%	排名 1/2/3	发电/占比 1/比 2%	排名 1/2/3	发电/占比 1/比 2%	排名 1/2/3
俄国	178/16.6/7.0	3/7/3	173/16.3/7.0	3/7/3	181/17.0/7.1	3/7/3	195/18.3/7.6	3/7/3
韩国	150/28.3/6.1	4/4/4	139/25.8/5.6	4/4/4	156/28.7/6.2	4/4/4	165/30/6.4	5/3/5
德国	99/16.0/4.0	5/9/5	97/15.5/3.9	7/9/7	97/15.6/3.8	7/9/7	92/14.3/3.6	7/9/7
中国	97/2.0/3.9	6/10/6	112/2.1/4.5	5/10/5	133/2.3/5.3	5/10/5	171/2.9/6.7	4/10/4
加拿大	95/15.0/3.9	7/8/7	103/15.8/4.2	6/8/6	108/16.4/4.3	6/8/6	101/15.1/3.9	6/8/6
乌克兰	90/45.4/3.7	8/3/8	83/43.0/3.3	8/3/8	88/48.6/3.5	8/2/8	88/54.1/3.4	8/2/8
英国	70/19.5/2.8	9/5/9	71/19.8/2.9	9/5/9	64/19.0/2.5	10/6/10	70/20.9/2.7	9/4/9
瑞典	64/38.5/2.6	10/2/10	66/43.4/2.7	10/2/10	65/42.3/2.6	9/3/9		
西班牙							57/20.6/2.2	10/5/10
其他	392/8.1/16.0	—	388/7.9/15.6	—	376/9.4/14.8	—	365/7.2/14.2	
世界	2461/10.9/100	—	2478/10.6/100	—	2535/10.7/100	—	2571/10.6/100	

占比 1：指核发电量占国内总电量之比；比 2：指占全球核能发电量比例；排名：1/2/3 指发电量排名/占国内发电量之比排名/占世界核电量排名。

核能法涉及的内容,根据经济与合作发展组织(OECD,这些国家的核能设施装置占全球的86%,核能发电量占OECD国家总发电量的18.6%[1])的相关归纳,主要分为核能开采规制等九个方面(具体内容参见第一章)。在1957年之前,只有极少数国家制定了核能方面的法律,此后更多的国家开始制定和颁布该方面的法律法规。根据前文界定的核法律制度的含义可知,核法律在实质上是以核能及其利用和风险防护为核心来构建的,因此,我们可以将其视为核能法律的基本定义。依据规定内容的不同,可以把民用核能的立法分为基本法和特别法两个大类;前者是总体性的,后者涉及核能利用的某一具体方面。

目前世界上,在36个有核电生产能力的国家(截至2018年2月28日,这36个国家中意大利、哈萨克斯坦、立陶宛已经不再使用核电站)中,30个国家正在利用核能发电(各国核电所占的比例各不相同,如2012年时法国高达75%左右,而中国则只有2.0%左右;2015年法国占76%,中国占3.03%[2]);两个国家(白俄罗斯和阿联酋)在建核电站;3个国家(意大利、立陶宛和哈萨克斯坦)永久关闭本土的核电站(具体情况见表二)。另外,有些正在积极准备建设核电站。[3] 从全球范围内看,有77个国家(上述30个正在使用核电的国家均有相关的法律,只是有些国家较为系统和全面,有些国家较为简略)建立了核法律制度,其中37个国家制定了核能方面的基本法(含《原子能法》

---

[1] Facts and figures,(2015-09-28),at http://www.oecd-nea.org/general/facts/.

[2] See France, https://www.iaea.org/PRIS/CountryStatistics/CountryDetails.aspx? current = FR, and China, at https://www.iaea.org/PRIS/CountryStatistics/CountryDetails.aspx? current = CN.

[3] Number of Power Actors by Country and Status,(2015-09-16),at http://www.iaea.org/PRIS/CountryStatistics/CountryStatisticsLandingPage.aspx.

《核能法》或《辐射防护法》)；[1]至少9个国家颁布了专门的《核安全法》；[2]部分国家(如日本、韩国、加拿大等)也制定了相关的核损害赔偿法或核责任法等。[3] 我国在核能立法方面属于相对比较少的国家。因此,构建和完善核能方面的法律制度十分必要和迫切。

2. 中国构建和完善核法律制度的意义

中国民用核技术在世界上已经占有一席之位,与发达国家核使用技术没有太多差距。我们的"华能一号"[4]技术不仅仅出口到发展中国家还出口到英国等发达国家,其带来的影响非同一般,如每出口一台核电机组,需要8万余台配套设备,200余家企业参与制造和建设,可创造约15万个就业机会,考虑到天然铀、核燃料、运维等全产业链的贡献,单台机组全寿期可以创造出约1000亿元的直接获利,[5]更不用说在政治、行业标准和制定相关国际规则话语权方面的意义了。随着中国"一带一路"倡议的落实及中国贸易随着该倡议的拓展,核能技术出口带动中国的相关产品出口也将成为一种趋势。在这种背景下,发展核能事业,必然需要强有力的法律支撑,其研究意义不言而喻:当下中国进行核能立法研究具有重要的理论意义和现实价值。首先,十八大

---

[1] 参见郑玉辉:《中国〈原子能法〉立法30年》,载《中国核工业杂志》2014年第6期。

[2] 参见吴瑶等:《请给中国一部核安全法》,载《南方都市报》2013年3月16日。笔者从相关资料中查找,可以确信制定核安全法的国家有:1980年,美国国会通过其核安全法(参见汤文霞:《美国会通过核安全法》,载《国外核新闻》1980年第9期);孟加拉国:《核安全和辐射控制法》1993年7月通过;罗马尼亚国会1996年通过《核安全法》(参见何健军:《罗马尼亚国会通过核安全法》,载《国外核新闻》1996年第2期);白俄罗斯:《公众辐射安全法》(1998年通过);保加利亚:《核能安全使用法》;加拿大:《核安全和控制法》(NSC Act);亚美尼亚制定的《出于和平目的安全使用核能法》,1999年3月1日生效;智利:《核安全法》(1984年5月2日通过),该法含六个部分:主管机关(界定不同的主管机关及其管辖权的范围)、定义、核安全(与核能安全相关的一般路径或方法,包括授权及运营核设施的要求等)、对保护及核安全法律与规范要求的违反(规定在不遵守法律法规之情形下可以适用的制裁)、核损害的民事责任(规定可以覆盖核损害的数额及保险模式)、辐射设施(规定管控辐射设施及适用于这些设施相关规则准备之责任的主管机构 competent authority)等;1988年8月(针对第六部分修改)、2002年10月(针对第三部分修改)、2010年2月(主管机构从依托采矿部转向能源部)进行三次修改。韩国2011年《核安全法》,具体内容,See Country Nuclear Power Profiles 2015 Edition, http://www - pub. iaea. org/MTCD/Publications /PDF/CNPP2015_CD/pages/index. htm。

[3] Country Nuclear Power Profiles 2013 Edition, http://www pub. iaea. org/MTCD/Publications/PDF/CNPP2013_CD /pages/index. htm.

[4] 为了避免内部竞争,增加核电"走出去"的竞争实力,2014年8月,在国家能源局的撮合下,中核ACP1000和中广核ACPR1000+两种技术进行合并,统称为"华龙一号",为中国自主研发的第三代核电技术。参见张慧:《华龙一号尚未实现技术融合核电出口路途尚远》,载《界面》2015年9月22日。

[5] 余惠敏,李芃达:《技术创新推动核电工业扬帆出海》,载《经济日报》2017年5月4日。

报告明确提出要大力推进生态文明与美丽中国建设,而核能是当下可持续发展和低碳经济不可缺少的资源,其利用是维护生态系统良性循环和安全的重要组成部分。该研究切合了中国经济发展对核能法律体系完善提出的客观需求,并在一定程度上弥补相关研究的不足,可将核能立法研究推向新阶段。2015 年十八届五中全会提出:坚持绿色发展,必须坚持节约资源和保护环境的基本国策,坚持可持续发展……加快建设资源节约型、环境友好型社会,形成人与自然和谐发展现代化建设新格局……为全球生态安全作出新贡献……推动低碳循环发展,建设清洁低碳、安全高效的现代能源体系,实施近零碳排放区示范工程。[1] 十九大报告明确将"生态文明建设"作为新时代中国特色社会主义建设重要内容和目标,[2]并在 2018 年 3 月完成的《宪法修正案》中,将其列入,[3]以根本大法的方式确立了其重要性。要实现上述目标,在核法律框架下的核能使用不可避免。其次,通过研究核能立法的基本理论问题,分析其与一般能源立法的关系和 3S 理念(即安全 safety、安保 security 和保障 safeguard 的简称),阐释国家对核能事业强干预与监管的合理性与必要性,既可为核能立法提供理论支撑,也可丰富发展能源立法理论。最后,通过对最新资料的把握和国际国内相关立法的比较分析,为完善中国核能立法提供对策建议,既为核事业健康发展提供制度保障,也为核能领域的国际合作与对外核电投资提供法律依据。第十二届政府(2012 - 2017 年)高度重视核能立法,于 2013 年 7 月,将《核安全法》写进了第十二届人大立法规划的草案,2016 年 11 月草案进入意见征求之中,并于 2017 年 12 月通过;而且核能基本法《原子能法》也在认真酝酿和起草之中。这些进一步表明我国完善核能立法的决心及研究该问题的重大意义。

中国经济发展所面对的环境、能源和应对气候变化等压力使清洁能源利用成为迫切需求。但除了核能技术外,中国其他清洁能源技术尚处发展阶段,利用核能技术不可避免。基于这样的前提,本书将研究中国核能立法的需求、

---

〔1〕 参见中共中央:《中国共产党第十八届中央委员会第五次全体会议公报》2015 年 10 月 29 日。

〔2〕 参见习近平:《决胜全面建成小康社会　夺取新时代中国特色社会主义伟大胜利》(中国共产党第十九次全国代表大会上的报告,2017 年 10 月 18 日),人民出版社 2017 年版,第 23 - 24 页、第 50 - 52 页。

〔3〕 《宪法修正案》将"推动物质文明、政治文明和精神文明协调发展,把我国建设成为富强、民主、文明的社会主义国家"修改为"推动物质文明、政治文明、精神文明、社会文明、生态文明协调发展,把我国建设成为富强民主文明和谐美丽的社会主义现代化强国,实现中华民族伟大复兴"。参见《宪法修正案》第 32 条,载《人民日报》2018 年 3 月 12 日。

现状与不足、国际社会和平利用核能的立法经验及中国完善核能立法的路径等。

中国是发展中大国，在发展核能进程中，通过制定法律、行政法规和发布政令等方式，确定核应急基本方针政策，[1]必将引导中国核能的健康、安全、协调、稳步发展，为建设生态文明作出积极贡献。

二、国内外研究现状综述

国内外研究现状：核能是中国较长时间内可利用的重要的清洁能源。“十二五规划”要求“在确保安全的基础上高效发展核电”并将其作为能源战略的重点。中国核能技术有优势，但其利用效率并不高。2007 年《核电中长期发展规划(2005 – 2020 年)》要求到 2020 年，中国应建立符合国情并与国际接轨的核电法规和技术标准体系。环境保护部、国家发展改革委员会等于 2012 年 10 月联合发布的《核安全与放射性污染防治“十二五”规划及 2020 年远景目标》指出，我国要进一步提高核设施与核技术利用装置安全水平，明显降低辐射环境安全风险，保障核安全、环境安全和公众健康，辐射环境质量保持良好。但目前核能立法较为滞后。

国内学者对核能立法探讨可分三个阶段：

1. 2000 年之前，多讨论宏观问题。如耿志成提出中国核能法律体系应包括《原子能法》及《核设施管理条例》等 13 个行政法规，内容以投资、核电设备标准和安全监管等为主。陈俊论述了核法律的价值取向为发展生产力和保护人权等，他还设想了核能法律的基本框架，含核设施建造运营、核材料管理及核技术研究等。该阶段核能研究的专著国内也较为少见，有关学位论文也难以寻觅。所谓的专著也主要是法规类的编著或介绍，如国家科学技术委员会 1988 年主编的《核安全法规》等，[2]论著性的没有。

2. 2000 年至 2011 年 3 月福岛事件之间，多研究核安全、核损害法律责任等。花明从纵横两个角度对我国核安全法律体系进行剖析，指出存在的六大问题并提出五条完善建议。李雅云论证核法律责任的五个原则并构想了中国核法律责任法框架。蔡先凤认为中国应对核损害责任做出具体规定，制定核基本法及核损害赔偿法。该段时间，有专著(如《核损害的民事责任与赔偿》

---

〔1〕 国新办：《中国的核应急白皮书》2016 年 1 月 27 日。

〔2〕 具体内容参见国家科学技术委员会 1988 年主编：《核安全法规》，科学技术文献出版社 1988 年版。

概述了核损害民事责任法律制度的由来与发展，介绍了核损害民事责任法律制度的特点，简要介绍了一些国际公约的重要内容、核损害民事责任国内法、核责任保险等；[1]《核损害民事责任研究》阐述了损害和核损害的基本界定、核损害民事责任立法的历史演进、核损害民事责任的一般理论、核损害责任制度的基本原则、核损害赔偿的基本问题等内容；[2]《国际原子能机构与核能利用的国际法律控制》以 IAEA 为主线，从国际组织法的角度，对其产生与发展、组织结构及其在国际组织体系中的定位进行分析，通过对 IAEA 核保障制度、核安全制度、核保安制度三大核心制度的考察，阐述 IAEA 在核能和平利用中的实然作用，从国际法与国际关系相结合的角度，对 IAEA 的局限性进行较为深入的研究，并对 IAEA 的应然角色予以展望，同时通过对中国参与 IAEA 活动的回顾，论述中国应该利用 IAEA 来更好地解决中国面临的法律与现实问题[3]）和学位论文（如《跨界核损害的国家责任问题研究》《核损害的民事责任研究》《国际法与比较法视角下核损害第三方责任制度的构建》等 6 篇[4]）讨论核损害赔偿责任。

3. 福岛事件后，全面、综合研究特征突出，但多集中于对制定核能基本法的论述，其他研究也进一步深入。赵威就原子能法立法原则、框架和内容等进行阐释并提出建议。彭峰比较了不同国家的立法模式，提出了中国原子能法模式应介于“形式性法典”与“框架法”之间。赵俐指出中国不但需制定核基本法，也要修改或增设配套的法律。王晓芳等认为应优先推进核安全立法，且这种立法也具有切实可行性。伏创宇认为德国核能法基于最佳危险防止与风险预防原则以及动态的基本权利保护原则，运用不确定法律概念来实现国家责任界定功能、预防标准功能、容纳功能、减负功能和动态的基本权利保护功能。通过这种方式，既可以减轻立法机关的负担，又可以更好地实现公民权利的保护，这是核能规制对立法机关提出的要求。在中国，虽然未必如德国核能法采用“科学与技术的水平”条款，但开放性的核能法结构乃是面对核能规制的因应之道。因而，立法机关不仅在核能规制中有特定的责任范围，还在规制

[1] 参见傅济熙编：《核损害的民事责任与赔偿》，原子能出版社 2003 年版。

[2] 参见蔡先凤：《核损害民事责任研究》，原子能出版社 2005 年版。

[3] 具体参见高宁：《国际原子能机构与核能利用的国际法律控制》，中国政法大学出版社 2009 年版。

[4] 具体内容参见徐海平：《跨界核损害的国家责任问题研究》，2016 年硕士学位论文（南昌大学）；隋金秀：《核损害的民事责任研究》，2010 年硕士学位论文；黄辉：《国际法与比较法视角下核损害第三方责任制度的构建》，2010 年硕士学位论文等。

的形式上应做出调整。[1] 侯姗姗等认为：我国核电重复建设和无法可依并存，多头管理和责任空白并存，无法应对新的核安全挑战以及国际影响等角度，原子能法缺失对我国核安全的直接和间接影响；他们从明确核工业产业定位、加强核安全监管机构的独立性、理顺与现有法律制度的关系等三个方面，对进一步推进我国原子能立法工作及全面提升核安全能力提出了若干建议。[2] 汪劲认为基于国务院通过的《核安全与放射性污染防治“十二五”规划及2020年远景目标》，要抓紧研究制定原子能法和核安全法。国际法的要求和各国的立法实践表明，同时推进这两部法律的立法工作不存在法律障碍。在我国还没有一部专门规定核能产业发展与核安全方面内容的法律的情形下，同时推进两部法律的立法工作，解决“无法可依”的局面势在必行。但鉴于两部法律可能存在的内容重叠和交叉情况，正确处理这两部法律的关系对明确我国核安全立法的定位尤为重要。[3] 刘风景认为《核安全法》必须设置的基本法律制度有行政许可制度、核安全信息公开制度、核安全事故处置制度、核损害赔偿制度和核安全监督制度。[4] 核安全法立法重点在于明确其制度定位并合乎逻辑地进行制度构建。核安全法制度构建应从其目标和主体两方面进行定位，前者包括预防事故和减轻事故后果两方面，后者在于规定许可证持有者的安全管理义务、政府部门的监管职责和公众的知情权与参与权。在此基础上，核安全法立法应当以其目标定位为纵坐标，以其主体定位为横坐标，并按照中外结合的路径展开具体的制度设计。[5] 在核安全法通过前后，学者关于核安全研究的论文显著增加，集中讨论制定该法的必要性和主要内容（如李森等的“推动核安全法立法建设　保障核能安全发展”[6]等）、核安全的适用范围（如汪劲等的“论我国《核安全法》的调整范围”）[7]、核安全法

---

〔1〕 参见伏创宇：《不确定法律概念在核能法上的正当性》，载《绿叶》2012年第12期。

〔2〕 参见侯姗姗、申利峰等：《谈原子能法缺失对我国核安全的影响及建议》，载《核标准计量与质量》2015年第3期。

〔3〕 参见汪劲：《论〈核安全法〉与〈原子能法〉的关系》，载《科技与法律》2014年第5期。

〔4〕 参见刘风景：《〈核安全法〉的功能定位与立法策略》，载《北京联合大学学报》（人文社会科学版）2015年第2期。

〔5〕 参见胡帮达：《中国核安全法制度构建的定位》，载《重庆大学学报》（社会科学版）2014年第4期。

〔6〕 参见李森、左嘉旭：《推动核安全法立法建设　保障核能安全发展》，载《核安全》2016年第2期。

〔7〕 参见汪劲、张钰羚：《论我国〈核安全法〉的调整范围》，载《中国地质大学学报》（社会科学版）2017年第2期。

的基本原则(如胡帮达的“论核安全法的基本原则”)[1]与核安全法的损害赔偿责任等(张维炜的“核安全法草案二审:核损害赔偿规定如何细化成焦点”)[2]。该段时间的专著有陈刚的《国际原子能法》,他从国际法的角度,以“国际原子能法”命名,对核能利用的国际法律制度进行了系统的阐述。全文按总分结构,从内涵的分析到外延的展示,勾画出国际原子能法的基本轮廓。通过对相关法律文书的框架性和系统性的研究,将国际原子能法的定义、相关法律的主体地位、相关法律文书的逻辑关联进行了综合分析。该阶段的硕士学位论文有20余篇,其中讨论核法律责任(如《核损害赔偿原则及我国立法借鉴》《核损害赔偿责任法律探析》等[3])较多,这与日本福岛事件有直接关系;讨论核能其他方面问题的专著或学位论文也有,如探讨核电厂法律问题[4]、核监管[5]等,但较少。

国外学者对核能立法研究较为久远。Zillman 指出人类在认知核能的过程中,不同阶段对其利用态度各异:早期盛赞,中期否定,近期因应对气候变化等原因又以矛盾心理予以关注;与之相应,核能立法也在不断地变化和完善。[6] Pring 认为能源使用会给环境带来负担,尤其是核能利用,故立法必须予以干预。[7] Cameron 主张基于核能的特性,其法律框架应不同于其他能源。[8] Tromans 提出尽管核能利用有危险,但在人类掌握再生能源技术前,它将继续发挥作用,因此应加强监管方面的立法。[9] Redgwell 认为通过立法避免核事件的发生是立法者的使命。[10] Roggenkamp 论证了核能法的国际性

---

〔1〕 参见胡帮达:《论核安全法的基本原则》,载《中国地质大学学报》(社会科学版)2017 年第 2 期;耿保江:《对〈核安全法(草案)〉原则的三层解读》,载《世界环境》2017 年第 1 期。

〔2〕 参见张维炜:《核安全法草案二审:核损害赔偿规定如何细化成焦点》,载《中国人大》2017 年第 10 期。

〔3〕 参见张念鹏:《核损害赔偿原则及我国立法借鉴》,2013 年硕士学位论文;王九阳:《核损害赔偿责任法律探析》,2013 年硕士学位论文。

〔4〕 参见安太星:《核电厂核安全法律问题研究》,哈尔滨工程大学 2012 年硕士学位论文。

〔5〕 参见王骞:《我国核废料监管机制研究》,河南大学 2015 年硕士学位论文。

〔6〕 Donald N. Zillman, etc., *Beyond the Carbon Economy: Energy Law in Transition*, Oxford University Press, 2008.

〔7〕 Peter D. Cameron, *Competition in Energy Market*, Oxford University Press, 2007.

〔8〕 Peter D. Cameron, *Competition in Energy Market*, Oxford University Press, 2007.

〔9〕 Tromans, Stephen, *Nuclear Law: The Law Applying to Nuclear Installations and Radioactive Substances in its Historic Context*, Hart Publishing, 2nd edition, 2010.

〔10〕 Redgwell, Catherine, Zillman, Don, etc., *Beyond the Carbon Economy: Energy Law in Transition*, Oxford University Press, 2008.

及其内容涉及核安全、履行国际义务与不扩散和国际合作等。[1] Stoiber 阐述了核法律应以安全、安保和保障（safety, security and safeguards）理念（以下简称 3S 理念）[2]为基石，构建了核法律框架及其基本内容。[3] Horbach 认为在中东欧国家，由于受周边国家及早期本国被迫建设的核电厂等影响，核安全和核责任法应为核能法的重心。[4]

上述研究对完善中国核能立法提供了很有价值的思考，但存在问题有：(1)对核能立法的基本理论问题，如核能立法与一般能源立法的关系缺少分析；(2)有些内容陈旧，新近研究又较少借鉴国外最新研究成果，如国际原子能机构（IAEA）的《核法律手册》（2010 年）、OECD 核能局的相关资料及 OECD 国家的最新立法动态等；(3)对中国现有核能立法现状、不足以及核法律体系构建步骤、内容等研究不够充分、深入和系统；(4)学者对核安全和核损害责任法律制度有较深入的研究，但在核能法体系研究方面尚存不足，有较大的研究空间。

三、研究思路和方法

本书的基本研究思路：以中国经济与社会发展、环境污染与气候变化应对等对核能利用的内在要求为出发点，以中国核能利用立法现实和不足为原由，以国际原子能机构颁布的《核法律手册》、相关的核国际条约及有关国家立法实践为参照，以中国核能实际发展和国情为依据，以制定中国核能基本法和完善核能利用的法律体系为核心和归宿。

本书的主要研究方法：基于核能的自然属性及其利用的基本特点与规律，本书运用的主要研究方法有：

1. 跨学科研究方法。核能利用涉及核材料的开采、提炼、储存、运输和使

---

[1] Roggenkamp, Martham M. etc. , *Energy Law in Europe*, Oxford University Press, 2007.

[2] 三者之间的联系是："安全"是基础和核心，即核实施和核材料、核废物和废弃装置等自身的正常运转、运营没有对自身带来损害或威胁；"安保"是指确保与核相关的活动没有对社会和他人带来危害和威胁，即保证他人的安全；而"保障"是指政府、企业或相关主体采取措施负责和管控核活动等。三者目的都是确保核活动对任何人及环境等不带来损害。三者相互补充、相互促进，构成核能法律体系的基石和根本原则。See Stoiber, Carlton, etc. , *Handbooks on Nuclear Law*: *Implementing Legislation* 2010, STI/PUB/ 1456, p. 4.

[3] Stoiber, Carlton, etc. , *Handbooks on Nuclear Law*: *Implementing Legislation* 2003 *and* 2010, STI/PUB/ 1160 and 1456.

[4] Horbach, Nathalie, *Contemporary Developments in Nuclear Energy Law*: *Harmonizing Legislation in CEEC/NIS*, Springer, 1999.

用、核电厂建造运营、核废弃物处理与管理以及环境评测的技术性因素等，它客观上要求将环境学、管理学和法学等研究方法结合起来进行综合性研究。当然，法学研究方法是重点，其他方法主要围绕法学研究而展开并为法学研究服务。

2. 实证研究方法。实证分析中国现有的立法状况、《核法律手册》的有关建议、核国际条约、主要国家法律规定和相关实务，找出中国核能立法存在的问题及其根源，借鉴国际社会经验，为完善制度提供研究目标和实证支持。

3. 比较研究方法。通过历史与现实的纵向比较和同期不同国际法文件相关规定及有关国家立法规定的横向比较，分析在国际国内不同阶段不同国家立法的不同态势及表现形式，研究核能法律制度的发展、流变及规律，为本书提出的应对策略及制定核能法律体系的基本框架、核能法与核安全法等的主要内容找到基点。

四、本书研究的基本内容、重点与创新点

（一）本书研究的范围说明[1]

从整个核电的产业链来看，主要可以分为：一是核燃料、原料的提供；二是核设施和配件的制造；三是核工程建设；四是核废料处理；五是核电站的建设

---

〔1〕 核运用应该包括三部分：核电、核燃料和核技术运用。（1）核电是清洁、高效、安全的能源。发展核电是优化能源结构、保障能源安全、满足经济社会发展对能源需求的现实选择，是保护生态环境，实现可持续发展的重要途径，是带动核科技工业整体发展的重要举措。改革开放以来，在“保军转民”方针指引下，中核集团的前身就开始了核电站的研究开发，实现了中国大陆核电零的突破，先后建成了浙江秦山、广东大亚湾和江苏田湾等三大核电基地，核电运行机组达到 13 台，装机容量超过 1000 万千瓦。经过 30 多年的发展，仅中核集团形成了完整的产业体系，拥有了雄厚的研发实力，积累了丰富的工程经验，培养了优秀的人才团队，是我国核电建设的主力军。中核集团还向巴基斯坦出口的第二座核电站（恰希玛二期），目前工程建设进展顺利，并与巴基斯坦签署了新的核电建设协议。参见“核电介绍”，http://www.cnnc.com.cn/publish/portal0/tab432/。（2）核燃料。核工业是一个完整的循环经济体系。核燃料循环产业是核科技工业的重要组成部分，是我国战略核力量建设和核电事业发展的重要基础。包括铀矿地质勘查、铀矿采冶、铀转化、铀浓缩、核燃料元件加工制造、乏燃料后处理等环节。中核集团是唯一拥有完整核燃料循环产业、能够实现闭式循环的特大型中央企业。国家授权中核集团对核燃料、铀产品的生产经营和进出口实行专营。参见“核燃料”，http://www.cnnc.com.cn/publish/portal0/tab433/。核技术应用是和平利用核能的重要内容。近年来，我国核技术应用产业蓬勃发展。目前全国使用放射性同位素的单位约 60000 户，应用设备约 36000 台套，2007 年产值为 700 多亿元。核技术应用已遍及工业、农业、医学和环保等各领域，形成了一个新兴的产业群体。在农业应用方面，辐射诱变育成品种的数量和种植面积均居世界第一。产业包括同位素及其制品、辐照加工产品和服务、射线应用仪器设备等。参见“核技术应用介绍”，http://www.cnnc.com.cn/publish/portal0/tab434/。

运营。核法律主要规范的就是上述活动中出现的各种行为；然而并非这些活动的所有行为均由核法律来调整，如第一个问题一些国家可以适用矿产资源法或采矿法与运输法，第三个问题建筑法可以调整等。核能法律可能集中关注的是调整核活动领域所独有的一些行为，如对于核设施及配件制造和工程建设涉及的核燃料的质量、标准、核电厂的设计、选址等方面的问题，至于一般法律可以适用的，它不会去涉及。此外，核能使用涉及的范围十分广泛，主要包括：核燃料、核材料、铀产品以及相关核产品的生产、专营，核产品、核电、同位素、核仪器设备的生产、销售，核设施建设、经营，乏燃料和放射性废物的处理处置，铀矿勘查、开采、冶炼以及核能、核技术及相关领域的科研、开发、技术转让、技术服务。限于本书作者的研究能力和知识范围，本书主要围绕核电站的建造、运营以及与其相关的法律内容展开，对于其他内容（如医学上的使用等）不作详细分析或研究，只是在相关立法的研究分析中会有所提及，如核材料的开采、冶炼，同位素、核仪器设备的生产销售等涉及的法律规范均不作为研究的对象。

（二）主要内容

中国经济发展所面对的环境、能源和应对气候变化等压力使清洁能源利用成为迫切需求。但除了核能技术外，中国其他清洁能源技术尚处发展阶段，利用核能技术不可避免。基于这样的前提，本课题将研究中国核能立法的需求、现状与不足、国际社会和平利用核能的立法经验及中国完善核能立法的路径等，其主要内容如下：

1. 全球民用核能发展及立法概况与中国完善民用核能立法的内在要求。核能是清洁能源的组成部分，全球有 30 个左右的国家掌握了民用核技术，其中在有些国家如法国核能占其发电量的 80% 左右；与此相应，相关法律制度在这些国家不断建立和完善。除此之外，有些国家如比利时目前无核技术使用，但也有核能方面的立法。自核能被民用以来，一直有不同声音。2011 年的福岛事件再次引发对其利用是继续还是终止的争论。美、法等国对核电项目开始采取谨慎态度，德国主张逐渐取消核能。在中国，针对能源消耗巨大及面对渐增的温室气体减排压力和日渐枯竭的化石能源等现实，在其他清洁能源技术可广泛利用前，核能仍将起重要作用。所以，虽有反对声音，但中国主流观点还是坚持发展核能，而在安全前提下的核能发展需有相应的法律制度作保障。

2. 民用核能立法的基本理论问题。该部分就核能立法与一般能源立法的关系，核能立法理念、原则、模式及国家干预与遵循市场规律的关系，有关核能国际条约与国内立法关系,核能企业投资、运营模式与核能立法关系等理论问题进行探索。从各国的立法实践看,除塞尔维亚等少数国家制定统一的《能源法》外,多数国家是针对不同能源颁布相应的单行法,如约有 40 个国家制定了核能领域的相关法律。这背后有很多理论问题值得研究。中国《能源法》的制定经历曲折,至今尚未通过,但从理论和实践角度看,它不应影响核能利用基本法的制定和颁布。

3. 中国民用核能立法与加入国际条约的现状及现有制度的不足。该部分经分析研究大量资料,拟阐释目前国内核能立法的现实和不足。现实是:立法机关通过的法律集中于辐射防护及污染防治等方面,至于核设施运营管理及有关技术标准、核材料开采、提炼运输等具体问题多由行政法规和部门规章来加以规定。国际合作方面,已加入核安全、核事故通知、核不扩散等条约,但未加入核损害责任等条约。现行制度的主要不足有:缺少统帅核能利用法律体系的基本法;法律规定效力等级低;体系不健全,有关规定相互冲突;多部门管理现象严重;核损害法律责任等欠缺。这些会阻碍核事业的健康发展。

4. 研究 IAEA 国际组织在民用核能立法方面的作用及主要国家的立法经验。各国国情虽有差异,但在核技术、核材料、核安全监管等方面有诸多共通之处,这为借鉴国际经验提供了条件。该部分主要分析 IAEA 2003 年和 2010 年的《核法律手册》内容与 OECD 核能局的相关文件;分析和归纳有关国家(如日本、韩国和美国)在核能立法方面的经验和不足,为我国核能基本法和核能法律体系的构建提供有益参考。重点是借鉴《核法律手册》中的 3S 理念及日、韩等国经验。

5. 完善中国核能利用法律体系的建议。该部分探讨完善核能立法及建立适合中国国情的核法律制度之路径。主要论证:(1)从技术、历史和实用层面看,应将核能方面的基本法命名为《核能(基本)法》而非《原子能法》。(2)核能利用法律体系的基本构成。(3)立法步骤:逻辑上应先制定核能基本法,然后制定核安全法、发展法、责任法等单行法并完善其他相关法律。其他低位阶的法规完善可因时而动。但考虑中国实际情况和《核能基本法》立法涉及的方方面面与复杂性,以及核安全立法的现实意义、紧迫性及该方面已经具备的基础和经验,也可率先制定《核安全法》和《核责任法》等单行法。[1] (4)核能基本法调整范围涉及核电厂、核材料、核废弃物和辐射防护等活动。其框架包括总则、主管机关、核活动批准、核电厂及其他核设施建造和运营、核材料与核

〔1〕 2017 年 9 月《核安全法》的通过,证明该设想具有现实的可行性。

废料及核活动监管等。(5)主管部门必须明确、集中,并设立具有一定实权的国家核能发展委员会等咨询机构。(6)拟定核能基本法的初步条款。

(三)本书研究的重点、难点及创新点

1. 本书研究的重点是:分析中国核能利用的立法现状、存在的问题,准确掌握《核法律手册》的内容和有关国家的立法精髓,构建和完善科学并能够满足中国核能安全利用的法律体系,特别是核能基本法的合理设计、框架构成与具体条款的设定和表述。

2. 本书研究的难点:如何结合中国核能事业发展的实际,在分析有关国际条约及主要国家立法经验的基础上,发现可被中国借鉴的内容,拟出适合中国国情的核能法律框架、核能基本法的条款和其他相关单行法的主要内容。

3. 本书研究的创新点:选题和资料较为新颖。目前国内对核能法律制度方面的研究内容不少,但多限于核能运用的具体问题,对核能利用整个法律体系构建和深入研究的不多。本研究能够利用掌握的较为充分和前沿的国内外核能立法资料,对中国核能利用的整体立法进行系统研究。

内容创新之处:理论方面,阐释核能立法与一般能源立法的关系,分析核能的特殊性,以3S理念贯穿于核能立法的整个研究过程,为制定专门的核能基本法及核能法律体系提供理论基础。立法实践方面,一是主张核能基本法名称宜用《核能(基本)法》替代《原子能法》;二是提出核能立法应分步进行,先制定涉及核能利用重大问题的核能基本法或条件较为成熟的核安全法,后制定核损害法律责任法、核材料管理法及其他单行法;三是拟构建中国核能法律体系的基本框架并拟出核能基本法应该包含的内容等。

随着核技术和整个人类其他技术的快速发展,对核法律制度完善等需求也必然增加,会出现诸多待研究的内容,如网络语境下的核安全、核运营法律制度的构建与设想,实现核电行业投资主体多元化、让民营资本参与核电发展等法律制度方面,限于篇幅和精力,留待今后进一步研究。

第一章　全球民用核能主要国家的发展、立法概况及相关理论

自核能被民用以来，一直有不同声音；2011 年的福岛事件再次引发对其利用是继续还是终止的争论。美、法等国对核电项目开始采取谨慎态度，德国主张逐渐取消核能。然而多数学者认为，核能是清洁能源的重要组成部分。全球有 40 个左右的国家或地区掌握了民用核技术，其中有 36 个国家或地区（台湾是中国的一部分）正在使用核电或正在建造核电站或曾经使用现在放弃使用；[1] 在使用核能发电的国家中有 20 个核发电占比在 10% 以上，13 个在 30% 以上，4 个在 50% 以上，最高的是法国核能占其发电量的 70% 以上。[2] 尽管在出现一些核事故之后，大家有所争论，但在人类没有掌握更好的能源技术来解决发展与能源需求之间的矛盾前，核能仍将会是我们依赖的一种重要能源。为此，我们考虑的应该不是彻底放弃核能，而应考虑如何在现有的人类规制核能利用的国际国内法律制度的基础上构建和完善相关制度以使核能更安全地为我们服务。除了核使用的国家之外，有些目前无核技术使用的国家，也有核能方面的立法。本章主要分析民用核能在全球使用的概况和有关国家的概况，并就相关理论进行探讨，为后面的论述提供基础。

---

〔1〕 具体国家参见“引言”。

〔2〕 如果日本不是由于 2011 年福岛核事件，其核能发电量占比也会很高，如 2009 年和 2010 年其核发电量分别为 280TW · h 与 288TW · h，均排全球核发电量第三位，均占世界核发电量的 10.4%，分别占其国内发电量的 26.9% 和 26%（See Key World Energy Statistics 2011 和 Key World Energy Statistics 2012，at https://www.iea.org/publications/freepublications）。

表一　36 个涉核国家或地区核电占境内总发电比状况(2015 年、2016 年数据)〔1〕

国家或地区	核发电/总电量(GW · h)	占比%	占比排名
阿根廷	6519.00/135072.00;7677.00/136505.00	4.83,5.62	22,23
亚美尼亚	2576.00/7465.00;2194.85/6987.83	34.51,31.41	9,11
孟加拉国	0	0	0,31
白俄罗斯	0	0	31,31
比利时	24571.70/65473.95;41282.77/79818.82	37.53,51.72	6,4
巴西	14809.16/537467.49;15864.30/541591.19	2.76,2.93	28,28
保加利亚	15379.00/49097.00;15774.84/45037.33	31.32,35.03	13,8
加拿大	98374.97/592755.75;97445.48/623416.21	16.60,15.63	19,19
中国大陆	170355.00/5618400.00(gross);210519.00/5911100.00	3.03,3.56	27,25
捷克	25337.32/77880.20;22729.87/77411.80	32.53,29.36	11,13
芬兰	22323.00/66160.00;22282.00/66108.00	33.74,33.71	8,10
法国	416800.00/546000.00;384000.00/531300.00	76.34,72.28	1,1
德国	86810.32/616199;80069.60/610480.00	14.09,13.12	20,20
匈牙利	14955.71/28394.17;15178.28/29602.57	52.67,51.27	4,5
印度	34644.45/980325.95;34999.86/1036943.70	3.53,3.38	26,27
伊朗	3547.00/279480.00;5923.97/281000.00	1.27,2.11	29,30
意大利	0/302600.00(2011 年关闭)	0	31,31
日本	4346.49/829020.00;17453.00/810260.00	0.52,2.15	30,29
哈萨克斯坦	0/91880.00(2013 年关闭)	0	31,31
韩国	157196.00/495389.00;154253.00/509016.00	31.73,30.30	12,12
立陶宛	0/4396.90(2014 年关闭)	0	31,32
墨西哥	11176.54/164523.25;10272.29/166072.18	6.79,6.19	21,22
荷兰	105147.00/3861.63;3752.00/110727.00	3.67,3.39	25,26

〔1〕 See Power Reactor Information System, at https://www.iaea.org/PRIS/CountryStatistics/CountryDetails.aspx? current = AE.

续表

国家或地区	核发电/总电量(GW·h)	占比%	占比排名
巴基斯坦	4332.70/98424.94;5093.91/115928.33	4.40,4.39	24,24
罗马尼亚	10695.00/61701.00;10368.00/60661.00	17.33,17.09	18,18
俄罗斯	195213.58/1049900.00;179723.85/1048456.50	18.59,17.14	17,17
斯洛伐克	14083.68/25196.00;25366.00/13733.36	55.90,54.14	3,2
斯洛文尼亚	5371.66/14133.00;5431.27/15432.00	38.01,35.19	5,7
南非	10965.14/231665.65;15209.46/230196.64	4.73,6.61	23,21
西班牙	54740.00/269143.00;56078.00/262321.00	20.34,21.38	14,14
瑞典	54347.00/158308.00;60647.40/151516.00	34.33,40.03	7,6
瑞士	22100.00/66000.00;20303.12/58956.00	33.48,34.44	10,9
乌克兰	82300.00/145700.00;80950.05/154817.39	56.49,52.29	2,3
阿联酋	0	0	31,31
英国	63894.54/338690.00;65149.00/319342.00	18.87,20.40	16,15
美国	797178.00/4087381.00;805327.00/4078670.00	19.50,19.74	15,16
中国台湾	35143.03/215378.37;30461.10/221999.32	16.32,13.72	—
总计	657.60/13699.00 百万吨油当量	4.80	—

表一数据仅供参考,根据OECD核能署[1]的统计数据,至2017年1月1日,其成员核发电量占各国总发电量的比例略有出入。[2]

---

[1] OECD核能署于1958年2月1日建立,至2017年年底有成员30个国家,其使命在于:通过国际合作,帮助成员方维持和进一步打下出于和平之目的,安全、无害环境和经济性地使用核能方面的科技和法律基础;在关键问题(如政府在核能政策决策及在能源和可持续发展等更广范围内的OECD的政策分析方面)的投入提供权威的评估和形成共识。其权限涉及领域包括核活动的安全与规制、放射性废弃物的管理、放射性保护、核科学、核燃料循环的经济与使用分析、核能法与核责任以及公共信息等。See OECD NEA: Japan's Compensation System for Nuclear Damage 2012, No. 7089, http://www.oecd－nea.org/law/fukushima/7089－fukushima－compensation－system－pp.pdf.

[2] 核电使用的19个国家按占比从高到低排分别是:法国72.3%、斯洛伐克54.8%、匈牙利53.7%、比利时51.3%、瑞典39.8%、斯洛文尼亚37%、芬兰33.7%、瑞士31.3%、韩国30.7%、捷克27.3%、西班牙21.4%、美国20.4%、英国20.4%、俄国17.6%、加拿大14.8%、德国13.1%、荷兰4.0%、墨西哥3.3%及日本2.2%。See OECD: Nuclear Energy Data 2017, No. 7365, at http://www.oecd－nea.org/ndd/pubs/2017/7365－ned－2017.pdf.

第一节　全球民用核能发展概况

核能是人类历史上的一项伟大发明，这离不开早期西方科学家的探索发现，他们为核能的应用奠定了基础。19世纪末，英国物理学家汤姆逊发现了电子。1895年，德国物理学家伦琴发现了X射线。1896年，法国物理学家贝克勒尔发现了放射性。1898年，居里夫人发现新的放射性元素钋。1902年，居里夫人经过4年的艰苦努力又发现了放射性元素镭。1905年，爱因斯坦提出质能转换公式。1914年，英国物理学家卢瑟福通过实验，确定氢原子核是一个正电荷单元，称为质子。1935年，英国物理学家查得威克发现了中子。1938年，德国科学家奥托哈恩用中子轰击铀原子核，发现了核裂变现象。1942年12月2日，美国芝加哥大学成功启动了世界上第一座核反应堆。1945年8月6日和9日，美国将两颗原子弹先后投在了日本的广岛和长崎。1954年，苏联建成世界上第一座装机容量为5兆瓦(电)的核电站。1957年，苏联建成了世界上第一座核电站——奥布灵斯克核电站。英、美等国也相继建成各种类型的核电站。到1960年，有5个国家建成20座核电站，装机容量1279兆瓦(电)。由于核浓缩技术的发展，到1966年，核能发电的成本已低于火力发电的成本。核能发电真正迈入实用阶段。1978年全世界22个国家和地区正在运行的30兆瓦(电)以上的核电站反应堆当时已达200多座，总装机容量已达107776兆瓦(电)。20世纪80年代因化石能源短缺日益突出，核能发电的进展更快。到2016年12月底，全世界30个国家和地区建成的核电机组为450套，2016年其发电总容量为392466000千瓦(比2015年391915000千瓦增加0.14%)，其发电量总容量占全世界总发电容量的约5%。[1]

世界上第一个生产电力的核反应堆(尽管电力微不足道)是爱达荷州的一座小型试验增值反应堆(Experimental Breeder Reactor，EBR－1)，1951年12月启动。1953年，美国总统倡议其和平使用核能项目，重申面向核电的重大研发的努力，并开启美国民用核能进程。1953年的马克一号(Mark1)海军反应堆导致美国原子能委员会在宾夕法尼亚建造60MWE希平示范压水堆

〔1〕 See WorldStatistics, at https://www. iaea. org/PRIS/WorldStatistics/OperationalReactorsByCountry. aspx，2017年12月31日访问。

(Shippingport demonstration PWR reactor),1957 年开始运营,直到 1982 年。[1] 全球核电使用始于 20 世纪 50 年代,而其发展较快的年份是 20 世纪 60 年代至 80 年代中晚期,达到核电占全球总电量比率的最高峰。1986 年发生的切尔诺贝利核电站爆炸使各国核电发展速度放缓,此后 20 多年核电比率在 10% -16% 。2011 年 3 月日本福岛核事件又将人们对核电使用推入争议的旋涡中,有些国家出现了不同的反对核电使用的游行或声音。然而,由于发展对能源的需求以及气候变化与环境污染应对的压力,在没有更好、更清洁、更高效的能源出现之前,核能仍是不少国家难以离开或放弃的能源。在福岛事件之后,掌握核电技术的国家还是在谨慎使用和发展核能。至 2014 年年底,世界上,在 30 个生产核电的国家[2]中,各国核电所占的比例各不相同,如法国高达约 75% ,而中国则只有 2% 左右,但核电占全球电力的比率约为 10% 。从表二中可以看出,在过去的 20 年中,核发电量前 11 年总体上呈逐步增加趋势,至 2006 年达到峰值,2007 年至 2009 年逐年下降,2010 年有所回升,由于 2011 年日本福岛事件,此后 3 年核电使用下降,2014 年有所增加。随着核技术的不断推进,人们核安全意识的提高,我们认为尽管有少数国家可能减少核电的使用,甚至永久关闭核电站,但世界上核能发电仍会逐年增加。近 6 年来总体上呈下降趋势,中国由于过去核电使用占全国总电量的比率过低,近年来呈上升趋势,但增长缓慢,与中国的经济规模和核技术大国的地位严重不匹配。全球核电近 20 年来的发电量及近 6 年来占比情况见表二。

---

〔1〕 See Nuclear Power in the USA,http://www. world - nuclear. org/information - library/country - profiles/countries - t - z/usa - nuclear - power. aspx.

〔2〕 这些国家及核反应堆数量分别是:美国 104,法国 58,日本 50,俄罗斯 33,韩国 21,印度 20,加拿大 18,英国 18,中国 16(不含台湾的 6),乌克兰 15,瑞典 10,德国 9,西班牙 8,比利时 7,捷克 6,瑞士 5,芬兰 4,匈牙利 4,斯洛伐克 4,巴基斯坦 3,南非、阿根廷、巴西、墨西哥、罗马尼亚、保加利亚各 2,亚美尼亚、伊朗、荷兰和斯洛文尼亚各 1。Nuclear Power Plants Information,http://www. iaea. org/cgi - bin/db. page. pl/pris. oprconst. htm.

表二 1995－2016年全球核发电量〔1〕1TW·h＝10^9kW·h(10亿千瓦)

年份	在运核电站（反应堆）数量〔2〕	供电量	全球供电量	占比(%)
1995	436	2190.94	—	—
1996	440	2269.39	—	—
1997	441	2263.79	—	—
1998	438	2298.27	—	—
1999	434	2378.93	—	—
2000	438	2443.85	—	—
2001	438	2511.09	—	—
2002	444	2553.18	—	—
2003	443	2504.78	—	—
2004	443	2616.24	—	—
2005	443	2626.34	—	—
2006	443	2660.85	—	—
2007	439	2608.18	—	—
2008	439	2597.81	—	—
2009	440	2558.06	20131.7〔3〕	12.71
2010	442	2629.82	21425.5	12.27
2011	448	2517.98	22100.6	11.39
2012	440	2346.19	22630.4	10.37

〔1〕 核电数据来自 Trend in Electricity Supplied(https://www.iaea.org/PRIS/WorldStatistics/WorldTrendinElectr icalProduction.aspx)和 World Nuclear Power Reactors & Uranium Requirements(http://www.world－nuclear.org/information－library/facts－and－figures/world－nuclear－power－reactors－and－uranium－requireme.aspx),2018年2月18日访问。

〔2〕 2017年在运核电站数量参见本章表三。

〔3〕 该列以下数据来自《2015年全球电力分析报告》,zbw/dlpd/info_show.jsp? record_id＝75311,2016年2月26日访问。

续表

年份	在运核电站（反应堆）数量	供电量	全球供电量	占比（%）
2013	441	2358.86	23184.0	10.17
2014	439	2410.37	23131.2[1]，23536.5	10.42/10.24（统计渠道不同）
2015	448	2441.33	22816.2	10.7
2016	451	2476.22	23360.6	10.6

自1954年6月27日苏联在奥布宁斯克建成世界第一座较大规模的电功率5MW试验电厂[2]起，至2018年2月，全球更有455个核电机组（反应堆）在运营，其中美国最多，有99个，法国其次，有58个，中国45个（含台湾的6个），日本42个，俄罗斯36个。长期关闭2016年年底有2个（一个在日本，一个在西班牙），2017年年底变成无，永久关闭166个。[3] 在建核电站59个，中国最多，有21个（含台湾2个），俄罗斯6个，印度6个，韩国和阿联酋各4个。从数据上看核电厂的扩建集中于亚洲，59个当中亚洲占36个，[4]而最近完成的39个与输电网相连的有28个在亚洲。[5] 2016年之前印度核发电占总电力的3%以下，目前达3.38%，但其在建核电厂占亚洲36个中的6个，其未来计划：增长速度到2022年是目前的8倍，达总电力的10%；到2052年增长

[1] 贾科华：《2014年全球新能源发电量同比增19%》，载《中国能源报》2015年4月20日，第3版。

[2] 黄倩："中国核事业立法拖延27年归因主管部门频繁变动"，载《检察日报》，2011年4月7日。

[3] See Operational & Long – Term Shutdown Reactors, https://www.iaea.org/PRIS/WorldStatistics /OperationalR eactorsByCountry.aspx，2018年2月17日访问。根据IAEA的2010年《核安全评审报告》中的数据，2010年在运行的核电站为441个，其中绝大部分是20世纪七八十年代建造的；一般核电站的预期寿命是35年。See IAEA, Nuclear Safety Review For the Year 2010, IAEA/NSR/2010, Printed in the IAEA in Austria, July 2011.

[4] Under Construction Reactors, https://www.iaea.org/PRIS/WorldStatistics/UnderConstructionReactorsByCountry.aspx.

[5] Alan McDonald, A look at nuclear power generation around the world and its future prospects, http://www.iaea.org/Publications/Magazines/Bulletin/Bull492/49204734548.html，2011年12月2日访问。

速度是目前的70倍，达总电力的26%，届时年均增长速度为9.5%。我们的近邻日本和韩国大体情况是：前者有42个核反应堆在运作，2个在建，计划到2020年其核电占总电力的比重由2006年的30%增加到40%；而后者拥有较多的核技术，目前有24个核电厂在运作，有4个在建，核电力已占其总电力的近三分之一。[1] 永久关闭的核反应堆有166个，其中美国最多，34个；英国、德国和日本分别为30个、29个和18个。[2] 总体上，目前全球涉核国家37个（朝鲜的数字不得而知，相关信息没有提供），有30个国家在运行核电站，有3个国家正在建设核电站；约旦、土耳其和越南正在积极准备建设核电站；[3] 意大利、立陶宛和哈萨克斯坦3个曾经使用过核电站的停止使用核能。

表三　全球核电使用情况（至2018年2月28日）[4]

国家或地区	核反应堆状况				2016年占本地发电比例
	在建	在运	长久关闭	永久关闭	
阿根廷	1	3	0	0	5.62%
孟加拉国	2	0	0	0	0
亚美尼亚	0	1	0	1	31.41%
白俄罗斯	2	0	0	0	0
比利时	0	7	0	1	51.72%
巴西	1	2	0	0	2.93%
保加利亚	0	2	0	4	35.03%
加拿大	0	19	0	6	15.63%
中国大陆	13	44	0	0	毛占3.56%
捷克	0	6	0	0	29.36%

[1] Under Construction Reactors, https://www.iaea.org/PRIS/WorldStatistics/UnderConstructionReactorsByCountry.aspx.

[2] Permanent Shutdown Reactors, https://www.iaea.org/PRIS/WorldStatistics/ShutdownReactorsByCountry.aspx.

[3] Number of Power Actors by Country and Status, (2018-02-18), at http://www.iaea.org/PRIS/CountryStatistics/CountryStatisticsLandingPage.aspx.

[4] See Power Reactor Information System, at https://www.iaea.org/PRIS/CountryStatistics/CountryDetails.aspx? current = AE.; Countries Statistics, at https://www.iaea.org/PRIS/CountryStatistics/CountryDetails.aspx? current = AR, 2018年2月28日访问。

续表

国家或地区	核反应堆状况				2016 年占本地发电比例
	在建	在运	长久关闭	永久关闭	
芬兰	1	4	0	0	33.71%
法国	1	58	0	12	72.28%
德国	0	7	0	29	13.12%
匈牙利	0	4	0	0	51.27%
印度	7	22	0	0	3.38%
伊朗	0	1	0	0	2.11%
意大利	0	0	0	4	0
日本	2	42	0	18	2.15% （日本因福岛事件影响）
哈萨克斯坦	0	0	0	1	0
韩国	4	24	0	1	30.30%
立陶宛	0	0	0	2	0
墨西哥	0	2	0	0	6.19%
荷兰	0	1	0	1	3.39%
巴基斯坦	2	5	0	0	4.39%
罗马尼亚	0	2	0	0	17.09%
俄罗斯	6	36	0	6	17.14%
斯洛伐克	2	4	0	3	54.14%
斯洛文尼亚	0	1	0	0	35.29%
南非	0	2	0	0	6.61%
西班牙	0	7	0	3	21.38%
瑞典	0	8	0	5	40.03%
瑞士	0	5	0	1	34.44%
土耳其	1	0	0	0	0
乌克兰	2	15	0	4	52.29%

续表

国家或地区	核反应堆状况				2016 年占本地发电比例
	在建	在运	长久关闭	永久关闭	
阿联酋	4	0	0	0	0
英国	0	15	0	30	20.40%
美国	2	99	0	34	19.74%
中国台湾	2	6	0	0	13.72%
合计	55(含 2 个台湾)[1]	455(含 6 个台湾)[2]	0	166[3]	

表四 2012－2015 年核能发电十大生产国数据[4]

国家	核能发电量(10 亿千瓦时)	占世界比重(%)	占国内发电量情况		
			比重(%)	十国排名	2013 年世界排名[5]
美国	801/822/831/830	32.5/33.2/32.8/32.3	18.8/19.2/19.2/19.3	6/6/5/6	16
法国	425/424/436/437	17.3/17.1/17.2/17.0	76.1/74.7/78.4/77.6	1/1/1/1	2
俄国	178/173/181/195	7.2/7.0/7.1/7.6	16.6/16.3/17/18.3	7/7/7/7	18
韩国	150/139/156/165	6.1/5.6/6.2/6.4	28.3/25.8/28.7/30.0	4/4/4/3	12

[1] Under Construction Reactors, https://www.iaea.org/PRIS/WorldStatistics/UnderConstructionReactorsByCountry.aspx.

[2] Operational & Long－Term Shutdown Reactors, https://www.iaea.org/PRIS/WorldStatistics/OperationalReactorsByCountry.aspx.

[3] Permanent Shutdown Reactors, https://www.iaea.org/PRIS/WorldStatistics/ShutdownReactorsByCountry.aspx.

[4] See2014－2017 Key World Energy Statistics, http://www.iea.org/publications/freepublications/publication/KeyWorld2014.pdf, 2018 年 2 月 18 日访问。

[5] 王一竹:《核能发电全球 TOP17 法国第一、中国倒数第一》, 2014 年 3 月 11 日, http://companies.caixin.com/2014－03－11/100649873.html。

续表

国家	核能发电量（10亿千瓦时）	占世界比重（%）	占国内发电量情况		
			比重（%）	十国排名	2013年世界排名
德国	99/97/97/92	4.0/3.9/3.8/3.6	16.0/15.5/15.6/14.3	8/9/9/9	19
中国	97/112/133/171	3.9/4.5/5.2/6.7	2.0/2.1/2.3/2.9	10/10/10/10	30
加拿大	95/103/108/101	3.9/4.2/4.3/3.9	15.0/15.8/16.4/15.3	9/8/8/8	21
乌克兰	90/83/88/88	3.7/3.3/3.5/3.4	45.4/43.0/48.6/54.1	2/3/2/2	4
英国	70/71/64/70	2.8/2.9/2.5/2.7	19.5/19.8/19.0/20.9	5/5/6/4	17
瑞典	64/66/65/－－〔1〕	2.6/2.7/2.6/－－	38.5/43.4/42.3/－－	3/2/3/－－	6
其他	392/388/376/365	16.0/15.6/14.8/14.2	8.1/7.9/9.4/7.2	—	—
世界	2461/2478/2535/2571	100/100/100/100	10.9/10.6/10.7/10.6	—	—

总体上，虽然在福岛核事件之后，对核能的运用引起过热议，甚至引起一波反对浪潮，但在全球经济发展与能源冲突之间，在没有更好的清洁能源取代之下，核能在可预见的未来几十年内仍将是人们解决环境污染和温室气体减排所依赖的重要的能源之一，上述列表表明的核能使用总体上呈现增长趋势就是一个例证。现在争议的问题不是要不要发展和利用核能，而是在较为完善的法律制度框架下如何安全、有效地充分利用核能，特别是避开核能利用所

〔1〕 2015年西班牙成为第十大核能国家，核电总量为570亿千万时，占比2.2%，占国内发电量比为20.6%。

带来的潜在威胁和风险,如核泄漏、核辐射、恐怖主义分子利用或破坏核设施、核废料处理及核电站役期结束后的处置等可能带来的问题。

第二节　主要国家的核能立法

为确保核能的安全使用,各涉核国家都较为关注将核活动纳入法治轨道中。本节主要就有关国家的核法律制度进行介绍和分析,为我国将来的相关立法提供参考。

一、主要国家核能立法概要

在全球 36 个正在使用、曾经使用或在建核电站的国家(朝鲜不在其中,暂不讨论)中,有 19 个国家制定了核基本法,而几乎所有国家都有核能方面的特别法。[1] 尽管有些国家目前并无使用(含近期)核能的打算,但全世界有 77 个国家建立了核法律制度,其中有 18 个非涉核国家制定了核能方面的基本法。[2] 整体而言,核电比较发达的国家都基本上构建了自己较为完善的核能法律体系。本节先就世界上使用核能最为典型的国家的核能立法做一个初步介绍。

美国在原子弹试验成功并轰炸日本之后,于 1946 年 8 月 1 日制定了世界上第一个《原子能法》,该法的特点是"民管军用",规定根据该法成立的原子能委员会代替美国陆军管理核能发展,同时形成禁止商用和民间资本进入核能领域的政府管制模式。不过,很快(1954 年 8 月)美国修改《原子能法》,使其成为世界上第一个全面规范核能民用管理的《原子能法》,其最大变化是允许民间资本参与核活动中。1946 年 11 月 6 日,英国也通过了其《原子能法》。在国际原子能机构设立之前,制定核能法的国家还有澳大利亚(1953 年)和日本(1955 年)等少数几个国家。国际原子能机构(IAEA)于 1957 年设立后,在帮助有关国家形成自己的核能法律方面起到了积极推动的作用,可以说在它的努力和各国的合作下,有核能使用能力的国家几乎都制定或形成了自己的核能法。目前主要国家的核能立法见表五。

---

〔1〕 IAEA Annual Report 2013 (R), pp. 2 – 3, 113.

〔2〕 郑玉辉:《中国〈原子能法〉立法 30 年》,载《中国核工业》2014 年第 6 期。

表五 中国之外的主要国家核能法制定概括[1]

国家	基本法	特别法或相关法
1. 阿根廷	《核活动法》(1997 年)	《国家矿业法》(1994 年)[2]
2. 亚美尼亚	《出于和平目的安全使用核能法》(1999 年)	《能源法》2001 年修正,《两用货物和技术出口控制及其在亚美尼亚过境运输法》2010 年修正[3]
3. 澳大利亚*	《原子能法》(1953 年)	《联邦辐射废物管理法》(2005 年),《环境和生物多样性保护法》(1999 年),《澳大利亚辐射保护与核安全法》(1998 年),《全面禁止核试验条约法》(1998 年),《澳大利亚核科学技术组织法》(1987 年)及《核不扩散(安保)法》(1987 年),《南太平洋无核区条约法》(1986 年)
4. 奥地利*	《无核奥地利联邦宪法性法案》(1999 年)	《辐射导致损害的联邦民事责任法》(1998 年制定,2003 年修改,取代 1964 年指定的《核责任法》),《环境影响评价法》(1993 年),《核不扩散法》(1972 年制定,1991 年修正),《辐射保护法》(1969 年)及《采矿法》(1954 年)
5. 孟加拉国	《原子能规制法》(2012 年)	《核安全和辐射控制法》(1993 年)
6. 白俄罗斯	《原子能使用法》(2008 年)	《公众辐射安全法》(1998 年),《公众卫生防疫福利法》(1993 年通过,2000 年修改),《在自然和技术性急救情况下公众和国土保护法》(1998 年)
7. 保加利亚		《核能和平使用法》(2002 年),《确保核电厂安全条例》等 18 个行政法规[4]

[1] 该表格内容主要参阅了 Country Nuclear Power Profiles2013 Edition (http://www - pub. iaea. org/MTCD/Publications/PDF/CNPP2013 _ CD/pages/index. htm), *Nuclear legislation in OECD countries*(http://www. oecd - nea. org/law/legislation/) 及 Country Profiles, at http://www. world - nuclear. org/information - library. aspx。

[2] 规定在保证国内供应后,政府享有第一选择权来购买阿根廷生产的所有铀;它还根据环境标准来规制相关核开发活动。See Nuclear Power in Argentina(updated 22 May 2017), at http://www. world - nuclear. org/information - library/country - profiles/countries - a - f/argentina. aspx.

[3] Armenia, at https://www - pub. iaea. org/MTCD/publications/PDF/CNPP2013 _ CD/countryprofiles/Armenia/Armenia. htm.

[4] Bulgaria(updated 2017), at https://cnpp. iaea. org/countryprofiles/Bulgaria/Bulgaria. htm.

续表

国家	基本法	特别法或相关法
8. 比利时*	《皇家法令》(GRPIR, 2001 年 7 月 20 日颁布,9 月 1 日实施,取代 1958 年《保护人民免受电离辐射危害法》)	《出于电力产业生产之目的的核能淘汰法》(2003 年),《核能领域第三方责任法修改法案》(2003 年),《核安全条约法》(1997 年 1 月 13 日),涉及联邦核控制局之监管核设施的法律(1994 年 4 月 15 日),《核能领域第三方责任法》(1985 年)
9. 巴西	《核能国家政策法》(1962 年)	《CNEN 成立作为主管和许可联邦机构法》(1974 制定,1989 年修改),《核部门重构法》(1988 年),《核与辐射材料和公共事业许可》,《控制与监管税法》(1999 年)
10. 加拿大*	《核安全和控制法》(1997 年)	《加拿大环境评估法》(2012 年),《核责任法》(1985 年)
11. 智利*		《核安全法》(1984 年制定,1988 年、2002 年和 2010 年三次修订),《环境一般基础法》(1994 年制定,2010 年修改)
12. 捷克*	《原子能法》(1997 年制定, 2002 年、2016 年分别修改)	《核能与电离辐射和平使用法》(1997 年),《矿产资源保护和利用法》(1988 年),《辐射保护法》(2002 年),《运输、储存及处理核材料和辐射物质包装装配之型式批准》(2002 年)
13. 法国*	《核能领域透明和安全法》(2006 年)	《采矿法典》,《公共卫生法典》,《放射性材料和废物可持续管理法》(2006 年),《第 68 - 493 号法案》(1968 年 10 月 30 日,对于核能运营者采取严格责任原则)
14. 芬兰*	《核能法》(1987 年制定,2004 年修改)	《辐射防护法》(1991 年制定,2005 年修改),《核责任法》(1972 年制定,2005 年修正)
15. 德国*	《原子能法》(1959 年制定,2001 年修改)	《原子能和平利用及其危险防护法》(2002 年),《商业生产电力的核电站结构性淘汰法》(2002 年),《防范性辐射保护法》(1986 年制定,2008 年修正),《高活性材料控制法》(2005 年),《巴黎核责任议定书》(2008 年)

续表

国家	基本法	特别法或相关法
16. 匈牙利*	《原子能法》(1986 年制定,2006 年修改)	《民法典》第 345 节
17. 冰岛*	无	《辐射保护法》(2002 年)
18. 印度	《原子能法》(1962 制定,最新修改 2015 年[1])	《核损害民事责任法》(2010 年),《核损害民事责任规章》(2011 年)
19. 意大利*	《核能和平使用框架法》(1962 年制定,1970 年修正)	《2010 年第 31 号——制定在本国范围内核电站的选址、建造和运营及核燃料加工设施、乏燃料和辐射性废物存储系统与补偿措施和公共信息披露之规则之立法令》,《1995 年第 230 号立法令》(涉及核安全等),《关于核能的法律规定》(2009 年第 99 号法律第 25、26、29 条)
20. 日本*	《原子能基本法》(1955 年)	《核损害赔偿法》,《核损害赔偿补偿协议法》,《核损害赔偿法实施令》,《核损害赔偿补偿协议法实施令》,《履行核损害补充赔偿公约实施之核损害补偿基金的补贴等法》(2014 年)[2]
21. 荷兰*	《核能法》(2007 年)	《环境保护法》,《一般行政法》
22. 挪威*	《核能活动法》(1972 年)	《辐射保护和辐射运用法》(2000 年)
23. 波兰*	《原子能法》(2000 年)	
24. 韩国*	《核能促进法》(2011 年)[3]	《核安全法》(2011 年),《放射性废弃物管理法》(2009 年),《核损害赔偿法》(2001 年)

[1] OECD: Nuclear Law Bulletin, No. 97, Volume 2016/1, p. 106.

[2] Nuclear Law Bulletin, No. 97, Volume 2016/1, p. 109.

[3] 韩国《原子能法》(1958 年)已于 2011 年取消,其内容被分为《核安全法》与《核能促进法》两部分,其中的《核能促进法》起到类似基本法的作用。

续表

国家	基本法	特别法或相关法
25. 俄罗斯*	《原子能利用法》(1995 年,2013 年修正;联邦第 170 号法律)	《联邦居民辐射安全法》(1996 年),联邦环境保护法(2002 年),《联邦放射性废物管理法》(2011 年)[1]
26. 斯洛伐克*	《核能和平使用法》(《原子能法》,2004 年,2013 年修改)	《核基金法》(2006 年第 238 号法)
27. 斯洛文尼亚*	无	《电离辐射保护和核安全法》(2011 年),《第三方责任法》(2010 年);《双重使用货物出口管制法》,《危险货物运输法》
28. 土耳其*	无	《辐射矿法》(1994 年),《核电站建设和运营法》(2007 年),《电力市场法》(2013 年生效)
29. 西班牙*	《核能法》(1964 年)	《设立核安全理事会法》(1980 年制定,2007 年修改)
30. 瑞典*	《核活动法》(1984 年)	《核责任法》(1968 年),《辐射保护法》(1988 年),《核活动残留产品管理融资法》(2006 年)
31. 瑞士*	《核能法》(2003 年)	《辐射防护法》(1991 年),《核第三方责任法》(1983 年)
32. 英国*	《原子能法》(1946 年)	《核安保法》(2000 年),《原子能机构法》(1995 年),《辐射性物质法》(1993 年),《工作等中的健康和安全法》(1974 年)
33. 美国*	《原子能法》(1946 年制定,1954 年制定,后多次修改)	《能源再构法》(1974 年),《核废物政策》(1982 年),《低水平辐射废弃物政策修正法》(1985 年),《核不扩散法》(1978 年)
34. 伊朗		《原子能组织法》(1974 年),《辐射防护法》(1989 年)
35. 哈萨克斯坦	《原子能利用法》(1997 年)	《公众辐射安全法》,《许可法》,《生态法》

[1] Russia's Nuclear Fuel Cycle (updated January 2018), at http://www. world - nuclear. org/information - library/country - profiles/countries - o - s/russia - nuclear - fuel - cycle. aspx.

续表

国家	基本法	特别法或相关法
36. 立陶宛	《核能法》(2011 年修订)	《核安全法》(2011 年),《放射性废物管理法》(2011 年),《辐射防护法》(1999 年)等近 30 部法律。[1]
37. 墨西哥*		《宪法》第 27 条,《宪法》第 27 条关于核问题的管制法(1985 年),《核损害第三方责任法》,《生态平衡与环境保护法》(1987 年)
38. 罗马尼亚	《安全利用、监管、授权和核活动控制法》(1996 年)	《核损害民事责任法》(2001 年)
39. 南非	《核能法》(1999 年)	《国家核规制者法》(1999 年)
40. 乌克兰		《宪法》第 50 条(1996 年),《环境保护法》(1991 年),《空气保护法》(1992 年)等。
41. 阿联酋	《联邦核能和平利用法》(2009 年)	《设立阿联酋核能集团公司法》(2009 年),《联邦环境保护与发展法》(1999 年),《关于建立国家关键基础设施管理局法》(2007 年)
带*者为 OECD 国家[2]		

上述列举的有关国家的核能立法情况表明,几乎所有已经有核能使用情况或核能使用计划的国家,均已经制定核能基本法或专门的核能法,或与核能相关的法律(从相关网站上检索的资料看,巴基斯坦似乎只有条例而无相关法律[3],但我们想其制定条例应该有相关法律作为依据)。其中,有 35 个国家制定了核能基本法或具有基本法性质的法律,22 个国家制定了核辐射防护方面的法律,12 个国家制定了核责任法,核安全法(包括与辐射合在一起)约 9 个。这些对我国核能立法体系整体的构建有较强的借鉴意义。当然,具体

〔1〕 For details, see Public of Lithuania (updated 2013), at https://www - pub. iaea. org/MTCD/Publications/ PDF/CNPP2013_CD/countryprofiles/Lithuania/Lithuania. htm.

〔2〕 OECD 成员截至 2018 年 2 月共有 35 个国家(See Current Member, at oecd. org/about/membersandpartners/),表五涉及 27 个国家。

〔3〕 Nuclear Power in Pakistan (updated January 2018), at http://www. world - nuclear. org/information - library/country - profiles/countries - o - s/pakistan. aspx; Pakistan, at https://www - pub. iaea. org/MTCD/Publications/PDF/CNPP2013_CD/countryprofiles/Pakistan/Pakistan. htm.

分析有关国家详细的国内立法框架和内容，意义更为重大。下文将选择性地对韩国、英国、美国、日本等国家的立法做详细介绍，以从中发现更为现实的借鉴做法。

二、主要国家立法内容

（一）韩国（2018 年 10 月更新）

韩国放在第一是因为韩国在立法上，有更多的地方值得中国借鉴。韩国尽管只有 5000 万左右的人口，国土面积 10 万平方公里，相当于我们的浙江省，国内自然资源贫乏，20 世纪 60 年代前也曾经是世界上饱受战火伤害而又贫穷的国家，政府在国家能源不足的情况下，通过促进核电产业的发展，保持了稳定能源供应的一贯国策。其核能发展从 20 世纪 50 年代开始，[1]经过 60 多年的发展，其第一个核设施，古里 1 号机组，于 1978 年开始商业运营。[2]今天它已经位列发达国家的行列，是世界上核能使用的主要国家，核发电总量长期占据世界前五的地位，如 2012 年、2013 年、2014 年、2015 年核发电量分别是 1500 亿千瓦时、1390 亿千瓦时、1560 亿千瓦时和 1650 亿千瓦时（中国同期分别为 970 亿千瓦时、1120 亿千瓦时、1330 亿千瓦时和 1710 亿千瓦时），均约占世界核电总量的 6% 左右（中国 4% 左右），分别占国内发电总量的 28%、26% 和 28.7%（远高于中国同期的 2%、2.1%、2.3% 和 2.9%），前三年均位居世界第四，[3]2015 年中国超过韩国，韩国第五。它也向国外输出核技术，如在阿联酋有在建核反应堆 4 个，合同价款约 200 亿美元。据 2018 年 10 月的最新数据，韩国 24 个核反应堆提供了韩国约三分之一的总发电量（提供的电力来源仅次于煤炭），均来自核电厂提供的 23GWe。在韩国，核能仍是其优先考虑的战略，它计划到 2029 年核电能力将增加 70%，新增 13 个核反应堆，核发电量能力达 37GWe，并维持该水平到 2035 年。目前它正在试图从国际条约义务、承诺中对美国控制燃料循环的做法寻求救济。[4] 韩国核能的健康

---

〔1〕 *South Korea Nuclear Chronology*, http://www.nti.org/media/pdfs/south_korea_nuclear.pdf?_=1316466791.

〔2〕 See the 6th National Report for the Convention on Nuclear Safety 2013, p. 3, at http://www.kins.re.kr/en/img/global/pdf/National%20Report%20for%20the%206th%20CNS.pdf.

〔3〕 See Key World Energy Statistics 2014 – 2016, http://www.iea.org/publications/freepublications/publication/KeyWorld2014.pdf.

〔4〕 Nuclear Power in South Korea (updated December 2017), www.world-nuclear.org/information-library/country-profiles/countries-o-s/south-korea.aspx.

发展与其较为完善的核法律制度有密切关系，并且它能够随着形势的发展及时调整自己的法律制度。在2011年3月日本福岛核事件以后，它接受国际原子能机构的建议，短期内很快废除了已经不能适应其核能发展之需的、于1958年制定的《原子能法》，继而将其内容分别规定在《核安全法》与《核促进法》中，这一变化对韩国核电近年来的稳定、安全发展起到了积极的推动作用。

1. 韩国核电的主要法律

(1)韩国核法律框架

韩国早在1958年制定《原子能法》时，注重核能发展和利用，而对核损害责任只有原则性的规定，直至20世纪60年代末70年代初，才开始制定详细的责任法，分别于1969年和1975年专门制定了《核责任法》(规定任何一个在核事故中受害的人获得赔偿的程序和范围)和《核责任赔偿协议法》(规定关于政府和运营人之间就弥补保险范围之外损失的合同具体事宜)，而原先的《原子能法》依然存在(只规定核能的发展和利用及安全规制等内容)，该法后来经过1961年(2次)、1966年、1967年、1969年、1973年(2次)、1982年、1986年、1995年、1996年、1999年和2008年等多次修改，而不断完善。其中1982年的修改是整合韩国所有涉及核能方面的法律，1986年修改意在建立核废料管理基金，1995年的修改重在促进核能发展一体化计划的制订，1996年的修改有三点：建立核能安全委员会、建立核能研发基金及开放公众听证程序。2008年修正的是制定有关放射性废物管理的基本规划。[1] 2011年在日本福岛事件之后，韩国将其《原子能法》一分为二，制定了《核促进法》和《核安全法》，以取代原先的调整模式(下文将重点介绍《核安全法》)。2001年1月，根据1997年修改后的《维也纳公约》精神，韩国对《核责任法》进行了修订。此外，韩国还单独制定了《核安全机构法》(规定韩国核安全机构的设立与运营)以及《实物保护和放射性紧急事件法》(建立了有效的核材料和核设施实物保护体系，规定了防止辐射性灾难和防备放射性紧急事件应对措施的法律和制度基础)。[2]

韩国与核活动相关的主要法律有《核能促进法》、《核安全法》(NSA)、

---

〔1〕 Nuclear Legislation in OECD Countries - - Regulatory and Institutional Framework for Nuclear Activities - Korea,2009,pp. 3 -4,http://www. oecd - nea. org/html/law/legislation/canada. pdf.

〔2〕 See Nuclear Legislative Framework,http://www. kins. re. kr/english/nuclear/nuc_legisative_03. asp.

《电力事业法》(EBA)、《环境影响评价法》和其他。其中前两者是最为根本和重要的，韩国所有涉及核活动和辐射保护的规定集中体现于这两部基本法中。韩国核方面的法律框架见表六。

表六　韩国核规制法〔1〕

名称	主要内容	主管机关	备注
《核能促进法》	规定核能研究、开发、生产和使用等事宜，以通过学术研究和产业发展的促进与便利来提高和改善民生	科学、信息通信技术和未来规划部/原子能委员会	规定促进核能发展的具体内容/总理领导之下
《核安全法》	核安全规制方面最高水平的法律，〔2〕规定了对于核设施的建设与运行以及核材料，放射性同位素，辐射发生装置的制造、销售和使用中的安全管理要求〔3〕	韩国核安全与安保委员会 NSSC	—
《韩国核安全与安保委员会设立与运作法》	规定了韩国核安全与安保委员会的组成、职责和原则等具体内容	韩国核安全与安保委员会 NSSC	
《韩国核安全研究院法》	规定了韩国核安全研究院的建立与运作	韩国核安全与安保委员会 NSSC	—
《防护与辐射紧急情况法》	为核材料与核设施建立了更有效的防护制度，为防止放射性灾难和准备辐射紧急情况应对措施提供了法律和制度基础	韩国核安全与安保委员会 NSSC	—
《防止自然环境辐射行动指南法案》	规定了管理居民区辐射的安全规则，以防止人们受到家居用品、建筑材料或回收金属的超剂量辐射	韩国核安全与安保委员会 NSSC	

〔1〕 See Country Nuclear Power Profiles 2013 Edition, Republic of Korea (http://www - pub. iaea. org/MTCD/Pub lications/ PDF/CNPP2013_CD/countryprofiles/KoreaRepublicof/KoreaRepublicof. htm) and the 6th National Report for theConvention on Nuclear Safety 2013, p. 54 (at http://www. kins. re. kr/en/img/global/pdf/National%20Report%20for%20the%206th%20CNS. pdf).

〔2〕 See the 6th National Report for the, Convention on Nuclear Safety 2013, p. 44, at http://www. kins. re. kr/en/img/global/pdf/National%20Report%20for%20the%206th%20CNS. pdf.

〔3〕 韩国《核安全法》(2011 年通过，2013 年修改)共 11 章 121 条。

续表

名称	主要内容	主管机关	备注
《核责任法》	规定了个人因核事故而遭受的任何损害的赔偿程序和范围	韩国核安全与安保委员会 NSSC	
《核责任赔偿协议法》	规定了核责任赔偿协议的具体规则,涉及政府和核运营者之间的合同,以弥补未含在保险范围之内的任何赔偿	韩国核安全与安保委员会 NSSC	
《放射性废弃物管控法》	规定了对放射性废弃物安全有效管理控制的必要事项	韩国贸易、工业和能源部 MOTIE	—
《电力产业法》	为电力产业规定了基本制度	韩国贸易、工业和能源部 MOTIE	将核反应推设施的安装、维护、修理、运营和安保等事宜授权给《核安全法》调整
《电力来源发展促进法》	规定与电力来源开发有关的特殊情形	韩国贸易、工业和能源部 MOTIE	规定核设施选址程序的特殊情形;对核现场事先指定通知
《环境政策框架法》	环境保护政策的母法,涉及环境保护政策基金等方面的法律	韩国环境部 MOE	《核安全法》被授权确定防止放射污染的具体措施;将防止放射性物质污染的措施授权给《核安全法》规制
《工程影响环境评估法》	规定了根据环境政策基本法评估环境影响的范围和程序	韩国环境部 MOE	评估排除放射性效果的环境影响
《消防服务框架法》	规定了火灾的防范、预防及灭火的一般事项	MOPAS 韩国国民安全管理部/国家应急管理局	易燃物的安全管理要求

续表

名称	主要内容	主管机关	备注
《民防基本法》	规定了民防制度的一般事项	MOPAS 韩国国民安全管理部	预防核事故灾难的准备工作包括在基本民防计划之中
《灾难与安全管理基本法》	规定了控制人为灾难的一般事项	MOPAS 韩国国民安全管理部	描述了在基本民防计划实施中针对违反行为的纠正或配套措施
《工业事故赔偿保险法》	规定了工业事故中对于工人的赔偿保险	MOEL 韩国雇佣和劳动部	应根据核安全法的赔偿标准对从事核事业工人进行赔偿
《工业安全与卫生法》	规定了应保护和加强工人的健康和安全	MOEL 韩国雇佣和劳动部	将涉及放射性效果事宜授权给《核安全法》调整/《原子能法》包含辐射性安全的规范
《建筑法》	规定了建筑的一般事项	MLTM 韩国国土、交通和海事事务部	将核反应堆实施的建筑许可授权给《核安全法》调整/当处理设施现场获得事先批准,可视为根据《建筑法》取得建设许可

根据表六可以看出,直接规范核能和辐射防治的法律共有 9 部,间接涉及核安全的法律有电力方面 2 部、环境方面 2 部、其他涉及安全和赔偿方面的法律 6 部,共 19 部,在所有的国家中,韩国的核能方面的法律应该是最多的。从核活动及其安全、责任等角度看,韩国法律是全方位、立体式的调整,其体系以

核促进、核安全和核责任等方面的法律规范为核心和基础,其他法律为辅助(涉及特定领域),这种方式基本能够做到全方位覆盖。因此,可以说,至少在立法层面,韩国没有留下死角,为下一步的行政法规及更低级别的规范性文件的制定提供良好的法律依据。韩国涉及核方面的法律框架说明其政府在立法层面对核安全和核能利用的高度关注并力图通过完善的法律体系来确保核安全在现实中的落实。

在每一个方面,它们又构成一个相对独立、完善的体系。下面以核安全方面的制度为例。如表七[1]核安全法律框架由四个层次构成:法律(核安全法)、总统令(核安全法实施令)、总理法规(核安全法实施法规)及 NSSC 规章(含涉及核反应堆设施等技术标准的实施规定、有关辐射安全管理等技术标准的实施规范及 NSSC 令等)。(1)核安全法规定 NSSC、核能开发利用和安全规范、核安全整体规划、核装置的 CP/OL 等基本事项和重大内容;(2)总统令规定实施该法所必须的技术标准和行政程序或方法等;(3)总理法规和其他两个涉及技术标准的规章规定具体实施事项,包括由法律和总统令等授权规定的详细程序、文件形式、技术标准等;(4)NSSC 指令规定核活动的更为具体详细的产业标准和指南,由主管部门批准并适用于核装置的设计与运营。由安全规范的技术支持组织韩国核安全研究院(KINS)制定的安全审查和规范监管指南在实际中运用。除了法律、总统令和 NSSC 的指令规定的标准和要求之外,KINS 制定具体详细的标准和指南,主要适用于新的核电站。[2]

表七　韩国核安全规制框架结构[3]

法律法规等级	内容
法律	· 涉及核安全的基本原则; ·《核安全法》《核责任法》《防护与辐射紧急情况法》《放射性废弃物管控法》
实施行政令	· 法律授权的具体事宜; ·《核安全法》和其他法律的实施行政令

[1] 有关核安全方面法律制度的详细分析也可参见马忠法:《韩国核安全法律制度及其启示》,载《韩国研究论丛》2016 年第 2 辑。

[2] Legislative Framework, http://www.kins.re.kr/en/reference/LegislativeF.jsp.

[3] See the 6th National Report for the Convention on Nuclear Safety 2013, p. 42, at http://www.kins.re.kr/en/img/global/pdf/National%20Report%20for%20the%206th%20CNS.pdf.

续表

法律法规等级	内容
执行规章(总理规章)	· 由法律和/或实施令授权的具体事宜及实施它们所必要的具体事宜(包括详细的程序及文件形式); · 核安全法的实施规章和其他相关法律的实施规章
技术标准(NSSC 规章)	· 由法律和/或实施令授权制定的简要技术标准; · 核反应堆设施等的技术标准规范,辐射安全管理技术标准等规范; · 技术标准与依据核安全法、总统令、与/或规章(NSSC 通知)授权的程序与形式的具体指标
规制标准	技术标准进一步的具体细节或解释等
规制指南	可接受方法、条件、详细的规范
安全审查和监管指南	标准审查计划,检查手册等
产业法典和标准	KEPIC,ASME,IEEE,ASTM,等等

这里主要介绍一下《核安全法》的规定。其内容如下:

《核安全法》对有关核安全基本的和重要的事项进行规定,它包括核安全和安保委员会的规定,放射性废弃物处理设施的建设和运作的许可、放射性废弃物管理设施的废弃物安全基本事项以及其他法律法规。

《韩国核安全法》共 11 章 121 条。

第 1 章"一般规定",规定本法制定的目的与本法中使用的相关概念的定义,共两条(第 1-2 条)。

第 2 章"全面核安全计划的建立与执行"规定,全面核安全计划的建立、执行,核安全特定机构,[1]韩国核不扩散和控制研究所的建立及其职责,实际情形的调查,及核安全研发项目的实施(第 3-9 条)。

第 3 章"核反应堆和相应设施的建设与运营"规定,分核电厂反应堆及相关设施建设、运营,核研究反应堆的建设与运营等三节,内容有建设许可、许可标准、标准设计批准与撤销、不合格情形、核材料控制和合计的规制、安全相关设施合同报告、不合规报告、监管、建设许可证的撤销、数据记录及其维持、核反应堆的继受等,运营许可及其标准与撤销、监督、定期安全审查、数据记录及

[1] 根据《核安全公约》(1994 年)的序言"重申核安全的责任由对核设施有管辖权的国家承担"之要求,相关规定至为重要。

其维持、运营措施、核电反应堆和相关设施使用等的暂时中止与退役等；核研究反应堆建设与运营的许可及撤销等，相关业务活动的中止和中断（第10－34条）。

第4章“核燃料循环业务与核材料的使用等”，核燃料循环业务许可的颁发及其撤销、准许标准、监管、运营安全措施、核燃料循环设施运营中止措施及其退役、数据记录及其保持等，使用和拥有核燃料材料许可的颁发及其撤销、许可标准、监管、遵守标准的义务及数据记录和维持等、核原材料使用通知等（第35－52条）。

第5章“放射性同位素和辐射产生装置”，放射性同位素和辐射产生装置的许可等，辐射安全控制官、业务代理人的注册，许可标准、监督、生产、销售、使用或移动使用许可的撤销，数据记录及其维持、遵守标准的义务等，所有人安全行为的职责，辐射装置产生设计的批准、监督等（第53－62条）。

第6章“处理和运输”，含处置设施建造和运营的许可及其撤销、许可标准、监管、数据记录及其维持、遵守标准的义务、辐射废弃物处置的限制、运输报告、有关包装或运输的技术标准、暴露控制及事故应对措施、包装或运输的监管、运输装载容器设计的批准、监管等（第63－77条）。

第7章“剂量计阅读等”，含剂量计阅读服务提供者的注册及其撤销、注册标准、监管及数据记录及其维持（第78－83条）。

第8章“许可与检查”，含不合格情形、许可的撤销、许可的检查等（第84－88条）。

第9章“规制与监管”，含排除区域的建立、危险设施安装的限制、防止辐射损害的措施及相关报告、核燃料材料的征用及转让、拥有、转移和接管辐射材料等或辐射产生装置的限制、撤销业务中断等许可后的措施、核电站使用设施处理的限制、被盗窃的报告及其他报告或监管等（第89－98条）。

第10章“补充规定”，许可或设计的条件、主题报告的批准、听证、员工保护、居民意见的征集、环境保护、全国辐射环境的监控、教育和培训、进口或出口程序、国际合作、秘密披露的禁止、从事核安全活动公共官员的津贴、赔偿、金钱性奖励的支付、责任的减免、主管机关的授权及相关费用等（第99－112条）。[1]

第11章“刑事责任规定”，损毁核反应堆并给人类生命、身体或财产带来

---

〔1〕 根据《核安全公约》（1994年）的序言“希望促进有效的核安全文化”之要求，这些规定非常必要，特别是教育与培训是促进核文化形成和发展的关键要素。

损害的人应当被判死刑、无期徒刑或不少于 3 年的有期徒刑；在战争期间犯前述罪行的，要被判死刑或无期徒刑；试图犯前述罪的，要被惩处；有预谋、合谋或煽动犯前述罪意图的，要承担不少于 3 年的刑事责任；不适当操纵辐射材料、核反应堆或相关设施等造成损害的，要承担 1 年以上 10 年以下的刑事责任；疏忽大意的行为要被处罚金、共同责任及政府雇员的法律责任等（第 113 - 121 条）。

从整个条文的内容看，它大体上包括对核设施建设和运作进行许可的规定、与核设施安装与运作有关的逐步检验规定、放射性废弃物安全运输和包装的规定、基本政策确立和执行的规定。它重在设置前置条件和事中事后监管，特别注重设立的核安全和核安保委员会（NSSC）的统一监控和管理的作用，这样可以避开部门保护和地方保护的干扰。同时将该机构直接设立为对总统或总理负责的机构，使其权威可以高于政府的各个部门，利于核安全、安保方面法律规定的实施与执行。这一点颇值我们思考和借鉴。

（2）主管部门[1]

IAEA 一直以来向其成员推荐建立一个与其他行政机关分离、能够确保监督时具有独立性和中立性的行政管理机构，如将相关机构建立在科技部、环保部和发改委下面，都会使其丧失独立性，进而裹挟于部门利益纷争之中。20 世纪 50 年代，韩国通过的《原子能法》确定的韩国原子能委员会（AEC）是核能政策制定的最高机关，由总理做主席，它是依据《原子能法》而设立的。高级核安全委员会（NSC）由教育科技部（MEST）部长任主席，在 2011 年前对核安全规制负责，它独立于 AEC，是根据 1996 年《原子能法修正案》而设立的，其管理框架很大程度上是模仿美国的核规制委员会（NRC）。当时，与核相关的活动根据情况主要由原子能委员会、教育科技部或知识经济部组织和监督，有时是三方联合行动。后两个部门由特设部门与公共或准公共性质的技术团体构成。研究方面，韩国原子能研究机构起主导作用。教育科技部是主要的主管部门，其主要职责是实施除了明确由知识经济部和原子能委员会管辖的事情之外的原子能法，其职责主要有制定促进科技项目的基本政策；协调负责制定与核能相关的政策的各部门之间的管辖或管理权限；举办高素质科学家

---

〔1〕《核安全公约》规定“监管机构”是“对每一缔约方而言，系指由该缔约方授予法定权力，颁发许可证，并对核设施的选址、设计、建造、调试、运行或退役进行监管的任何一个或若干个机构（英文本用的是“any body or bodies”，中文官方文本将其翻译成“一个或几个”似可商榷）”。可以看出，主管部门可以是一个或多个，具体数目由各国根据本国情况酌定。

和工程师培训项目;资助国家研究中心和政府内的附属研究机构;促进国际技术合作,确保科技进步的理想环境。具体核能方面的事宜由其下设的核能源局来落实,该局分为核政策处、原子能国际合作处、核安全处及辐射安全处等具体负责相关领域的事宜。知识经济部的职责是根据原子能委员会的建议提出与能源生产和资源利用相关的一般政策,其职责由一系列的保护资源及确保能源合理使用的活动来完成。具体说,它界定与核能发展项目相关的基本政策,监督核电厂的能源生产。其下设的电力办公室含核电处,该处负责:制定核电厂发展的基本政策,监督控制核电厂的建造与运营,控制核燃料的供需及协调与辐射废物及乏燃料处理相关的事宜。2011 年之前,韩国重要的咨询性机构之一是原子能委员会,其主要职责有:规划核能和平利用的一般政策,协调相关行政部门的关系,核能领域有资格实体的花费估算和分配,推动核能利用方面的研发活动,培训研究人员与工程师,采取与辐射废弃物管理相关的措施及其他由主席提交给委员会并被视为重要的其他事情。另一咨询机构是韩国核能安全机构,主要职责是辅助政府在许可和管理活动方面(特别是涉及公共健康与环境保护问题)做些工作,主要活动有:安全审查与核装置评估,核装置检查,管理与技术标准的研发,放射性同位素与电离辐射源的规制及规制政策完善的技术支持等。[1]

韩国在日本福岛事件之后,非常严肃认真对待这一问题,他们设立了核安全和安保委员会(NSSC)并相应地完善或再造自己的法律制度。它现在基本上构建了一个由"总统 - 总理 - 原子能促进委员会和 NSSC 与促进核能使用直接相关的政府部门[2]"相对较为完整的主管机关管理体系。这里重点分析和介绍 NSSC 及其下设的两个专家组织:韩国核安全研究院(KINS)[3]和韩国核不扩散和控制研究院(KINAC),作为 NSSC 的技术支持组织。

---

〔1〕 Nuclear Legislation in OECD Countries—Regulatory and Institutional Framework for Nuclear Activities - Korea,2009,pp. 13 - 18,http://www. oecd - nea. org/html/law/legislation/korea. pdf.

〔2〕 涉及核能的其他机构有:科技、ICT 和未来规划部(负责核能相关的研发)、贸易产业能源部(负责核电站的运营等)和其他相关部门(如 RI 和辐射利用等)。

〔3〕 该机构(Korea Institute of Nuclear Safety)是一个核规制专家组织,旨在保护公众和环境使他们/它们免遭电离辐射伤害之影响;2011 年 NSSC 设立之前,它是韩国教育科技部(MEST)下设的安全专家规制机构,此后是 NSSC 下的技术支持组织。See President's Message,http://www. kins. re. kr/en/aboutkins/presi dent. jsp,and Nuclear Power in South Korea(updated December 2017),http://www. world - nuclear. org/info/ Country - Profiles/Countries - O - S/South - Korea/.

1）核安全和核安保委员会（NSSC）

2011 年 3 月福岛事件引起社会公众对核安全的高度关注，[1]此后，针对过去核能主管部门过于分散、不利于集中监管、隐藏安全风险，及时进行制度上的变化，韩国决定设立核安全和安保委员会（NSSC），并根据 2011 年 7 月 25 日通过的《核安全和安保委员会设立和运行法》于 2011 年 10 月 26 日设立，在总理的直接领导下履行核安全和安保方面的职责（其职责范围覆盖许可、监督、实施、事故和紧急事件应急反应、核不扩散和保障、进出口控制和物理保护等）。[2] 它是一个新的独立管理部门，对总统汇报，主席是部长级别。在 2011 年 7 月 25 日通过的《核安全法》中规定了核安全和安保委员会（NSSC）必须每五年制定一次核使用安全控制的全面规划。[3] 根据《核安全和安保委员会设立和运行法》，以下事宜由其调整：（1）涉及核电厂使用人许可证发放、续期、允诺、证书、批准、注册及取消等事宜；（2）涉及关于韩国核安全研究所总裁及执行官的任命等事宜；（3）涉及关于韩国核不扩散和控制研究院总裁及执行官的任命等事宜；（4）其他根据总统令规定认为维持核安全

---

[1] 在福岛事件之后，有关部门立刻组织了对各个场所的评估，以及之后的对于所有工厂的特殊的部长安全反馈（辅以对 Kori1 的特殊注意）。IAEA 综合监管审查服务局（Integrated Regulatory Review Service）对整个韩国的核电运行情况进行了检查。一大部分的措施都是首次使用：Kori1 的海岸屏障提高到了 10 米，应急柴油发电机上都装上了防水门，电池供应将免受洪水的袭击，每个站点都有装载着携带式柴油发电机的货车，不依靠电力的被动除氢系统被安装，排气及减压装置升级，自动关闭系统和冷却系统的抗震性能得到了提升。以上所述都是每年 10 亿的投资，超过 5 年所带来的成果。在 2012 年的时候，KHNP 发现其供给中至少有 5 个反应堆有虚假合格以及不安全部分。公用事业公司告诉该部门，8 个无名供应商——据报道是 7 个国内公司以及 1 个美国公司——伪造了大约 60 质量管控证书，涉及自 2003 年到 2012 年分发的 7682 个部分。大部分是在华彩装置 5 和 6 处安装的，剩下部分是在华彩装置 3 和 4 以及 Hanul 装置 3 使用的。当起安装部分被更换后，华彩装置也下线了。在 2013 年 5 月的时候，带有虚假文件的安全相关控制电缆被发现安装于 4 个反应堆上。NSSC 立即要求 KHNP 停止 Shin Kori2 以及 Shin Wolsong1 的部分的运作，并且保持为既定维护的 Shin Kori1 的关闭状态。另外，新建造的正在等待商业机会的 Shin Wolsong2，可以开始运转了。直到电缆被更换，这些机械才可开启运转，而这一过程大约耗时 4 个月。Shin Kori 1&2 以及 Shin Wolsong1 在清理后于 2014 年 1 月重新开启。由于更换不合格电缆的要求，Shin Kori 3&4 的完工被推迟至 2015 年。在 2013 年 10 月，大约 100 人将由于此不合格事件而被起诉。See Nuclear Power in South Korea，http://www. world - nuclear. org/info/Country - Profiles/Countries - O - S/South - Korea/ Nuclear Power in South Korea，http://www. world - nuclear. org/info/Country - Profiles/Countries - O - S/South - Korea/.

[2] Article 3 of Act on the Establishment and Management of Nuclear Safety and Security Commission（amended and effective Mar 23，2013）.

[3] Article 3 of Nuclear SafetyAct（July 25，2011）.

独立的必要事宜。[1] 总统朴槿惠的任期自2013年开始,根据政府组织法,该委员会在总理之下进行了重新调整。该委员会是一个独立运行的政府机构,在内阁中相当于一个副部级单位,对核设施和活动的安全、安保和保障措施等负责,它主要管理以下事项:(1)涉及核安全控制事宜;(2)涉及核安全管理的研发事宜;(3)本法规定的其他事宜,或其他法律规定由NSSC调整的事宜。上述职责范围内的具体内容由总统令加以规定。该委员会商讨和解决的问题有:(1)整合和协调核安全控制事宜;(2)制定核使用安全控制的全面规划;(3)规范核材料和核反应堆事宜;(4)核电站使用辐射暴露引起的损害防护事宜;(5)涉及核电厂使用人许可证发放、续期、允诺、证书、批准、注册及取消等事宜;(6)对核电厂使用人非法行为的处罚或罚款事宜;(7)核安全控制必要的费用评估与分配;(8)核安全控制涉及的监测、测试、研发等;(9)核安全控制领域研究和技术人员的培养和培训;(10)辐射废弃物的安全控制;(11)辐射灾害的防护性措施;(12)核安全控制领域国际合作;(13)NSSC预算的规划与执行;(14)制定、修正和废除属于核规范NSSC的法律;(15)根据本法或其他法律由NSSC商讨和决定的事宜。[2]

该委员会由9位委员组成:主席、执行委员(秘书长任职该岗位)和7位非执行委员。主席和秘书长由总统任命,非执行委员由韩国议会推荐总统批准。该委员会有一个15人组成的顾问委员会,15个成员是代表不同技术领域的高级专家,每一个成员都可以根据需要组织一个专门或临时委员会。秘书办公室设两个局和8个部门,约有90个官员。NSSC委员会设有5个现场常设办公室和5个场外紧急事务管理中心。

2012年韩国NSSC和加拿大的相应部门(CNSC)签订协议来加强合作;2013年12月,NSSC同意与中国和日本的管理机构建立网络以在核能安全方面进行合作并尽快在核紧急事件领域交换信息。[3]

NSSC在核电厂(NPPs)建立和运营所有阶段已经建立一个安全管理制度,即从核电厂设计、厂址批准、建设、运行、维护和退役等方面的安全管理制度已经较为完善。根据《核安全法》,NSSC的责任还覆盖到核反应堆、燃料循

---

〔1〕 Article 3 of Act on the Establishment and Management of Nuclear Safety and Security Commission (amended and effective Mar 23,2013).

〔2〕 Article 11 of Act on the Establishment and Management of Nuclear Safety and Security Commission (amended and effective Mar 23,2013).

〔3〕 Nuclear Power in South Korea (updated December 2017), http://www. world - nuclear. org/info/ Country - Profiles/Countries - O - S/South - Korea/.

环设施、核材料的使用、放射性材料和核废弃物的运输、储存、辐射源和处理等。就 NPPs 的安全管理而言，NSSC 进行选址的批准、建设许可证的颁发、运营前的核查、运营许可证的颁发、质量保证（QA）的核查及阶段性的安全审查等是其管理的重点。

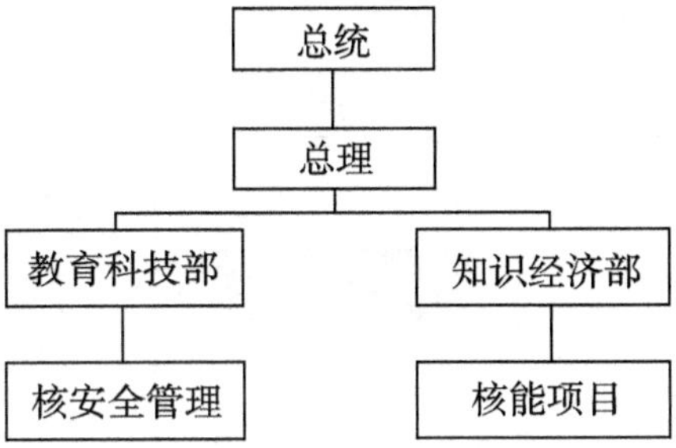

图一 韩国核安全管理机构

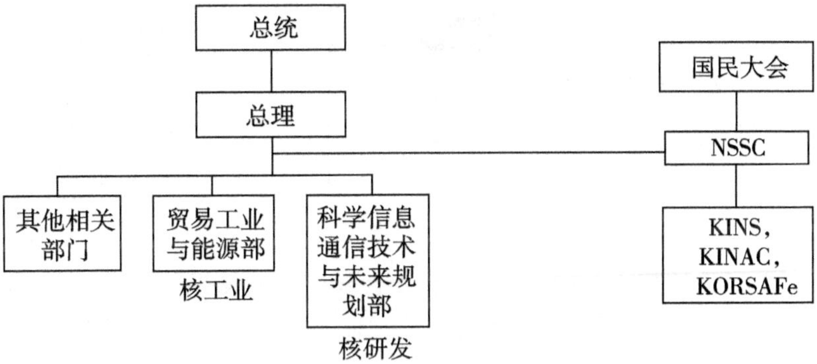

图二 韩国核安全政府机构

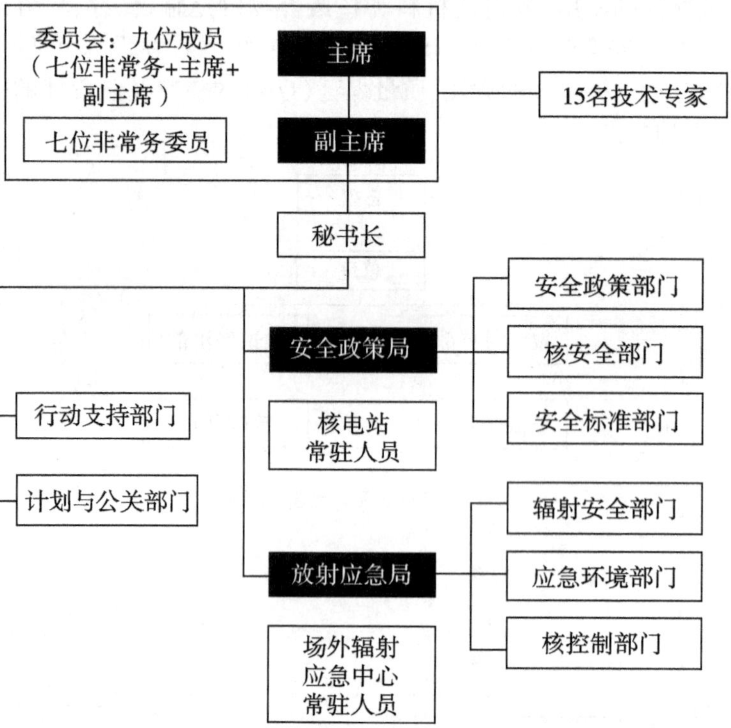

图三　韩国核安全和安保委员会结构(NSSC)

韩国 NSSC 的建立,提高了其核能主管部门的法律地位和等级,有更大的权力和权威来加强对韩国核领域的管理和监督,符合 IAEA 对核主管机关设立的要求。

2)韩国核安全研究院(KINS)和韩国核不扩散和控制研究院(KINAC)

由于核能涉及的技术问题极为复杂,核安全规制需要大量的特殊具体的技术知识。为此,NSSC 设立两个以技术规制制定和实施为支撑的机构,即 KINS 和 KINAC。

韩国核安全研究院(KINS,前身安全专家管理机构),变成 NSSC 下面的一个技术支撑组织。KINS 建立于 1981 年 12 月,当初是在作为韩国原子能研究所(KAERI)[1]的一个内部组织核安全中心之名下运行;1990 年 2 月开始作为一个专家组织进行来了工作,根据原子能法受托于韩国教育科技部

〔1〕 负责韩国核能的 R&D 机构,归于韩国公众科技研究委员会(KORP)。

(MEST,主要职能之一是促进核能发展),[1]执行、实施核安全规制方面的规定;2011 年之后,根据 NSSC 的授权,基于技术知识和日积月累的规制经验,KINS 负责核安全规制技术方面(含与国际和 IAEA 安全标准相符合的安全标准、指南和要求等)的研究、开发、适用和制定事宜,包括安全审查、监督、教育和安全研究等。[2] 具体说来,核安全研究院的主要任务有五个方面:(1)核安全规制方面,制定涉及审查和监督核设施(包括商业核电站、核燃料循环设施及研究型核反应堆等)运行等方面的规范、标准等;(2)辐射安全规范方面,审查和监督辐射材料的商业使用,辐射材料和废弃物的运输、储存和处置等,环境的辐射暴露的安全评估等;(3)紧急情况的防备与反应:对核事件和恐怖主义的反应,在整个国家对环境有影响的辐射之监控,对邻近国家核试验的监控等;(4)安全研发方面,规制标准和要求的开发,核安全政策和文化的开发,以及规制能力建设的教育与培训;(5)国际合作和大众传播:信息交流方面的多边和双边合作,安全文化和公众信心的促进等。其愿景有:创新安全规制的基本框架,强化规制的透明度,提升专家能力至更高水平,推进行政管理制度的完善等。[3]

KINS 参与或实施安全监督的大体程序如下:核能使用人向 NSSC 申请核使用许可证的审核与监督,NSSC 要求 KINS 进行技术审查和监督,然后 KINS 向 NSSC 提交技术评估和审查报告,NSSC 认为没有问题向申请人颁发许可证。KINS 在行使监督权时,可以要求被许可人提交相关的额外信息,被许可人应该提交相关信息,并报告其相应的纠错行为。[4]

KINAC 建立于 2006 年 6 月,当时由 MEST 委任。2011 年《核安全法》生效之后,根据该法第 6 条,设立 KINAC 之目的是为了实现涉及核设施和核材料的安保与进出口控制的有效执行,它是一个独立的法人。[5] 根据 NSSC 的授权,它履行核电厂相关的设施、设备、技术、核材料等的物理保护、涉及核设施和核材料研发等方面的任务及相关进出口控制与核材料的安全、核控制的

---

〔1〕 由于 MEST 划分为教育部与科技、ICT 和未来规划部,现在该组织与 NSSC 和贸易产业能源部的联系更为紧密。

〔2〕 负责核材料核算以及国际安保制度的核能控制技术中心在 2004 年年底的时候由 KAERI 转变为 KINS,之后由国家核能管控机构(NNCA)所取代。2006 年 6 月由韩国核不扩散及控制机构所取代,并且成为 MEST 旗下具有更大独立性的组织。但是现在其作用已转移至 NSSC。

〔3〕 Mission & Vision,http://www. kins. re. kr/en/aboutkins/Mission. jsp.

〔4〕 See Framework,http://www. kins. re. kr/en/reference/RegulatoryF. jsp.

〔5〕 Article 6 of Nuclear SafetyAct(July 25,2011).

国际合作、核控制培训等事宜。[1] 显然,该机构的主要任务在于核控制和核不扩散方面,其任务更为宏观。

根据上面的介绍,可以看出,韩国政府对核安全控制的高度重视,通过立法专门设立的具有独立法律地位的 NSSC 在履行职责时直接向总理负责,任命由总统来完成,保障其不受任何部门的影响,体现出独立性、专业性和权威性。而且,在其架构下成立具体具有可操作性的支撑机构保障该机构日常高效运转,为韩国核安全提供充分的保障。至于韩国的其他的核能活动的主管部门或参与单位,此处不一一介绍。[2]

2. 核电厂核安全管理制度

韩国核安全规制的法律框架是其立法的重点[3]。一般而言,核安全的范围包括工程安全、运营安全、辐射、运输和核废弃物安全等,它涉及的主体主要有设计者、制造者和运营者[4](当然,恐怖主义分子及其他核工业之外其他的人为破坏者不在本文讨论之列)。涉及领域主要有发电厂、药品、工业、农业、研发和教育等。就运营过程或时间而言,核安全应该覆盖设施或辐射源生命周期的所有阶段,包括:规划、定址、设计、制造、建设、调试或启用、服役、退役及关闭等,包括辐射材料的运输及辐射废弃物的管理等。根据相关国际条约,规制核与辐射安全是国家的责任。韩国的核安全法律规制也由此开始,其《核安全法》规定的框架和简要内容,参见本书的前述相关部分。

韩国最值得我们学习的是其完整的核能行业的法律制度及其设立的较为

---

[1] Article 7 of Nuclear SafetyAct(July 25,2011) and History and Function, http://www.kinac.re.kr:8181/eng/about/about2_3.dos.

[2] 贸易、工业及能源部(MOTIE,在 2008 - 2013 年称为知识经济部,以及 2008 年之前的商业、工业及能源部)负责能源政策、核能工厂的建造及运作,核燃料供给以及核废料管理事务。KEPCO、KHNP、KNFC、NETEC 以及重工程运行都归入 MOTIE 下。并且 KEPCO 似乎对其他机构有控制作用。韩国核能基金会(KNEF)也是 MOTIE 旗下一个公共信息主体。教育、科学及技术部(MEST)对于核 R&D、核安全及核保证措施负主要责任。在 2008 年被归入 MEST 后,教育部于 2013 年分离了出去,并且剩余部分成为了科学、ICT 及未来计划部(MSIP)。韩国核能推广机构(KONEPA)在 2015 年年中更改其名称为韩国核能机构(KNEA)。韩国核能协会(KNA)作为与 Kepco 相关的、拥有供应商和承包人的工业协会建立于 2011 年,并且由 MOTIE 支持。韩国原子工业论坛(KAIF)由 MOTIE 支持,并且以国内为重点。See Nuclear Power in South Korea; http://www.world - nuclear.org/info/Country - Profiles/Countries - O - S/South - Korea/ Nuclear Power in South Korea, http://www.world - nuclear.org/info/Country - Profiles/Countries - O - S/South - Korea/.

[3] Country Nuclear Power Profiles 2013 Edition, Republic of Korea, http://www - pub.iaea.org/MTCD/Publications/PDF/CNPP2013_CD/countryprofiles/KoreaRepublicof/KoreaRepublicof.htm.

[4] IAEA: Fundamental Safety Principles, the IAEA in Austria, November 2006, STI/PUB/1273.

独立、权威的核能主管部门以及相应的支持性组织等规定。对于各法律所规定具体内容限于篇幅，本文不一一介绍，具体见本书的附件。

（二）英国（相关数据2018年2月更新）[1]

1. 英国核能发展概况

英国放在第二是因为其核能方面的法律制度是迄今为止所有使用核能国家中，法律规范较多的一个国家（从其2013年提供的相关信息看，它至少有25部核方面的专门法律或涉及核能方面的法律[2]），在英美法系的美国、加拿大、澳大利亚和新西兰中也是有代表性的国家。此外，英国是中国“一带一路”倡议中最重要的合作伙伴之一，中国与英国在核能领域将进行深入合作，两国政府于2015年10月21日在英国签订《中英2015民用核能领域合作声明》，将支持两国研究机构建立并运行民用核能联合研究和创新中心。[3]英国当地时间2016年9月29日，中国广核集团（以下简称中广核）与法国电力集团（EDF）在伦敦正式签署了英国新建核电项目“一揽子”合作协议，与英国政府同步签署了欣克利角C（HPC）核电项目收入及投资保障等政府性协议，并完成了相关公司的股权交割。这意味着欣克利角C项目已经完成了所有必须的审核和商务流程，将实质性地启动。根据中广核与EDF签订的协议，中广核将开始布拉德韦尔B项目的各项准备工作，以及拟使用在该项目的“华龙一号”技术的通用设计审查工作。[4] 2016年11月9日中广核与英国核试验室、阿特金斯集团签署合作协议，中英核联合研发与创新中心（JRIC）揭牌，中国核电（英国）有限公司揭牌。[5] 上述行为都会推动中英核领域的深层合作。

了解英国的法律制度，对完善我国相应制度及促进两国合作有积极意义。

2016年10月的数据，英国15个核反应堆产生了其21%的电力，但其中的一半将在2025年退役。该国的完全核燃料循环设施包括主要的后处理厂，英国在实施非常完全的新型反应堆设计和它们的选址方面的评估流程。19GWe新核能发电厂的第一期预计在2025年能够投入使用。政府的目标是

---

[1] United Kingdom (updated 2018), at http://www.world-nuclear.org/information-library/country-profiles/countries-t-z/united-kingdom.aspx.

[2] United Kingdom (updated 2013), at https://www-pub.iaea.org/MTCD/Publications/PDF/CNPP2013_CD/countryprofiles/UnitedKingdom/UnitedKingdom.htm.

[3] 《中英签署2015民用核能领域合作声明》，载《中国电力报》2015年10月24日。

[4] 谢玮：《揭秘中英法三方签署欣克利角核电项目协议全过程》，载《中国经济周刊》2016年第42期。

[5] 《中英核能合作开启“黄金时代”》，载《中国核工业报》2016年11月17日。

到2030年,新核能能力运营达到16GWe[1],对外资没有任何限制。[2] 英国民众对核能利用的支持率自2006年以来在持续攀升,甚至在2011年福岛事件之后,趋势未变。[3] 反映英国人对在工业化过程中受到化石能源危害仍心有余悸。为应对气候变化,产业界和政府也多持支持态度。这是为何中国能够与英国在核能领域进行合作且英国欢迎中国到英国进行核能投资的重要原因。

在1990年后半期,核能工厂将25%左右的年度发电量贡献给了英国,但是随着旧工厂的关闭以及年代久远给工厂的发电能力带来的问题,这一发电量在逐年降低。2012年年底的总发电量是945亿瓦特。[4]

2015年,英国发电3380亿千瓦时。其中70太瓦时(21.0%)来自核能,100太瓦时(29.5%)来自天然气,76太瓦时(23%)来自煤炭,2太瓦时来自石油;25%来自可再生能源:40太瓦时来自风能(12%),7.5太瓦时来自太阳能,9太瓦时来水力发电,29太瓦时来自生物发电,4太瓦时来自废物发电。2015年,净进口电力是21太瓦时(主要是核能),由法国进口13.8太瓦时,从荷兰进口了8太瓦时,并向爱尔兰出口了0.9太瓦时。[5]

2. 英国国内核法律法规[6]

英国不像大陆法系国家按照所谓成文法的教科书式的系列来构成一个体系,即从法律到法规再到规章、标准等来分门别类。其基本的核法律制度主要由《原子能法》(1946年制定,最新版为1988年修改)、《原子能机构法》(1946年制定,最新版为1995年修改)、《核设施法》(1965年)、《工作等中的健康和安全法》(1974年)、《辐射性物质法》(1993年)、《核产业法》(1977年)及《核安保法》(2000年)等构成。其最主要的规章制度是1965年的监管核能工厂的安全及运作的《核设施法案》。其由健康与安全执行部(HSE)管理,独立于

[1] 意指发电的容量,1 GWe (gigawatt)为千兆瓦,10亿瓦特或100百万瓩。

[2] Nuclear Power in the United Kingdom (updated December 2017), http://www. world - nuclear. org/information - library/country - profiles/countries - t - z/united - kingdom. aspx.

[3] Nuclear Power in the United Kingdom (updated December 2017), http://www. world - nuclear. org/information - library/country - profiles/countries - t - z/united - kingdom. aspx.

[4] Nuclear Power in the United Kingdom (updated December 2017), http://www. world - nuclear. org/information - library/country - profiles/countries - t - z/united - kingdom. aspx.

[5] Nuclear Power in the United Kingdom, http://www. world - nuclear. org/information - library/country - profiles/countries - t - z/united - kingdom. aspx.

[6] United Kingdom (updated 2013), http://www - pub. iaea. org/MTCD/Publications/PDF/CNPP2013_CD/countryprofiles/UnitedKingdom/UnitedKingdom. htm.

政府部门,监管所有核能装置的安全,并为核电厂颁发执照。在 HSE 的指导下,核能安全规章由核管理办公室(ONR)执行;核安保规章由民用核安保办公室(OCNS)执行;核保障规章职能由英国保障局(UKSO)执行。放射性材料的运输监管工作在 2011 年 10 月由交通部转移给了 ONR。ONR 在 2014 年 4 月成为了一个独立的上市公司,而不再是一个行政部门。[1]《核设施法案》由《1999 电离辐射条例》支持,而《1999 辐射条例》中规定,雇员须使工人和公众的辐射暴露尽可能低,并且在明确规定的范围内。《1996 核电站(安保)条例》以及《1991 放射性材料(陆路运输)法》都与其相关。废物管理及对环境的排放量由《1993 放射性物质法》所规定。在 1994 年的时候,每个主要装置的核第三方责任范围上升到了 1.4 亿英镑,因此运营者须对此范围内的索赔做出赔偿,并且一一投保。政府正在进行一项公众协商(预计于 2011 年 4 月结束),而这之后责任范围将上升至 12 亿欧元(10 亿英镑),并与 2004 年通过的《巴黎公约核第三者责任》及《布鲁塞尔补充条约》修正案的内容相一致。[2]

(1)英国主要国内核能法律法规

从目前可以获得的英国核能方面的法律法规的内容可以将这些法律法规分为核设施、核安全、核运输、环境保护、涉及核事业的一般立法及国防方面的核内容六个方面。具体情况如下:

核设施(Nuclear Installations)方面的法律规范主要有:1946 年《原子能法》第 80 章(1988 年修改后的第 7 章)、1981 年《原子能(杂项规定)法》(第 48 章)、1954 年《原子能管理局法》第 32 章(1971 年修改后的第 11 章、1986 年修改后的第 3 章、1995 年修改后的第 37 章)、1983 年《能源法案》的第 25 章(2004 年、2008 年两次修改)、1974 年《健康和安全的工作法》(第 7 章)、1999 年《电离辐射条例》(SI1999/3232)、1965 年《核设施法案》第 57 章(1969 年修改后的第 18 章)、1965 年《核设施法修正案》(第 6 章)、《1977 年核工业(财务)法》(第 7 章)、2000 年《公共事业法案》、1988 年《航空导航(飞行限制)(核设施)条例》(SI1988/1138)、1976 年《消防证书(特别前提)条例》(SI1976/2003)、2011 年《核设施退役和废物处理(财务及费用)条例》、1996

[1] See Nuclear Power in the United Kingdom (updated December 2017), http://www. world - nuclear. org/information - library/country - profiles/countries - t - z/united - kingdom. aspx.

[2] Nuclear Power in the United Kingdom (updated December 2017), http://www. world - nuclear. org/information - library/country - profiles/countries - t - z/united - kingdom. aspx.

年《核发电站(安全)条例》、1965年《核设施法案等条例》、1974年(SI1974/2056)号、1965年《核设施法案等(废除和修改)条例》、1990年(SI1990/1918)号、1965年《核设施(危险事件)条例》(SI1965/1824)、1969年《核设施(保险证书)条例修正案》(SI1969/64)、1971年《核设施条例》(SI1971/1381)、1978年《核设施(预期事件)条例》(SI1978/1779)、1983年《核设施(选址)条例》(SI1983/919)、1982年《关于核设施处理危险物质的通知》(SI1982/1357)、1992年《放射性突发事件公共信息条例》(SI1992/2997)、2001年《辐射(应急准备和公共信息)条例》(SI2001/2975)、1990年《原子能(互助公约)令》(SI1990/235)、2010年《AP1000核反应堆发电正当决议和EPR核反应堆发电正当决议》、2004年《健康保护署法案》、2000年《信息自由法》、1990年《城乡规划法案》、1992年《规划(危险物质)条例》、1997年《城乡规划(苏格兰)法》、2006年《规划(苏格兰)法》及2008年《规划法》等。

核安全方面的主要法律法规有:2001年《反恐怖主义、犯罪和安全法案》、2003年《核工业安全条例》、1983年《核材料(罪行)法(生效令)》(SI1991/1716)、1991年《引渡(核材料保护)令》(SI1991/1720)及1993年《核设施(安全条款的适用范围)令》(SI1993/687)等。

涉及核使用的环境保护方面的法律法规主要有:1970年《放射防护法案》(第46章)、1990年《环境保护法案》(第43章)、1993年《(苏格兰和北爱尔兰)放射性物质法案》(第12章)、1995年《环境法案》、1976年《污染(放射性废物)控制条例》(SI1976/959)、1989年《污染(放射性废物)控制条例》(SI1989/1158)、1992年《环境保护条例(修正案)》(SI1991/614)、2010年《环境许可(英格兰和威尔士)条例》(SI2010/675)、2011年《环境许可(英格兰和威尔士)条例(修正案)》(SI2011/2043)、2004年《涉及电离辐射条例的实践的理由说明》(SI2004/1769)、1999年《核反应堆(退役环评)条例》(SI1999/2892)、2006年《核反应堆(退役环评)条例》、1992年《放射性物质条例》(SI1992/1685)、1990年《环境保护法案》[SI1990/2565(第67章)]及1990年《环境保护法案》(SI1991/1042)等。

核运输方面的法律法规主要有:1991年《放射性材料(公路运输)法案》(第27章)、1996年《放射性材料(公路运输)条例》、2008年《放射性废物和乏燃料越界运输条例》、2009年《危险货物和可移动压力设备使用条例》(2011年已修订)等。

涉及核安全的一般立法主要有:1982年《刑事正义法》、1989年《刑法》、1989年《电力法》、1992年《出口的货物(控制)令》(SI1992/3092)及1974年

《国家辐射防护委员会(职权扩展)令》(SI1974/1230 年)等。

国防方面的主要是 1991 年《原子武器建立法案》(第 46 章)。[1]

核能政策的最近发展:英国政府持续不断的政策是核能对于向低碳社会转型过程中起到至关重要的作用,同时人口、社会、自然环境也应当通过适当的国家措施免于受到辐射的伤害——不论是源自欧洲理事会的指令、规则,国际协议还是国内法。在 2013 年 12 月,颁布了 2013 年的能源法案,其中包括促进在英格兰和威尔士建立新一代核电站的措施,并将核监管办公室(ONR)置于法定基础上。作为上市公司的 ONR 的建立,代表公众以一种透明的方式负有将核工业考虑在内的责任,被视为对不断扩大的核部门的应对预期监管之要求意义十分重大。ONR 的建立将核安全、民用放射性物质运输的安全监管、安全性一致等方面的规制与英国保障局的活动等融入一个单个机构中。

核能的未来发展:按照目前核电站关闭的速率,绝大多数的英国核电站将在 2030 年内关闭。英国政府支持的态度是:核电站是一个以低碳、用得起、安保、可靠及安全方式提供电力的装置,可以持续不断地增加能源供应的多样性与安全。政府采取了一系列促进行动来鼓励新的核建设,产业界已经提出在英国六个场所开发 18GW 万千瓦的新的核电站的建议。通用设计评估(GDA)是一个在 2008 核白皮书规定的促进措施。正由 ONR 和环境署在实施。GDA 是一个自愿的过程,允许监管机构在定点许可和规划同意书申请之前开始对设计核电站的通用安全,安保和环境等方面给予考虑的。任何在英国部署的反应堆必须符合英国严格而独立的监管要求。这包括满足通过 GDA 程序的设计安全要求。APR1000(在 Moorside 的 NuGen 使用)在 2017 年 3 月完成 GDA 程序;先进沸水堆(ABWR)预计于 2017 年年底完成 GDA 程序;2017 年 1 月,HPR1000 进入 GDA 程序。但苏格兰政府明确表态在现有技术条件下它不会授权同意在其辖区内任何建立核电站的提议。对于新核电站建设,2008 年的《能源法案》第 45 条要求潜在的核运营商要提交获得商务、能源产业战略部(BEIS)大臣批准的有资助的退役计划(FDP)。英国政府于 2011 年 12 月公布了 FDP 的法定指导,协助运营商制订方案。FDP 的目的是确保运营商拨出足够的资金支付退役和废物管理的费用,包括它们在地质处置费用中所占的份额。

核废物管理政策方面的发展:2008 年公布的《放射性废物安全管理

---

[1] See United Kingdom (updated 2014), at https://cnpp. iaea. org/countryprofiles/UnitedKingdom/UnitedKingdom. htm.

(MRWs)白皮书》,建立了一个通过与可能愿意提供便利的社区之间合作,实施地质性处理高活度放射性废物(HAW)框架。后来2014年"实施地质处置"白皮书更新和替换了2008年白皮书,制定新的总体政策框架实现地质处置和识别意图开发商最初的行动(放射性废物管理公司,一个核退役局全资子公司),以支持地质处置设施(GDF)选址的程序。该白皮书还规定,其他长期废物管理选择在将来也可以选用。[1]

(2)英国核能管理框架

1)管理主体

2011年拟建立的ONR作为一个在卫生安全管理局(Health and Safety Executive,HSE)内的一个暂时的机构将持续到有相关立法使之能像一个法定组织一样运转。2014年4月该机构建立,作为一个独立的公共机构。将ONR建立为一个法定组织是来自能源和气候变化部与工作和养老金部的共同提议。ONR将HSE核部门的安全职能统筹到了一起,并与核设施监察局、民用核安全办公室和英国安保办(UK Safeguards Office)相互协作。自2011年10月,ONR也有责任管理通过公路、铁路和内陆水道运输放射性材料,以前该内容由运输部的放射性材料运输司处理。女王陛下核设施总督察(HM Chief Inspector of Nuclear Installations)同时也是ONR的领导,有权发出并撤销核设施许可证,还可以给许可证添加条件。

辐射防护的监督管理职责在英格兰由环境署(Environment Agency)负责,在威尔士由自然资源署负责,在苏格兰由SEPA负责,在北爱尔兰由北爱尔兰环境署负责。而医用放射性同位素继续由HSE管理。环境署负责监督2010(EPR10)11号《环境许可条例》(Environmental Permitting Regulations)的施行,其在英格兰和威尔士取代了199312(RSA 93)号《放射性物质法》。RSA 93法案在苏格兰和北爱尔兰依旧有效。环境署还监督英国放射性废物处理,包括核设施的许可证。他们还管理非核的使用者对放射性物质的储存和使用,比如说医院和大学。一方面ONR负责监督受许可的核设施的放射性物质储存和使用,另一方面ONR和其他环境机构相互协作完成各自使命。

2)许可程序

英国核设施的安全、雇员的安全和所造成的受潜在危害公众的安全主要受《核设施法案》(196513)、《工作时健康和安全法》(Health and Safety at

---

[1] Country profile: United Kingdom, at http://www.oecd-nea.org/general/profiles/uk.html.

Work,197414 号法案)以及由其作出的《电离辐射条例》(Ionising Radiation Regulations 199915)、EPR10 和 RSA 93 的规制。除非得到适当批准或规划许可,没有一处地方能被选址来进行商业核设施的建造和运作。1965 年的《核设施法案》(被多次修改、并废除一些条款)及有关规章使 HSE 成为英国核设施的许可主体。这些给予许可或不给予许可或附带条件的权力被授予女王陛下核设施总督察(HM Chief Inspector of Nuclear Installations)这一职位。2005 年 NDA 的建立并未改变上文中所罗列的管理框架。

ONR 不会批准核设施选址许可,除非未来的运营商有能力满足所有他们从设计到退役严格的安全要求并遵守附加于选址许可的其他条件。为向 ONR 展现安全问题将在核设施的"生命周期内"的所有阶段受到适当的控制,每个核设施的经营者需要编制一份完整的"安全说明"(Safety Case)。安全说明必须随着工厂的运作加以修订和更新将其经营中的变化包括在内,同时还要为退役建立和保持一个类似的安全说明。

核设施安全的最终责任是经营公司的法律责任。他们必须在 ONR 的要求下执行所有许可规定。无论是公有企业还是私营企业这项准则是相同的。ONR 依据严格的标准和条件仔细监视核设施的表现。如有任何关于持牌人是否有能力继续履行其义务的怀疑,ONR 拥有广泛的权力,比如说,他们可以为许可证添加条件,指挥核电站停止运营等,最终直接把它们全部关闭。运营企业可以交还许可证(或它可能被 ONR 吊销),但仍然保留核设施所在地址的安全责任直到任一新的许可证又颁发给该核设施,或 HSE 认为该地址已经没有了电离辐射存在的危险。

EPR 10 和 RSA 93 使环境署成为英格兰和威尔士的放射性废物的授权管理主体,在苏格兰,这由苏格兰环境保护局(Scottish Environment Protection Agency,SEPA)负责。作为基本安全标准 96/29/Euratom17(Basic Safety Standards Directive 96/29/Euratom17)的一部分,一些环境管理机构在 RSA 93 项下具有了受法律约束力的职责。ONR/环境署、SEPA 通过谅解备忘录的形式建立了紧密的链级,这为相互联系和咨询构建了组织和机制。

就安全规定而言,核电站和相关实验室分别受核发电站(安全)条例 199618 号[Nuclear Generating Stations (Security) Regulations 199618]规制。

核工业安全条例 200319(The Nuclear Industries Security Regulations 200319),为各种持有核材料和涉核的敏感信息的机构提供单一、详尽和最新的立法依据,同时也是直接监管核材料运输的安全操作规章。

作为一个判例法的国家,英国的核法律制度体现出其制定法的本质特征,从核基本法到核事业的单行法,如原子能机构法、核设施法、核产业法、核安保法、辐射性物质法、相关的健康安全法、放射性材料运输法及核废物处置法等,除了核责任法和核材料开采法等外,几乎面面俱到,其体系应该是较为完整的。此外,核事业部门的主管机关也较为独立、单一,其职责也是较为明确的。这些是值得我国借鉴和学习的,但对于核责任法律制度的缺失,我们应结合自己的国情,不应向其学习:因为在其传统判例法体系下,出现相关赔偿责任等,它完全可以通过判例使受害人得到公平的补偿,而我们以成文法为主,制定相应的法律具有积极意义。

(三)日本(2018年2月更新)

日本核方面的法律制度包括一般管理制度,如核能基本法、采矿法(涉及核材料)、放射性物质和设备管理法、核设施(核反应堆、紧急事故回应等)、核材料与设备贸易、辐射防护、放射性废物管理、核保障措施与核安全(不扩散和实物保护)、运输和核第三者责任十个方面。[1]

日本约须进口全国用电的84%。日本核电项目始自1960年;其第一家商业核反应堆于1966年年中开始运营,并且从1973年开始,核能成为日本优先考虑的国家发电手段。在2011年的福岛事件之后,这一战略经历了一次审查,但是已经得到了确认。整个国家超过50个主要反应堆提供了约30%的用电,并且该数据很有可能在2017年上升至少40%;从日本目前日渐耗尽的资源来看,这种预期的可能性达三分之二左右。目前,有43个反应堆可以运行并且有重启的机会,其中有24台正在重启的测试过程中。最初的两个将分别于2015年8月、11月重启。[2]

1. 能源计划

2013年12月,最新的第四次基础(或战略)性能源规划草案发布,该规划涉及对未来的20年,并且认为到2020年的时间段将为能源系统改革的重要时间段。该草案指出,核能是关键基础负载能源,并且将被持续安全地使用以获得平稳及可负担能源供应体系,并用于应对全球气候变暖。然而,在尽可能保持与上述目标一致,并且与保持核能技术及核能专业知识相协调的情况下,应将对核能的依赖降至最低。反应堆在其安全受核能管理局(NRA)确认后,可以重启。使用过的燃料将受到更多的关注,核燃料循环将被推进,包括

---

〔1〕 Nuclear legislation of Japan, at http://www.oecd-nea.org/law/legislation/japan.html.

〔2〕 Nuclear Power in Japan, http://www.world-nuclear.org/information-library/country-profiles/countries-g-n/japan-nuclear-power.aspx.

R&D 的快速反应堆。

能源计划将根据《能源政策法》,每三年更新一次。在 2014 年的 2 月,日本经济、贸易和产业局向政府提交了新提出的第四次基础能源计划,并于同年 4 月该计划得以通过。它把核能列为 4 个基础能源选项中重要的一项。另外两项分别是——氢能及地热能,这两项被限制了;而另外一项是煤炭,虽然很便宜,但是其污染与排放量降低的目标相悖,并且表现出地缘政治风险。燃烧进口天然气(LNG)被认为是低成本基本负荷及峰值石油之间的中间物,并且可以补足再生性能源的间隙。再生性能源将拥有最多的空间并且会在没有目标的情况下"快速进入全面引入"阶段。太阳能则被认为是高峰需求期的得力能源提供者。大规模风能发展布局可以产生重要意义的能源,但是这主要来源于北方地区,并且需要与未经开发的存储系统相平衡。核能被认为是准国内能源,可以在低运营成本的基础上提供稳定的能量,同时温室气体排放量非常低。据述,核能是可以支持能源供应以及需求结构稳定的重要能源。之后,在 2014 年 10 月,至少十分之七的主要公共事业公司出于对潜在的负荷的考虑,限制了可再生能源在其输电网中的应用。政府通过降低 2012 年的高固定价格上网电价(feed - in tariffs,FITs)之制度,才解决了这一问题。2015 年 1 月,日本能源经济所(IEEJ)发布了一项有关 2030 年的 4 个电力方案的报告,并暗示了该数字将达到 1150 太瓦时(比 2013 年的时候减少 10%)。该数据从 0 核能贡献量一直到 30% 核能贡献量不等,同时,0 核能贡献量时的能源成本要比 30% 核能贡献量时高出 42%（21.0 日元/千瓦时对 14.8 日元/千瓦时),并且国民生产总值也减少了 10 万亿日元。其他具有显著意义的考量指标是能源自足,在 2013 年只有 7%,之后其能源自给率从在 0 核能的情况下为 19%,排到 30% 核能的情况下为 28%(将核能视为准国内能源,如同曾经考虑的那样)。在 0 核能场景中,LNG 的进口与 2013 年一样高,但是在 30% 核能场景中,相对于 2013 年降低了 20%。相较于 2013 年的 13.5%,对再生能源的依赖在 0 核能场景中为 35%,但是在高核能场景中仅为 20%。在 2015 年 6 月,政府的 2030 年发电计划草案通过了。其中核能占了 20% - 22%,可再生能源占了 22% - 24%,液化天然气 LNG 占了 27%,煤炭占了 26%。它的目标是在 2030 年前在 2013 年的基础上减少 21.9% 的二氧化碳排放量,并且将能源自足率从 2012 年的 6.3% 提高到 24.3%。2014 年 7 月,政府通过了 2014 财政年度能源白皮书(直到 2015 年 3 月),据其显示,化石燃料所产生的能源的百分比在过去四年里从 62% 上升到了 88%,并且核停机所造成的增加的燃料费用在 FY2011 是 2.3 万亿日元,在 FY2012 是 3.1 万亿日元,在 FY2013

是3.6万亿日元。在过去的4年里,家庭能源开支平均增加了13.7%。[1]

2. 公众意见

福岛事件发生后,在2011年的4月和5月收集了一定数量的公众意见投票。4月的公众投票显示,50%的公众支持核能现行水平或更高水平的使用,但是由于该危机的出现,5月的公众投票显示,支持率下跌至40%,并且超过40%的人希望减少核能使用。2011年5-6月,约15%(该比率较为稳定)的人希望其被废除。2013年3月,选择核能比率增加或与现在持平的比例降低至22%,同时53%的人希望减少其使用,20%的人希望废除其使用。在由日本Mizuho信息及研究机构所做的2015年2月的一项投票中,他们询问参与者,如果核电使用费用与同月使用其他电力的费用相比将不变或降低,他们是否还会使用,67%的参与者的答案是"是的"。只有32%的参与者持否定态度。将其与媒体所做的无代表性参加的志愿投票相比,2012年一个新闻媒体研究披露的结果,扭曲性质更强,50家最受欢迎的新闻出版网点中有47家表示其为核能反对者。[2]

3. 主管机构

日本核能主管部门主要有经济贸易产业部、教育文化体育科技部(MEXT)及土地基础设施和运输部(MLIT)。经贸产业部负责确保稳定有效的能源供给及核能的利用,包括核技术发展和政策制定等;它还被授权管理安全规制及核能利用许可事宜,即采矿与提炼、核燃料制作、核电生产、乏燃料再加工与储存及辐射废弃物的处置等。它下面设有自然资源和能源局、核与产业安全局和核废弃物管理组织等,它们具体负责各自权限范围内的事宜。MEXT负责核能方面的科技事宜,包括政策制定、核技术开发、管理研究反应堆的安全规范、辐射危险防范、核材料使用和运输(源自核燃料循环设施和核电厂的材料除外)、放射性同位素的使用、储存和运输及核能的和平使用(保障)等;它还负责第三方责任事宜。其下设的科技政策局管理核规范事宜,该局分为政策、研究与协调、基础设施政策、核安全、规划与评估及国际科技事务六个处。这六个处分别负责与核能发展相关的各方面事宜。MLIT主要负责所有放射性材料的运输问题,不论采用何种运输方式。经济贸易和工业部

---

[1] Nuclear Power in Japan (updated December 2017), http://www. world - nuclear. org/information - library/country - profiles/countries - g - n/japan - nuclear - power. aspx.

[2] Nuclear Power in Japan (updated December 2017), http://www. world - nuclear. org/information - library/country - profiles/countries - g - n/japan - nuclear - power. aspx.

(日本经济产业省,通商的继任者)内部的前核能与工业安全局(NISA)对核能监管、许可和安全负责。它进行定期检查所有核电站安全方面的事宜。

日本的咨询机构有原子能委员会、核安全委员会、辐射理事会、能源政策特别委员会和其他咨询机构。这里主要介绍前两个。原子能委员会的作用很大,负责核能的开发和利用,可能影响到政府的政策与法规制定,其可以针对以下问题提出建议:原子能利用政策、协调涉及核活动不同部门之间的关系、处理核燃料和核反应堆(安全问题除外)规范的内容、推动核能研究、培训核能领域专家与技术人员的政策、收集数据、统计准备和核能利用的研究等。核安全委员会负责核安全和健康保护,其主要职能有:界定核能安全利用的规制政策;颁发核燃料、源材料及核反应堆的安全指南;颁发源自核能使用和电离辐射危险的防范指南及提出它认为适宜的任何辐射安全方面的其他建议;它同时还协助有关部门(如许可局)在颁发相关许可证方面的事宜,确认在安全和辐射保护方面无问题。[1] 日本原子能委员会(AEC)成立于1956年,设在科技局(STA)下,但自2001年以来一直是内阁办公室的一部分。它是一个高级政策机构(除了2011年到2012年外),尽管在2001年,它被降到一个顾问的角色。政府的一个专家小组在2013年建议它仅仅成为一个委员会,集中讨论和平利用核能、核不扩散、放射性废物的处理和处置等问题。专家组认为,它应该不再参与制定核政策或评估资金需求等,但应留在内阁办公室。在2014年,议会将其作用降格至对日本钚的监管及就放射性废物处理提供建议等方面。

2011年中期,福岛核事故之后,政府建立了一个新的、更独立的核监管局(NRA),[2]隶属环境部。[3] 其使命是通过严格和可靠的核活动监管来保护一般公众和环境。它在勤勉履行职责中应坚持的原则有:(1)独立决策,即根据最新的科学技术信息独立作出决定,不受任何外部压力或偏见的影响。(2)有效行动,即放弃以往对监管工作不力的做法,并强调以实地为导向方法的重要性以实现真正有效的监管。(3)开放、透明的组织,即确保监管的透明度和适当的信息披露,包括决策过程,接受来自日本和国际社会的所有意见和

[1] Nuclear Legislation in OECD Countries—Regulatory and Institutional Framework for Nuclear Activities – Japan, 2011, pp. 13 – 16, http://www.oecd – nea.org/html/law/legislation/canada.pdf.

[2] 2012年6月20日,日本国会通过了《设立核能管制委员会(核监管局)法》(Act for Establishment of the Nuclear Regulation Authority)。

[3] Basic Policy on the Reform of an Organization in charge of Nuclear Safety Regulation (Cabinet Decision), at http://www.cas.go.jp/jp/genpatsujiko/pdf/kakugi_en_110815.pdf.

建议，避免自我孤立和自以为是。(4)改进和承诺，即勤奋学习和吸收最新的管理知识和最佳做法，提高个人能力，履行职责，铭记最高的道德标准、使命感和应有的自豪感。(5)应急反应，即准备迅速响应所有紧急情况，同时确保在“正常”时期内，完全有效的应急制度随时待命。[1] 该法案将 NRA 界定为核监管者，并详细规定其权限和职责。强调以中立和公正的态度与综合的方式独立行使监管权力。该法还规定了其组织结构；主席和委员的任命程序；向日本国会报告的责任；信息披露规则；规章制度的制定程序；和完成其使命所必需的其他功能与职责。[2] 这一变化始自 2012 年 9 月，并融合了 NISA 和核安全委员会(NSC)的作用及教育和科学部(MEXT)的监控功能。4 个委员和主席于 2013 年 2 月被任命。它初始阶段有 473 名员工，近四分之三的人来自 NISA，预算 500 亿日元/年(约 6 亿美元)。它是仿照美国核管理委员会。NRA 的首要任务是决定重启反应堆。2013 年 7 月它公布了两套法规：关于核电站系统的详细设计和重大事故管理程序。2016 年它遵循 IAEA 综合监管审查服务部门提出的要求，修改完善了核反应堆检查清单，以确保完全履行 IAEA 的建议，并对核反应堆和燃料实施检查提出立法上的修改建议。有关燃料循环和研究反应堆的规定在 2013 年 12 月中旬生效。新规定适用于两个使用过的燃料后处理厂——JNFL Rokkasho 商业发电厂和东海 JAEA 陈旧设施(自 2007 年以来关闭)；7 个燃料加工设施，包括 JNFL 部分完成的混合燃料设施；可回收燃料存储有限公司乏燃料储存设施；4 个废物贮存设施；22 个研究反应堆等。它们要求设施经营者执行更为严格的地震和海啸的标准，以与 7 月实施的核反应堆新安全指南相一致，他们需要改进安全措施以防止在紧急情况下氢气爆炸和其他危机状况。

同时在环境部下，一个由 5 人组成的新的核安全调查委员会(NSIC)成立，它取代了核安全委员会(NSC)——根据核能基本法成立于 1978 年高级政府机构，与原子能委员会共同负责制定政策。NSIC 将审查 NRA 的有效性，负责核事故的调查。环境部已经处理福岛第一核电站周围的辐射污染残留物。议会下院 2012 年 6 月中旬通过了授权立法，得到所有三个主要政党的支持，一周后，参议院批准。同年 9 月改革实施。关键问题即创建一个更强大和更有效的安全监管组织将被阐明，并计划年底前发布。为表示加强核安全

[1] NRA's Core Values and Principles, at http://www.nsr.go.jp/english/e_nra/idea.html.

[2] See Nuclear Legislation in OECD and NEA Countries: Japan(2017), http://www.oecd-nea.org/law/legislation/japan.pdf.

监管的决心,日本在2012年晚些时候接受了国际原子能机构综合监管审查服务局的审查。

日本核能安全组织于2003年成立,检查核设施和核反应堆设施,对核设施和核反应堆设施设计进行安全分析和评估。它有401名员工(截至2013年10月,NRA同期有527名),其功能是作为NRA的技术支持。2012年9月成立NRA的法律规定:核能安全组织必须融入NRA中,2013年10月,NRA提出截至2014年3月合并该组织的框架和提纲,当384名员工转移;来自两个机构的员工中,增加81名,以提升检查督察能力,总数将超过1000。这一合并实质上将加强NRA的专业能力和提升NRA的经验基础。2013年12月,NRA与中国和韩国的同行同意组建一个网络加强核安全合作及快速交换核突发事件信息。除了交换关于核事故的信息外,这三个国家将分享安全计划等标准信息。福岛核事故后,在2011年年中,能源和环境委员会理事会由内阁办公室成立,作为国家政策体系部门的能源分支,其会长由部长兼任。原子能委员会(AEC)和中央环境委员会显然受到其领导,直到2012年年底它被新政府废除。

科技机构负责测试安全,研究反应堆,核燃料设施和放射性废物管理以及研发,但其功能在2001年被NISA所接管。2012年6月,国会修改了1955年原子能基本法的规定,核电站运营商必须在严重的事故后防止放射性物质异常水平的释放,NRA有责任制定法规来实现这一点。2009年一个新的核设施检查督查系统生效。在新制度下,寿命超过40年的核电站被批准的数量预计将增加。日本原子能协会(AESJ)有一个核安全调查委员会。在监管职能转移后,核安保措施仍留由日本经济产业省行使。[1]

日本原子能机构[前身是1956年成立的日本原子能研究所,2005年与日本核循环开发所(与核材料的开采等有关)合并而成],主要进行科学技术研发活动,立法方面不涉及。对福岛第一核电厂发生的事故进行回应;提高核电站安全性的研究;核燃料回收研发及放射性废物处理和处置技术的研发等。[2]

4. 核能方面主要的国内法律法规

日本的核能法体系较为完整,核能方面至少有18个相关法律。它们主要

---

〔1〕 Japan's Nuclear Fuel Cycle, http://www.world-nuclear.org/information-library/country-profiles/countries-g-n/japan-nuclear-fuel-cycle.aspx.

〔2〕 See Our history, at http://www.jaea.go.jp/english/about/history.html.

分为两个层次七个方面。[1] 第一层次的法律只有一部，是核能基本法，即《原子能法》(1955 年)。第二个层次分为两个大部分，第一部分由基本法统帅下的五个领域的法律构成，即(1)组织法，包括《原子能委员会和核安全委员会设立法》(1955 年，建立两个委员会法、核能安全委员会秘书组织规则)、《教育文化科技部设立法》(1999 年)、《经贸与产业部设立法》(1999 年)、《核损害赔偿便利公司法》(2011 年)及《核能主管局设立法》(2012 年)五部。(2)研发法，即《独立行政实体日本原子能机构法》(2004 年)一部。(3)规制法，包括《核来源材料、核燃料与核反应堆规制法》(1957 年)(规制核源材料、核燃料和反应堆等，条例有《核源材料、核燃料和反应堆规制法实施条例》，关于核源材料、核燃料和反应堆规制法第 72 - 3 条第 2 段规定的向核安全委员会汇报的规章，日本核安全委员会根据核源材料、核燃料和反应堆规制法规定的督查实施条例和商业核电反应堆建造、运营等规章等)，《源自电离辐射带来的辐射危害防治法》(含辐射危险防护技术标准法等，1957 年)及《关于核紧急预备特殊措施法》(1999 年，此后进一步制定了《紧急预案基本法实施条例》《紧急预案基本规划》)三部法律。(4)赔偿法，包括《核损害赔偿法》(1961 年)、《核损害赔偿补偿协议法》(1961 年)两部。(5)核废弃物管理法，包括《指定辐射废物最终处置法》(2000 年)等。第二部分是与核能发展相关的法律，即电力发展促进法，包括《电力公用事业产业法》(含 4 个行政法规或规章，行政机构和核能安全组织根据电力法履行督查职责的部长命令、电力法实施条例、建立核电生产设备技术标准条例，与核电生产设备相关的辐射导致的剂量当量技术标准)、《邻近发电设施区域调整法》(1974 年)、《电力开发促进税法》(1974 年)、《特殊账户法》(2007 年)、《关于核电站厂址区域开发促进特殊措施法》(1955 年)五部法律。[2] 但最重要的还是其 1955 年制定经过 5 次修正(最后一次是 2004 年)的《原子能基本法》。在日本，要建立一个商用核电站，申请者需要通过一个以超过 30 部法律为依据的许可程序。这些法律中很多同时也适用于一般的工业设施。主要与核有关的法律法规根据组织、研究和发展、基于原子能法律的补偿罗列编成。其中，有关反应堆的安全管理的法律是《核能原材料、核燃料和反应堆管理法》(LRNR)和《电力公用事业法》。LRNR 的目标是基于核反应堆和核物质的潜在危险进行规制，而 EUIL

[1] See Japan (updated 2017), at https://cnpp. iaea. org/countryprofiles/Japan/Japan. htm.

[2] See Major laws and ordinances relevant to nuclear energy utilization and regulation, http://www. nsc. go. jp/NSCenglish/documents/laws. htm.

的目的是保持电力的良好供应，确保水力发电厂、热电发电厂和输电线路，以及核能发电厂的安全。因此这两部法律的出发点不同。

主要与核能有关的法律法规简要介绍如下：[1]

（1）《原子能基本法》（1955 年 12 月 19 日）日本核立法始于《原子能基本法》。该法框架如下：9 章 21 条，一般规定（第 1－3 条，目的、基本政策和定义）、原子能委员会和核安全委员会（第 4－6 条，建立、职责、组织、运营和权限）、原子能开发机构（第 7 条，日本原子能机构）、与核能相关的材料的开发和获取（第 8－11 条，采矿法的特别规定、购买命令和转让命令、核源材料的控制及财政激励等）、核燃料的控制（第 12－13 条，核燃料的规制及核燃料转让的命令）、反应堆的控制（第 14－16 条，核反应堆建造的规制、转让和再造、重新选址的规制等）、专利发明等措施（第 17－19 条，专利法中的措施、限制转让和财政激励等）、辐射危险的防护（第 20 条）和赔偿（第 21 条），外加 6 个补充性规定，即 1956 年的生效条款及 1967 年、1978 年、1998 年、1999 年和 2004 年的 5 次修正）。[2] 它规定，其目标是确保未来的能源资源安全，并出于和平目的，促进核能的研究、开发和使用（第 1 章）。该法规定了以下三条原则：核能事业受民主管理；自愿性；自由的信息。与核能有关的法律法规基于此法的精神而生效。它建立了管制核活动及处理具体方面事宜后续单行法律的基本框架，具体的方面将在随后的单独行动中加以处理。《原子能基本法》创设了核监管局（第 1－2 章，NRA）和原子能委员会（AEC）（第 2 章）。其规定也十分宽泛地规定了与核源材料的开采（第 4 章）、核燃料材料的控制（第 5 章）、核反应堆的控制（第 6 章）、防止辐射危害（第 8 章）和核源材料的开发所造成的损害赔偿（第 9 章）等内容。这些规定实际上表明，国家意图通过后续的立法在这些领域行使管理权。[3]

（2）《核能原材料、核燃料和反应堆管理法》（1957 年 6 月 10 日）。本法常被缩写作 LRNR，规定了反应堆建立和运营、提纯、核废料的处理的必要规则。以下是关于核反应堆建立和运营的主要规则：反应堆建设的许可（基本设计上）；建设计划的许可（细节设计上）；运营前检查；运行计划的通知；安全措施的采取；安全规章的批准；反应堆总工程师的任命；周期性检查。而

---

〔1〕 Atomic Energy Basic Act(Act No. 186 of December 19,1955).

〔2〕 See Atomic Energy Basic Act (Act No. 186 of 1955), http://www.nsc.go.jp/NSCenglish/documents/laws.htm.

〔3〕 See Nuclear Legislation in OECD and NEA Countries: Japan(2017), http://www.oecd-nea.org/law/legislation/japan.pdf.

LRNR 中不包括对建设计划的许可(整体上)、运营前检查、周期性检查的规定,这些内容由《电力公用事业法》规定。

(3)《电力公用事业法》(1964 年 7 月 11 日)。该法律只在保护福利、确保安全、促进电力公用设施的快速发展;对核电站的主要规定;建设计划的许可(细节设计);使用前检查;周期性检查;总电力工程师、锅炉工程师和涡轮工程师的任命;关于符合技术标准的法令(以及具体说明技术标准的从属规则)。

(4)《防范放射性同位素导致的辐射危险法》等(1957 年 6 月 10 日)。该法律通过规定使用和处理放射性同位素和其他辐射产生者的使用防止辐射危害。在一座核电站中,该法律适用于使用中子源或用放射性同位素校准设备。

电离辐射保护方面的法律,《辐射危害预防法》的目的是规范使用、出售、租赁、废物管理或任何其他处理放射性同位素和电离辐射的发电设备,以防止电离辐射危害,保障公共安全(第 1 条)。根据这一法案,任何与电离辐射与放射性同位素发电设备相关的活动申请必须提交给 NRA。

(5)《核灾难应对措施特别法》(1999 年 12 月 17 日)。该法律规定的内容主要有:1)采取快速的初步行动,确保国家、省和市政府的一体化的合作。2)加强应对核灾难的国家应急体系。3)明确经营者在防止核灾难中的角色。

(6)《核损害赔偿法》(共 7 章 26 条)和《核损害赔偿保障协议法》(共 18 条)(1961 年 6 月 17 日;2009 年 4 月 17 日进行了修正[1]),构成了日本核责任方面的基本制度。其目的是让遭受核损害人员能够得到保护和赔偿,促进核产业的良性发展。它规定核设施经营者的严格、全面和无限责任,并规定如果所需的财务保障不到位,则禁止运营核设施。此外,还规定当核损害赔偿额超过了经营者的财务保障时,政府需要提供支持。与此相关的就是《核损害赔偿法执行令》及《核损害赔偿保障协议法执行令》。核能企业(电力公司)在核反应堆的运行造成核损害或类似的情况时向伤者负无过错的赔偿责任。在这种情况下,责任归属于有关核能企业。要求核能企业存入固定的数额的钱(最多 600 亿日元)费用来弥补损害赔偿:与私人保险公司签订赔偿的保险合同;执行其与政府签订的赔偿合同。日本没有加入任何核国际责任公约,但其法律一般符合这些公约的规定。大约每十年,下面这两个法律就被修订一次:《核损害赔偿法》和《核损害责任保险合同法》。核电站运营商的责任是排他和绝对的,核电站运营商必须提供一个约合 1200 亿日元(合 14 亿美元)的

[1] OECD NEA: Japan's Compensation System for Nuclear Damage, OECD 2012, NEA No. 7089, pp. 61－68.

金融担保。政府可能会减轻操运营商的责任，如果它确定损害是源自“一个特殊意外的严重自然灾害”，尽管2011年福岛核事故后它没有这样做。在任何情况下，责任是无限的。福岛核事故政府建立一个其支持的机构，以加快对那些受到影响的民众的支付。与2013年外交部长的承诺相一致及在2014年4月通过的第四个基本能源计划中所肯定，批准IAEA核损害赔偿补充公约的议案在2014年11月已经由“两院”通过，与此同时，有关的国内法也同时进行了修改。外交部已正式向国际原子能机构提交文档，使日本成为了第六个成员国，进而可以使其在2015年4月中旬在全球生效。[1]

福岛事件之后，日本2011年8月3日通过《核损害赔偿便利公司法》（共9章78条），8月10日生效。实施《核损害赔偿法》第16条之内容。其目的在于在核运营商的损害赔偿超过1200亿日元之后，如何得到政府等的支持，在保障核电站正常运营、保障老百姓生活的同时，赔偿可以有条不紊地进行；提倡核运营人之间相互支持，特殊的财政帮助，公司的运营管理，实质承担赔偿费用的人，促进损害赔偿顺畅进行的业务以及评审条款等。[2] 围绕该法，后来还颁布了相关内阁命令及3个条例。但这些法令并不因福岛事件处理结束后，就寿终正寝，它们还具有一定的普适性。

（7）《电力发展促进法》（1974年6月6日）。其主要内容有：促进电力发展税法；电力发展促进特别会计法；发电设施临近地区调整法；核电场区发展促进特别措施法。这些法律旨在通过把整个国家从经选址保证当地电力供应稳定获得好处返还到电站所在地来促进电力发展。促进电力发展税法（Electric Power Development Promotion Tax Law）是以税收促进电力发展的法律，电力发展促进特别会计法（Special Account Law for Electric Power Development Promotion）是用于阐明政府账目上税收收入的用途的，发电设施临近地区调整法（Law for the Adjustment of Areas Adjacent to Power - Generating Facilities）通过推进公共事业来达到顺利建立发电设施和促进电力发展的目的。电力发展促进特别会计法还包括通过给予财政援助促进核电站运行地区的发展等，其尤其侧重于防止核事故的扩散。

（8）《放射性废物最终处理法》（2000年6月7日）。该法主要规定了废

---

〔1〕 Japan's Nuclear Fuel Cycle, http://www. world - nuclear. org/information - library/country - profiles/countries - g - n/japan - nuclear - fuel - cycle. aspx.

〔2〕 OECD NEA: Japan's Compensation System for Nuclear Damage, OECD 2012, NEA No. 7089, pp. 45 - 47.

弃物处理体系的建立、为确保处理费用的基金机制以及分三步的选址程序的内容。

日本没有制定专门的《核安全法》，但在 1995 年 5 月 12 日接受了《核安全条约》。其实，在此前后，其制定的相关核能法，基本上都将安全视为其十分重要的原则。核材料和设备贸易方面，遵守《原子能基本法》和《核反应堆法》等的规定，遵循原则：和平使用及核不扩散，同时也要遵守贸易方面的一般法律：外汇和外国贸易法等。

以上列举可以看出日本立法机关层面制定的法律从基本法到核材料、核设施、核电站等管理法再到核责任赔偿法与核废料处理法等有较为系统的规定，其实施依赖于政府部门的相应规章。日本福岛事件的发生主要不是因为法律法规的缺失，而是因为没有严格按照规章和操作规范与标准而导致的。

此外，日本先后与加拿大、法国、美国、英国、澳大利亚、中国、欧洲原子能机构、哈萨克斯坦、越南、约旦、俄国、土耳其、阿联酋等十多个国家或地区签订双边协议，进行信息互换分享、专利技术转让、专家互换等方面的合作，以促进本国核能事业的健康发展。

（四）美国（2018 年 2 月更新）

美国是世界上较早使用核能的国家，其法律制度构建也较早。它也是最大的核能供应国，总共占据了全世界 30% 的核能发电量。这个国家 2015 年的 100 个核反应堆总共发电量为 7980 亿千瓦时，占总电量产出的 19%；2016 年其 99 个核反应堆发电量为 8050 亿千瓦时，占其总发电量的 20%。现在有 99 个核反应堆在运行（98.7GWe）以及 2 个在建造中。在过去的 30 年中，鲜有新建的核反应堆；预计，将会有 2 个新核反应堆于 2020 年上线，而这两个源于 2007 年年中产生的 16 个许可申请，当时申请建造 24 个新核反应堆。但是，2009 年起的低天然气价已经使部分已存在的反应堆以及已提议项目经济可行性受到了质疑。从 20 世纪 90 年代的后半期开始改变的政府政策已经为核电容量的显著增加铺平了道路。政府及工业部门为了核工厂建造及新设计的早日通过而紧密合作和努力。[1]

2016 年，美国发电总量为 4079 太千瓦时（1 太 = 10 亿），其中 1380 太千万时（34%）来自天然气，1240 太千瓦时（30%）的电来自煤供应工厂，805 太千万时（20%）来自核能，226 太千瓦时来自风能，117 太千瓦时来自其他可持

〔1〕 Nuclear Power in the USA（updated 2018），http://www.world-nuclear.org/information-library/country-profiles/countries-t-z/usa-nuclear-power.aspx.

续能源(根据 EIA 数据)。EIA 临时数据表明,2014 年总共为 4331 太瓦时。2013 年从加拿大进口 52 太瓦时,从墨西哥进口 7 太瓦时。年度电力总需求据规划到 2030 年需要增加 5 万亿千瓦时,尽管短期看来,是让人感到沮丧且尚未达到 2007 年的水平。年度电需求量将会在 2030 年上升到 50000 亿千瓦时,虽然短期内这个数据减少了,也没有超过 2007 年的水平。2013 年的人均电力消费量为 11955 千瓦时。夏天的总净容量为 1060GWe,比核能的电容量的十分之一还要少。

核能在其中起了主要作用。美国在 30 个州分布着 99 个核反应堆,它们由 30 个不同的能源公司运行,2015 年,共发电 789 太瓦时。自从 2001 年起,这些工厂已经实现了平均功率(容量因子 capacity factor)达到 90% 以上,每年发电 8070 亿千瓦时并且占总发电量的 20% 的目标了。功率从 20 世纪 70 年代前期的 50% 上升到了 1991 年的 70%,并在 2002 年超过了 90%,此后并一直保持在这一水平上。2016 年创造了 92.5% 的记录(与风能的 34.7% 形成了鲜明的对比,来自 EIA 数据),该产业每年投入 75 亿美元以维护和更新这些核电厂。平均核能发电成本一直呈下降趋势,已从 2012 年的 40 美元/百万瓦时降到 2016 年的 34 美元/百万瓦时。[1] 美国几乎所有的核发电能力都来自 1967 至 1990 年建造的反应堆。直到 2013 年,1977 年以来没有新开工的核电站,很大程度上是因为多年来,天然气发电被认为更具有经济上的吸引力,也因为施工进度在 20 世纪 70 年代和 80 年代经常被延期而遭到反对,再结合 1979 年发生的三里岛核事件加剧了人们对安全的担忧。尽管 30 多年的新核电站建设几乎停止了,但美国对核能的依赖则日益增长:1980 年,核电站生产了 2510 亿千瓦时,占全国发电量的 11%。2008 年,该发电量已上升至 8090 亿千瓦时和近 20% 的电力,提供全世界核电产生的电力在 30% 以上。

就行业而言,1979 年的三里岛核泄漏事故之后,美国核电运行研究所(INPO)成立了。美国的一部分行业领导认识到,该行业应该在监督方面作出更多的努力,从而确保此类事件不再发生。INPO 的建立是为了制定一定的行为标准,以在单个核电站运营时可以经常评估和遵守。每 18 - 24 个月,它就会对成员核电站进行一次特别详细的监督和检查。[2] 2011 年的福岛事件

---

[1] Nuclear Power in the USA (updated 2018), http://www.world-nuclear.org/information-library/country-profiles/countries-t-z/usa-nuclear-power.aspx.

[2] Nuclear Power in the USA (updated 2018), http://www.world-nuclear.org/information-library/country-profiles/countries-t-z/usa-nuclear-power.aspx.

由于对被洪水袭击的核电站没有足够的外部帮助而恶化，此次事件之后，美国原子能工业建立了 FLEX 事故应对策略（flexible coping strategy），[1]它在全国有 61 个办事中心，以及两个可以在 24 小时内有能力对全国各地的核电站事故作出回应的全国办事中心。

1. 美国国内法律法规

2015 年第 113 届国会通过的核能方面的法律汇编，多达近 1500 页，[2]可见其法律规范之多。本书选择其中重要的作分析和介绍。

（1）管理主体

美国国家核能的主管部门有 5 个：核监督管理委员会、能源部、劳工部、运输部和环保署。其中主要职责是由核监督管理委员会和能源部来承担，其他 3 个部门在各自管辖的范围内进行一定的管理。[3] 如委员会主要负责许可和管理核材料和核实施，以确保符合美国原子能法和相关法律规定的健康和环境安全及美国国家的安全等。能源部主要涉及核燃料的开发、研究、生产、教育和培训、技术转让等事宜。劳工部主要保护在核领域工作的劳工的利益及受到损害后的救济和补偿等。运输部主要职责在于确保核材料和核废料、辐射材料的运输安全问题，环保署涉及环境保护问题，使环境免遭核辐射等的损害。[4] 其他组织：1）核电厂运营商和所有人：阿拉巴马电站、奥麦伦（Ameren）公司、美洲电力公司、亚利桑拉公共服务公司、星座能源集团、杜克能源、安特吉核能公司（Entergy Nuclear）、南得克萨斯核电等 30 余家企业；2）核研究机构：阿贡国家实验室、武装部队放射生物学研究所（AFRRI）、布鲁克海文国家实验室、电力研究所、爱达荷国家实验室、劳伦斯·伯克利实验室、劳伦斯利弗莫尔国家实验室等 12 家研究所；3）其他公司，如 Anchor/Darling Valve 公司、运用技术公司、安德森格林伍德·克鲁斯比公司、GE 核能、西屋电气公司等 40 余家；4）美国核协会，美国科学家联合会及核能所；5）大学，进行核研究的大学有爱达荷州立大学、乔治亚技术研究所、麻省理工学院、俄亥俄州立大学、北卡罗来纳州立大学、俄勒冈州立大学、宾夕法尼亚州立大学、威

---

[1] See Nuclear Energy Institute (NEI), U. S. Government and Nuclear Energy Industry Response to the Fukushima Accident, October 2013.

[2] 详细信息 See Nuclear Regulatory Legislation: 113th Congress (NUREG - 0980), at https://www.nrc.gov/reading - rm/doc - collections/nuregs/staff/sr0980/。

[3] Nuclear Legislation in OECD Countries—Regulatory and Institutional Framework for Nuclear Activities - the United States, pp. 27 - 33, http://www.oecd - nea.org/html/law/legislation/usa.pdf.

[4] Nuclear Legislation in OECD Countries—Regulatory and Institutional Framework for Nuclear Activities - the United States, p. 36, http://www.oecd - nea.org/html/law/legislation/usa.pdf.

斯康星大学、加利福尼亚大学伯克利分校等 20 余所大学。[1]

接下来，重点介绍美国核管理委员会（NRC）的职能等。该委员会建立于 1974 年，是一个独立的、监管美国核能产业的政府机构，它负责对核产业（尤其是反应堆、燃料循环设备、核材料及废弃物，以及其他民用核材料的运输、处理及储存）的监管，它由其主席以及另外四个委员构成，均由总统任命、参议院确认。[2] 它们职责主要由 1954 年《原子能法》（修订）、1974 年《能源重组法案》（修订）、1978 年《核不扩散法案》、1969 年《国家环境政策法案》和其他可以适用的法律等所规定。1946 年和 1954 年《原子能法》（鼓励核能使用同时注重安全规范）均规定核能产业的监管是原子能委员会（AEC）的职责，其中后者规定它同样负有促进核能民用的职责。[3] 但 AEC 试图在保障公众免受辐射带来损害健康安全的同时又不提出过高要求以免阻碍核能的发展，似乎是一个难以完成的任务。随着新产业的发展，而 AEC 由于在辐射保护标准、核反应堆安全、环境保护、选定核电站站址等方面制定的规则不够严格等从 1960 年开始就不断招致批评，以致到了 1974 年其受到的诟病达到顶峰，国会决定取消该机构，让其他机构来完成其促进和规制使命。1974 年的《能源重组法案》设立了核能（NRC）管理委员会，它于 1975 年 1 月 19 日正式取代 AEC 开始运行；此后，AEC 的任务就被分配给了新产生的 NRC，它的推广活动也由能源研究及发展部门（后来的美国能源部门）行使。[4] 其后一段时间其核心任务依然是保护公众健康与安全，重点工作集中于：辐射保护、反应堆安全、处理三里岛事件、管制核材料等。今天，核管理委员会的监管活动主要集中在反应堆安全监督、现存核电站的反应堆许可证续展或更新、材料安全监督和出于不同目的的材料许可，以及对高水平废物和低水平废物的废物管理等。此外，核管理委员会正在准备评估核电站的新应用。一些公用事业公司已经提交了申请建造新核电厂反应堆的许可证申请等事宜。[5]

在一次具有历史意义的举措中，2000 年 3 月，NRC 续展了具有两台机组

---

〔1〕 See United States of America, https://cnpp. iaea. org/countryprofiles/UnitedStatesofAmerica/UnitedStatesofAmerica. htm.

〔2〕 See Clause 1. 11 of NRC Regulations Title 10, Code of Federal Regulations, at https://www. nrc. gov/reading – rm/doc – collections/cfr/.

〔3〕 US Nuclear Power Policy (updated 2018), http://www. world – nuclear. org/information – library/country – profiles/countries – t – z/usa – nuclear – power – policy. aspx.

〔4〕 History, at https://www. nrc. gov/about – nrc/history. html.

〔5〕 History, at https://www. nrc. gov/about – nrc/history. html.

的卡尔弗特悬崖核电站,给予它延长20年的许可。提交给NRC的申请和此种续展所需的程序,及其所需的公众会议和彻底的安全排查,都已经穷尽了。原先针对1970年核电站的40年执照本应在2020年前到期,但是总会被意图续展而拥有另外20年的使用期。

NRC是最主要的核能工业管理主体。NRC的任务是管理民用的核材料以完全保护公众健康和安全并促进共同体的安全,并保护环境。NRC的主要管理职责有:以发电为目的的商业反应堆和不发电而用于研究、试验、训练的反应堆;铀浓缩设施和核燃料生产设施;为医学、工业、科研使用核材料以及生产核材料的设施;运输、储存、处理核材料和核废料,以及将核设施从服役状态退役。1974年立法创建具有独立性、权威性和有效性的国家核安全监管机构——美国核管制委员会来专门从事许可证审评、技术审查、监督、执法、应急、保障等政府职能。[1]

NRC的一个主要责任就是为运营中的以及建议许可的新核电站颁发执照。这两者都与详细的工程、安全以及环境信息,还有对于变化和新提案的长期公众听证会的审查相关。最近几年,NRC努力加快其进程,但仍然依附于严格的监管框架。拥有新生产力的能源公司受到了更好地使用NRC的合建以及运营执照(COL)程序的鼓舞,而上述在1989年被提出,一直到2007年都未曾使用。这些公司也可以申请早期站点许可(ESPs),而这些许可使他们可以在明确反应堆的设计之前申请在一特定站点的许可,或申请使用NRC已经认可的一般性设计。

先进反应堆的普通设计证书到目前为止仅限于加压和沸水设计。NRC希望可以加宽它的范围,从而到2017年可以包括完整的PWR设计、到2022年包括液态金属冷却设计,如快中子反应堆。除此之外它认为,"DOE支持的、由第四代国际论坛的研究鉴定的一个或多个先进反应堆理念"。2012年NRC警告到,"任何完全使用于现行种类(如锆层、低浓缩二氧化铀)的燃料的先进反应堆设计,都需要对于燃料制备、运输、储存以及废物处理操作的执照的技术及监管途径的测评"。这些测评会展现对于人力以及技术资源的一系列挑战。商业反应堆的最初的营业执照是40年,但是NRC允许再申请20年。对于很多在20世纪70年代建立的、应该在2020年前到期的反应堆的执照,NRC已经将更新过程简化,并且更加关注安全方面的问题,而不是其他程序性规则。自从2000年起,NRC已经通过了89个反应堆的执照延长,并且

〔1〕张弛:《美国原子能立法趋势研究及我国立法的建议》,载《中外能源》2016年第10期。

还有 5 个的申请正在审查中，故几乎所有的核反应堆的寿命都是 60 年。[1] 除了反应堆的执照颁发以及安全监管，NRC 也对某些州的铀矿以及铀工厂、转换及浓缩装置、废物点以及所有的非进攻性核能研究实验室（包括由美国能源部持有的）有监管权。它被要求从领证人和申请者中恢复其预算的 90%（大概在 FY2011 是 91600 万美元）。一个运行中的反应堆每年需创造 467 万美元的利润，一个浓缩工厂为 229 万美元，一个转换工厂为 124 万美元，另外，数以千计的小工厂和药物使用者也对此做出了贡献。另外，管理监管的行为也是以每小时收费。

除了核委员会外，设立于 1977 年（美国能源危机中期）的美国能源部（DOE）也是核能行业的一个重要的主管部门。它的职责包括原子能委员会、能源研发局（ERDA）和其他一些机构的原先的部分职责。包括对核能源、化石燃料、水电和其他诸如风能和太阳能等替代能源规划的政策制定和资金支持。能源部还管理（通常是通过私营部门的经营承包）政府的 21 个国家实验室，包括管理政府核能研究主要部分的爱达荷国家实验室（INL）。美国能源部赞助了更多在大学或工业领域的基础研究和应用研究，它们比其他任何政府机构做的都要多。除了能源部的民用核能职责外，国家核安全管理局（NNSA）监督核能的军事应用，维护国家的武器储备和管理核武器的设计、生产和测试。大多数有关民用核能的联邦计划是由 DOE 核能办公室（局）运行，包括新一代核电站的研究与开发，先进的燃料循环技术，建造新反应堆的政府产业合作的资助，在国家实验室的核能源项目运作和资助以及有关国际核能合作事宜等。[2]

（2）州政府和当地政府

美国有一个联邦制的政府，同时有些权力和职责由州和自治区行使，包括税收和财产监管以及某些在它们范围内的商业活动。这意味着，虽然华盛顿国家政府在绝大多数的核政策事件中有主要的管辖权，州政府和其下的地方政府可以在核能使用和生产力方面有很大的影响。例如，1976 年，加利福利亚颁布了一部州法律，它规定直到核废燃料的处理方式被通过，新核电站的建造才会被许可。今天，这一措施仍然有效，它不仅对核电站有影响，而且也对

---

〔1〕 US Nuclear Power Policy（updated 2018），http://www. world – nuclear. org/information – library/country – profiles/countries – t – z/usa – nuclear – power – policy. aspx.

〔2〕 US Nuclear Power Policy（updated 2018），http://www. world – nuclear. org/information – library/country – profiles/countries – t – z/usa – nuclear – power – policy. aspx.

这个全美国最大的州的电能的供应及价格有影响。因为该州需要大量“进口”电能，并且从2000年的前期开始，曾经就遭受了一系列的电力供应危机，如何处理好核安全和核电站建设一直是该州亟须解决的问题。

各州也可以通过对监管电能零售业务（联邦政府对于州际的批发价格有管辖权）的州公共服务委员会的权力，而对核能产业产生影响。20世纪90年代后期，随着大型能源公司在监管解除而可以通过降低成本以及利用高市场价格，而给他们带来更多利润的州购买核电站，在很多州出现了对电能价格的管制解除，并导致了产业联合。

另外一个值得注意的有关州的重要作用的例子可以在《核废料法》中获得，这一法案给了各个州对于在它们界限内设置废物储存箱有否决权，除非被国会两院一同推翻。这一政策给尤卡山储存点项目带来了一系列的法律和政治上的挑战，并且很大程度上终结了这一项目。最终，县政府拥有征收财产税的权力，这使他们成为核设备的选址的关键主导者。比如在2006年，卡尔弗特县、马里兰批准了本应建在卡尔弗特崖厂的新反应堆的税收优惠。

2. 许可程序

1992年《能源政策法案》（Energy Policy Act of 1992，EPACT1992）确定了新的核电站许可程序。在新的许可程序中，一个希望建立新反应堆的申请人可以使用在之前已经被NRC批准认证的反应堆设计方案进行申请。在对申请进行审议并举行公众听证会后，NRC可以向其签发一个结合建造和运营的许可（之前的程序将这两个许可分开并在不同时候签发）。当申请人使用NRC认证的设计，关于该设计的安全问题就已经解决了，主要问题也就成了反应堆建设的质量。

在授权反应堆开始运行之前，NRC需要进行完全的实验和接受程序。新的许可程序被规定在美国联邦条例法典（Code of Federal Regulations）第10条的第52部分中，并将在对新设计的认证结束后使用。新的许可程序对申请人来说更具有可预测性且财务上的风险较小。

2008年，NRC结束了其对一个在内华达中尤卡山脉中的核废料储存设施的许可，与此同时环境保护署（Environmental Protection Agency）40CFR的第197部分也得到了修正。

2000年10月18日，经过修订的10 CFR 70生效了。这个经过修订的关于特殊核材料的管理规定提供了一个告知风险和基于表现的管理方式，其中包括：（1）对预防事故和减轻其后果的表现的认定；（2）综合安全分析（Integrated Safety Analysis，ISA）对确定该设施内潜在事故的表现；（3）一系列确保服务于安全目的的事项能在需要时发挥作用的措施的确定;(4)安全基础的保持,包括将变动报告给 NRC;(5)许可持证人对其安全计划、生产设施、气体离心机、铀浓缩设施的变动需要经过 10 CFR 70 的审视。

3. 核能方面主要国内法律法规〔1〕

美国国会通过了一系列法律,其勾勒出了一套针对核电站的设计、建造、运营的完整的管理体系。运输和处理放射性废料是一个产业和公众共同关切的重要对象,故也有特别的立法来处理该类问题。1946 年美国《原子能法》主要是出于军事目的而制定的,1954 年修正后的《原子能法》,正文长近 200 页,规定了核材料的民用和军用,内容涵盖核材料和核实施的开发、规制和处置等。〔2〕 1957 年 8 月美国国会通过《普莱斯—安德森法》,明确民用核反应堆事故损害责任限额,后又在补充案中增加民用核反应堆许可证发放程序条款,对核电商业化发展起到重要作用。美国调整核能方面的法律除了上述法律外,还有 1974 年的《能源再造法》、《低水平辐射废物政策法》(1986 年修正)、《核废物政策法》(1982 年后修正)、《铀厂残渣辐射控制法》(1978 年后修正)、《危险材料运输统一安全法》(1990 年后修正)、《微型公共汽车预算和解法》(1990 年)、相关行政法和其他法律等。〔3〕 可以看出美国的核能法是一个庞大的体系,其内容我们较难借鉴,但是其立法模式值得思考:即制定一个核能基本法,然后有其他相互补充的法律,在较短时间内对核能的调整、规范和监督高效地达到相互衔接、没有死角的效果。

下文第一部分概述的立法影响了整个美国核工业包括整个电力工业。而在第二部分中概述的立法则主要影响各核电工业。这里的列举是不穷尽的,其他的国内立法同样存在。尽管联邦政府对核工业有广泛的管理,但州和一些地方也是管理的主体。

(1)影响发电工业的重要立法

1)《1935 年联邦电力法案》(The Federal Power Act of 1935)

该法案与 PUHCA 于同一年通过。其应《美国宪法》中贸易条款的要求,建立一种为跨州的电力管理服务的机制。在此之前,发电、电力传输、配电都是一系列的州内交易。

---

〔1〕 See United States of America, at https://cnpp. iaea. org/countryprofiles/UnitedStatesofAmerica/UnitedStatesofAmerica. htm.

〔2〕 See The Atomic Energy Act of 1954, Public Law 83 - 703 in Nuclear Regulatory Legislation, NUREG - 0980 Vol. 1, No. 6.

〔3〕 Nuclear Regulatory Legislation, NUREG - 0980 Vol. 1, No. 6.

2)《1978 年公共设施管理法案》(The Public Utility Regulatory Policies Act of 1978,PURPA,Public Law 95 –617)。PURPA 寻求节约电能以应对 20 世纪 70 年代晚期不稳定的能源状况。PURPA 创造了一类新的非设施的发电主体,即小型的电力制造者,公用事业要向其购买能源。

3)《1978 年能源税法案》(The Energy Tax Act of 1978,ETA,Public Law 95 –618)。ETA 如同 PURPA 是为应对 20 世纪 70 年代不稳定的能源状况而通过的。ETA 法案通过税收手段鼓励保留煤炉以及投资热电联产设施、太阳能设施、风能设施。ETA 后来不断扩展并包括了其他可再生能源。这些刺激机制在 20 世纪 80 年代中期由于税收改革立法而被废除。

4)《1990 年洁净空气法案修正案》(The Clean Air Act Amendments of 1990,Public Law 101 –549)。该修正案确定了一个在 1980 年基础上追求一年减少 1 亿吨二氧化硫和 200 万吨氮氧化物排放的键盘计划。发电机组实际上占据了二氧化硫和氮氧化合物的很大一部分排放比例。在二氧化硫减排上,该法案使用了一种独特的基于市场的方式,而在氮氧化合物减排上使用了一种较传统的方式。该立法在不断演进,且目标随国策变化。

5)《1992 年能源政策法案》(The Energy Policy Act of 1992,EPACT,Public Law 102 –486)。EPACT 确定了一类新的发电者的种类,即豁免批发发电机(exempt wholesale generator),这避免了 PUHCA 面临的非设施类发电机(non –utility electricity generation)的阻碍。EPACT 同时允许 FERC 向批发发电机的电力提供者开放国家电力输送网络。EPACT 的 30 章中的 7 章包含关于核电和铀的条款。

6)《2005 年能源政策法案》(The Energy Policy Act of 2005,EPACT2005)。其条款影响包括《安德森价格法案》(Price Anderson Act)的更新和建设最先进核电站的激励机制的核电问题。激励措施包括减税、贷款担保以及关于管理延迟的可信赖的支持。

7)《2007 年能源独立和安全法案》(The Energy Independence and Security Act of 2007)。其为增长中的车辆燃料需求提供激励机制;支持生物燃料发展;最终使用的效率提升;通过使用新技术促使温室气体减排。

8)《2009 年美国复兴和再投资法案》(The Ameirican Recovery and Reinvestment Act of 2009,ARRA2009)。为高效能源和可再生能源提供贷款融资并为包括核能在内的可再生能源提供担保。

(2)影响核电工业的重要立法

1)《1954 年原子能法案》,已修订(Atomic Energy Act of 1954,Public Law

83－703)。1954年的《原子能法案》鼓励私有企业为和平目的发展和利用核能。该法案修正了1946年的《原子能法案》以允许非联邦所有的企业只有其从AEC取得了许可证即可生产和使用核能。该法案使美国的商业核电工业得以发展。

2)《普莱斯－安德森核赔偿法案1957》(Price－Anderson Nuclear Indemnity Act of 1957,公法83－703,修订)。普莱斯—安德森法案要求核电站的每一个经营者均需获得责任保险的最大范围。目前,核电站所有者每年支付的保险费为每反应堆37500万美元。超过这一数额的损害,基于其他商业反应堆所有人拥有的反应堆数量,根据对其他反应堆所有人追溯评估的情况,给予资助,但最高不超过11200万美元。然而,普莱斯—安德森法案将商业反应堆的所有拥有者承担的总责任的数额限制在约120亿美元以内。但美国国会正致力于确定如果所有的资金都耗尽是否要求增加额外的灾难救济,或是否追溯性地增加核实施责任。[1]

3)《1974年能源重组法案》(Energy Reorganization Act of 1974,Public Law 93－438)。该法案将AEC的许可和相关职权从能源发展和相关职能中分离。NRC接替AEC成为了独立确保核反应堆以及其他有关处理运输核材料设施安全和许可的独立管理主体。

4)《1980年低放射性核废料政策法案》,1985年修订(Low－level Radioactive Waste Policy Act of 1980,Public Law 96－573)。该法案是迈向低放射性废物(LLW)处理新方式的重要一步。每个州都对其州内产生的LLW的处理负责。该法案授权各州签订协议来建设和运营区域性LLW处理设施,当然也须经过NRC许可。

5)《1982年核废料处理政策法》,已修订(Nuclear Waste Policy Act of 1982,Public Law 97－425)。该法案确定了为高辐射核废料和乏燃料修建储存设施的联邦责任。规定了建立两个存储点时间表和程序,它们由公用事业费用资助。[2] 成立了民用辐射废弃物管理办公室(局)(OCRWM),要求联邦政府负有运输和存储使用过的燃料(原定始于1998年)。该法于1987年修订,要求DOE将内华达州的尤卡山列为70000公吨高辐射废物的唯一的首期

〔1〕 United States of America (updated 2017), at https://cnpp.iaea.org/countryprofiles/UnitedStatesofAmerica/UnitedStatesofAmerica.htm.

〔2〕 United States of America (updated 2017), at https://cnpp.iaea.org/countryprofiles/UnitedStatesofAmerica/UnitedStatesofAmerica.htm.

储存库,并就其合适性进行评估。但由于资金不足、法律的挑战和来自内华达州的政治上反对等影响,上述规划已经有所延误。该评估已经结束并于2002年经国会通过。同样在2002年,国会推翻了来自内华达州的对尤佳山脉的设施的反对。至今,在尤佳山脉的设施的法律和政治障碍依旧存在。全国关注的两个重要问题是乏燃料的处理和核电厂退役问题。在一个和核能企业的合同项下,联邦政府对每千瓦时的核电征收十分之一美分的费用。这笔钱进入核废料处理基金,用于核废料处理的所有方面,包括核废料储存设施,废物的运输,以及国家和地方政府参与项目的支持。美国能源部每年评估收集用于核废料处置的费用是否充足。所有核废料基金款项支出受国会监督和授权。虽然这些费用被转嫁给消费者,他们被视为在竞争性的电力供应的成本。NRC已经为反应堆的退役确定了程序和最低资金水平。根据NRC规则,持证人为每个反应堆的退役要提供的最小的财务保证是由反应堆的种类和规模决定的(通过兆瓦决定)。个人退役反应堆所需的资金约为几亿美元每单位。在关于是否出现资金不足或过剩以及退役基金是由纳税人还是反应堆拥有者拥有上存在争议。这些问题的解决随反应堆的不同而不同。在2008年中,能源部(DOE)向NRC提交了8600页的存储许可申请,当时预计审查期需要三年。2009年年初,奥巴马政府的能源部长史蒂文·楚说,尽管有1987条法令,尤卡山不再被视为一个选择。2009年9月,奥巴马政府非法终止了该项目,减少了对它的资助。2011财政年度的政府预算要求预想了该项目的关闭。2010年2月,美国能源部(DOE)向核管理委员会(NRC)提交了一份议案,要求"保留"尤卡山的许可审查,并表示打算以"偏见"的方式撤回该申请,以免其被再次考虑。此外,将取消执行储存库计划的美国能源部民用放射性废物管理办公室,将所有核废料管理问题的工作移交给美国能源部核能办公室(局)。在2010年6月的听证会上,能源部承认撤销许可申请是一项政策决定,而非基于科学。然而,当月,NRC的原子能安全和许可委员会(ASLB)裁定,美国能源部没有权利去用自己的想法替代国会的立法,除非国会制定了取代核废料政策法的法案,能源部和核管理委员会受法律约束,以完成其在尤卡山的工作,能源部的动议被否决。尽管NRC终止了2010－2011年尤卡山的许可活动,但它被命令在2013年重新启动。公用事业公司主要通过0.1美分/千瓦时费用的征收方式支付了超过170亿美元的费用到核废料基金以便于美国能源部接管其使用过的燃料并进行最终处置,所以,到2010年1月已经累计超310亿美元,包括投资回报率。其中,约有80亿美元已用于资助尤卡山项目。基金每年从公用事业投入中增加约7.5亿美元,利息每年增加10

亿美元。2012 年年底,有 72100 吨用于燃料储存在反应堆场址,其中 2012 年增加了 2250 吨。[1]

美国绝大多数的发电厂都是私有的,都需通过分权程序来受到联邦、州和市法律法规的规制。即使存在实质性的州际贸易,由于管辖权等因素,并无单一体系或市场结构来监督或监管此类贸易。一些州对市场已经进行了规制,电力的生产、输送和分配由利率管制的公共事业单位提供。其他州已经放开电力生产,允许竞争性的零售市场参与。

联邦参与制定电力规制法律是基于《美国宪法》中的某项条款,其规定只有联邦政府才能规制州际贸易。所以,州政府是禁止规制州际贸易的。联邦的规制着重于电力生产商的州际行为,然而州内行为的规制是州和其他市区的责任。一些法律,包括 1935 年《联邦电力法案》,1978 年《公共事业监管政策法案》,1992 年 EPACT 和 2005 年的 EPACT,形成了联邦有关输送和大规模电力交易的法律之基础。影响电力产业的重要立法,同样也会对核能发展造成重要影响。[2]

4. 美国核能政策(更新至 2018 年 2 月)[3]

虽然美国拥有比其他国家都要多的私人民用核电站,政府在安全和环境监管方面、R&D 基金以及设定国家能源目标方面也是全面介入。自 1990 年后半期开始的美国政府政策以及投资决定促进了民用核能能力的巨大发展。将核能视为美国长期能源策略的承诺将会继续,但是由于对能源选择的强调,其中一部分核能项目被削减。对于高水平的核废料的处理和储存仍是一个巨大的问题。在过去的 30 年里,公众对于核能的看法正日益改善。

在美国,政府政策是一切核能相关的讨论的核心。核能的发展在 1945 年的时候是作为一个政府项目,是从发展战时原子弹爆炸的曼哈顿计划开始的。由于美国政府想要重新调整民用核能发展的重要来源,第一个核电站建于 1951 年 12 月,在位于爱达荷的美国全国反应堆测试站开始发电。核能发电于 20 世纪 50 年代中期向私人企业开放。世界范围内的第一家大规模核电站设于宾夕法尼亚州希平波特,由美国原子能委员会持有,但是由迪凯纳光和电

---

[1] US Nuclear Power Policy (updated 2018), http://www.world-nuclear.org/information-library/country-profiles/countries-t-z/usa-nuclear-power-policy.aspx.

[2] United States of America (updated 2017), at https://cnpp.iaea.org/countryprofiles/UnitedStatesofAmerica/UnitedStatesofAmerica.htm.

[3] US Nuclear Power Policy (updated 2018), http://www.world-nuclear.org/information-library/country-profiles/countries-t-z/usa-nuclear-power-policy.aspx.

力公司在其公司所持有的一个匹茨堡边上的地点建造及运营。

今天,美国几乎所有的商业型反应堆都是由私人公司持有,并且核产业作为一个整体,相较于其他国家,拥有很不错的私人参与度,以及更少的集中度。

然而,在美国,政府仍然是商业核能中最重要的一支力量。对于所有反应堆、转化、改进、燃料制备、采矿以及碾磨设备的建造及运作都有冗长且详细的要求。新反应堆建造之前的反馈过程可长达3-5年。美国政府通过它自己的全国研究实验室以及大学和工业设施的项目,是先进反应堆及燃料循环资金的主要来源。同样地,虽然持有者仍需自己筹集资金,它也承诺通过贷款保证以及税收抵免提供建造新核电站的动力。美国国内能源政策也与国外、贸易以及边防政策在减轻环境改变和核不扩散(武器)有密切的联系。

在2013年的下半年,(美国)核管理委员会正在审阅9份有关联合建造及运行执照(COLS)的申请,以建造14个新的反应堆,以及3个新反应堆样式(EPR,ESBWR&APWR)的设计许可以及设计认证更新(ABWR)。(美国)核管理委员会的FY2014对于100个运行中反应堆的监管预算是10.55亿美元,包括6个关于扩展能力改进性能要求的审查(以及8个其他的),以及10个执照更新申请。该预算包括核材料以及核废弃物安全处理方面的费用。

联邦及当地政府对于美国核能产业的架构及经济状况有重要的影响。20世纪90年代某些州撤销了关于电价的规定,这导致了对核能发电的重视。1976年,加利福尼亚州的一次选民公投催生了一部禁止在全国最大的州建造新核电站的法律,这一禁止法律现在仍有作用。内华达州则情况相反,这主要是奥巴马的新民主党政府在2009年年初做出的放弃政府的一个有关70000吨地质库,用于处理一州的高水平核废料,并且这些核废料在全国范围内的核电站点增加的计划决策。

5. 2005年能源政策法[1]

在大量的初步辩论之后,2005年能源政策法顺利地通过了上下议院(参议院是74-26,众议院是275-156)。它包括国内核能产业的刺激,包括:在运营的头8年,从原先的新核能承受力的6000兆瓦电力中减免生产税1.8欧/千瓦时或2.1欧/千瓦时(同样的比率也适用于风能);20亿美元的联邦风险保险可以涵盖最先的6个先进新核电站的全力运行的规制延迟。退役基金的合理税收。对于先进核反应堆以及其他无废气排放技术的联邦贷款保证达

[1] US Nuclear Power Policy (updated 2018), http://www.world-nuclear.org/information-library/country-profiles/countries-t-z/usa-nuclear-power-policy.aspx.

到了项目成本的 80%。核责任保护的法案延长 20 年。对先进核技术的支持。

6. 公众意见

有关核能的公众意见基本上是支持的，并且随着人们越来越关心能源供应的安全问题，人们越是对它采取积极的态度。不同的投票显示了人们在这个问题上的越来越积极的态度。赞成的人数大约为反对人数的 3 倍。大约有三分之二的自称为环保主义者的人赞成它。Zogby 在 2008 年 5 月的一份研究表明，67% 的美国人赞成建设新的核电站，大约有 46% 表示强烈支持；23% 的美国人反对这一决定。当他们被询问，他们希望哪种发电厂被建在他们的社区时，43% 的美国人表示是核电站，26% 表示希望是天然气，8% 希望是煤炭。男性（60%）支持核电站的数量比女性（28%）的两倍还多。

2010 年 3 月，在 Bisconti – Roper 调查中，79% 支持回收用过的核燃料。如果"独立专家小组"建议的话，这个数字会上升到 85%。尽管有 59% 的人确信使用过的反应堆燃料可以安全地储存在核电站的厂址上，但 81% 的人表示强烈希望联邦政府将使用过的核燃料移到远离核电站、集中、安全的储存场所，直到永久性处置设施就绪。一半的受访者自称是环保人士。2013 年至 2016 年的大部分民调表明，公众对核能使用是持支持态度，它们对应对气候变化、保护环境所追求的低碳或零碳能源使用给予了充分肯定。[1]

7. 美国核燃料循环（更新于 2017 年 12 月）

美国的核燃料生产力不够内需；一个新的浓缩工厂已获得扩张的执照。目前，几乎所有在美国的商业型反应堆中使用的铀都是进口的。在 1980 年达到顶峰之后，国内采矿业现在大约占美国所有反应堆使用燃料的 10%。在 1977 年和 2005 年之间，政府政策没有允许使用过的燃料在重新加工后再用于商业型反应堆。[2]

核责任方面的法律制度。20 世纪 50 年代末 60 年代初，随着国内国际核第三方责任和赔偿制度的建立，美国 1957 年 9 月 2 日通过的《普利斯—安德森法》标志着国内法的诞生。国际层面，1960 年、1963 年和 1997 年的三个条约。它们确定的责任追究的原则是：严格责任、全部责任（exclusive liability）、

---

〔1〕 US Nuclear Power Policy (updated 2018), http://www. world – nuclear. org/information – library/country – profiles/countries – t – z/usa – nuclear – power – policy. aspx.

〔2〕 US Nuclear Fuel Cycle, http://www. world – nuclear. org/information – library/country – profiles/countries – t – z/usa – nuclear – fuel – cycle. aspx.

责任限制(最高赔偿数额的限制[1])、强制资金保障机制、诉讼时效限制、管辖、法律适用和平等待遇等。

美国是世界上制定核法律最早的国家,其涉及核方面的法律也较为丰富,体现该国依法治核的特征。其联邦层面的核能主管单位也较为明确和具体:核监管局和能源部,各自职责也十分明确。美国善于从事件中及时吸取教训,使世界上最大的核国家无论是在安全、能源使用等方面都是值得肯定的。它们的做法也为我国立法提供了有益借鉴。

(五)法国(更新于2018年2月)

1. 法国核能发展概况

"二战"后重建时期,法国的经济和社会发展主要依靠能源密集型产业的配置。国内煤炭、水能资源的快速增长,部分满足了能源需求。然而,由于法国国内矿物燃料资源有限且价格昂贵,该国能源供应不得不大量依赖进口。到1973年,进口占全国能源消耗的75%以上,而1960年是38%。20世纪70年代的石油危机之后,该国需要更好的能源独立。当时,实施一项大型核能计划成为法国能源政策的一个主要内容,包括节能措施、能效提高以及可再生能源领域的研究和开发。核能在一次能源供应中所占比从20世纪70年代末的不到2%上升到20世纪90年代中期的三分之一,在2008年达到了41%。而核能发电量占国内比例增加速度更快:从1974年的占比7.4%,到1980年的23.6%,再到1990年的74.8%,2000年的76.7%以及2005年和2012年的78.5%,此后便一直在75%左右。

法国75%的电是核能发电主要是基于其长期以来的能源安全政策之考虑。但是到2025年,这一比例将会降低至50%。由于其低廉的发电成本,法国是世界上最大的电力输出国。并且,他们每年能从中获利30亿欧元。法国在发展核能方面表现得十分积极。反应堆及燃料生产及服务是主要的出口物。它正在建他们的第一个第三代反应堆。大约17%的法国的电能是来自于可循环核燃料。[2]

现在的情况得益于法国政府在1974年作出的决定。在第一次石油危机之后,为了快速拓宽核能生产力,他们采用了西屋电器的技术。这一决定的做

---

[1] 国际条约是一个规定最低标准的契约,各国的赔偿责任也可以不限制,如德国、日本、瑞士就无赔偿责任的限制。如何做由各国自主选择。

[2] Nuclear Power in France, http://www. world - nuclear. org/information - library/country - profiles/countries - a - f/france. aspx.

出是在法国有实质的工程专业意见但是没有本土能源的情况下。而燃料费用相对占比较少的核能,在减少进口和达到更高水平的能源安全方面就有很好的效果。2014年,美国能源情报署(EIA)将法国的页岩气资源估为50940亿立方米,虽然重获这一资源是被禁止的。由于1974年的决定,法国现在声称自己处于能源实质独立的阶段,并且在整个欧洲也是在电能方面花费最少。它在电力发电方面的二氧化碳排放量是最少的,因为其90%的电是核能发电。在2010年中期,由国际能源机构组织的一次对法国的常规能源调查,不断督促法国采取战略地位,成为整个欧洲的低成本、低二氧化碳能源的提供者,而不仅仅是致力于从1973年开始政策驱动的能源独立。法国核电站的低成本由国家能源监管局的设价可以看出,该设价使法国电力集团(EDF)的电力可以卖给与其竞争的经销商。在2014年,该价格是42欧/兆瓦时,但是CRE希望使其在2015年增长到44欧/兆瓦时,2016年增长到46欧/兆瓦时并且在2017年增长到48欧/兆瓦时。这样可以使EdF可以负担核电站升级所需的所有费用——使58台反应堆的寿命延长10年大概需要550亿元。2014年11月,政府将价格保持在42欧/兆瓦时,并将其保持到2015年年中。这一转售价格体现了长期以来给EdF的能源的最低价格,并且在名义上是基于生产的成本。产业组Uniden声称,在2015年通过的44欧/兆瓦时的批发价会比德国的价格高14欧元。法国零售价格在没有风能和太阳能的关税的影响的情况下是很低的。在2013年,中等规模的企业的价格是欧盟平均水平的90%,并且中等规模家庭的价格比欧盟平均水平的一半还少。

2. 近期能源政策

1999年,一个议会的辩论重新确认了3个主要法国能源政策的条款:供应安全(法国进口的能源)、保护环境(特别是温室气体)以及对于辐射废物管理的适当关注。他们认为,天然气不如核能经济效益高,并且价格也不稳定。一般认为,可再生能源和节能措施可以在可预见的未来代替核能。

2003年年初,法国第一个全国能源辩论开始了,主要是回应"法国人民的强烈要求",70%的法国人民认为他们在核能问题上知道的太少。一个投票显示,67%的公众认为,环境保护是唯一最重要的能源政策目标。但是,58%的公众认为,是核能导致了环境变化,但是只有46%的人认为是煤炭的燃烧导致的。这一辩论的目的是在欧洲和全球层面的可持续发展的语境下,为未来30年的能量做好准备。

2005年,一部法律为能源政策和安全指明了道路,拥有着与欧洲压水式反应堆有关的特殊决定,核能的角色对于建立一个始单元,从而在2015年之前建立40个始单元很重要。它同时也制定了发展与减少二氧化碳排放相一致的创新能源技术的研究政策，并且确定了可再生能源在发电、热量使用以及运输方面的角色。

2008年年初，一部总统令建立了一个高阶层的核能政策委员会(CPN)，着重强调了核能在经济实力方面以及能源供应方面对于法国的重要性。由总统担任主席，而且由总理和内阁秘书管理能源、外国事务、经济、工业、外贸、研究和金融的事务。原子能委员会(CEA)的主席，以及国防军事部的秘书长都在委员会中。

2012年弗朗索瓦·奥朗德总统当选后，他的政策为减少核能在能源结构中的占比，一个新的广泛的“能源过渡争议”开始了，这一争议经历了8个月，一直到2013年7月才结束。根据生态可持续发展和能源部门的计算，大概170000人参与了1000个地域争辩，并且在网络上也收到了1200份反馈。在2013年9月由OPECST公布的一项报告显示，一个由参议员组成的科学委员会以及来自上下议院的国会议员们表示，如果法国不断减少核能的使用，同时又没有足够的再生性能源可以去代替，也没有足够的提高能源使用效率的措施的话，法国很有可能会遭遇能源价格冲击。

在2014年10月，“碳税法案”通过国民大会，于是便进入了议会。这一法案为核能供电确立的目标是:2025年之前达到50%，现行的核能生产力为63.2GWe，这意味着，法国电力集团须在2016年年底之前关闭至少1650GW的核电，当其弗拉芒维尔三代欧洲压水堆已经计划要开始商业型运行时。这一法案同时也设立了长期目标，即在2030年前减少1990年的温室气体排放量的40%，并且在2050年前这一数值可以达到75%以在2050年之前将最终能源消耗减少为2012年的一半;在2030年之前将化石燃料的消耗相较2012年减少30%;并且在2030年之前将最终能源消耗中的可再生资源增加到32%。在2015年年初，议会修改了去除核帽的法案，但是这没有被下议院所接受。国民大会在2015年7月通过了拥有970个修正案的法案，但是在2025年之前，只有63.2GWe的核帽以及50%的核能供应。这意味着，为了使弗拉芒维尔三代能在2017年开始使用，一个旧的核电站将被关掉。这个最终法案也为法国长期的碳税设定了目标。在2016年，一吨二氧化碳将从14.5欧元增加到22欧元，在2020年增加到56欧元，在2030年增加到100欧元。

2015年，RTE开设了一个在意大利都灵的1200兆瓦的建议关注高压直流工程，这一过程大约花费10亿元，并与新能源政策以及国内供应限制相关。当它在2019年投入使用的时候，它会成为最长的地下的高压功率线。2014

年，意大利进口了19太瓦时，这一HVDC线路会增加10.5太瓦时的生产力。

2016年3月，阿海珐、EDF和CEA公布形成三方法国核平台（PFN）以促进三个机构的联合效果和制定一个产业中长期目标的共同愿景，支持核政策委员会（CPN）。其最初议程将包括审查EPR纳米反应堆设计的技术选择和协调监管变化的位置，特别是关于安全要求和目标问题。PFN还将针对在法国和其他地方核燃料再回收的未来，工业地质处置中心（CIGEO）深地质处置库工程，拆除废弃或退役的反应堆技术的发展，对第四代反应堆的设计研发工作。[1]

3. 监管和安全

法国核安全与辐射防护总局（The General Directorate for Nuclear Safety and Radiological Protection，DGSNR）建立于2002年，当时它融并了核设施安全理事会以及防电离辐射保护办公室，以融合监管职能并且"起草和执行政府的政策"。2006年，新的核安全局（Autorite de Surete Nucleaire - ASN），一个拥有5名委员的独立机构，从DGSNR接管了各项职能，成为了负责核安全及放射保护的监管机构，并直接向环境、工业及健康部报告。但是其最主要的签发许可证的决定还是需要政府的同意。研究主要由IRSN（辐射防护和核安全研究院）开展，它也是在2002年由两个旧组织变来的。IRSN是ASN的主要技术机构，同时也为DGSNR提供建议。在法国核电站发生过2起INES级别为4级的意外事故，两起都与劳伦特区A气冷式石墨反应堆相关。1969年10月，委任后没多久，大约50kg的燃料在第一单元融化了，在1980年3月，低温退火在石墨第二单元发生了，导致了短暂的热偏移。每次发生这样的事情，反应堆都会被修好，但是最终这两个反应堆还是在1990年和1992年寿终正寝了。[2]

4. 法国国内法律法规

（1）管理主体

法国的核立法发展与其在原子能领域的技术进步保持相互一致。因此，很多管理核活动的生效的法律都可以在法国一般对环境保护、水源供给、空气污染、公共卫生和劳动的立法中被见到。

---

〔1〕 Nuclear Power in France（updated Febuary, 2018），http://www. world - nuclear. org/information - library/country - profiles/countries - a - f/france. aspx.

〔2〕 Nuclear Power in France, http://www. world - nuclear. org/information - library/country - profiles/countries - a - f/france. aspx.

但是,法国议会同样通过了一系列具体的法律。其中包括第 68 - 493 号法律(1968 年 10 月 30 日),其规定了核能领域关于第三方责任的特殊规定,此规定同原来一般关于第三方责任的法国法史有所不同。其中还包括 1952 年 7 月 19 日法案,现在其已经被包括在了公共卫生法典当中,其具体规定了使用放射性同位素的许可条件。还有 1980 年 7 月 25 日的规定核材料的保护和控制的第 80 - 572 号法律。以及关于核废料处理的第 91 - 1381 号法律和 2006 年 6 月的关于透明和安全的第 2006 - 686 号法律。不过法国的核立法也因为其渊源的多样性而有了多种多样的特性,正如其他有核能发展的国家的立法常常主要源自国际上的建议和规定一样。举例而言,法国法中辐射防护标准即源自国际放射防护委员会(ICRP)的建议(Recommendation)和欧盟的指示(Directives)。类似地,法国的 1968 年关于核运营方责任的法律也是直接源自 1960 年 7 月的巴黎公约。

法国原子能委员会(CEA)作为一个公共研发机构于 1945 年根据第 45 - 2563 号法令设立,负责核政策(包括研发)所有方面。而法国核立法的发展也是始于那个时刻。它有 14 个不同类型和规模的正在运营的研究型反应堆——从 1959 年至 1980 年,其中最大的是 70 MWt。2009 年,被重新命名为原子能和可替代能源委员会(CEA)。[1] CEA 直接向总理负责,且不再垄断核活动,换句话说,在当时因为核能利用进入工业应用阶段,所以需要新的核能运营方的加入。核立法的发展有一些标志性事件:1963 年一套对主要核设施进行许可和管理系统得到了建立,并确定了关于公共健康和设施员工健康的政府责任(1963 年 12 月 11 日法令),在此之前,工业活动的许可和管理由各省处理。在 1973 年,该系统得到了扩展而包括了核能项目的发展,并更好的定义了政府主体的角色。最后,1966 年 6 月 20 日法令将欧洲原子能共同体的指令作为了法国辐射防护规则的一部分。

替代能源和原子能委员会(Alternative Energies and Atomic Energy Commission,CEA),研究法典,立法部分,第 3 册,第 3 编,第 2 章。1970 年 9 月 29 日关于原子能委员会的第 70 - 878 号法令,其已被修正。1972 年 12 月 14 日关于使原子能委员会的第 70 - 878 号法令生效的法令,其已被修正。2010 年 3 月 9 日的第 2010 - 237 号法律,给了原子能委员会替代能源和原子能委员会的新名字。

---

[1] Nuclear Power in France, http://www. world - nuclear. org/information - library/country - profiles/countries - a - f/france. aspx.

在20世纪80年代，建立CEA的法律也被修正以提升其在各部委间的地位并建立了一个包括员工代表的三方管理委员会（Board of Administration）。然而，CEA负责准备政府决定，其实际上更类似一个受限制的部门间的关于核能事务的委员会。如今，CEA向工业部长、科研部长（Minister for Research）、国防部长负责。1992年9月为CEA确定了其主要任务：集中力量发展对以能源、医疗、防务和工业为目的的核技术运用的管理，同时注意其工业应用和研究伙伴对其发出的请求。更具体来说，CEA被要求“加强长期对未来反应堆的研究以减少甚至完全消灭长期辐射性废物的产生”。此外，CEA还有研究和发展可替代和再生性能源的特定职责。

关于大型核设施的管理，正如上文中提到的，已经在程序上通过1973年3月27日的指令（Instruction）和同日的决定（在1978年12月17日被修正），其都是有工业部长签署的内部指令。同时涉及建立大型核设施的许可程序的主要政府主体是工业部、生态和可持续发展部。以此为目的，1973年中央核设施安全机构（SCSIN，Central Service for Nuclear Installations Safety）在工业部内被建立了起来，之后也被改组为核设施安全指挥部（DSIN，Directorate for Nuclear Installations Safety）。

在2002年年初，因为DSIN和之前的电离辐射防护中央委员会（Central Board for Protection Against Ionizing Radiations，OPRI）合并DGSNR成立了。结果，除核安全职责外，DGSNR还获得了之前OPRI关于辐射防护的职责，即为个体或者公众作为一个整体在不同环境情况下对放射性和电离辐射是否对人体健康存在危险进行分析。其同时和工作人员的辐射防护存在协作关系，并也被涉及制定放射性事故发生时的行动计划中。DGSNR向工业部长、卫生部长、生态和可持续发展部长负责。在地方方面，DGSNR的行为由工业研究和环境地区指挥部（Regional Directorates for Industry，Research and Environment，RDIRE）的核分部中继执行。那些指挥部负责调查核设施、监控反应堆和其他压力部件关停。同时他们也向省长提供技术建议，尤其是在发生事故时。

DGSNR在决策方面可以得到辐射防护和核安全研究院（Institute for Radiation - Protection and Nuclear Safety，IRSN）的支持。该研究院也是由于之前的ISPN和部分的OPRI的合并而成立的。ISRN还可以应任何有关的部委、机构的请求进行关于防护和核安全问题的研究。（2001年5月9日第2001 - 398号法律）

2006年6月，关于透明和安全的第2006 - 686号法案建立了ASN。其是由法国总统和议会议长指定的5个人领导的独立行政管理机构。该机构在关于核安全、放射性同位素安全的决策被制定前会被咨询。其也负责完成立法和技术方面事务，但其决定也需要管理此方面事务的部长的同意。ASN的职责有：组织和进行对核设施的管理（任命监督员、寄送许可等）；监视全国领土范围内的辐射防护；提供关于核安全方面的公共信息；建立关于大型核设施的许可程序（对建立、退役、处理的许可）；帮助处理包括放射性泄漏在内的紧急情况。

其他方面的主管机构有：生态、能源、可持续发展部（MEDDE），其职责如下：关于能源和气候问题总指导意见（General Direction for Energy and Climate）；风险防范总指导意见（General Direction for Risk Prevention）、关于核安全和辐射防护的任务（Mission for Nuclear Safety and Radioprotection）。2008年7月9日的《关于MEDDE的中央机构的组织和国土规划的第2008－680号法令》，其已被修正。2008年7月9日的《关于MEDDE的中央机构的组织和国土规划条例》，其已被修正。

核安全管理局（Nuclear Safety Authority，ASN），一个依照2006年6月13日《核透明和安全法》成立的独立的行政机关，代表国家，其任务是为了保护从涉及核活动中带来风险的工人、患者、公众和环境而规范核安全和辐射防护，它也负有告知公民相关的义务。[1]。环境法典，立法部分，第5册，第9编，第2章：核安全管理主体。2006年11月15日批准核安全管理局的管理职权的条例。

辐射防护和核安全研究院（Institute for Radiation－Protection and Nuclear Safety，IRSN）。2001年5月9日建立法国环境安全机构的第2001－398号法律（其中第5条建立了ISRN）；2002年2月22日《关于ISRN的第2002－254号法令》。

国防方面的组织。国防法典，管理部分，第1部分，第4册，第1编，第2章：国防设施和活动的核安全和辐射防护的代表制（the Delegate for Nuclear Safety and Radiation Protection for National Defence Installations and Activities，DSND）。国防法典，管理部分，第1部分，第1册，第3编，第2章，安全和国防秘书长（the General Secretary for National Defence and Security，SGDN）。2009年10月5日决定武装力量总代表（General Delegation for Armament，DGA）的组织和职权。国防法典，管理部分，第1部分，第1册，第3编，第2

---

〔1〕 See ASN，at http://www.french－nuclear－safety.fr/ASN.

章,第3节,第6小节:核与放射性危机的跨部门委员会。

法国核电站组织结构[1]

· 政府机关	能源和气候总局(DGEC)
· 独立的核能机构	法国安全局 (ASN)
· 专家机构	辐射防护和核安全研究所(IRSN)
· 研发	替代能源与原子能委员会(CEA)
· 核电站运营者	法国电力公司(EDF)[2]
· 核电厂建设	阿海珐集团(AREVA NP,前身法马通公司)
· 燃料循环工业,包括工程与服务	阿海珐集团(AREVA group)[3]
· 采矿	阿海珐集团 (AREVA NC,前身是法国核燃料总公司)
· 转换(conversion)	法国金属铀及六氟化铀转化公司(Comurhex)
· 富集(Enrichment)	贝斯二世(Georges Besse II)
· 燃料制造	AREVA NP (UO), AREVA NC (MOX)
· 加工和包装	AREVA NC
· 辐射废弃物管理 (R&D and disposal)	安德(ANDRA)

[1] France (updated 2013), at https://www - pub. iaea. org/MTCD/Publications/PDF/CNPP2013_CD/countryprofiles/France/France. htm.

[2] 世界上最大的核电公用公司,政府控股85%。Nuclear Power in France (updated Febuary, 2018), http://www. world - nuclear. org/information - library/country - profiles/countries - a - f/france. aspx.

[3] 阿海珐集团是一家法国核工业公司(政府控股90%),2001年通过并购法马通公司、西门子核事业部、法国核燃料总公司及Technicatome公司(后来的Areva TA)而设立。作为全球500强企业,AREVA在核能源建设领域全球首屈一指,是世界排名第一的核能企业。其主要业务是包括核燃料采矿、核燃料提炼和销售、核反应堆制造、废料回收(拥有回收核废料再加工销售的核心技术),此外该公司还生产用于飞机、电脑和手机等产品的电器连接器。作为核能工业的世界领导者,AREVA集团是该领域内唯一一家能够从事全部相关工业生产过程的公司。该集团已经向大亚湾核电站、岭澳核电站以及其他一些大型核电站提供了核岛技术(包括各种产品和管理技术)。See Nuclear Power in France (updated Febuary, 2018), http://www. world - nuclear. org/information - library/country - profiles/countries - a - f/france. aspx.

（2）关于核能的主要国内法律法

2006 年核领域透明度和安全法案，共 5 章 64 条。主要内容：1）确立了法国核安全局 ASN 作为“独立的行政机构”的法律地位。1973 年组建的核安全局此前分别隶属三大主管部委。明确了核安全局向公众发布核电信息的职责。2）成立核安全与信息透明高级委员会。3）每个核电厂址地区都要成立地区信息委员会。6 月 12 日，中法核能公众沟通研讨会召开，我们已经在当天对会议主要内容进行了推送。为了让大家更好的了解法国在核能公众沟通上的经验和做法，以及中国在此领域的尝试。

法国的核安全体系以核透明与核安全为其基本原则和指导。法国监管机构为法国核安全局（ASN）：其设立的目的为，代表国家对核安全和辐射防护实行监督管理，旨在保护核技术利用单位从业人员、公众和环境，预防核事故的发生，ASN 促进公众核信息通报工作。其性质是一个独立的行政部门，不隶属任何政府部门，直接向法国议会报告工作。其决策机构是由 5 名委员组成委员会全职委员，任期 6 年，不可连任，任命不可撤销，其中 3 名委员（包括董事会主席）由总统任命，1 名委员由众议院议长任命，1 名委员由国民议会议长任命；其职员有 900 名员工，年预算 1.5 亿元欧元（包括 IRSN 技术评估等费用）；其职责有：法律法规的拟定，许可证发放，核安全和辐射防护监管，核应急管理和公众信息通报。

法国核技术支持单位：辐射防护和核安全研究所（IRSN）。其性质是属公共事业单位，专门从事核安全和辐射防护研究，涵盖核行业各科学技术领域。IRSN 是工商业性质的公营机构（EPIC），其主营部门是国防部、环境部、工业部、高等教育与研究部、卫生部。其职员有 1800 名员工，年预算 3 亿欧元。其职责：制订和实施国家核国际研究计划，开展辐射防护培训和教学，实施辐射防护监测，公众核信息通报；为政府部门和公立机构提供技术支持；核安全、辐射防护、核事故应急管理方面的技术支持；技术评估、咨询、研究、检测。

高级核安全透明与信息委员会（HCTSIN），根据《核透明和核安全法》，2006 年 6 月 13 日该法颁布之时，该委员会随即成立。委员会的组成及成员：2 名国民议会代表，2 名参议院代表，6 名地方信息委员会代表，6 名环保组织代表，6 名核设施运营单位、制造商和相关机构的代表（CEA，AREVA，EDF，ANDRA...），6 名工会代表，6 名技术专家或社会学专家，6 名核安全和核应急管理方面的代表（ASN，IRSN...）。其职责：最高核安全透明与信息委员会是一个资讯、协调和议事机构，主要针对核活动的风险、核活动对人体健康及环境的影响、核安全等问题开展工作。高级委员会可对这些领域的监管、信息通报等问题发表意见。可将公众核安全信息通报等问题提交给主管部门处理,可对提高透明度提出建议。

地方信息委员会(CLI):目前,法国共有38个CLI,经费由地方和国家提供。组成:地方民选官员代表;环保组织代表;核能企业联合会代表;技术专家。职责:对核设施运营单位提出质疑,组织辩论,授权开展独立研究和评估,监测环境等。

1)对核设施的管理性条款。一般核设施(Basic Nuclear Installations)。环境法典,立法部分,第5册,第9编:核安全和一般核设施。环境法典,立法部分,第1册,第2编,第5章,第2节:特定关于核活动的信息的条款。2007年11月2日《关于一般核设施以及为核安全对放射性材料的监管》。2012年2月7日《关于为一般核设施设定一般规则的部委命令》。

2)归入环保范畴的核设施(Installations Classified on Environmental Protection Grounds)。环境法典,立法部分,第5册,第1编:归入环保范畴的核设施。环境法典,管理部分,第5册,第1编:归入环保范畴的核设施。

3)公共电力设施(Electricity Public Utility)。能源法典,立法部分,第3册:关于电离的条款。

4)辐射防护。公众与环境的防护(Protection of Public and Environment)。公共卫生法典,立法部分,第1部分,第3册,第3编,第3章:电离辐射－第L.1333－1条到第L.1333－20条以及第6章:处罚－第L.1336－5条到第L.1336－9条。公共卫生法典,管理部分,第1部分,第3册,第3编,第3章:电离辐射－第R.1333－1条到第R.1333－93条。2005年6月27日《关于全国性环境辐射值测算的网络的部委命令》。

5)工作人员防护(Protection of Workers)。劳动法典,立法部分,第4部分,第4册,第4编,第1章:对暴露在电离辐射中的风险的预防－从第L.4551－1条到第L.4451－2条。劳动法典,管理部分,第4部分,第4册,第4编,第1章:对暴露在电离辐射中的风险的预防－从第R.4551－1条到第R.4451－144条。1975年4月28日《关于在一般核设施中对工作人员保护的第75－306号法令》,已修正。

6)放射性紧急事件(Radiological Emergency)。公共卫生法典,管理部分,第1部分,第3册,第3编,第3章,第6节:放射性紧急情况和长期暴露于电离辐射中－第R. 1333－75条到第R.1333－94条。2002年12月20日《关于建立全国放射危险参考指南的部委命令》。2009年11月20日《关于批准2009年8月18日核安全管理局的〈关于放射性紧急事件中的介入等级〉的第2009 - DC - 0153号决定》。2005年4月7日《关于导致放射性紧急事件的事件的管理的跨部委指令》。2005年11月4日《关于在放射性紧急事件中公众的信息的部委命令》。2005年11月29日《关于在导致反射性紧急事件的事件中的对放射性的测量的进行核程序的跨部委指令》。

7)放射性材料的管理体制(Regulatory Regime for Radioactive Materials)。国防法典,立法部分,第1部分,第2册,第3编,第3章:核材料和核设施 - 第L. 1333 - 1条到第L. 1333 - 14条。国防法典,管理部分,第1部分,第2册,第3编,第3章:核材料和核设施 - 第R. 1333 - 1条到第R1333 - 78条。1977年3月28日《关于着手建立对铀矿找矿进行协助的体系的跨部委间指令》。1996年9月24日《确定将核材料用于军用的条件的部委命令》。2004年1月24日《关于对核材料的保护和控制的国防秘密的保护》以及使1998年7月17日《关于保护国防机密的98 - 608号法令生效的部委命令》。2004年1月26日《关于使2004年1月26日〈关于核材料的保护和控制的国防秘密〉的保护的部委命令》生效的通知。2010年8月18日《关于对运输途中核材料的保护和控制的部委命令》。2011年5月31日《关于将监控、会计、人体防护措施运用于服从一个宣言或者该宣言的任何形式和条款的核材料上的部委命令》。2011年6月9日《关于确立对根据许可占有的核材料的监控和会计核算的制度的部委命令》。2011年6月10日《关于根据许可占有核材料的储存和材料的核设施的人体防护的部委命令》。2011年8月5日《关于国防法典L. 1333 - 2所要求的许可的内容和形式的部委命令》。

8)放射性废弃物处理(Radioactive Waste Management)。环境法典,立法部分,第5册,第4编,第3章:放射性材料和废物的可持续处理特别条款 - 第L. 542 - 1条到第L. 542 - 14条。2000年3月4日《关于使联合公约(Joint Convention)的〈关于用过的放射性材料以及放射性废物的安全处理上的批准生效〉的第2000 - 174号法律》。2006年6月28日《关于放射性材料和废物的可持续处理的立法计划第2006 - 739号》。环境法典,立法部分,第5册,第4编,第2章:放射性材料和废物的可持续处理特别条款 - 第R. 542 - 1条到第R. 542 - 73条。1999年8月3日《关于许可国家放射性废物管理中心(ANDRA)在Bure建立一个地下实验室以研究深层地下的地理结构以便于储存放射性废物》。

9)民事责任(Civil Liability)。环境法典,立法部分,第5册,第9编,第7章:在核能领域的民事责任的条款。1969年2月6日《关于公布核能领域第三方责任公约的第69 - 154号法令》。1994年4月14日《关于公布核能领域第三方责任公约的补充的1963年1月31日公约的第94－308号法令》。保险法典，立法部分，第4册，第3编，第1章：超出寻常的以及核危险－第L.431－4条到第L.431－7条。保险法典，管理部分，第3册，第3编，第1章：例外和核危险－第R.431－27条到第R.431－29条。保险法典，管理部分，第3册，第3编，第1章：其他保险行为的技术性条款－第R.331－6条。AEN在1977年10月27日《关于将少量核物质排除出核民事责任公约的决定》。1991年4月12日《关于使1968年10月30日的第68－943号法律用于确定衰退的有危险设施的特征的第4条生效的第91－355号法令》。

10）禁止核试验（Nulear Test－Ban）。1998年3月27日授权批准全面禁止核试验条约（Comprehensive Nuclear Test－Ban Treaty，CTBT）的第98－217号法律。

2000年以来，法国是世界上核能发电占国内总发电量比例最高的国家，近几年均在75%左右，同时也是世界上核发电总量长期仅次于美国的第二大国，其在发电领域取得这样的成就与其相对完善的法律制度密切相关。但其核能发电在发达国家中是起步并不算早，真正列入快速发展规划是20世纪70年代石油危机之后。如此快的速度发展但又相对安全[1]，如果没有适宜的法律制度是无法做到的。法国核法律制度除了2006年的《核能领域透明和安全法》之外，相关规定主要分散在各有关法律法规中。这与法国核能发展的特色相关：立法成本相对较低，但比较庞杂，不够集中，在实施过程中会带来一些问题。在主管机关方面，其设置是有宏观上管理机构，又有专门的监管机关，还有相应的专家机构以及具体运营人的相应职责，以便于能够从各方面加强对核电安全发展提供保障。法国的立法模式有长有短，我们在立法中要注意的：发挥立法方面的后发优势，结合本国的国情，汲取他人的优点，规避不足之处。

三、主要国家立法的特点与启示

上述国家立法启示主要体现于第四章我国立法完善方面，本章只是做简要归纳和概括。它分为以下两个方面：

（一）特点

上述五个主要国家（英美法系两个，大陆法系三个）在所有有核电发展的

[1] 1969年10月和1980年3月发生过两起小的核事件，此后皆无。See US Nuclear Power Policy（updated 2018），http://www.world－nuclear.org/information－library/country－profiles/countries－t－z/usa－nuclear－power－policy.aspx.

国家具有一定的代表性，它们的立法有共通之处，也有差异，很难说孰优孰劣。它们就核能运用的基本法及相关领域如核责任法、安全法、运行管理法等方面均有由立法机关制定的法律（或是专门法律，或是分散在相关法律之中），凸显出这些国家对核能运作的法律规范的高度重视。由于核运行的高度复杂、涉及的部门领域繁多，依赖一个法律是难以完成任务的，故围绕核基本法多数国家还制定特定领域的一般法律；由于其涉及相关领域，其他方面的法律，如电力法等，也不可避免地成为核能运营法律体系的一部分。上述法律的规定为核能运行的具体实施奠定了基础，为行政法规、部门规章及相关标准等的制定提供法律依据，为调整核运行做到有法可依。这些法律随着时间的推移或有关事件的出现也进行了相关修改，以体现与时俱进的特点。

在主管机关方面，上述5个国家制度均给予高度关注并作出了较为详细的规定，这对明确相关机关的职责起到积极意义。这些机构分为宏观政策管理和具体执行监管等事务部门，它们相对独立，又拥有较大权力和权威，对核运营，核材料的开采、应用、核废料和核电厂等废止后的处理等能够起到有效的管理和监管作用。确保了核事件或核事故因人为原因发生的概率几乎是零这一现实。

然而，尽管有了这些法律及基于它们而制定了相应的法规、实施指南及标准等，甚至像日本这样核能立法较为完善的国家，福岛事件依然爆发，说明再好的制度或措施也是需要严格遵守并得到落实，否则仍会产生难以预料的后果。这对核法律的制定、实施在人才和人力储备与培养方面提出更高要求。

（二）对中国带来的启示

我国核运营几乎是在缺少核基本法及其他相关重要专门法律背景下进行的，存在的风险无疑是十分巨大的。尽管中国的行政法规、部门规章、标准、指南和地方性法规与规章等也十分丰富，但由于缺少上位法的规范与统一，这些规章、标准、指南等缺少权威性或法律依据，相互之间也容易冲突和矛盾。这对我国核能立法提出要求。上述国家在立法方面的努力与成绩给我们在构建我国核能法体系及制定具体法律内容时提供了必要参考，特别是在体系建设方面。不过，由于中国的制度与上述五国有根本性差异，我们是社会主义国家，在核能与核电领域，核电的研发、建设、运营及相关核燃料的开采、运输、保管等主体均是国有企业，简言之，核能行业由国有企业垄断（国外也主要由一些大企业垄断，但它们的投资者多体现出多元化的特点），民营资本目前较难介入，将来可否介入、如何介入及介入程度等都是一个个巨大的命题。因此，我们在制定相关法律法规时必须考虑到这样一个现实，而不能盲目照搬他国经验。然而,从核能事业发展的规律来看,似乎各国之间的法律应该有共性部分,如何将共性部分反映到我们的立法体系中,这是当下我们可以努力的。

在有关主管机关方面,有些国家设立统一的核能运营主管机构也给我们提供了有益经验。核能的复杂性及其所带来的潜在危害性,客观上要求须有一个较为权威的部门协调或统管各方面关系,以确保核能领域的万无一失。此外,对各核能管理的相关职能部门,对它们的职责规定的较为详细、明确和具体,这对在实施核法律过程中可以起到有效控制随意性,确保法律得到切实和准确的遵守,减少意外事故的发生。

上述国家中,韩国、法国通过特定技术或专家机构提供必要支撑给我国提供了借鉴。这与核技术是较为复杂而又专业的性质有关,我国可以借鉴赋予这样机构一个特定的权力和职责,发挥好专家的作用,以利于核电事业的良性发展。人才培养方面,在制定相关制度时,也能从上述国家中得到启示。再好的制度也是通过具有相应素质的人来实施和运作的,培养具有娴熟技术、意识上高度重视的实施者,特别是一线的技术工人,至关重要。本书第四章将进行相应论述。

第三节 民用核能立法的基本理论问题

该部分就核能立法与一般能源立法的关系,核能立法理念、原则、模式及国家干预与遵循市场规律的关系,有关核能国际条约与国内立法关系,核能企业投资、运营模式与核能立法关系等理论问题进行探索。从各国的立法实践看,除塞尔维亚等少数国家制定统一《能源法》外,多数国家是针对不同能源颁布相应的单行法,如有约 40 个国家制定了核能领域的相关法律。这背后有很多理论问题值得研究。中国《能源法》的制定经历曲折,至今尚未通过,但从理论和实践角度看,它不应影响核能利用基本法的制定和颁布。

核能由于自身的特点,其高技术性、高风险性及核材料的特殊性,决定了其法律规制不同于一般能源。结合历史上,核能最早由军事上使用日渐转向民用,今天其民用的范围远远超越了军用。对于其法律规范不仅仅限于民用,在控制核材料和核技术不扩散方面,带有更多的国家强制性。此外,核能运用和核电厂运行与公众利益的密切联系,以及其在多数国家由特定主体(国家或国家投资的企业)垄断性也使核能立法带有自己的特色,这些应该均属于民用核能立法的基本理论问题。

一、民用核能立法的理念、基本原则和模式

(一)民用核能立法的一般理念

核能立法与一般能源立法的最大区别是由于核能具有一定的技术性、专业性,其立法的国际性与共性的内容较多。由于多数国家核能行业由国家或国有企业运营,其法律又体现出较强的政府干预性。这些是我们在讨论民用核能立法时必须要注意的。

自核技术由军用向民用转移时,有识之士就主张核能必须被和平利用,对环境和人类不带来危害,并造福人类。在国际原子能机构成立之后,它不遗余力在全球推动核能的和平使用及造福人类,并把安全作为其使用的首要理念和原则。其中最突出的表现就是2010年IAEA出版的《核法律手册》,进一步凝练了2003年《核法律手册》中一些原则,提出"提倡安全、安保和保障3S(safety,security and safeguard)理念"是核能立法指导的核心和关键所在,关注由于核材料及电离辐射使用而带来的安全、安保和环境保护问题。它强调安全、安保和履约保障彼此之间的相互关系,包括以综合和协同方式反映这种关系的立法需求。一个成熟规范的安全(safety)基础设施能确保放射材料的安全不被盗窃或非法分子所得(security);同样,一个有效的安保系统,包括设计和实施较为稳妥的控制和管理核材料国家系统能强化安全措施,如阻止非法贩卖或制止和查明涉及核或其他辐射材料的非授权行为。而履约保障措施(safeguard)是指核实、确保本国遵守自己的国际承诺,不用核材料或核技术来开发核武器或核爆炸装置之关键手段。[1] 此外,该措施还适用于涉及相关核材料、核设施、核设备等的进出口等。[2] 《核法律手册》建议3S理念应该被用作各国立法的指导性原则,它有助于立法起草者们避免立法中出现漏洞、重复和不一致现象或不当复杂化、结构松散的法律出现,否则会给相关法律的解释或适用带来问题。[3] 3S反映了3个技术领域,它们需要建立一个充分的

---

〔1〕 Stoiber, Carlton, Cherf, Abdelmadjid, etc., *Handbook on Nuclear Law: Implementing Legislation*, the IAEA in Austria, August 2003, STI/PUB/1160. p. 121. Stoiber, Carlton, Cherf, Abdelmadjid, etc., *Handbook on Nuclear Law: Implementing Legislation*, the IAEA in Austria, 2010, STI/PUB/11456. p. 113.

〔2〕 Stoiber, Carlton, Cherf, Abdelmadjid, etc., *Handbook on Nuclear Law: Implementing Legislation*, the IAEA in Austria, 2010, STI/PUB/11456, p. 113.

〔3〕 Stoiber, Carlton, Cherf, Abdelmadjid, etc., *Handbook on Nuclear Law: Implementing Legislation*, the IAEA in Austria, 2010, STI/PUB/11456, p. 4.

法律和管制框架以确保核能与电离辐射的和平利用而阻止非和平使用。它们之间相辅相成,相互补充:一个领域做得好,能促进其他两个领域的良性发展。如核材料实物保护的好,有助于核材料的安全使用,也就防止了恶意目的的使用,做到了“安保”。

有学者从国际法的角度认为《国际原子能法》的基本原则有和平、安全、安保、责任、合作与发展6个方面,这也很有道理。[1] 实际上国内核能法与国际核能法在具体内容和原则方面应该是没有本质性的区别,由于核能作为一种新型能源且在民商用方面历史不长(至今不过70年左右),其科学和技术层面的内容具有规律性和普遍性,反映到各国的国内法律层面也应该是大同小异。与其他高新技术领域的法律一样,核能法的阶级性、民族性、文化差异性等特点几乎看不出来,是比较弱的。

核能利用领域由于与科学技术密切相关,无强制约束力的行为准则或标准在特定范围内的运用和发展更为迅速,影响更为广泛,对核能发展的实际效果更明显,规范具有现实性和可操作性,在核能法律制度体系中有重要地位。[2] 国际原子能机构及各国国内核能运用规范中均有大量的标准和行为准则,中国也不例外。

核能法的科学属性较为明显。[3] 与科学技术相关,属于高新技术领域。其利用的核燃料循环过程、裂变方式的控制、核能发电厂的建造、核设施的准备与运营、放射性危险的防护等都需要将法律与核科学技术结合起来。核安全、安保、保障等每一个阶段都离不开科学知识和技术。在核能领域核能利用法律的全球化、统一化等最容易实现,因为要遵循科学规律。核能基本法的制定要综合融合核能技术本身,也就是法律本身要包含科技成分,要走法律与技术相结合的综合路线。这就要求基本法利用核能技术层面的知识将核能利用过程中的问题具体化,而不是流于法规上的空话、套话。笔者认为,现在法律应该更多的致力于解决现实层面的指导意义,而不是仅限于追究责任的工具书,肯定鼓励或奖励的成分应该多一些。[4]

核能法的专业属性。核能涉及的当事人较为狭窄,不可能像一般法律那样有较大的普及性。一般技术人员和与核能相关的就业群体关心的较多。

---

〔1〕 参见陈刚:《国际原子能法》,中国原子能出版社2012年版,第61-64页。

〔2〕 参见陈刚:《国际原子能法》,中国原子能出版社2012年版,第56页。

〔3〕 参见陈刚:《国际原子能法》,中国原子能出版社2012年版,第58页。

〔4〕 李晶晶、屈植:《如何建立我国核能安全立法体系》,载《科教文汇》(下半月)2006年第8期。

核能法国际性较为明显。这一点是由核能领域固有的发展规律所决定的。在核运行过程中的标准、指南等更是要做到一致:规律性的内容不能任意发挥。如核材料的辐射特点使各国在这方面的立法几乎一致,核废料的处理、同一代技术的核反应堆原理几乎相似,相应的规范也很难找出各国特色。因此,核能法相互借鉴或趋同的现象应该是普遍的。

核能法的综合性、跨学科性较为突出。核能法不仅仅涉及核科学,还涉及环境科学、管理科学、经济学、社会学、医学等诸多领域,其制定必然要兼顾到相关领域的内容。这也是我国核能基本法、核安全法至今迟迟难以出台的重要原因。

核能军用民用互换性和关联性。由于核能最早运用于军事,其民用脱胎于军用,因此在管理理念、方法、措施等方面与军事管制有相通的地方。特别是考虑到核材料运输、核电站运营等过程中的风险需要特别关注,其管理等必然带有一定的强制性、封闭性,而不可能像一般的电力公司等具有较为宽松或开放的特征等。在某些领域,军用民用可以重叠或互相转换,它们的关系也较为紧密。在立法时这也是需要考虑的内容之一。

有人强调增加核法律责任强度,加大处罚力度是完善核能法的一个重要方面。[1] 我们认为,考虑到核事故带来的灾难、核辐射的长久性及其后果的不可逆转性,增加有关责任人的法律责任无疑是正确的,以起到足够的警示作用,提升他们的责任心。然而,对核能利用而言,预防比追究责任更重要、更有价值。建立完善的预防制度、加强宣讲强化风险防范意识、突出安全理念、通过激励和奖励政策促进核技术及防范风险技术与能力的提升,对核能事业的发展的作用更大。这也许是2010年《核法律手册》为何在论述完核法律制度的基本原则之后反复突出核安全原则的主要原因。我们认为在核法律制度中,无论怎么强调以核安全为核心的3S理念都不为过。

(二)民用核能立法的基本原则

根据2003年《核法律手册》的分析,专家们认为使核法律与其他方面的法律区别开来的特征是以下的一些基本概念,它们通常以基本原则的形式出现,也被视为核法律的基本原则。它们是:

(1)安全原则(safety principle)。该原则主要从核本身的自然特征所具有的风险性出发,要求有关当事方由此而应该采取的预防措施。有关条约规定,

---

〔1〕 参见宋爱军:《我国核能安全立法研究》,湖南师范大学2009年硕士学位论文,第65页。

安全是核能利用和电离辐射运用的前提条件。[1] 当从事涉及与核能相关的活动时,核安全是必须予以优先考虑的问题。[2] 它可以分解为多个分原则,其中最重要的是防范原则(鉴于核技术风险的特殊性,核能法的基本目标就是做到充分谨慎和预见以防止核事故发生和电离辐射不当使用带来的损害)和保护原则(因为任何法律都是风险和利益的平衡,当风险大于利益时,法律必须保护公众健康、安全、环境等)。该原则还被称为"预防原则",对于核事业而言,严格的预先技术措施是规避风险必须加以关注的。

该手册将安全定位为核能利用和电离辐射应用的最为重要的条件,是出于核能利用风险的特殊性和不可逆转性、不可弥补性等谨慎、深谋远虑,将损害降到最低限度甚至彻底消除。风险超过收益,必须优先考虑公众健康、安全、环境。[3]

该原则的核心是使用核能的国家及其他主体应当注重使用中的核安全;其对象重在强调对自身安全的防护。

(2)安保原则[4](security principle)。现在我们谈论核安全使用,不可忘记核技术发展的源头是有关国家出于军事目的的军事项目。如同核材料和技术被用于非和平目的会带来健康与安全风险一样,它们也会引起对个人和社会的安保风险。辐射源的丢失或遗弃将使人在无意识中遭受生理损害;恐怖分子或犯罪集团获得辐射源导致他们对辐射发散设备的生产并从事不良行为。特定类型核材料的扩散能导致针对国家或次国家团体进行核爆炸的行为的发生。所以,法律措施必须保护能引起安保风险特定类型和数量的核材料,并对它们的安全负起责任。这些措施能够对抗合法使用核材料与技术中的意外和人为方面因素引发的风险。

该原则与安全原则的最本质区别在于防止核材料、核技术、核设备等落入危险分子手中,以避免给人类带来灾难,其重心如同社区保安一样,重在保护

---

〔1〕 See Article 1 of *Convention on Nuclear Safety* and Article 1 of *Joint Convention on the Safety of Spent Fuel Management and on the Safety of Radioactive Waste Management*.

〔2〕 See Article 10 of *Convention on Nuclear Safety*.

〔3〕 参见陈刚:《国际原子能法》,中国原子能出版社2012年版,第60-61页。

〔4〕 Safety和security译成中文,均为"安全",实际上根据2003年IAEA的《核法律手册》的论述,它们是有区别的,正如本书所指出的:前者是指核技术或材料自然特征本身所具有的危险性而提出的安全要求;后者更多地与"人为"因素相关的安全保障,如针对恐怖主义者获得核技术或核材料可能带来的风险而进行防范所需的安全措施。何祚庥院士在其有关论文中也有类似陈述[具体参见何祚庥:《我国应大幅度调整核能政策》,载《山东科技大学学报》(社会科学版)2011年第3期]。为显示区别,本书将其译成"安保"。

他人安全。它与核不扩散等有着更多联系。

（3）责任原则。核能运用会涉及多个主体，如研发组织、核材料加工或提炼商、核装置或电离辐射源生产商、医疗从业人员、工程建造公司、建筑公司、核装置运营人、金融机构和主管部门等。那么，如果发生核损害，谁的责任最大？理论上所有对与核相关活动能有所控制的实体都应当承担其相应的安全责任。然而，通常是获得授权进行与核能或电离辐射相关具体活动的运营商或被许可人承担首要责任，[1]他们承担确保其活动符合安全、安保和保护环境等要求。

（4）许可原则。多数国家法律规定，法律不禁止的活动，当事人可以自由举办，但对于可能引起环境或人身伤害可识别风险的活动，通常要事先获得主管部门的许可。基于核技术会带来特殊风险之结果，核法律通常要求涉及可裂变材料和放射性同位素活动应事先获得许可。[2] 有时也可用授权（authorization），特许（licence），许可证（permit）或批准（approval）等词。该原则实施时，要考虑到核活动可能影响到第三方的情况。

（5）持续控制原则。运营人获得许可后，主管部门还必须有持续能力对有关运营人核活动进行监控，以确保活动安全、符合安保原则和授权条件。[3] 该原则意味着核法律必须提供法定检查员随时能够自由地对所有核材料使用和储存的场所进行检查的机会和条件。

（6）赔偿原则。由于核技术使用因素的复杂和多样，无论如何预防都无法彻底排除核活动带来损害的情况，如在使用核技术过程中对人、物和环境可能带来的损害等。核法律应规定国家应采取特定措施在发生核事故时，提供充分的赔偿。特别是核设施运营人通常要既严格又绝对地对在核设施内、运输核物质过程中发生的或源自核设施中的事故给第三方带来核损害结果的行为承担法律责任。[4]

（7）可持续发展原则。该原则源自环境保护领域。环境方面的国际法文件要求每一代人都有责任不能给后代施加不当的环境负担。它自然适用于核

---

〔1〕 See Article 9 of *Convention on Nuclear Safety* and Article 21 (1) of *Joint Convention on the Safety of Spent Fuel Management and on the Safety of Radioactive Waste Management.*

〔2〕 See Article 7(2)(ii) of *Convention on Nuclear Safety* and Article 19(2)(ii) and (iii) of *Joint Convention on the Safety of Spent Fuel Management and on the Safety of Radioactive Waste Management.*

〔3〕 See Article 7 (2) (iii) of *Convention on Nuclear Safety* and Article 19 (2) (iv) of *Joint Convention on the Safety of Spent Fuel Management and on the Safety of Radioactive Waste Management.*

〔4〕 这一原则是所有国际核责任条约的基本原则。

领域。而且在该领域，它更显突出，因为具有长久性损害的核裂变或电离辐射材料及核技术的不当使用给健康、安全、环境带来的损害更容易影响到子孙万代，[1]所以这一原则在核技术使用方面特别重要。

(8) 遵守国际法原则。由于核辐射影响具有跨国性，在一国发生的核事故会影响到周边甚至更多的国家，所以有关国家必须遵守国际法（包括该国加入的多边、地区性和双边国际条约和习惯国际法）有关规定，履行国际条约义务。

(9) 独立性原则。国家核主管部门在核能管理、控制方面具有独特的作用，因此必须充分注意到在核立法中特别强调由核专家组成的主管部门做出的涉及核安全的决策不应受到核能开发或促进实体的干预。[2] 考虑到与核技术相关的重大风险，在涉及安全问题时，其他利益必须让位于主管者独立和专业性的裁定。

(10) 透明度原则。战争时期（包括冷战前期）出于军事目的对核技术、核材料等要求保密有其合理性，但在民用时期，核能只能出于和平目的而使用，公众对核技术的了解和信任已经客观上要求，必须将出于经济和社会发展目的而使用不同核技术涉及的风险和利益的所有可能的信息公之于社会公众、媒体、立法机关和其他利益群体等。该原则要求涉及核能开发、使用和规制的组织或机构应将所有关于核能使用的方式、过程（特别是涉及可能影响公众健康、安全和环境的核事故、事件）等的信息让公众容易获取。

(11) 国际合作原则。核能的国际维度基于以下几个因素构成：首先，就安全和环境而言，跨国影响的潜在性要求各国政府间协调彼此间的政策，开发合作项目以降低对本国公民、领土、全球人口以及作为一个整体的星球的损害风险。同时，一国关于如何提高安全水平的经验与他国情况的改善有着密切联系，及时广泛地分享这样的经验对取得世界范围内核活动和核实施安全改善和水平提高至关重要。其次，核材料的使用涉及不遵守国界的安全风险。恐怖分子行为的威胁、与非法贩卖走私核材料相关的威胁及核爆炸物的扩散等长期以来已被视为要求进行高水平国际合作的重大事项。再次，大量的国际法文件已经颁布以对有关国家在核领域的义务进行法典化。不仅政府必须

---

[1] Articles 1(ii), 4(vi) and (vii) of *Joint Convention on the Safety of Spent Fuel Management and on the Safety of Radioactive Waste Management*.

[2] See Article 8(2) of *Convention on Nuclear Safety* and Article 20(2) of *Joint Convention on the Safety of Spent Fuel Management and on the Safety of Radioactive Waste Management*.

本着诚信原则履行义务，而且立法者在制定涉及这些义务涵盖的内容的国家法律框架时，那些文件的条款也限制了它们的自由选择权。最后，核产业日益增长的多国性特征，核材料和设施跨越国境频繁移动，使对这些的有效控制依赖于不同国度的私人和公共实体的共同和联合行动。基于以上原因，国家的核能立法应当做出充分规定以鼓励核能公共实体和私人使用者积极参与到核领域有关的国际活动中。

（三）民用核能立法的主要模式

在国际上并无条约约定各国需以统一的法律模式来调整规范本国的核能立法。国际原子能机构也只是在一定范围内来为各国提供立法模式参考，为各国构建自己的法律制度提供一个借鉴平台。根据前文对有关国家立法的简要介绍，可以看出，目前主要的立法模式有：

（1）以核能基本法为基本框架，以单行法为主要内容

这一模式的国家较多，如美国、英国、日本等，均先有自己的原子能法或核能法，但通常较为原则，然后再随着时代的变化，逐步通过单行法来丰富和构建整个核能法法律体系。韩国早先也是这个模式，2011 年之后，发生重大变化。

这种立法模式的特点是立法体系脉络清楚，有助于对核事业发展做出长远规划，也能够使人对一国核能发展有较好的预期。

（2）无核能基本法，以核能单行法为基本框架，主要以《核安全法》为基础，构建本国的核能法律体系

该方面的典型代表是 2011 年以后的韩国。韩国将 1958 年通过的《原子能法》废除，在 2011 年分别通过《核促进法》和《核安全法》，然后配以《核责任法》等，再通过行政法规与部门规章等加强核法律的设施。

这种立法模式较能适应核行业发展的需求，其优点在于针对性强、灵活而又不丧失体系完整。

（3）分散立法

这种立法没有核能基本法和核发展、核安全方面的一般单行法，但有自己涉及核方面的法律。它有多种情况，如有专门的核法律，但仅涉及一部分，如中国有《放射性污染防治法》，只涉及污染防治，而对于核发展的总体规划、核安全、核责任等方面的规范主要通过行政法规、部门规章等来加以体现。有些国家可能没有专门的核能方面的立法，有关核能的调整分散到相关的法律之中。这种模式有它的优点，较为灵活，能够随着核能事业的发展来补充或修改自己的法律，但其不足也显而易见，它不成体系，对核技术这种高风险性的活

动难以形成有效的防范。使一国对核法律行为的调整显然是不妥的。

中国的立法模式根据自己的国情和已有的法律制度,应该以第一种为自己的选择。

二、民用核能的法律关系

(一)民用核能法律关系的概念

法律关系是法律规范在调整人们之间的社会关系的过程中所形成的一种特殊的社会关系,即法律上的权利与义务关系。[1] 由此推知,民用核能的法律关系是核能法调整的对象,是一定社会中通过核能利用、经营、管理等活动而形成的特定关系。我们把受民用核能法律规范所调整的社会关系称为民用核能法律关系,即民用核能法律在调整特定主体从事核开发、核能利用和运营等行为过程中所形成的特定的法律上的权利和义务关系。它具有经营性、管理性等特征。广义上,民用核能法律关系包括国家有关部门对核材料及核能运营等管理方面的法律关系和有关主体运营、交易中形成的平等主体之间的法律关系两大类。前者包括国家核能利用主管部门的职责、权力和核能具体运营部门的权利、义务及相互间的关系;后者主要包括平等的核能运营主体之间的权利义务关系(如不同运营部门之间的合同关系、合作关系等中产生的权利和义务关系)。

民用核能法律关系与一般法律关系一样,含主体(指参与法律关系享受权利和负担义务的人)、客体(法律关系中的权利和义务共同指向的对象)和内容(主体之间的权利和义务)三个要素,即它由民用核能法律关系的主体、客体与内容三个要素构成。其主体必须至少有一方是核能运营或与运营相关的当事人;其客体仅限核能运营和与运营相关的活动或行为等,此类活动涉及的核材料、核电站、核废料等的处置等可以视为客体物(即一般意义上的标的物),因为行为的标的物是具有物权属性的财产(有形或无形)或服务;其内容即民用核能运营过程中的权利和义务,即相关主体依据法律规范所应享有的权利或权力与相应的义务或职责。

(二)民用核能法律关系的特点

民用核能法律关系的特点在笔者所见有关论文或专著中论及较少,本书试图做些探讨,以抛砖引玉,引起相关学者的讨论,以形成更为深入系统的论述做点铺垫。

---

〔1〕 参见佟柔主编:《中国民法》,法律出版社1990年版。

(1)民用核能法律关系的主体在中国具有特定性,即它们一般是根据国家特定的法律法规由国家特定部门或机构设立,带有一定的国家垄断性。这一特点是由核及核能的自然属性、高风险性和高技术性所决定的。

在中国核行业是国家垄断行业,民间资本难以介入,目前鲜有民间资本可以设立核企业或核电站,即使民间资本可以投资或参与融资核电企业,但管理或运行核企业的主体还是带有国家控制或主导性质。[1] 运营主体(从核燃料提供、核设施和配件的生产制造、核电站建设、核电站运营及核废料处理等)均由国家投资、设立。至于设计、选址、核矿开采、提炼运输、核技术的研发等都是围绕上述内容展开。这些环节中的控制,离不开法律的调整。整个核电产业链主要参与者包括:业主企业(建立核电站并负责具体运营的企业),核电站设计方,设备供应商,施工建设方和运营管理方。比如,目前在中国核电站的运营处于寡头垄断状态,国家允许控股核电站的运营商(从事核电站运营的主体)。这主要有:中国核工业集团[2]、中国广核集团(以下简称中广核)[3]及中国电力投资集团公司(中电投)[4]三家,国家核电是 AP1000 的技术引进方和 CAP1400 示范项目的运营商,中国核工业建设集团公司[5]负责核电站等建设业务。上述集团由多家成员企业构成,但总体上是以国有投资为背景。上述主体的设立需要经过特别程序才可建立。

从整个核电的产业链来看,核能利用主要可以分为以下五部分:一是核燃料、原料的提供;二是核配件的制造;三是核工程建设;四是核废料处理;五是核电站的建设运营。目前涉及核电建设的主体主要有:1)涉及中国核电设计和工程管理的主体包括:中国核电工程公司、中国广东核电工程公司、国家核电工程公司、中国核电研究所、上海核工程研究和设计院等。2)主要建设和安装公司有:中国核工程集团公司——中国核工业第 22、23、24、5 建筑公司及

---

[1] 由于核能利用的高技术性、高风险性和高危害性,多数国家对核能运营或从业主体有严格要求,多数由国家或国家控制的单位或主体来运营。但像美国,由于其整体成熟的法律制度、严格管理模式及全社会的法律与风险防范意识等,其在核领域参与活动的私人主体比世界上任何其他国家都要多。这一点是我们在研究核领域活动时,应该加以关注的。Nuclear Power Policy, http://www. world - nuclear. org/information - library/country - profiles/countries - t - z/usa - nuclear - power - policy. aspxUS.

[2] 中国核工业集团公司, http://www. cnnc. com. cn/。

[3] 中国广核集团(以下简称中广核)集团简介, http://www. cgnpc. com. cn/n471041/n471076/n471091/index. html。

[4] 参见"集团介绍", http://www. cpicorp. com. cn/jtjs. htm。

[5] 中国核工业建设集团公司简介, http://www. cnecc. com/g279. aspx。

中国核工业华兴建筑公司;其他:SEPCO 电力建筑公司、广东电力工程公司、天津电力建筑公司和安徽第二电力工程和建筑公司。3)主要设备供应商包括:哈尔滨电力公司、东方电力公司、上海电力集团公司、中国第一重型机械工业公司、中国国家第二重型集团公司、上海第一机床厂、沈阳鼓风机厂集团有限公司。

民用核法律关系涉及政府管理、监督等活动,因此有关政府部门在特定的活动中,也是法律关系的一方重要主体。

由于核活动的高科技性及与环境保护等的密切相关,有关非政府组织在核能民事法律活动中也在一定程度上会成为民事核法律活动的主体。

(2)民用核能法律关系的客体——民用核能的运营、管理和风险防控等行为——不仅有一般商事主体的营利行为,还带有较强的国家管理、监督及企业自身的管理等活动,其活动往往需要得到特别的许可方可进行。所以,多数国家的核活动均设立了许可制度。

(3)民用核能法律关系涉及的标的物具有特殊性,即核燃料、核电、核废弃物等,其中高风险性和高危险性是它们的共同特征。这些标的物与一般的财产等不同,特别是对于核废料的处置及退役核电站的处理等均是法律面对的很大难题。

(4)民用核能法律关系的内容,不仅涉及不同企业主体之间的权利与义务关系,还涉及有关主管部门的权力与职责关系,它带有一定的社会公共职能,故其法律关系的内容有突出的公法性和私法性相结合的特征。

由于核能技术的复杂性及可能带来的危险性,绝大多数国家的核电等均由国家垄断性企业或控股企业经营,即使对那些由民营资本介入核能行业的国家,政府的监管也是非常关键的。在核能领域,国家的干预性色彩较浓。涉及相关法律关系时,以国家监管、干预形成的纵向关系(如核电经营者经营许可、核材料或原料的开采运输等许可等)为主,横向的平等主体之间关系(如核电建设过程中的材料、设备、器件、工程分包等关系)为辅。

三、民用核能的法律渊源

本书所讲的法律渊源或称法律形式意指来源不同(立法机关制定与政府制定等),因而具有法的不同效力和作用的法的外在表现形式。韩国、日本在核能方面的法律渊源体系较为完整(具体内容参见前文)。在我国法律渊源一般有宪法、法律、最高人民法院的司法解释、行政法规、部门规章、地方性法规和规章、民族自治地区的自治法规(含自治条例和单行条例)、经济特区的经济法规及国际条约与协定等。与此相应,我国民用核能方面的法律渊源依照上面的形式也可以作出简单罗列,但是它除了国内法的一般形式之外,国际条约与技术标准是其较为突出的两个方面。

(一)宪法

《宪法》通常由一国最高权力机关或立法机关制定和颁布。在中国,《宪法》是由全国人民代表大会依特别程序制定的具有最高效力的根本法。现行《宪法》规定的"国家发展自然科学和社会科学事业,普及科学和技术知识,奖励科学研究成果和技术发明创造"及"国家保护和改善生活环境和生态环境,防治污染和其他公害"[1]等是我国民用核能立法的宪法性基础。前者在核技术发展等方面作出了原则性规定,而后者对核能发展在改善民生、保护环境及防治核污染等方面提出了要求,为核能立法提供了宪法基础。

(二)法律

法律通常由立法机关通过,在我国它指由全国人民代表大会和全国人民代表大会常务委员会制定颁布的规范性法律文件,即狭义的法律,其法律效力仅次于宪法。法律分为基本法律和一般法律两类:前者是由全国人民代表大会制定的调整国家和社会生活中带有普遍性的社会关系的规范性法律文件的统称,如《刑法》《民法》及有关国家机构的组织法等法律;后者是由全国人民代表大会常务委员会制定的调整国家和社会生活中某种具体社会关系或其中某一方面内容的规范性文件的统称,其调整范围较基本法律小,内容较具体。目前在民用核能法律层面的专门法律主要是由全国人民代表大会常务委员会于2003年通过的《放射性污染防治法》,它对核能利用中的核辐射的防护作了较为全面的规定。涉及核能发展的其他法律主要有:《环境保护法》(1989年制定,2014年修正)、《海域使用管理法》(2001年)、《大气污染防治法》(2008年,2015年修正)、《固体废物污染环境防治法》(2004年,2016年修正)、《水污染防治法》(2008年,2017年修正)、《海洋环境保护法》(2017年修正)、《环境影响评价法》(2002年,2016年修正)、《安全生产法》(2002年,2014年修正)、《矿产资源法》(2009年修正)、《电力法》(2015年修正)、《可再生能源法》(2005年)和《节约能源法》(2007年)12部。[2] 不过,如果从与核能利用相关的角度看,实际上还有多部,如《宪法》(2018年修正)、《行政许

[1] 分别参见《宪法》(2004年修正)第20、26条。

[2] 但他所收录的《招标投标法》《土地管理法》《消防法》三部法律,似乎与核能关系远了一些,本书不包括它们。参见赵威:《原子能立法研究》,载《法学杂志》2011年第9期。

可法》(2003年)、《行政强制法》(2011年)、《循环经济促进法》(2008年)、《民法通则》(2009年修正)及其司法解释[1]、《清洁生产促进法》(2002年)、《侵权责任法》(2009年)、《刑法》(2017年修正)、《产品质量法》(2009年修正)等。上述法律主要涉及与核能相关的环境保护、行政许可与执行、安全生产、矿产资源、能源和法律责任等方面的立法,它们均是从一般意义上涉及核能利用的情况,或有个别条款直接提到核能方面的情况。显然,我们缺少核能使用方面的基本法、核安全法、核责任法等重要的法律,它们将来通过的话,也是属于一般法律。

(三)行政法规(法律实施规定)

行政法规是国家最高行政机关国务院根据宪法和法律就有关执行法律和履行行政管理职权的问题,以及依据全国人民代表大会的特别授权所制定的规范性文件的总称。其法律地位和法律效力次于宪法和法律,但高于地方性法规和法规性文件。国务院的行政法规主要有以下11个:《民用核设施安全监督管理条例》(1986年)、《核材料管制条例》(1987年)、《放射性药品管理办法》(2017年修订)[2]、《核电厂核事故应急管理条例》(1993年)、《建设项目环境保护管理条例》(1998年,2017年修订)、《放射性同位素与射线装置安全和防护条例》(2005年,2014年修订)、《核出口管制条例》(2006年修订)、《核两用品及相关技术出口管制条例》(1998年,2007年修订)、《民用核安全设备监督管理条例》(2007年,2016年修订)、《放射性物品安全运输管理条例》(2009年)和《放射性废物安全管理条例》(2011年)。目前《核电管理条例》正在制定中。

(四)部门规章

国务院各部、委员会、中国人民银行、审计署和具有行政管理职能的直属机构,以及省、自治区、直辖市人民政府和较大的市的人民政府所制定的规范性文件称规章。内容限于执行法律、行政法规,地方法规的规定,以及相关的具体行政管理事项。核能方面的部门规章至少有35个,主要涉及《民用核设施安全监督管理条例》《核电厂核事故应急管理条例》《放射性废物安全监督管理核材料管制条例》《民用核承压设备安全监督管理规定》等的实施细则

[1] 参见《最高人民法院关于贯彻执行〈中华人民共和国民法通则〉若干问题的意见(试行)》第154-156条。

[2] 该管理办法对放射性药品的研究、生产、经营、运输、使用、检验等各个环节进行监督管理,虽是针对药品管理的,但应当属于核材料在药品领域应用的特殊规制。

(如国家核安全局1987年4月1日发布的《民用核设施安全监督管理条例》实施细则之一《核电厂安全许可证件的申请和颁发》、1995年6月14日发布的《民用核设施安全监督管理条例》实施细则之二《核设施的安全监督》及国家环境保护总局2006年1月28日发布的《民用核设施安全监督管理条例》实施细则之三《研究堆安全许可证件的申请和颁发规定》等),和核电厂质量保证安全、核电厂厂址选择安全、核电厂设计安全、运行安全、民用核燃料循环设施安全、辐射防护、核产品转运及过境运输审批管理、有关核工作人员的资格要求、健康保护及相关信息的公开[如2011年4月环保部发布的《环境保护部(国家核安全局)核与辐射安全监管信息公开方案(试行)》《关于加强核电厂核与辐射安全信息公开的通知》]等的规定。它们的核心内容主要涉及核能的投资建设、核材料运营运输及废料处理管理、环境保护(核污染防治)、铀资源开发和信息公开等几大类。〔1〕

此外,在具体操作方面,有关主管部门(环保部核安全局、发改委的能源局及工信部的国家原子能机构及国防科工局)及相关部门还先后颁布了近70个指导性文件以及近百个有关方面的导则(如核与辐射安全导则,包括通用系列导则、核动力厂系列导则、研究堆系列导则、非堆核燃料循环设施系列导则、放射性废物管理系列导则、核材料管制系列导则、民用核安全设备监督管理系列导则、放射性物品运输管理系列导则及放射性同位素和射线装置监督管理系列导则)〔2〕。这些文件重在指导操作,其中核心是安全问题。行政法规和部门规章重在行政管理,对于违规行为也是以行政处罚为落脚点。对于有关人员(特别是无辜第三人)的民事赔偿责任只有国务院于1986年及2007年分别发布的《关于处理第三方核责任问题给核工业部、国家核安全局、国务院核电领导小组的批复》和《关于核事故损害赔偿责任问题的批复》等文件有所涉及。上述文件,特别是指导性的规则,多是在2000年之前制定的。

(五)地方性法规和规章

地方性法规是指依法由有地方立法权的地方人民代表大会及其常务委员会就地方性事务以及根据本地区实际情况执行法律、行政法规的需要,在不同宪法、法律、行政法规相抵触的前提下,所制定的规范性文件。有权制定地方性法规的地方人民代表大会及其常务委员会包括省、自治区、直辖市人民代表

---

〔1〕 具体分析可参见赵威:《原子能立法研究》,载《法学杂志》2011年第9期。

〔2〕 具体参见《核与辐射安全导则》,http://www.chinansc.cn/web/static/catalogs/catalog_251600/251600.html。

大会及其常务委员会、较大的市（省、自治区人民政府所在地的市，经济特区所在地的市和经国务院批准的较大市）的人民代表大会及其常务委员会。设区的市的人民代表大会及其常务委员会根据本市的具体情况和实际需要，在不同宪法、法律、行政法规和本省、自治区的地方性法规相抵触的前提下，可以对城乡建设与管理、环境保护、历史文化保护等方面的事项制定地方性法规，法律对设区的市制定地方性法规的事项另有规定的，从其规定。[1] 地方性法规只在本辖区内有效。

我国与核能相关的地方性法律文件主要出现在核电站正在运营或在建的省份或地区，如秦山核电站所在的浙江颁布了《浙江省核电厂辐射环境保护条例》（2002 年）；大亚湾和岭澳核电站所在的广东制定了《广东省民用核设施核事故预防和应急管理条例》（1997 年）、《大亚湾核电厂周围限制区安全保障与环境管理条例》（1994 年通过，2012 年修正）；田湾核电站所在的江苏省制定了《江苏省辐射污染防治条例》（2018 年修正）。还有一些省市虽然没有在运或在建核电站，也根据国家有关法律法规制定了防辐射的地方条例，如《湖北辐射环境管理条例》（2007 年）等。可以看出这些地方性法规均是以环境保护、管理和核事故紧急或应急处理为基本内容。

政府规章是省、自治区、直辖市和较大的市的人民政府根据法律、行政法规和本省、自治区、直辖市的地方性法规拟订，并经各该级政府常务会议或者全体会议讨论决定的法律规范形式，或设区的市政府在法定范围内依据地方性法规制定的规范性法律文件。其效力等级低于宪法、法律、行政法规和地方性法规。目前主要的地方政府规章有：《广东省核电厂环境保护管理规定》（2002 年修正）、《关于修改〈广东省核电厂环境保护管理规定〉等四项政府规章的决定》（2004 年）、《江门市核应急预案》（2007 年）；在建海阳核电站所在地山东制定了《山东省辐射环境管理办法》（2003 年，2010 年修正）等；《宁夏回族自治区防治辐射污染环境管理办法》（1999 年）；《河北省电磁辐射环境保护管理办法》（2000 年）；《天津市电磁辐射环境保护管理办法》（2005 年）；深圳由于离大亚湾核电站较近也制定了《深圳市核应急交通保障行动预案》（2004 年）等。

（六）国际条约和行政协定

国际条约指我国与外国缔结、参加、签订、加入、承认的双边、多边的条约、协定和其他具有条约性质的文件，国际条约的名称中，“条约”是最常用的词

[1] 《立法法》（2015 年修正）第 72 条。

语，除此之外，还有公约、协议、协定、议定书、宪章、盟约、换文和联合宣言等。这些文件的内容除我国在缔结时宣布持保留意见不受其约束的以外，都与国内法具有一样的约束力，所以也是我国法的渊源。行政协定指两个或两个以上的政府相互之间签订的有关政治、经济、贸易、法律、文件和军事等方面内容的协议。国际条约和行政协定的区别在于：前者以国家名义签订，后者以政府名义签订。我们国家和政府一旦与外国或外国政府签订了条约或协定，所签订的条约和协定对国内的机关、组织和公民同样具有法律约束力。在核领域，我国目前加入的条约较多，而行政协定不多。我国目前加入的民用核能方面的条约主要有：《核事故及早通知公约》《核事故或辐射紧急情况援助公约》《乏燃料及放射性废物管理安全联合公约》《核材料实物保护公约》及《核材料实物保护公约补充修正案》等。

此外，中国与有关国家签订的双边协定也是国际条约中的当然内容，也可以看做是我国核能法方面的渊源。

（七）有关指南和标准[1]

由于核能领域的技术性和高风险性，有了法律法规和部门规章等，其具体操作也有严格的规范。对具体管理人员、技术人员和相应的操作人员等，必须要有可实施的技术标准和操作指南。因此，每个拥有核电的国家，基本上都有较为详细的操作指南和不同领域的技术标准。在论及核能法律渊源时，这一部分是不容忽视的。

四、民用核能立法的其他理论问题

（一）立法内容上的共通性

好的法律是规律的反映。从前文诸多国家的立法框架和内容可以看出，绝大多数国家的法律无非就是围绕安全、研发、主管机关、许可、核材料管理和运输、核废料的处理及核电站的运营与核辐射的防护等内容而进行规定的。安全是一切核活动的基本前提，而主管机关根据各国的国情不同而略有不同，但监管机关的职责、监管内容几乎是一致的。这些均是由核材料、核活动等具有共同的规律性所导致的。因此，就立法而言，各国规定的内容大同小异，只是可能在立法的形式等方面有差异而已。

（二）政府间国际组织、有关专家、非政府组织在立法活动中的作用明显

从前文分析的世界核能立法的情况可以看出，政府间国际组织在各国核

---

〔1〕 有关示例参见本书第二章。

能立法中的巨大作用，特别是IAEA。在1957年之前，制定核能法的国家并不多，在IAEA成立之后，它对推动各国立法起到了积极作用。如我国在加入IAEA之后，立法方面就得到了其多方面的帮助。

由于核能使用在技术方面有较高要求，相关专家及相应的组织在核能技术立法中的作用必须得到充分发挥。而且，有关非政府组织利用它们的专业知识、环保理念等方面因素对政府在该方面的立法也能起到积极作用。这一点与那些技术、科技含量不高的通用领域的法律形成不同。由于高技术性和高风险性，核能领域法律活动（目前主要涉及核能利用的立法与执法领域）的专家参与是其他领域所少见的。由于核能与环境保护有着密切联系，因此关心环境的各种环保组织等非政府组织在立法、执法甚至将来的司法活动中的作用是十分突出的。这是我们在研究核能立法是应给予充分的重视。

（三）核能领域的国际法与国内法的关系

国际法与国内法的关系在核能领域表现得较为明显。核能的自然属性、科学性较强，调整其行为的规范必须要反映出该领域规律性的内容。这些内容反映到国际条约[1]中，如果被相关国家所接受，则它们会通过条约来履行自己的国际义务，同时依照条约来构建国内法律制度。即使有些国际条约，有关国家没有批准或加入，制定国内法时，它们也会借鉴或参考。

对于国际法与国内法的关系，理论上曾经有过分歧，即一元论和二元论的观点之分：前者认为两者是一个体系，国内法与国际法属于同样一个主体的法律制度。它又分为国际法优先说（国际法与国内法发生冲突时，国际法优先适用）和国内法优先说（国际法与国内法发生冲突时，国内法优先适用）两种。但随着时间的推移，国际法优先说日渐成为主流，国内法优先说基本被淘汰。[2] 后者认为国际法与国内是两个独立的法律体系，两者法律渊源和所调整的法律关系截然不同，国际法是主权国家间的法律，国内法只适用于一国内，因此两者绝无冲突的可能。[3] 总体上，我们认为，当下一元论的国际法优先说占据主导地位。[4] 一般而言，国际条约变成国内法，通常有三种形式：一

〔1〕 国际法的渊源有国际条约、习惯国际法、一般法律原则三种，但我们认为由于核及其运用是20世纪40年代后期才开始出现，习惯国际法难以产生，出现问题后基本上是通过国际条约来解决。因此，核能领域国际法的主要形式是国际条约。

〔2〕 参见《国际公法学》编写组：《国际公法学》，高等教育出版社2016年版，第77－79页。

〔3〕 参见邵津主编：《国际法》，北京大学出版社、高等教育出版社2000年版，第22页。

〔4〕 2000年之前，有学者认为二元论在全世界是占优势的（参见马仑祖克：《阿库斯特现代国际法导论》，1997年英文版，第65页），但我们认为，在全球化日益深化的今天，这未必是事实。

是采纳(又称"并入"),即通过宪法等直接规定,经过立法机关批准或接受的条约自动成为一个国家法律的一部分。二是转化,即条约批准后,国内再通过立法机关等的立法或其他行为,将国际条约的内容通过国内法或行政法规的形式转变为国内法。[1] 三是混合的方法,即兼采采纳和转化的方法。实际上,多数国家采取的是混合的方法,单纯采取采纳或转化方法的国家较少。

对中国而言,核能领域的国际条约及国际原子能机构的一些"立法"行为对我们影响较大。中国批准或加入的核方面的国际条约是我们必须要遵守的,而国内的遵守主要通过将国际条约转化为国内法的方式进行。我国加入核安全条约,在制定《核安全法》之前,主要是通过核安全方面的行政法规与部门规章来履行。至于其他条约义务的履行,虽然没有专门的相应法律来规范,但在相关法律及专门的行政法规、部门规章中加以落实。然而,从法律效力的等级而言,是有所欠缺的。另外,对于有些核国际条约,尽管我国没有加入或批准,如中国、日本、韩国等,虽然没有批准有关核责任国际条约,但相关国内法的制定也是参照这些条约内容。总体来说,核能领域,国际法的特征较为明显,可供借鉴的国际法层面的内容较多。

〔1〕 参见《国际公法学》编写组:《国际公法学》,高等教育出版社2016年版,第83-85页。

第二章　中国核能立法的现状及其不足

本章基于现有的大量资料，重在分析研究中国现有的立法现状及中国加入国际条约的情况，阐释国内现有核能法律制度的不足。简单地说，中国现有核能立法的现实是：尚未构建系统和健全的核法律体系，由立法机关通过的专门法律只有两部：一是注重核安全规范的《核安全法》(2017 年制定)、二是集中于辐射防护及污染防治等方面的《辐射污染防治法》(2003 年制定)；涉及核能活动方面的法律规范有 1986 年的《民法通则》、2009 年制定的《侵权责任法》、2013 年修正的《环境保护法》等。核发展规划目前尚无法律涉及，核责任方面无专门法律，其法律规范主要体现在相关法律如《民法通则》《侵权责任法》等中，而核设施运营管理及有关技术标准、核材料开采、提炼运输等具体领域活动的调整则主要受行政法规和部门规章等规定的调整。核领域的专门立法在国际条约签署和加入方面，中国已加入核安全、核事故通知、核不扩散等条约，但未加入核损害责任等方面的条约。

我国核能法律制度目前存在的严重不足可以概括为有以下几个主要方面：缺少统率核能利用法律体系的基本法，单行法律严重欠缺，尚未构建权力机关通过的完整的核法律体系；调整核活动的法律规范效力等级较低；核法律制度中的有关规定零散、不成体系且相互冲突；多部门管理造成的职能重叠或相互推诿现象严重；核损害法律责任的法律规范单薄、未形成体系等。这些会在一定程度上阻碍核事业的健康发展。此外，由于核能一直是国有企业垄断的行业，目前主要有中核集团、中广核、国家电力总公司等大型国有企业垄断，对于民营资本能否进入核能领域的发展，中国几无法律涉及。中国将来会否在这方面有所突破，也值得研究。由此，相应的法律制度也应该有所准备。

第一节 中国核能立法现状与加入的国际条约

一、中国目前有关核能立法方面的现状

(一)概述

中国共产党对核能用于和平目的,自原子弹在日本广岛和长崎爆炸后就有清醒的认识。毛泽东基于原子弹的杀伤力和巨大的破坏性,在1947年1月就指出:愚蠢的人仍在奢谈什么原子弹,可它永远不会再使用的。在日本的大爆炸也毁灭了它本身。因为全世界人民群起而攻之。[1] 20世纪60年代,我党又重申了这一观点:在政治上,如果美帝国主义使用这种武器,就会使它自己处于极端孤立的地位;在军事上,核武器的巨大破坏力限制它的使用。[2] 实际上,20世纪50年代后期起,核能的和平利用和核电站在西方发达国家开始有了长足发展。而我国虽然核技术发展在60年代就初步有显著成就,但由于特定的历史时期决定了中国当时核技术的研发及进行核试验的主要目的在于树立民族自信心、免受大国欺辱、[3]提升国际地位、[4]维护国家主权和世界和平,应对苏美两霸的核垄断和核恐吓[5]。虽然开发利用核能是为了和平目的(用于自卫及对世界和平作出贡献),[6]但核能的民用及核工业发展同期不可能被提到议事日程上(民用核电见下文分析)。

在法律规范方面,在整个国家的法律调整都受到忽视的情况下,不可能对核研究和发展等核活动进行立法。故20世纪80年代以前,我国核工业实行的是准军事化和计划体制的管理,主要是通过国家政策、行政命令等文件来规范行业管理和发展。[7] 改革开放以后,随着经济体制改革的不断深化和市场经济体制的逐步建立,核电事业的管理体制才按照政企分开、政事分开的原则逐渐进行了调整,依照法律规定来推动核电事业健康、安全、稳定地发展。

---

〔1〕 转自殷雄:《世纪回眸:世界原子弹风云录》,新华出版社1999年版,第258页。

〔2〕 [美]雷蒙德·加特霍夫:《中苏军事关系》,田约普雷格出版社1996年版,第156~159页。

〔3〕 参见《毛泽东文集》(第7卷),人民出版社1999年版,第27页、第326页。

〔4〕 参见《毛泽东文集》(第8卷),人民出版社1999年版,第130页。

〔5〕 参见《毛泽东文集》(第6卷),人民出版社1999年版,第395页。

〔6〕 凌志:《论毛泽东发展核武器和平利用原子能的思想》,载《毛泽东思想研究》2009年第5期;也可参见1964年《中国第一次核试验成功中华人民共和国政府声明》。

〔7〕 中国核能行业协会主编,汪兆富执笔:《新中国60年核能发展大事记(1949年10月——2009年9月)》,载《中国核能》2009年第5期。

1984 年 1 月 1 日，中国正式成为 IAEA 的成员，由于在核科学技术领域的重要国际地位，加入当年，中国即成为 IAEA 的理事国。[1] 30 多年来，中国共有 100 多家单位不同程度参加了 IAEA 的技术合作活动，合作领域覆盖了核电建设和核安全、核安全监管、核安保、铀矿勘探、核废物管理和处置、核设施退役、辐射防护、核农学、核医学、同位素生产和应用、辐射加工、同位素示踪、水资源管理和空气治理等，对推动中国核技术的发展起到了积极作用。同时，在中国核电规范方面，IAEA 也提供了一定的帮助，对我们目前的核能法律制度的制定有积极贡献。为支持中国核电可持续发展，IAEA 于 2008 年批准了一个预算 400 万美元的超级项目，为核教育和培训中心、核电厂运行评价和操作员培训中心、核电厂无损监测中心、核和辐射安全中心、核电法规和标准中心、铀资源勘探中心、放射性废物整备和分类中心以及放射性废物处置中心 8 个中心提供支持。[2] 这些都对促进我国核能和平、安全利用起到了保障作用。但目前就核能法律制度的构建和完善方面，中国与 IAEA 的合作有很大发展空间，特别是 IAEA 就有关成员立法经验参考提供方面，可以加速。核能立法虽是一国主权下的事务，但良法是特定领域规律的反映，在核能发展领域，其规律性的内容不可违背。所以，有关国家的先进立法经验，值得借鉴。而 IAEA 作为核能民用国际制度协调及各国法律制度规范沟通的国际组织，无疑具有得天独厚的条件。

虽然 20 世纪 50 年代中期，我国和平利用核能（当时称"原子能"）事业由毛泽东、周恩来、刘少奇等老一代领导人亲自关心和支持，[3]并早在 1956 年制定的《1956 年到 1967 年科学技术发展远景规划》中就明确指出，用原子能发电是动力发展的新纪元，是有远大前途的。在实际行动中，1956 年 11 月国务院成立了原子能工业部（第三工业机械部，1958 年改为第二工业机械部）；1958 年夏，成立中国科学院原子能研究所。9 月，原子能研究所建立了我国第一个比较完整的综合性核科学技术研究基地；随后，又相继建立了铀矿地质、铀矿选冶、核武器等专业性研究机构。1962 年 11 月 17 日，在中共中央直接领导下的中央专门委员会正式成立，由 17 人组成。主任周恩来及成员 7 位副

---

[1] 《聚焦中国与国际原子能机构合作 30 周年成就》，载《中国核工业报》2014 年 10 月 22 日。

[2] 杨阿卓：《携手 30 年：相向而行 深度融合——中国加入 IAEA30 年之际访国家原子能机构副主任王毅韧》，载《国防科技工业》2014 年第 10 期；《聚焦中国与国际原子能机构合作 30 周年成就》，载《中国核工业报》2014 年 10 月 22 日。

[3] 1955 年 1 月 15 日中共中央书记处扩大会议作出发展原子能事业的战略决策，参见杨明伟：《创建、发展中国原子能事业的决策》，载《党的文献》1994 年第 3 期。

总理、7位部长组成了中国原子能事业(包括核工业建设、核试验工作、核武器研制、核能的和平利用、核科学技术等)的领导核心。[1] 但后来由于"反右运动""大跃进""文化大革命"等使这种规划难于实施,原子能发电也在各种运动中化为乌有(只是在军事方面的两弹一星的制造方面取得成功[2])。"文化大革命"后期的1970年2月8日,周恩来总理就批示要发展核电。1974年3月31日的专委会议审批了上海核电站工程(今日的浙江秦山核电站)的建设方案。会上,周恩来要求,建设核电站要绝对安全可靠。[3] 但是由于内乱等种种原因这一批示无法得到落实;直到改革开放后,才正式开始建设核电站;1982年,中国第一座核电站——秦山核电站一期工程宣告启动。[4] 就是说,中国内地的核电起步较晚,20世纪80年代才动工兴建核电站。此前1979年发生的美国三里岛核电站事故,没有人员伤亡,也没有引起高度关注,所有核电事业正常起步。经过近十年的努力,1991年年底我国自行设计建造的30万千瓦(电)圆形压水堆核电站(秦山一期工程)投入运行。广东深圳的大亚湾核电站(中外合资的形式,由广东核电投资有限公司和香港核电投资有限公司合资建设与运营)于1987年开工,于1994年全部并网发电。当下我国核电立法还处于探索发展阶段。其间,在我国核电发展的这一阶段,1986年苏联的切尔诺贝利核电站事故的发生,对全世界的核电事业发展带来重创,此后核电在全球范围内都陷入了低潮。当时大家有点怀疑,中国搞核电会不会有风险?1992年12月15日,我国自行设计、建造的浙江秦山30万千瓦一期核电站成功并网发电,从而结束了我国大陆无核电的历史,实现了我国核电零的突破。在大亚湾核电站亦建成并于1994年2月1日运行后,充分证明核电是安全的,而且我们已基本掌握了核电站设计和建造的技术。[5] 1986年,国家提出了"以我为主,中外合作"的八字方针,首先要以我为主,同时在改革开放的条件下争取与国外合作。在这样一个方针指导下,要搞与国际接轨的、按国

---

〔1〕 参见杨明伟:《创建、发展中国原子能事业的决策》,载《党的文献》1994年第3期。

〔2〕 这种成功是特殊时代的成功,面对当时国际上的核讹诈等,中国人民的志气借助于当时党和政府的大力支持及科技人员的全身心投入等,它无须法律的调整,而由国家行政行为与相关政策来完成。但当核能民用与商业运行结合起来时,涉及不同主体之间的利益分配,只靠政策和行政行为是无法收到最佳效果的,法律作为平衡各方利益的最佳调整手段,是必不可少的。

〔3〕 参见杨明伟:《创建、发展中国原子能事业的决策》,载《党的文献》1994年第3期。

〔4〕 参见刘艳阳:《叶奇蓁:推进中国核电自主化建设的元勋》,载《中国核电》2016年6月14日。

〔5〕 中国核能行业协会主编,汪兆富执笔:《新中国60年核能发展大事记(1949年10月-2009年9月)》,载《中国核能》2009年第5期。

际标准建造的商用的核电站。

核电站的建设要由业主、建造者自己去筹资，建成发电以后，要还本付息，实行商业化的运作，要考虑投入产出，讲究经济效益，能与其他能源相竞争。由于20世纪80年代末西方国家对我国进行制裁，迫使我们由引进技术、联合设计改为自主设计，自力更生推进核电的发展。起初，大家打了很多问号，秦山二期能不能建成，建成了能不能发电，发电了能不能持续……建造时我们遇到了很多困难，通过调查分析、试验研究、反复实践，集全国各方面的力量，所有的困难都一一克服了。秦山二期核电站建成后运行相当良好，后来证明秦山二期核电站搞得确实挺好，是按照国际标准化设计的商用核电站，它的建成为百万千瓦级的核电站的自主设计建造打下了技术基础和设备国产化的基础。2003年起，国家决策核电发展战略从“适度发展”转向“积极发展”。

随着我国核电领域对外合作与交流的不断扩大，以及加入国际原子能组织和有关核国际条约，客观上对不断加强和完善核电领域的立法提出了较多要求。为做到保障投资方、科研单位、建造运营企业、设备供应商以及核电相关合作各方的基本利益，履行我国国际义务，特别是应对气候变化所需的发展清洁能源的压力，我国核电事业将会处在迅速发展阶段，国家也提出大力发展核电的方针，并在2007年10月颁布了《核电中长期发展规划（2005－2020年）》，其要求到2020年，核电运行装机容量争取达到4000万千瓦；核电年发电量达到2600－2800亿千瓦时（目前在建和运行核电容量为1696.8万千瓦）。[1] 但我国目前与之配套的核电法律体系建设滞后很多，法律规范立法级别低、有关内容一片空白（如核能方面的保险之规定等），且系统研究不足，这些都将会制约我国核电的有序和健康发展。虽然学者和立法机关一直酝酿制定《能源法》及核能利用方面的基本法《原子能法》[2]等，但至今我国尚未由立法机关公布或通过；甚至于《核电管理条例》这样一个行政法规都尚未通过。因此，逐步建立起一套在《宪法》指导下，以《能源法》和《核能法》等为基本法律及国务院行政法规和有关部门的规章为主要框架的核电行业运营和监督管理法律制度，迫在眉睫。我国目前核能方面的立法结构大体由《宪法》、部分法律的相关条款、核能利用的行政法规和部门规章、地方性法规、指导性

[1] 参见国家发改委《核电中长期发展规划（2005－2020年）》（2007年10月）。

[2] 笔者认为随着时代的发展及人类对核技术本质认识的进一步加深，《原子能法》的名称应该被《核能法》或《核能基本法》所取代。具体分析参见马忠法、彭亚媛：《论国际视野下的我国核能利用基本法的名称》，载《楚天法学》2016第2期。

文件及参考性文件等构成,[1]下文就前五个作简要介绍和评述。

(二)与核能相关的法律

我国目前虽没有专门直接规定核能利用的基本法律,但2017年制定通过了《核安全法》(于2018年1月1日生效),并且有不少法律与核能利用有着一定的联系。在《核安全法》颁布之前,有学者认为,"我国已经建立了一套接轨国际、符合国情、相对完善的核安全法规体系,包括1部法律[《放射性污染防治法》(2003年)]、7部行政法规、29项部门规章、93项导则[2]以及百余项技术文件"[3]。实际上,目前除了两部核方面的专门法律之外,我国与原子能利用管理相对密切的法律归纳起来主要有《环境保护法》(1989年制定,2014年修正)、《海域使用管理法》(2001年)、《大气污染防治法》(2008年,2015年修订)、《固体废物污染环境防治法》(2004年)、《水污染防治法》(2008年,2017年修订)、《海洋环境保护法》(2017年修订)、《环境影响评价法》(2002年,2016年修订)、《安全生产法》(2002年,2014年修订)、《矿产资源法》(2009年修订)、[4]《电力法》(2015年修订)、《可再生能源法》(2005年)和《节约能源法》(2007年)等16部。[5] 另外,如果从与核能利用相关的角度看,实际上还有多部,如《宪法》(2018年修正)、《行政许可法》(2003年)、《行政强制法》(2011年)、《循环经济促进法》(2008年)、《清洁生产促进法》(2002年)、《民法通则》(2009年修正)及其司法解释[6]、《民法总则》(2017年)、《侵权责任法》(2009年)、《刑法》(2017年修正)及《产品质量法》(2009年)等,它们也有相关条款涉及核能方面。《固体废弃物污环境染防治

[1] 部分内容参见国家核安全局:《核与辐射安全法规状态报告》(2016年11月发布),http://nnsa.mep.gov.cn/zcfg_8964/fg/fgztbg/201611/P020161102532021365664.pdf。

[2] 这里引用的是国家核安全局2017年发布的《核安全文化特征》中引用的数据,主要是核安全领域;除了核安全之外,还有核电站运营、核材料等方面。

[3] 孙浩:《解读我国首部〈核安全法〉重大意义及最大亮点》,载《中国环境报》2017年9月7日。

[4] 涉及自然资源法的其他法律可以参见《能源法律法规政策文件汇编》,http://www.nea.gov.cn/nyflfg/index.html。

[5] 有学者认为还应该包括《招标投标法》《土地管理法》《消防法》三部法律(参见赵威:《原子能立法研究》,载《法学杂志》2011年第9期),但我们认为它们似乎与核能关系远了一些,本书不包括它们。

[6] 参见《最高人民法院关于贯彻执行〈中华人民共和国民法通则〉若干问题的意见(试行)》第154-156条。

法》(2016年修改)[1]不适用于放射性固体废弃物;这样规定主要是考虑到这两种固体废物污染环境的防治方法有其特殊性。这些法律主要涉及与核能相关的环境保护、行政许可与执行、安全生产、矿产资源、能源和法律责任等方面的立法。总体上,除了《核安全法》《放射性污染防治法》(对于核能利用——主要针对核电运营、核材料开采运输、核材料医疗使用等——过程中的核辐射的防护作了较为全面的规定,被视为核能领域较为集中的专门法律)外,其他法律均是从一般意义上涉及核能利用的情况,或有个别条款直接提到核能方面的情况。由于缺乏调整核能领域法律关系的基本法和多数单行法,因此,目前,核能领域的活动多由行政法规进行调整。

1.《核安全法》

2017年9月《核安全法》的通过,标志着中国核事业多年来的"裸奔"现象的结束。核安全是核能行业的生命线。《核安全法》的出台,把有关核安全的基本方针、原则、主要制度、监督管理体制等重大问题上升为法律,对"依法治核""完善我国涉核法律体系"具有里程碑意义。[2] 制定核安全法的目标实际上是在这部法律的名称里面,即"安全"或"绝对安全"。核的和平利用能够解决人类的能源问题,改善能源结构,所以核的和平利用,从20世纪中叶开始蓬勃发展,很多国家的能源结构中核能占比较大,最高的像法国,超过70%是核能,美国也接近20%,但是人类在和平利用核能的过程中,也发生了三起比较严重的核事故。一次是美国的三里岛、苏联的切尔诺贝利和之前发生的日本福岛核事故。核事故的发生给当事国的人民、生命财产和生态环境造成了严重伤害。所以核事故发生以后引起人们对核的重新认识,导致一些国家反核、弃核、去核。核是个好东西,但是管理不好出了问题也是非常坏的。

在我国的能源结构中核能还是占很小的比例,现在我们在建的规模世界第一,在核电快速发展的背景下,尤其要注意安全问题。我们国家核工业发展以来,我们没有发生比较大的核事故,我们有良好的纪录。习总书记在国际核安全峰会上提出,确保安全为前提来发展核能,也提出了理性、协调、并进的核安全观。这部《核安全法》要围绕着在"严"字上下功夫。提到这部法的亮点,用四个"严"再来归纳、概括。就是用严格的标准(从高、从严建立核安全标准

---

[1] 它规定:固体废物污染海洋环境的防治和放射性固体废物污染环境的防治不适用本法[《固体废弃物污环境染防治法》(2015年修改)第2条]。

[2] 孙浩:《解读我国首部〈核安全法〉重大意义及最大亮点》,载《中国环境报》2017年9月7日。

体系，没有最高，只有更高，追求高标准没有止境：保障不能发生核事故）、严密的制度（对核设施的选址、设计、建造、运行和核材料，以及相关放射性废物实行全过程、全链条的监管和风险防控，要不留死角，不留空白；对选址，要统筹规划，科学论证，要合理布局；对核设施的选址、建造、运行、退役等，要分阶段地实行许可，对它的选址、建造、运行每一个环节都有许可，一步一个许可；持有核材料要经过许可，要有衡算制度和实物保护制度）、严格监管（国务院核工业主管部门、能源主管部门和其他有关部门在各自的职责范围内负责有关的核安全管理工作；监管能力建设，提高监管水平，规定国务院核安全监督管理部门负责核安全的监督管理，还规定国务院要就核安全工作向全国人民代表大会报告，接受人民的监督；发展部门、监管部门科学分工、联防联控、全面保障，形成监管合力，共同确保核安全；把信息公开和公众参与单独作为一章作了规定，以消除大家对核能发展的恐惧、疑虑；政府监督与社会监督结合起来）、严厉处罚（条文一共94条，涉及法律责任就有17条；罚款最高罚到500万元，此外又规定了一些行为罚，比如停止建设、停产整顿；罚企业还罚企业的主管人员和直接责任人员，目的是增加违法成本，来加大企业的法律责任；规定了核损害赔偿制度，明确了一旦发生核事故，核设施运营单位是唯一的责任主体，采用的是无过错责任，极少数情况例外——如战争、武装冲突，重大自然灾害都没有排除〔1〕）。可以用上述四个“严”来概括《核安全法》。〔2〕

保障各个环节都有规则，都要依规。对核设施的选址、设计、建造、运行和核材料以及相关放射性废物实行全过程、全链条的监管和风险防控，要不留死角，不留空白。对核设施的选址建设，国家要统筹规划，科学论证，要合理布局。因为现在很多地方对发展核电积极性非常高，有的地方能建，有的地方不能建，要科学论证，合理布局。对核设施的选址、建造、运行、退役等，要分阶段地实行许可，对它的选址、建造、运行每一个环节都有许可，一步一个许可，一步一个门槛。这在目前行政审批改革的大背景下保留这么多许可，应该说是非常少见的。对核材料也明确了，持有核材料要经过许可，持有核材料要有衡算制度和实物保护制度，不能让核材料被盗、破坏、丢失，也不能非法使用，实行非常严格的监管。对放射性废物的处理处置问题，这也是核能发展过程中

---

〔1〕 马海燕：《全国人大常委会法工委：核安全法亮点在于四个“严”》，载 http://finance.chinanews.com/gn/ 2017/09 -01/8320478.shtml。

〔2〕 孙浩：《解读我国首部〈核安全法〉重大意义及最大亮点》，载《中国环境报》2017 年 9 月 7 日。

的“瓶颈”问题，处理不好对环境和人身也有很大的损害，但人们（特别是地方政府和运营商）对建设废物处置设施都不是太积极，处置设施还跟不上。故立法明确放射性废物的处置场所的建设要与核能发展相适应、对放射性废物的处理、贮存以及最后的处置都做规定十分重要。此外，是对核材料和放射性废物的运输也提出了要求，在运输中发生事故也是核事故，也有安全问题，也提出了要求。对核事故的应急问题做了规定，要想到万一发生核事故也要有准备，所以核事故要有应急准备，对应急准备、响应等制度都做了规定。[1]

《核安全法》的内容：《核安全法》是用来防范、缓解与消除核能及核技术开发与利用中可能发生的核辐射事故风险，进而保护人类和环境免受不当辐射危害。《核安全法》的一大功能即调整核能与核技术开发利用的管控关系。立法目的：一是为安全利用核能，保证核设施、核材料安全；二是为预防与应对核事故；三是为保护涉核人员和公众的安全与健康；四是为保护环境，法律和发展规模要相匹配。

《核安全法》共 8 章 94 条，具体各章的的内容与条款等如下：

第一章总则，共 13 条，包括目标（保障核安全，预防与应对核事故，安全利用核能，保护公众和从业人员的安全与健康，保护生态环境，促进经济社会可持续发展[2]）、适用范围（在我国领域及管辖的其他海域内，对核设施、核材料及相关放射性废物采取充分的预防、保护、缓解和监管等安全措施，防止由于技术原因、人为原因或者自然灾害造成核事故，最大限度减轻核事故情况下的放射性后果的活动[3]）、原则（国家坚持理性、协调、并进的核安全观，加强核安全能力建设，保障核事业健康发展；从事核事业必须遵循确保安全的方针，核安全工作必须坚持安全第一、预防为主、责任明确、严格管理、纵深防御、独立监管、全面保障的原则；核安全标准体系从高从严建立原则，国务院有关部门按照职责分工制定核安全标准，核安全标准是强制执行的标准并应当根据经济社会发展和科技进步适时修改[4]）、责任主体（核设施营运单位对核安全负全面责任；为核设施营运单位提供设备、工程以及服务等的单位，应当负相应责任；国务院核安全监督管理部门负责核安全的监督管理，国务院核工业主管部门、能源主管部门和其他有关部门在各自职责范围内负责有关的核

---

[1] 法工委：核安全法具备严标准、严制度、严监管、严处罚，at http://news.cctv.com/2017/09/01/ARTIQYWsvKwGQBkcrqEBxZ79170901.shtml。

[2] 《核安全法》(2017 年)第 1 条。

[3] 《核安全法》(2017 年)第 2 条。

[4] 《核安全法》(2017 年)第 3 -4、8 条。

安全管理工作；国家建立核安全工作协调机制，统筹协调有关部门推进相关工作；国务院核安全监督管理部门会同国务院有关部门编制国家核安全规划，报国务院批准后组织实施[1]）、核安全政策制定与核安全文化建设（国务院核安全监督管理部门、核工业主管部门和能源主管部门应当建立培育核安全文化的机制；核设施营运单位和为其提供设备、工程以及服务等的单位应当积极培育和建设核安全文化，将核安全文化融入生产、经营、科研和管理的各个环节[2]）核研发利用和人才培养（国家鼓励和支持核安全相关科学技术的研发和利用，加强知识产权保护，注重核安全人才的培养；在相关科研规划中安排与核设施、核材料安全和辐射环境监测、评估相关的关键技术研究专项，推广先进、可靠的核安全技术；核设施营运单位和为其提供设备、工程以及服务等的单位以及核安全有关的科研机构等单位，应当持续开发先进、可靠的核安全技术，充分利用先进的科学技术成果，提高核安全水平；政府及其有关部门对在科技创新中做出重要贡献的单位和个人，应予以表彰和奖励[3]）、社会主体的权利和义务（公民、法人和其他组织依法享有获取核安全信息的权利，受到核损害的，有依法获得赔偿的权利；任何单位和个人不得危害核设施、核材料安全[4]）、安保工作（国家加强对核设施、核材料的安全保卫工作；核设施营运单位应当建立和完善安全保卫制度，采取安全保卫措施，防范对核设施、核材料的破坏、损害和盗窃[5]）与国际合作（国家组织开展与核安全有关的国际交流与合作，完善核安全国际合作机制，防范和应对核恐怖主义威胁，履行中华人民共和国缔结或者参加的国际公约所规定的义务[6]）等。

第二章核设施安全共 24 条（第 14 - 37 条），包括核设施的选址、建设、分类管理、设计及政府在该方面行为的规定，[7]核设施营运单位应当具备保障核设施安全运行的能力和需要符合的条件（5 个基本条件与 1 个弹性条件）的规定，[8]以及在运行前和运行中应当制定和遵守相关规定和措施，定期评价，确保其工作人员和外围环境免遭辐射危害及对从业人员的培训与健康检

---

[1]《核安全法》（2017 年）第 5 - 7 条。
[2]《核安全法》（2017 年）第 9 条。
[3]《核安全法》（2017 年）第 10 条。
[4]《核安全法》（2017 年）第 11 条。
[5]《核安全法》（2017 年）第 12 条。
[6]《核安全法》（2017 年）第 13 条。
[7]《核安全法》（2017 年）第 14、21、23、24 条。
[8]《核安全法》（2017 年）第 15 条。

查等,[1]以及核设施营运单位和为其提供设备、工程以及服务等的单位应当建立并实施质量保证体系,有效保证设备、工程和服务等的质量等规定,[2]以最大程度保障核安全。该章还包括核设施安全许可制度的规定,即核设施营运单位进行核设施选址、建造、运行、退役等活动,应当向国务院核安全监督管理部门申请许可;核设施营运单位要求变更许可文件规定条件的,应当报国务院核安全监督管理部门批准;[3]核设施建造的相关规定,即建造前,核设施营运单位应当向国务院核安全监督管理部门提出建造申请,并提交相关材料(核设施建造申请书,初步安全分析报告,环境影响评价文件,质量保证文件,法律、行政法规规定的其他材料);核设施营运单位取得核设施建造许可证后,应当确保核设施整体性能满足核安全标准的要求;核设施建造许可证的有效期不得超过十年;建造完成后应当进行调试,验证其是否满足设计的核安全要求。[4] 核设施首次投料、获得运营许可及运营、运营期限(设计寿期)与续营(期满前五年申请),[5]核设施终止与退役,以及进出口核设施等;[6]国务院核安全监督管理部门在颁发许可、技术审查、为核安全提供咨询意见及制定标准等方面的权力与职责;[7]核安全报告和反馈制度,[8]为核运营商提供服务机构的许可与注册及相关核工作人员的资质与要求等。[9] 这一部分是核安全法规范中最为重要的部分。

第三章核材料和放射性废物安全,共 16 条(第 38 - 53 条)。内容包括:核设施营运单位和其他有关单位持有核材料,应当按照规定的条件依法取得许可,并采取有效措施(如建立专职机构或者指定专人保管核材料;建立核材料衡算制度,保持核材料收支平衡;建立与核材料保护等级相适应的实物保护系统;建立信息保密制度,采取保密措施等),防止核材料被盗、破坏、丢失、非法转让和使用,保障核材料的安全与合法利用。产生、贮存、运输、后处理乏燃料的单位应当采取措施确保乏燃料的安全,并对持有的乏燃料承担核安全责

[1] 《核安全法》(2017 年)第 16、18、19、20 条。
[2] 《核安全法》(2017 年)第 17 条。
[3] 《核安全法》(2017 年)第 22 条。
[4] 《核安全法》(2017 年)第 25 - 26 条。
[5] 《核安全法》(2017 年)第 27 - 28 条。
[6] 《核安全法》(2017 年)第 29 - 31 条。
[7] 《核安全法》(2017 年)第 32 - 34 条。
[8] 《核安全法》(2017 年)第 35 条。
[9] 《核安全法》(2017 年)第 36 - 37 条。

任。[1] 放射性废物应当实行分类处置。核设施营运单位、放射性废物处理处置单位应当对放射性废物进行减量化、无害化处理、处置,确保永久安全。[2] 国务院核工业主管部门等关于放射性废物处置场所的选址规划及国家核安全部门关于处置的许可制度的规定;[3] 放射性废物处置设施关闭制度的规定;[4] 核设施营运单位与放射性废物处置单位关于放射性废物处置的规定;[5] 核设施营运单位就有关乏燃料处置、核设施退役等成本费用的规定,如应当按照国家规定缴纳乏燃料处理处置费用,列入生产成本,应当预提核设施退役费用、放射性废物处置费用,列入投资概算、生产成本,专门用于核设施退役、放射性废物处置,[6] 核材料、放射性废物的运输方面的规定,[7] 遵循的原则是国家对核材料、放射性废物的运输实行分类管理,采取有效措施,保障运输安全。该部分内容是《核安全法》中又一十分重要的内容,其条款数除了前面一章和"法律责任"外,最多的一章。

第四章 核事故应急,共9条(第54-62条)。规定了核事故应急组织,即核事故应急协调委员会,由核工业主管部门承担其日常工作;各省市级地方政府也需设立相应组织,核设施营运单位负责制定本单位场内核事故应急预案报相关部门备案,配备应急设备和相关人员;[8] 国家建立核事故应急准备金制度,保障核事故应急准备与响应工作所需经费。国家对核事故应急实行分级管理。[9] 国家核事故应急协调委员会对核事故应急预案部署、应对,相关信息的发布,事故造成损失的评估、事后调查处理及核材料、放射性废物运输的应急等之规定。[10]

第五章 信息公开和公众参与,共7条(第63-69条)。包括政府主管部门就核安全相关信息的公布、[11] 运营单位就其核安全信息和数据的公布、[12]

---

[1] 《核安全法》(2017年)第38-39条。
[2] 《核安全法》(2017年)第40-41条。
[3] 《核安全法》(2017年)第42-43条。
[4] 《核安全法》(2017年)第46-47条。
[5] 《核安全法》(2017年)第44-45条。
[6] 《核安全法》(2017年)第48条。
[7] 《核安全法》(2017年)第49-53条。
[8] 《核安全法》(2017年)第54-55条。
[9] 《核安全法》(2017年)第56-58条。
[10] 《核安全法》(2017年)第59-62条。
[11] 《核安全法》(2017年)第63条。
[12] 《核安全法》(2017年)第64条。

信息公开的方式（对依法公开的核安全信息，应当通过政府公告、网站以及其他便于公众知晓的方式，及时向社会公开）、[1]核设施营运单位就涉及公众利益的重大核安全事项获取信息的方式及对核安全及其运营的宣传等义务、[2]公民等对涉及核安全事项的举报及不得散布虚假核安全信息等义务。[3]

第六章 监督检查，共5条（第70－74条）。本章规定了核安全检查监督部门核安全局等及其分支机构的设立及其职责、监管能力的提升、监管时可以采取的措施、与其他相关部门的合作及核安全监督检查人员的职责、义务和岗位培训等。[4]

第七章 法律责任，共17条（第75－91条）。本章首先对没有尽到职责的主管部门直接负责的主管人员和其他直接责任人员依法给予处分的规定，[5]有7条直接规定核设施运营单位所应该承担的法律责任，[6]可见《核安全法》对"核设施营运单位"在核安全方面的高度重视。其他涉及核材料管理或散布不实信息[7]、违规建设核材料等危险物品实施或场所、[8]受托技术单位出具不实报告、[9]未经许可进行相关核行业设计或服务的、[10]或持有核材料、[11]或从事核废物处理的[12]、或违反核主管部门处罚决定行事的[13]及核损害赔偿责任等[14]。有关刑事责任的追究，要适用《刑法》的相关规定。

第八章 附 则，共3条（第92－94条）。首先规定了民用核能之外的军事、军工等由国务院、中央军事委员会等根据本法的原则另行规定；其次对该法涉及的主要概念进行界定，最后一条指出该法生效的时间。

从《核安全法》各章节的条款，可以看出，各章的重要性：首先最重要的是核设施安全，共24条；其次是法律责任，共17条；再次是核材料和放射性废物

---

〔1〕《核安全法》（2017年）第65条。
〔2〕《核安全法》（2017年）第66－67条。
〔3〕《核安全法》（2017年）第68－69条。
〔4〕《核安全法》（2017年）第70－74条。
〔5〕《核安全法》（2017年）第75条。
〔6〕《核安全法》（2017年）第77、79、80、81、84、87、88条。
〔7〕《核安全法》（2017年）第76条。
〔8〕《核安全法》（2017年）第78条。
〔9〕《核安全法》（2017年）第82条。
〔10〕《核安全法》（2017年）第83条。
〔11〕《核安全法》（2017年）第85条。
〔12〕《核安全法》（2017年）第86条。
〔13〕《核安全法》（2017年）第65－89条。
〔14〕《核安全法》（2017年）第90条。

安全,共16条;接下来是总则部分,共13条;其后是核事故应急,共9条;再后依次是信息公开和公众参与、监督检查及附则,分别共有7条、5条和3条。这样的规定比较符合规律,核设施是整个民用核电的核心和关键,其风险直接关系到核电事业的成败。由于核电是一个高风险的行业,“严”字当头,确保绝对安全,法律责任的严苛无疑是核安全运行的根本保障。而与核设施运行密切相关的是核材料及放射性废物的处置,故对其条款进行这样的设计正是核电行业发展的规律之反映。总则能够起到提纲挈领的作用,该法中总则条款设置所占的比率在其他部门法中是罕见的,足见立法者对核安全总则部分作用的重视。[1] 核事故应急是核能行业的一个特点,正是由于核电站事故可能带来的危险之巨大,对其进行规范是必然的。由于公众易对核电及核事业造成误解,及时进行信息公开及鼓励公众参与意义十分重大,该法对其设置条款多于“监管”有其合理性。总之,《核安全法》这样的条款设置,反映了立法者从我国过去30多年核安全方面管理和规范的成功经验中吸取了有益经验,制定出一部符合核电事业发展的安全法。我们与韩国的《核安全法》比较了一下,其法律责任条款主要是刑事方面(9条),因为它有专门的《核责任法》(共22条),主要涉及核损害赔偿。

2.《放射性污染防治法》(2003年)和《职业病防治法》(2010年制定,2011年、2016年和2017年三次修正)

《放射性污染防治法》是为了防治放射性污染,保护环境,保障人体健康,促进核能、核技术的开发与和平利用而制定的。它对防治核辐射在核电、医用、核材料开采和运输等领域作出了较为详细的规定。其重点在于防治,而对于核能的发展、运用和运行等较少规定,即使规定也是围绕放射性污染防治而展开。它共有8章63条:总则、放射性污染防治的监督管理、核设施的放射性污染防治、核技术利用的放射性污染防治、铀(钍)矿和伴生放射性矿开发利用的放射性污染防治、放射性废物管理、法律责任及附则。[2] 核电方面主要是第1、第2、第3和第6共4章内容。其制定目的是防治放射性污染,保护环

[1] 占比18.1%,2013年修改后的《公司法》法律责任占比(18条,该法共218条)8.26%;2007年修改的《科技进步法》占比9.3%;2015年修订的《科技成果转化法》占比11.6%;2010年修改的《著作权法》占比16.4%;2014年修改的《环境保护法》,占比15.7%;2017年修改的《会计法》占比15.4%;《反垄断法》占比15.8%。法律责任条款比该法较高的是:2017年修改的《反不正当竞争法》,占比高达46.9%;2014年修改的《证券法》,占比高达20%(48/240);2008年的《专利法》占比19.7%;2003年《放射性污染防治法》占比19%;《审计法》占比18.5%。

[2] 《放射性污染防治法》(2003年)。

境，保障人体健康，促进核能、核技术的开发与和平利用。[1] 它适用于我国领域和我国管辖的其他海域在核设施选址、建造、运行、退役和核技术、铀（钍）矿、伴生放射性矿开发利用过程中发生的放射性污染的防治活动。[2] 其规定国家对放射性污染的防治，实行预防为主、防治结合、严格管理、安全第一的方针。[3]

国家鼓励、支持放射性污染防治的科学研究和技术开发利用，推广先进的放射性污染防治技术。国家支持开展放射性污染防治的国际交流与合作。[4] 国务院环境保护行政主管部门对全国放射性污染防治工作依法实施统一监督管理。[5]

上述规定为放射性污染防治作出了原则性和指导性规定，是整个核污染防治方面的基本规范和基础。

"放射性污染防治的监督管理"共有 9 条（第 9－17 条），分别就国家主管或监督管理部门（主要是国务院环境保护行政主管部门、相关部门及地方政府等）在监督管理方面的职责，核设施营运单位、核技术利用单位、铀（钍）矿和伴生放射性矿开发利用单位的义务，监管从业人员资格和监管机构资质及放射性物质和含放射源的射线装置的运输、放置等作出了规定。国家放射性污染防治标准由国务院环境保护行政主管部门根据环境安全要求、国家经济技术条件制定。国家放射性污染防治标准由国务院环境保护行政主管部门和国务院标准化行政主管部门联合发布。[6]国家建立放射性污染监测制度。国务院环境保护行政主管部门会同国务院其他有关部门组织环境监测网络，对放射性污染实施监测管理。[7] 核设施营运单位、核技术利用单位、铀（钍）矿和伴生放射性矿开发利用单位，负责本单位放射性污染的防治，接受环境保护行政主管部门和其他有关部门的监督管理，并依法对其造成的放射性污染承担责任。它们必须采取安全与防护措施，预防发生可能导致放射性污染的各类事故，避免放射性污染危害，应当对其工作人员进行放射性安全教育、培

[1] 《放射性污染防治法》（2003 年）第 1 条。
[2] 《放射性污染防治法》（2003 年）第 2 条。
[3] 《放射性污染防治法》（2003 年）第 3 条。
[4] 《放射性污染防治法》（2003 年）第 4 条。
[5] 《放射性污染防治法》（2003 年）第 8 条。
[6] 《放射性污染防治法》（2003 年）第 9 条。
[7] 《放射性污染防治法》（2003 年）第 10 条。

训，采取有效的防护安全措施。[1]国家对从事放射性污染防治的专业人员实行资格管理制度。对从事放射性污染监测工作的机构实行资质管理制度。[2]运输放射性物质和含放射源的射线装置，应当采取有效措施，防止放射性污染。此类装置及生产、销售、使用、贮存、处置放射性物质和射线装置的场所均应当设置明显的放射性标识和中文警示说明。对于此类相关的运输工具也应当设置标识等。[3]

该法接下来的4章共30条（第18－47条）分别对“核设施、核技术利用、铀（钍）矿和伴生放射性矿开发利用”等方面的放射性污染防治及放射性废物管理进行了规定，它们的共同之处是对核活动中的客体或相关利用可能产生的辐射进行防治，是本法的中心与核心，占了本法的近一半内容。

“核设施的放射性污染防治”一章共有10条（第18－27条），是该法规定的重要章节之一。它主要规定核设施营运单位在选址、进行核设施建造、装料、运行、退役等活动前、活动中等应当履行的义务。它规定选址应当进行科学论证，并按照国家有关规定办理审批手续；在办理核设施选址审批手续前，应当编制环境影响报告书，报国务院环境保护行政主管部门审查批准。活动前，必须按照国务院有关核设施安全监督管理的规定，申请领取核设施建造、运行许可证和办理装料、退役等审批手续；只有领取有关许可证或者批准文件后，方可进行相应的建造、装料、运行、退役等活动。在申请领取核设施建造、运行许可证和办理退役审批手续前应当编制环境影响报告书，报国务院环境保护行政主管部门审查批准。[4] 在前述活动中，与核设施相配套的放射性污染防治设施，应当与主体工程同时设计、同时施工、同时投入使用；也应该同时验收，验收合格的，主体工程方可投入生产或者使用。[5] 进口核设施，应当符合国家放射性污染防治标准；如无相应标准，采用国务院环境保护行政主管部门指定的国外有关标准。[6] 核动力厂等重要核设施外围地区应当划定规划限制区。[7] 核设施营运单位应当对核设施周围环境中所含的放射性核素的种类、浓度以及核设施流出物中的放射性核素总量实施监测，并定期向国务院

[1] 《放射性污染防治法》（2003年）第12、13条。
[2] 《放射性污染防治法》（2003年）第14条。
[3] 《放射性污染防治法》（2003年）第15、16条。
[4] 《放射性污染防治法》（2003年）第18－20条。
[5] 《放射性污染防治法》（2003年）第21条。
[6] 《放射性污染防治法》（2003年）第22条。
[7] 《放射性污染防治法》（2003年）第23条。

环境保护行政主管部门和所在地省、自治区、直辖市人民政府环境保护行政主管部门报告监测结果；主管部门负责对核动力厂等重要核设施实施监督性监测，并根据需要对其他核设施的流出物实施监测。核设施营运单位应当建立健全安全保卫制度，加强安全保卫工作，并接受公安部门的监督指导；应当按照核设施的规模和性质制订核事故场内应急计划，做好应急准备。[1] 它还应当制订核设施退役计划。核设施的退役费用和放射性废物处置费用应当预提，列入投资概算或者生产成本。[2] 与核设施营运单位的应急机制相对应，国家建立健全核事故应急制度；核设施主管部门、环境保护行政主管部门、卫生行政部门、公安部门以及其他有关部门，在本级人民政府的组织领导下，按照各自的职责依法做好核事故应急工作。军队和武警也应当积极参与。[3]

"核技术利用的放射性污染防治"（第 28 – 33 条，共 6 条）主要涉及核技术利用，如医疗、生产等过程中需要使用核技术（放射性物品）的规定，规范生产、销售、使用放射性同位素和射线装置的单位及进口或转让放射性装置等单位的行为。与核电利用不发生直接联系，这里略去。

"铀（钍）矿和伴生放射性矿开发利用的放射性污染防治"（第 34 – 38 条，共 5 条）规定了开发利用或者关闭铀（钍）矿的单位所应当履行的义务：它们应当在申请领取采矿许可证或者办理退役审批手续前编制环境影响报告书，报国务院环境保护行政主管部门审查批准；开发利用伴生放射性矿的单位，应当在申请领取采矿许可证前编制环境影响报告书，报省级以上人民政府环境保护行政主管部门审查批准；与铀（钍）矿和伴生放射性矿开发利用建设项目相配套的放射性污染防治设施，应当与主体工程同时设计、同时施工、同时验收（验收合格的）、同时投入使用。这些单位还应当对铀（钍）矿的流出物和周围的环境实施监测，并定期向国务院环境保护行政主管部门和所在地省、自治区、直辖市人民政府环境保护行政主管部门报告监测结果；应当制订铀（钍）矿退役计划；铀矿退役费用由国家财政预算安排。此类矿开发利用过程中产生的尾矿，应当建造尾矿库进行贮存、处置；建造的尾矿库应当符合放射性污染防治的要求。[4]

"放射性废物管理"一章共 9 条（第 39 – 47 条），主要规定有关单位尽量

---

[1] 《放射性污染防治法》（2003 年）第 24、25 条。

[2] 《放射性污染防治法》（2003 年）第 27 条。

[3] 《放射性污染防治法》（2003 年）第 26 条。

[4] 《放射性污染防治法》（2003 年）第 34 – 38 条。

减少放射性废物的产生量,排放相关污染物必须符合国家规定的放射性污染防治标准,排放前需要获得经过主管部门申请放射性核素排放量,并定期报告排放计量结果。对于放射性固体废弃物的处理,分不同的类别有不同的处理方式:对于低、中水平放射性的固体废物,在符合国家规定的区域实行近地表处置;而对于高水平放射性固体废物则实行集中的深地质处置;禁止在内河水域和海洋上处置放射性固体废物。专门从事该类废弃物处理的单位需要有相应的资质。[1]

"法律责任"一章共12条(第48－59条),规定违反放射性污染防治义务所应承担的法律后果(其详细规定的主要是行政责任如罚款、吊销营业执照等以及刑事责任;对于民事责任,只是做出原则性的规定"因放射性污染造成他人损害的,应当依法承担民事责任")。它所规定的内容,在核电领域,作为一般的违法行为,是应该适用的;但对于核电厂或辐射产生的事故性灾害,很显然是难以适用的。对于核责任方面,尤其是对第三方造成的责任,相关国际条约规定得较为充分。《放射性污染防治法》只是做出了原则性规定,实际上一旦造成放射性灾害,没有不对他人造成损害的;如果造成损害,根据一般的民事侵权责任规定,能否充分有效地保护受害人的利益,是我国核技术利用立法方面需要完善的。

《职业病防治法》主要涉及与核辐射相关的工作人员的身体健康安全及疾病防治方面的法律规范。该法共有9条规定直接与从事辐射工作人员的健康与疾病防治有关,其中的6条是一般性内容(如规定劳动者在职业活动中,因放射性物质等有害因素而引起的疾病是职业病的一种;医疗机构建设项目可能产生放射性职业病危害的,建设单位应当向卫生行政部门提交放射性职业病危害预评价报告;医疗机构放射性职业病危害严重的建设项目的防护设施设计、竣工验收等规定;对从事放射性、高毒、高危粉尘等作业实行特殊管理,其具体管理办法由国务院制定;对放射工作场所和放射性同位素的运输、贮存,用人单位必须配置防护设备和报警装置,保证接触放射线的工作人员佩戴个人剂量计;向用人单位提供可能产生职业病危害的化学品、放射性同位素和含有放射性物质的材料的,应当提供中文说明书,贮存的应放警示性标志;进口放射性同位素、射线装置和含有放射性物质的物品的,按照国家有关规定

---

〔1〕 参见《放射性污染防治法》(2003年)第39－47条。

办理[1]),3 条是法律责任[2]。

3. 2014 年修改的《环境保护法》的规定

《环境保护法》是为保护和改善环境,防治污染和其他公害,保障公众健康,推进生态文明建设,促进经济社会可持续发展而制定的国家法律。作为环境保护的基本法,其有关原则、制度的规定显然适用于民用核能领域,对核能的健康、稳定发展起到指导作用。这里就其与核能发展较为紧密的条款进行简要分析。

环境,是指影响人类生存和发展的各种天然的和经过人工改造的自然因素的总体,包括大气、水、海洋、土地、矿藏、森林、草原、湿地、野生生物、自然遗迹、人文遗迹、自然保护区、风景名胜区、城市和乡村等。[3]

国家采取有利于节约和循环利用资源、保护和改善环境、促进人与自然和谐的经济、技术政策和措施,使经济社会发展与环境保护相协调。[4]

环境保护坚持保护优先、预防为主、综合治理、公众参与、损害担责的原则。[5]

企业事业单位和其他生产经营者应当防止、减少环境污染和生态破坏,对所造成的损害依法承担责任。[6]

国务院环境保护主管部门,对全国环境保护工作实施统一监督管理;县级以上地方人民政府环境保护主管部门,对本行政区域环境保护工作实施统一监督管理。[7] 国务院有关部门和省、自治区、直辖市人民政府组织制定经济、技术政策,应当充分考虑对环境的影响,听取有关方面和专家的意见。[8]

国家促进清洁生产和资源循环利用。国务院有关部门和地方各级人民政府应当采取措施,推广清洁能源的生产和使用。[9]

建设项目中防治污染的设施,应当与主体工程同时设计、同时施工、同时投产使用。防治污染的设施应当符合经批准的环境影响评价文件的要求,不

---

〔1〕 具体内容参见《职业病防治法》(2017 年)第 2、17、18、19、25、29 条。

〔2〕 具体内容参见《职业病防治法》(2017 年)第 69、75、87 条。

〔3〕《环境保护法》(2014 年)第 2 条。

〔4〕《环境保护法》(2014 年)第 4.2 款。

〔5〕《环境保护法》(2014 年)第 5 条。

〔6〕《环境保护法》(2014 年)第 6.3 款。

〔7〕《环境保护法》(2014 年)第 10.1 款。

〔8〕《环境保护法》(2014 年)第 14 条。

〔9〕《环境保护法》(2014 年)第 40 条。

得擅自拆除或者闲置。[1]

排放污染物的企业事业单位和其他生产经营者,应当采取措施,防治在生产建设或者其他活动中产生的废气、废水、废渣、医疗废物、粉尘、恶臭气体、放射性物质以及噪声、振动、光辐射、电磁辐射等对环境的污染和危害。排放污染物的企业事业单位,应当建立环境保护责任制度,明确单位负责人和相关人员的责任。重点排污单位应当按照国家有关规定和监测规范安装使用监测设备,保证监测设备正常运行,保存原始监测记录。[2]

国家对严重污染环境的工艺、设备和产品实行淘汰制度。任何单位和个人不得生产、销售或者转移、使用严重污染环境的工艺、设备和产品。禁止引进不符合我国环境保护规定的技术、设备、材料和产品。[3]

各级人民政府及其有关部门和企业事业单位,应当依照《中华人民共和国突发事件应对法》的规定,做好突发环境事件的风险控制、应急准备、应急处置和事后恢复等工作。县级以上人民政府应当建立环境污染公共监测预警机制,组织制定预警方案。环境受到污染,可能影响公众健康和环境安全时,依法及时公布预警信息,启动应急措施。突发环境事件应急处置工作结束后,有关人民政府应当立即组织评估事件造成的环境影响和损失,并及时将评估结果向社会公布。[4]

生产、储存、运输、销售、使用、处置化学物品和含有放射性物质的物品,应当遵守国家有关规定,防止污染环境。[5]

国家鼓励投保环境污染责任保险。[6] 公民、法人和其他组织依法享有获取环境信息、参与和监督环境保护的权利。各级人民政府环境保护主管部门和其他负有环境保护监督管理职责的部门,应当依法公开环境信息、完善公众参与程序,为公民、法人和其他组织参与和监督环境保护提供便利。[7]

对依法应当编制环境影响报告书的建设项目,建设单位应当在编制时向可能受影响的公众说明情况,充分征求意见。[8]

---

〔1〕《环境保护法》(2014 年)第 41 条。
〔2〕《环境保护法》(2014 年)第 42 条。
〔3〕《环境保护法》(2014 年)第 46 条。
〔4〕《环境保护法》(2014 年)第 47 条。
〔5〕《环境保护法》(2014 年)第 48 条。
〔6〕《环境保护法》(2014 年)第 52 条。
〔7〕《环境保护法》(2014 年)第 53 条。
〔8〕《环境保护法》(2014 年)第 56 条。

总之,《环境保护法》中直接涉及核能利用的规定有 15 条之多,至于环境保护标准和监测、监督规定同样适用于核能发展,但应该有更严格的规定的。法律责任方面,同样适用核能领域的违规行为。但是仅此是远远不够的,因为核能领域在常规违法之外的违规行为,仅依赖民事责任、行政责任乃至刑事责任都不足以弥补其所带来的消极影响,它必须有自己的专门责任法。目前国际条约中主要是民事赔偿(核损害往往具有跨国性,除非出现明显的核破坏等国际刑事犯罪,否则追究有关人员的刑事责任不太现实),但在国内法中,行政责任、刑事责任需给予更多关注。

《环境保护法》是宪法之外对核能利用进行规范的又一个十分重要的基本法律,对于核能利用方面的法律规范而言,它是基础,但又是一般的法律规范,仅有这些是远远不够的,核能方面的法律必须基于这些最基础的规范,结合核能本身发展的规律,作出更为具体、更有针对性的规定,即针对《环境保护法》而言,《核能法》是特殊法,在其规定与《环境保护法》不一致的时候,以核能方面的法律规范为准,这样才可有效地调整核能方面的相关事宜。

4.《水污染防治法》(2008 年)与《大气污染防治法》(2016 年修订)

核电产业也会产生废水和固体废弃物,它们在一般情况下的处理同一般的废水、固体废弃物的处理一样,显然要遵守上述两个污染防治法的一般规定。对于含有放射性物质的废水和固体废弃物,尤其是在核电厂使用过程中产生的核废料(乏燃料),要采取不同于一般废水废气废渣的处理,特别是在核事件中放射性物质随着水漫延时,应该有特别的规定。为此,本章只是将与核能使用相关的规定作出简单的罗列和介绍。

《水污染防治法》规定:禁止向水体排放、倾倒放射性固体废物或者含有高放射性和中放射性物质的废水。向水体排放含低放射性物质的废水,应当符合国家有关放射性污染防治的规定和标准。[1] 有下列行为之一的,由县级以上地方人民政府环境保护主管部门责令停止违法行为,限期采取治理措施,消除污染,处以罚款;逾期不采取治理措施的,环境保护主管部门可以指定有治理能力的单位代为治理,所需费用由违法者承担:……(五)向水体排放、倾倒放射性固体废物或者含有高放射性、中放射性物质的废水的;(六)违反国家有关规定或者标准,向水体排放含低放射性物质的废水、热废水或者含病原体的污水的[2]……《水污染防治法》规定:水污染,是指水体因某种物质的介

〔1〕《水污染防治法》(2008 年)第 30 条。
〔2〕《水污染防治法》(2008 年)第 76 条。

入,而导致其化学、物理、生物或者放射性等方面特性的改变,从而影响水的有效利用,危害人体健康或者破坏生态环境,造成水质恶化的现象。[1]

不过,从实质内容上看,《大气污染防治法》(2016 年修订)与核电使用没有太多的直接联系。正是由于核电几乎不排放出温室气体等废气,我们才去发展核能。核电厂对大气环境污染远小于火电厂:它没有 SO_x/NO_x 排放,CO_2 极少,放射性物质比火电厂少(煤炭/天然气含有微量放射性)。正常情况核电厂排放潜在大气污染物主要是:微量氚——必须设计安装“衰变箱”解决。而火力发电中,煤除了释放出大量的温室气体外,煤本身也含有天然存在的原生放射性核素,通过燃煤电厂的气载烟尘排放煤中的天然放射性核素到环境中的污染程度远甚于核电链中的放射性污染。[2] 如果发生了核事故等,这时适用《大气污染防治法》,可能也不能解决问题,这种场合,需要更为具体有效的措施。因此,《大气污染防治法》主要是针对化石能源的利用(除了火力发电厂外,工业、交通运输、居民燃煤等也会产生大量的空气污染)。当然,核电产业与其他产业一样无疑也会排放出一些日常的废气等,这种场合要适用《大气污染防治法》。

5. 其他法律对核能利用的规定

其他法律如《宪法》《海域使用管理法》《大气污染防治法》《环境影响评价法》《行政许可法》《行政强制法》《清洁生产促进法》《电力法》《刑法》和《循环经济促进法》等均是一般意义上的规定,它们的有些条款直接适用于核能领域。[3] 《宪法》规定的矿藏属于国家、发展生产力和提高人民物质和文化生活水平、保护和改善生活环境和生态环境及防治污染和其他公害等内容,[4] 为核能基本法的制定奠定了宪法基础。

《民法通则》规定:因产品质量不合格造成他人财产、人身损害的,产品制造者、销售者应当依法承担民事责任。运输者、仓储者对此负有责任的,产品制造者、销售者有权要求赔偿损失。[5] “从事高空、高压、易燃、易爆、剧毒、放射性、高速运输工具等对周围环境有高度危险的作业造成他人损害的,应当承

---

[1] 《水污染防治法》(2008 年)第 91 条。

[2] 潘自强、姜子英:《核电——现阶段最好的低碳能源》,载《中国环境报》2014 年 2 月 20 日。

[3] 《可再生能源法》(2009 年修正)和《节约能源法》(2016 年修正)虽然都与能源开发与使用有关,但在核能方面没有什么特殊之处,这里不作介绍。

[4] 具体参见《宪法》第 9、14、20、26 条等相关规定。

[5] 《民法通则》第 122 条。

担民事责任;如果能够证明损害是由受害人故意造成的,不承担民事责任。"[1]"违反国家保护环境防止污染的规定,污染环境造成他人损害的,应当依法承担民事责任"。[2]《民法通则》的司法解释规定:消费者、用户因为使用质量不合格的产品造成本人或者第三人人身伤害、财产损失的,受害人可以向产品制造者或者销售者要求赔偿。因此提起的诉讼,由被告所在地或侵权行为地人民法院管辖。运输者和仓储者对产品质量负有责任,制造者或者销售者请求赔偿损失的,可以另案处理,也可以将运输者和仓储者列为第三人,一并处理。[3] 从事高度危险作业,没有按有关规定采取必要的安全防护措施,严重威胁他人人身、财产安全的,人民法院应当根据他人的要求,责令作业人消除危险。[4]上述后面几条的规定没有专门针对核能领域的行为(特别是制造者、销售者、消费者、运输者、仓储者),在现实中如何适用?由于核辐射带来的危害性大,而其专业性、技术性又很强,让一般的消费者、用户或受损害的人来主张权利,是颇为艰难的。没有较为明确具体的法律规定等,上述规定无法在现实中得到实施。

《侵权责任法》规定"民用核设施发生核事故造成他人损害的,民用核设施的经营者应当承担侵权责任,但能够证明损害是因战争等情形或者受害人故意造成的,不承担责任"[5]等条款涉及核损害赔偿方面的内容。《产品质量法》规定的"易碎、易燃、易爆、有毒、有腐蚀性、有放射性等危险物品以及储运中不能倒置和其他有特殊要求的产品,其包装质量必须符合相应要求,依照国家有关规定作出警示标志或者中文警示说明,标明储运注意事项"及"因核设施、核产品造成损害的赔偿责任,法律、行政法规另有规定的,依照其规定"等[6]与核能利用相关。这些条款主要涉及核损害赔偿责任和管理问题(包括授权立法等)。在其他一些与能源相关的法律中也有部分涉及核能利用的原则性规定,如《清洁生产促进法》中明确规定的清洁能源利用方面的内容,[7]等内容。从这些法律规定中可以看出,我国对于清洁能源的利用已经纳入

---

〔1〕《民法通则》第123条。

〔2〕《民法通则》第124条。

〔3〕《最高人民法院关于贯彻执行〈中华人民共和国民法通则〉若干问题的意见(试行)》(1988年)153条。

〔4〕《最高人民法院关于贯彻执行〈中华人民共和国民法通则〉若干问题的意见(试行)》(1988年)154条。

〔5〕《侵权责任法》第70条。

〔6〕《产品质量法》(2000年修订)第28条和第73条第2款。

〔7〕参见《清洁生产促进法》(2002年)。

法律规制之中,而作为清洁能源之一的核能自然也应当纳入法律调控范围之内。此外,《刑法》第二章危害公共安全的犯罪和第六章破坏环境资源保护的犯罪也有部分内容涉及核问题。《行政许可法》涉及的行政许可或行政强制等条款,既适用于核能领域也适用于其他情况等内容。

核电作为电力的一种,《电力法》的一般规定要适用于核电领域的活动,如维护电力投资者、经营者和使用者的合法权益,保障电力安全运行;电力事业投资,实行谁投资、谁收益的原则。第 4 条:电力设施受国家保护。禁止任何单位和个人危害电力设施安全或者非法侵占、使用电能。第 5 条:电力建设、生产、供应和使用应当依法保护环境,采取新技术,减少有害物质排放,防治污染和其他公害。[1] 国家鼓励和支持利用可再生能源和清洁能源发电。

国家鼓励、引导国内外的经济组织和个人依法投资开发电源,兴办电力生产企业。对于核电领域是否也采取同样的做法?由于核电技术的复杂性,这一领域该如何处理?

《矿产资源法》(2009 年)规定:开采石油、天然气、放射性矿产(主要指铀矿、钍矿)等特定矿种的,可以由国务院授权的有关主管部门审批,并颁发采矿许可证,而且一般均由部级单位颁发。而对于以下矿产资源的开采则由国务院地质矿产主管部门审批,并颁发采矿许可证:(一)国家规划矿区和对国民经济具有重要价值的矿区内的矿产资源;(二)前项规定区域以外可供开采的矿产储量规模在大型以上的矿产资源;(三)国家规定实行保护性开采的特定矿种;(四)领海及中国管辖的其他海域的矿产资源;(五)国务院规定的其他矿产资源。对于上述规模中型或更小的,则由省市一级的相关主管部门颁发许可证。[2] 普查、勘探易损坏的特种非金属矿产、流体矿产、易燃易爆易溶矿产和含有放射性元素的矿产,必须采用省级以上人民政府有关主管部门规定的普查、勘探方法,并有必要的技术装备和安全措施。[3]

《航空法》规定对于核损害发生的后果,不适用该法的有关规定,[4]即如果由于核损害导致航空事故或航空领域的损害行为的话,航空法有关补偿的规定不能适用。这方面的赔偿可能需要参照有关核损害赔偿方面的法律规定进行。

---

〔1〕《电力法》第 4、5 条。

〔2〕《矿产资源法》(2009 年)第 16 条。

〔3〕《矿产资源法》(2009 年)第 26 条。

〔4〕《航空法》(2017 年修正)第 172 条。

上述诸多法律规定主要涉及核损害的预防、责任和管理等问题，核心内容是在保护环境、确保安全及有关当事人承担严格责任的前提下，充分利用和管理、控制好与核能相关的活动，在一定程度上体现了国际原子能规约中要求的安全高于一切、监控和管理是必须步骤、法律责任不可推卸等原则和精神。总体上，除了《放射性污染防治法》外，上述法律只是个别条款涉及"核"问题，且多为原则性的一般规定，缺乏调整核能领域法律关系的基本法。因此，目前，核能领域的活动多由行政法规进行调整。

为预防、控制和消除职业病危害，防治职业病，保护劳动者健康及其相关权益，促进经济发展，根据《宪法》，制定《职业病防治法》。《职业病防治法》经2001年10月27日第九届全国人民代表大会常务委员会第二十四次会议通过；根据2011年12月31日第十一届全国人民代表大会常务委员会第二十四次会议《关于修改〈中华人民共和国职业病防治法〉的决定》修正。《职业病防治法》分总则、前期预防、劳动过程中的防护与管理、职业病诊断与职业病病人保障、监督检查、法律责任、附则7章共90条，自2011年12月31日起施行。根据规定：接触放射性材料或在放射性场所工作的，应当加以特别防范。在核电厂工作的人员应当受到特别保护。

简言之，由立法机关制定的法律，除了《核安全法》《核辐射污染防治法》作为两部法律及《侵权责任法》等少数法律有专门针对核领域的条款外，多数都只是把核能使用的规范当做诸多调整对象中的一种，不具有针对性，如果需要调整，则仅是将这些条款加以适用而已，对于超出一般现象而由核能或核技术自身特征引发的情况，上述规定的适用将受到很大限制，此时往往需要法官或其他执法人员的自由裁量权来决定，这样会带来很多的不确定性，对于核能或核技术这样一个高技术、高风险等特征的领域，显然是不行的。为此，需要制定一个统一的、能统领核能领域活动的法律。

（三）调整核活动的相关法规、规章〔1〕

由于缺少立法机关制定的法律，在民用核能领域，主要靠国务院的行政法规、各部门的部门规章等进行调整。这方面，国务院和有关部门先后制定了100多个规范性文件。〔2〕其中国务院的行政法规主要有以下10个：《民用核设施安全监督管理条例》（1986年10月29日）、《核材料管制条例》（1987年

---

〔1〕部分内容参见国家核安全局：《核与辐射安全法规状态报告》，http://nnsa.mep.gov.cn/zcfg_8964/fg/fgztbg/201611/P020161102532021365664.pdf。

〔2〕参见国家核安全局"政策法规"，http://nnsa.mep.gov.cn/zcfg/index_5.htm。

6月15日)、《放射性药品管理办法》(1989年,2017年修订)[1]、《核电厂核事故应急管理条例》(1993年8月4日)、《建设项目环境保护管理条例》(1998年,2017年修订)、《放射性同位素与射线装置安全和防护条例》(2005年,2014年修订)、《核出口管制条例》(2006年修订)、《核两用品及相关技术出口管制条例》(1998年,2007年修订)、《放射性物品安全运输管理条例》(2009年)和《放射性废物安全管理条例》(2011年)。目前《核电管理条例》正在制定中(2016年9月19日国务院法制办公布了草案征求意见稿)。[2]部门规章至少有35个,主要涉及民用核设施安全监督管理条例、核电厂核事故应急管理条例、放射性废物安全监督管理核材料管制条例及民用核承压设备安全监督管理规定等的实施细则(如国家核安全局1987年4月1日发布的《民用核设施安全监督管理条例》实施细则之一《核电厂安全许可证件的申请和颁发》、1995年6月14日发布的《民用核设施安全监督管理条例》实施细则之二《核设施的安全监督》及国家环境保护总局2006年1月28日发布的《民用核设施安全监督管理条例》实施细则之三《研究堆安全许可证件的申请和颁发规定》等),和核电厂质量保证安全、核电厂厂址选择安全、核电厂设计安全、运行安全、民用核燃料循环设施安全、辐射防护、核产品转运及过境运输审批管理、有关核工作人员的资格要求、健康保护及相关信息的公开[如2011年4月环保部发布的《环境保护部(国家核安全局)核与辐射安全监管信息公开方案(试行)》《关于加强核电厂核与辐射安全信息公开的通知》]等的规定。它们的核心内容主要涉及核能的投资建设、核材料运营运输及废料处理管理、环境保护(核污染防止)、铀资源开发和信息公开等几大类。[3] 国家环境保护局颁布的《城市放射性废物管理办法》(1987年7月16日)、《电磁辐射环境保护管理办法》(1997年3月25日国家环境保护局发布)、环境保护部通过的《核与辐射安全监督检查人员证件管理办法》(2013年12月30日环境保护部令第24号颁布,自2014年3月1日施行)、卫生部《关于发布〈核事故或辐射应急时用于公众防护的干预水平和导出干预水平〉的通知》(1995年2月27日公布和施行,卫生部文件卫监发〔1995〕第10号)、国防科学技术工业委员会《核事故辐射影响越境应急管理规定》(2002年2月4日国防科学技术工业

〔1〕 该管理办法对放射性药品的研究、生产、经营、运输、使用、检验等各个环节进行监督管理,虽是针对药品管理的,但应当属于核材料在药品领域应用的特殊规制。

〔2〕 具体内容参见《国务院法制办公室关于〈核电管理条例(送审稿)〉公开征求意见的通知》,http://zqyj.chinalaw.gov.cn/draftNotice? DraftID=1284。

〔3〕 具体分析可参见赵威:《原子能立法研究》,载《法学杂志》2011年第9期。

委员会令第 11 号公布,2002 年 4 月 1 日施行)。上述部门规章绝大多数都是在 2010 年之前制定的,相对来说不能够做到与时俱进。

此外,在具体操作方面,有关主管部门(环保部核安全局、发改委的能源局及工信部的国家原子能机构及国防科工局)及相关部门还先后颁布了近 70 个指导性文件,这些文件重在指导操作,其中核心是安全问题。行政法规和部门规章重在行政管理,对于违规行为也是以行政处罚为落脚点。对于有关人员(特别是无辜第三人)的民事赔偿责任只有国务院于 1986 年及 2007 年分别发布的《关于处理第三方核责任问题给核工业部、国家核安全局、国务院核电领导小组的批复》和《关于核事故损害赔偿责任问题的批复》等文件有所涉及。上述文件,特别是指导性的规则,多是在 2000 年之前制定的。

除了上述规范外,有关核安全文化的培养和传播也十分重要。2014 年 12 月,国家核安全局、能源局和国防科工局联合发布《核安全文化政策声明》[1],倡导和培育核安全文化。2017 年 3 月,国家核安全局就该政策声明参考国际核安全文化的相关文件,作出了"核安全文化特征"之描述,[2]对核文化的形成和相关法律法规的制定与实施有积极意义。

(四)地方性法规

浙江、广东、江苏、山东、河北、新疆等 10 多个省市自治区制定了辐射污染防治条例(地方性法规)或办法(地方规章)。[3] 我国与核能相关的地方性法律文件主要出现在核电站正在运营或在建的省份或地区,制定的主要地方性法规:秦山核电站所在的浙江颁布了《浙江省核电厂辐射环境保护条例》(2002 年);大亚湾和岭澳核电站所在的广东制定了《广东省民用核设施核事故预防和应急管理条例》(1997 年制定,2010 年、2012 年分别进行了修正[4])、《大亚湾核电厂周围限制区安全保障与环境管理条例》(1994 年,2012 年修正);田湾核电站所在的江苏省制定了《江苏省辐射污染防治条例》(2007 年)、《江苏省核事故预防和应急管理条例》(2016 年);在建海阳核电站所在地山东制定了《山东省辐射污染防治条例》(2014 年)。无核电的河北于 2000 年制定的《河北省电磁辐射环境保护管理办法》被 2013 年《河北省辐射污染

[1] 参见三个机关联合发布的《关于发布〈核安全文化政策声明〉的通知》(2014 年 12 月 19 日,国核安发〔2014〕286 号)。

[2] 具体内容参见国家核安全局:《核安全文化特征》,2017 年 2 月。

[3] 具体内容可以参见《国务院法制办公室法律法规全文检索系统》,http://search. chinalaw. gov. cn/v4luceneResult/fgSearchAdvance2. jsp。

[4] 2012 年修正后共有 6 章 27 条。

防治条例》所取代;《黑龙江省辐射污染防治条例》(2011 年制定,2016 年修正本);《河南省辐射污染防治条例》(2013 年);《甘肃省辐射污染防治条例》(2014 年);《吉林省辐射污染防治条例》(2004 年);《四川省辐射污染防治条例》(2016 年)。制定的地方性规章:《浙江省辐射环境管理办法》(2011 年)、《广东省核电厂环境保护管理规定》(1996 年制定,2002 年、2004 年修正)、《关于修改〈广东省核电厂环境保护管理规定〉等四项政府规章的决定》(2004 年)、《广东省核电、蓄能五十万伏输变电工程建设用地补偿办法》(1989 年)、广东的《江门市核应急预案》(2007 年)、《山东省辐射环境管理办法》(2003 年制定,2010 年修改)、《山东省核事故应急管理办法》(2012 年)、《福建省核电厂环境辐射防护办法》(2016 年)、新疆维吾尔自治区辐射污染防治办法(2015 年)等。还有一些省市虽然没有在运或在建核电站,也根据国家有关法律法规制定了防辐射的地方条例,如《宁夏回族自治区防治辐射污染环境管理办法》(1999 年)、《天津市电磁辐射环境保护管理办法》(2005 年制定,2014 年修改)、《湖北辐射环境管理条例》(2007 年)等。深圳由于离大亚湾核电站较近也制定了《深圳市核应急交通保障行动预案》(2004 年)等。可以看出这些地方性法规均是以环境保护、管理和核事故紧急或应急处理为基本内容。

至于有关核能发展方面的政策,相关政府部门制定很多,它们对调整和规范核能事业的发展也能起到一定的作用,如 2012 年环境保护部(国家核安全局)、国家发展与改革委员会、财政部 、国家能源局、国防科技工业局等联合发布的《核安全与放射性污染防治"十二五"规划及 2020 年远景目标》、2013 年国务院发布新修改的《国家核应急预案》、环境保护部办公厅 2015 年 1 月 14 日印发的《核安全文化政策声明》及 2017 年 3 月 23 日同意的《核安全与放射性污染防治"十三五"规划及 2025 年远景目标》等,但它们最终不属于法律法规的范畴,本文不予讨论。

二、中国加入的核国际条约及与有关国家签署的双边协定

核国际条约的主要部分目前是由国际原子能机构进行管理。国际原子能机构是核领域最重要的政府间组织,肩负和平利用核能和防止核武器扩散两大重要使命。1984 年,中国的改革开放刚刚起步,中国政府就作出了加入国际原子能机构的重要决策,开启了双方合作的历史征程。30 年来,中国与国际原子能机构密切合作,在核能发展、核科学技术应用、核安全、核安保、核不扩散等领域取得了丰硕成果,为促进核能在全球范围内的广泛应用和防止核武器扩散作出了重要贡献。目前全球性或有重大影响的核条约主要有 16 个

(具体名称、签订与生效日期及签约方参见第三章相关部分)。它们分别由国际原子能机构、联合国、国际海事组织、全面禁止核试验条约组织等管辖或监督成员方实施,也有一些非政府组织积极倡导核安全并开展相关活动阻止或减少核威胁,如核威胁(阻止)倡议组织(the Nuclear Threat Initiative——NTI)等。中国目前加入了其中的8个(其中的6个是IAEA管辖),并签署了一个(《全面禁止核试验条约》),这些必将对中国的相关核能立法产生一定的影响,特别是中国已经批准加入的国际条约。

截至2018年2月底,中国加入的核多边国际条约的情况总体如下:《IAEA特权与豁免》(1984年7月16日),《国际原子能机构规约》、《不扩散核武器公约》、《制止核恐怖行为国际公约》、《核材料实物保护公约》(1989年1月10日)及其修正(2009年9月14日),《核事故及早通知公约》(1987年9月10日批准),《核事故或放射性紧急事件援助公约》(1987年9月10日),《国际原子能机构技术援助协定》及《关于修正IAEA技术援助规定补充议定书》(1990年6月22日)。1994年9月,我国签署了《核安全公约》(1996年4月批准),1997年5月,在机构特别理事会上,中国声明接受机构“93+2”计划的某些具体措施,并承诺将在适当时候与机构缔结具有法律约束力的文件,使这些措施得以实施。2006年9月,中国加入《乏燃料管理安全和放射性废物管理安全联合公约》。2007年10月30日批准了《延长1987年与核科技相关的研发和培训区域性合作协议的第四议定书》。此外,1988年9月,中国与机构正式签署了《国际原子能机构关于在中国实施保障监督的协定》,1989年9月18日生效。1998年12月,中国与原子能机构签署了《中华人民共和国和国际原子能机构关于在中国实施保障监督的协定的附加议定书》,2002年3月28日,中国政府通知机构已完成附加议定书生效所需的内部程序,附加议定书对中国生效。上述公约大多集中于核能的军事应用管制、防止核武器扩散、制止核恐怖行为,但同时也对核能和平民事应用于领域做出了约定,对于中国核能的安全利用具有重要意义。下面这些公约中国尚未加入:《核损害民事责任维也纳公约》《关于争端强制解决选择议定书》《与维也纳公约和巴黎公约适用相关的联合议定书》《修正核损害民事责任维也纳公约议定书》和《核损害补充与追加赔偿公约》等(见表一)。

表一　中国加入的核国际条约信息[1]

目序	条约名称	签约时间	批准/加入时间	生效时间
1	《核安全条约》	1994.9.20	1996.4.9	1996.10.24
2	《核事故及早通知公约》	1986.9.26	1987.9.10	1987.10.11
3	《核事故或辐射紧急情况援助公约》	1986.9.26	1987.9.10	1987.10.11
4	《乏燃料及放射性废物管理安全联合公约》	/	2006.9.13	2006.12.12
5	《核材料实物保护公约》	/	1989.1.10	1989.2.9
6	《核材料实物保护公约补充修正案》	/	2009.9.14	尚未生效
7	《不扩散核武器公约》	/	1992.3.9	1970.3.5
8	《制止核恐怖行为国际公约》	2005.9.14[2]	2010.8.28[3]	2007.7.7
9	《IAEA 特权与豁免》	/	1984.7.16	1984.7.16
10	《国际原子能机构规约》	/	1984	1984

为促进核能的国际和平发展与加强国家间的合作，中国在相关的核能利用双边协议方面也有较大成就。至 2018 年 4 月，中国共与 27 个国家之间签订了在和平使用能源方面进行合作的双边协议，它们是：德国、巴西、阿根廷、比利时、英国、美国、日本、巴基斯坦、瑞士、伊朗、俄罗斯、法国、加拿大、韩国、越南、埃及、南非、澳大利亚、欧洲原子能共同体、阿尔及利亚、约旦、孟加拉国、白俄罗斯、哈斯克斯坦、沙特阿拉伯、土耳其、西班牙。[4] 这些双边协议的签订和履行，对促进中国和相关国家和平利用核能等作出积极贡献，对 2017 年 5 月正式发起的"一带一路"倡议下中国核能走出去与合作有重大意义，如中国已经与阿根廷、英国等有合作意向和行动。此外，随着"一带一路"倡议的进一步落实，核能合作的国家还会增加，如除了前述国家之外，中国还将与印

---

[1] 1 – 11 See *Treaties under IAEA's Auspices*, http://ola.iaea.org/ola/treaties/multi.html.

[2] See International Convention on the Suppression of Acts of Nuclear Terrorism http://www.nti.org/treaties-and-regimes/international-convention-suppression-acts-nuclear-terrorism/.

[3] 韩玉婷：《我国批准〈制止核恐怖主义行为国际公约〉》，http://www.legaldaily.com.cn/index_article/content/2010-08/28/content_2263660.htm? node=5955。

[4] China, at https://cnpp.iaea.org/countryprofiles/China/China.htm.

度尼西亚、东欧和北非的一些国家在核能方面加强合作。[1]

三、中国核能方面的相关政策

由于核能利用的特点，以核电为代表的核能利用涉及的相关部门、机构以及企业之间联系紧密，政策在法律法规诞生前往往起到了至为重要的作用，其中以政府主管部门、核电运营商以及研究设计原为最重要代表，三者以政府主管部门为主导、互相影响，决定了核能利用的最终落实工作，其中主要主管部门简表如下，本书将在后面章节具体描述不同部门与职能的工作（见表二）。

表二　主要主管部门职能一览[2]

名称	地位	具体职能
国务院	决策机构	核电规划、技术路线、核电建设项目的最终批准
国家发展改革委员会、国家能源局	主管部门	制订核电的发展规划、核定核电建设选址和装机容量，对技术路线的最终选择具有主要建议权，并推进核电重大科技专项的组织实施
国家核安全局	监管部门	核电安全监管

在以上主管部门的领导下，中国核能利用沿着自主研发与引进的道路逐渐发展，总体而言经过了：探索起步、规划发展、快速发展、暂缓建设和重启阶段[3]几个阶段。具体而言，1970 年 2 月 8 日受到华东地区用电需求与供给之间的冲突，周恩来总理曾指示，要发展核电，上海核工程研究设计院因此得名 729 研究院，而中国首个自主研发核电工程——秦山一期工程也被命名为“728 工程”；之后核能利用几经波折但一直被定位为“军民两用、以核养军”，即核能利用最主要目的在于维持一支核技术队伍，故其发展相对受限属于探索起步阶段；21 世纪初，受到国际“反核”运动的影响，2002 年国家核电安全局发布了《新建核电厂设计中几个重要安全问题的技术政策》，该政策亦被业内称为白皮书，对核电技术提出了相对较高的安全性、经济性指标，2003 年国

---

〔1〕 Nuclear Power in China(updated April 2018), http://www.world-nuclear.org/information-library/country-profiles/countries-a-f/china-nuclear-power.aspx.

〔2〕 陈玲、薛澜：《“执行软约束”是如何产生的？——揭开中国核电谜局背后的政策博弈》，载《国际经济评论》2011 年第 2 期。

〔3〕 《2018 年中国核电行业发展趋势及发展前景分析》，载 中国产业信息网：http://www.chyxx.com/industry/201803/617788.html。

务院首次提出“要采用世界先进技术，统一技术路线，不敢再走错一步，不能照顾各种关系”口号[1]，该口号亦被简称为“统一路线，跨越发展”，在用电需求不断增长这一事实的推动下，得到了政府的支持，而2011年福岛核电站事故导致核电发展的相对暂停，但是并没有改变总体目标，尤其是2011年3月20日，在福岛核电站事故之后，国家主席胡锦涛在会见法国总统萨科齐时，还明确提出“中法双方要大力拓展新能源、新材料、循环经济等新兴产业的合作，尤其是核安全领域的合作”[2]，在该基调之下，政府出台了以下核能发展和利用的主要政策，我们通过表格的方式，将相关文件的主要内容归纳如下（表三所示）。

表三　主要核能利用相关政策信息[3]

目序	政策文件名称	时间	发文机关	主要内容概要
1	《2018年能源工作指导意见》	2018年2月26日	国家能源局	安全高效发展核电，稳妥推进核电发展。落实“核电安全管理提升年”专项行动要求，进一步提升核电安全管理水平，确保在运核电机组安全稳定运行，在建核电工程安全质量可控
2	《核安全与放射性污染防治“十三五”规划及2025年远景目标》[4]	2017年3月23日	国务院	到“十三五”末，我国运行和在建核设施安全水平明显提高，核电安全保持国际先进水平，放射源辐射事故发生率进一步降低，核安保和应急能力得到增强，核安全监管水平大幅提升，核安全、环境安全和公众健康得到有效保障
3	《2017年能源工作指导意见》	2017年2月10日	国家能源局	安全发展核电。首次明确提出了年度审批开工和建设完工目标，加大力度推动核电“走出去”战略

[1] 汤紫德：《开创未来，推进适度发展核电顺利实施》，载《核电》2003年第2期。

[2] 曲学基：《日本福岛核电站泄漏事件引发世界各国调整核电政策》，载《电源技术应用》2011年10月15日。

[3] 《2017年我国核电政策情况：近年来正逐步完善能源核电政策工作，核安法加快制定中》，载中国报告网：http://zhengce.chinabaogao.com/nengyuan/2017/0Q9292FR017.html。

[4] 中华人民共和国中央人民政府：《国务院关于核安全与放射性污染防治“十三五”规划及2025年远景目标的批复》，http://www.gov.cn/zhengce/content/2017-03/23/content_5179622.htm。

续表

目序	政策文件名称	时间	发文机关	主要内容概要
4	《电力发展“十三五”规划(2016－2020年)》	2016年12月22日	国家发展改革委、国家能源局	安全发展核电。确定“十三五”期间核电发展目标
5	《习近平总书记在中国核工业创建60年的讲话》	2015年1月	\	“全面提升核工业的核心竞争力”
6	《能源发展战略行动计划(2014－2020年)》	2014年6月7日	国务院办公厅	确定到2020年核电装机容量与在建容量
7	《中央财经领导小组第六次会议》	2014年6月	中央财经领导小组	提出“抓紧启动东部沿海地区新的核电项目建设”
8	《两会中国政府工作报告相关建议》〔1〕	2014年4月	\	首次提出“开工－批核电”，内陆核电建议重启
9	《2014年能源工作指导意见》	2014年1月20日	国家能源局	适时启动核电中项目审批，稳步推进沿海地区核电建设，做好内陆地区核电厂址保护
10	《国家核应急预案》	2013年6月30日	国务院办公厅	设立相对完整的核事故应急预案体系
11	《关于2012年国民经济和社会发展计划执行情况与2013年国民经济和社会发展计划的决议》〔2〕	2013年3月18日	国家发展和改革委员会	强调进一步完善水电、核电价格形成机制

〔1〕《2017年中国核电行业发展现状及发展前景分析》，载 中国产业信息网：http://www.chyxx.com/industry/201712/593075:.html。

〔2〕北极星电力：《2013年以来核电行业重大政策》，http://news.bjx.com.cn/html/20140425/506680.shtml。

续表

目序	政策文件名称	时间	发文机关	主要内容概要
12	《能源发展"十二五"规划》	2013年1月1日	国务院	安全高效发展核电,加快建设现代核电产业体系,打造核电强国。确定到2015年运行核电装机容量与在建规模
13	《核电安全规划2011－2020年》	2012年10月16日	国务院	提高准入门槛,核电项目审批重启
14	《核电中长期发展规划(2011－2020年)》	2012年10月24日	国务院	确定到2020年核电装机容量,发电占比从目前的2%提升到4%的目标
15	《国家"十二五"科学和技术发展规划》	2011年7月13日	科技部	为中国中长期核电发展制定了时间表,进一步细化《"十二五"能源发展规划》
16	《国务院常务会议对福岛核电站事故相关决议》[1]	2011年3月20日	\	暂停审批核电项目包括开展前期工作的项目
17	《核电中长期发展规划(2005－2020年)》	2007年10月	国务院	2020年核电占全国电力装机总容量从目前不到2%到4%的目标
18	《新建核电厂设计中几个重要安全问题的技术政策》	2002年8月1日	国家核安全局	对核电提出了更高的安全标准

上述政策对核能的利用与发展显然有着重要的指导意义,在未来实施过程中,那些具有规律性、被证明具有稳定性和长久性的内容,无疑要被反映到相关法律法规中;那些只是满足操作需要或反映阶段性特征的内容,将会被新的政策或法律法规所取代。但在我国核能法律制度尚不够健全的情形下,核

[1] 曲学基:《日本福岛核电站泄漏事件引发世界各国调整核电政策》,载《电源技术应用》2011年10月15日。

能利用的政策显然不能忽略。

第二节　中国核能现有法律制度的不足

核能法律规范缺乏的主要原因是早期军事管理、计划经济、行政手段等。随着中国面对的国内节能减排、经济发展转型，国际面对的应对气候变化等压力和企业"走出去""一带一路"倡议实施（特别是其中将核电作为中国重要的"名片"输出）等大背景下，如何借助法律制度来充分利用核能满足国内国际发展的需要，意义重大。而要利用这种制度，首先就必须认识到我国现有相关制度的不足及其原因，为完善相关制度创造条件。

一、中国核能利用立法不足概述

中国是 IAEA 的成员国，也是核大国之一，但我们目前核制度法律建设与这种状况严重不符，核法律制度存在诸多不足，其中最严重的是没有构建相对完整的从核基本法、一般法律到行政法规、部门规章再到地方性法规和规章等核法律体系。有人指出，我国现行核能法规体系存在以下不足：缺乏核能基础性法律，调整核能行业的相关行政法规效力层级较低，诸多配套的实施细则尚待制定，且部分法律条文操作性差等。[1] 在现有的制度中，我们既无核能基本法，也无核安全（含辐射安全）法、核损害责任法等单行法，可以说在核能主要法律制定法方面基本是空白。即使就当下核制度中最主要法律《放射性污染防治法》而言，从严格意义上说，它只能算是环境法的内容，[2]因为其重在污染防治，而核能基本法真正的核心内容如核能发展、核安全、核研发和利用等方面的内容几乎没有涉及，尽管核辐射污染防治是核能法的内容之一，但它不能取代核能法的主体内容。虽然我国有诸多行政法规和部门规章，但它们对于核能发展、利用、防护和责任等基本问题并没有做出明确规定，核能发展的方向、原则、主管机关等目前并不明晰。[3] 概括而言，我国核能立法的不足

---

〔1〕 周凤翱、丛丹：《国际原子能机构核保障制度及其立法对我国的启示》，载《华北电力大学学报》（社会科学版）2015 年第 5 期。

〔2〕 该法共由八章组成：总则、放射性污染防治的监督管理、核设施的放射性污染防治、核技术利用的放射性污染防治、铀（钍）矿和伴生放射性矿开发利用的放射性污染防治、放射性废物管理、法律责任、附则。

〔3〕 除本书论述的不足外，还可参见黄锡生等：《中国核能利用立法现状及前瞻》，载《绿叶》2011 年第 4 期。

是:不成体系,杂乱无章,法规位阶较低;涉核主管机关多头并进,缺少对核能诸多主管部门中起主导作用的核部门的明确规定。尽管 IAEA 对我国核安保方面在 2017 年作出了较为满意的评价,但其也指出了我们面对的挑战,涉及该方面调整的法律体系时,我们只有法规。[1]

就这些缺陷具体陈述如下文各目。

二、尚未形成较为完整的核能利用法律体系,缺失核基本法和核责任法

前文已经提及,我国尚未形成较为完整的核能利用法律体系:在国家层面,从立法机关制定的核法律到国务院制定的行政法规和相关部门制定的部门规章,我们缺少系统的立法指导思想和统一协调的立法规划;在地方层面,由于缺少国家层面的法律制定依据,多数有核电站或在建核电站的省、市、自治区都能够主要是结合本地区的情况,参照国务院制定的行政法规或部门规章制定本地区的相关规范性文件。可以说,我国现存的核能利用法律体系是"群龙无首",内容过于分散且多为泛泛而定,并非主要专门针对核能及其利用的。这表明我国尚未形成一个以核能基本法为主体框架、相关法律相配合和行政法规与部门规章为支撑的较为科学、完整的核能法律体系。有关核能发展主要还是依赖行政机关的行为,延续着以政策或中央决策来进行的传统做法。这与我国其他方面的法治整体发展不相适宜。

自 20 世纪 90 年代我国决定建立社会主义市场经济以来,市场经济立法快速稳步地发展,至 2011 年 3 月,吴邦国委员长宣布,我国已经构建了完整的社会主义法律体系。但根据上文分析,我们在核能方面的法制建设,与建立一个完整的法律体系之要求,还有较长的距离。因为我们还没有核能方面的基本法,更无单行法;现有相关法律规定较为分散,缺乏内在的逻辑联系。核能利用的最大特点是技术性强、管理复杂,其行业发展的各个环节从采矿、提炼到建厂运行及核废料、核废设施等处置均需要特殊程序和专门人员来做保障,以在充分利用核能的同时不致危险和伤害的发生。此外,核能利用法律关系涉及的主体与一般法律关系也会有所不同,有些行为非一般自然人或法人所能承担或运作的,而核事故危害的不可逆转性和严重性等也非一般损害行为可比。没有统一的基本法支撑,无法保障核电可持续稳定发展。[2]

---

〔1〕 邱学雷等:《国际原子能机构完成对我国首次国际核安保专项评估》,载《解放军报》2017 年 9 月 13 日。

〔2〕 王少华:《我国核法律体系缺什么?》,载《中国核工业》2012 年第 1 期。

因此，从核能利用的技术性、其产业形成和发展的特质以及潜在的危害等方面看，我们必须尽快构建一个较为完整的核能法律体系，以充分利用核能而又尽可能地规避风险。

很长一段时间，《核安全法》的缺失是一个十分突出的不足，给我国核事业的发展及输出核技术带来的影响是不利的。以核安全法涉及的监管框架为例，根据 IAEA 的规定，核安全监管至少涉及辐射源的控制（为保护人们和环境免遭辐射带来的危险，需要建立一个立法框架和全国性的监管机构来控制辐射源），对核设施在整个生命周期安全运行的监管，核材料、核废料等运输的规制和规定及核安保方面的制约和监管等。[1] 尽管 2018 年《核安全法》开始实施，但我国目前在立法上主要通过有关法律的零星规定及行政法规来调整，且内容还不够全面。这样在现实中，主管核安全的部门政出多门，不容易形成合力。好在目前核行业主要由国家垄断，由国有企业经营，尚未带来明显的问题。但在企业"走出去"战略下，这种情况不能长期这样下去。另外就是《核责任法》的缺失，对相关部门、主体责任不明，也会带来对核事业发展的损害。核电发展是一个完整的产业链，对于末端的放射性废物处理问题重视不够，无法可依。[2]

三、专门调整核活动的法律规范等级较低，权威性和稳定性不足[3]

立法体系杂乱，枝节横生，未能形成有机、统一、协调的制度。[4] 调整核能方面的法律规范多分布在不同的法律之中或从一般法律之中引申出适用于核能活动的规范。从前文列举的专门调整核能利用的法律规范可以看出，我国目前涉及核能利用除了辐射防治有专门的法律之外，核能开发、利用、核安全和核责任等方面的法律规范主要以国务院的相关条例和有关部门的部门规章、办法、通知以及大量指导性规范等为主体，缺乏效力等级较高的一般法律。这种现象会使法律规范缺乏权威性和长效性，在某种程度上会制约核事业管理体制的明确以及核设施安全监管的有效性。[5] 核能安全规定、管理条例细

---

[1] See Regulatory Infrastructure, at https://www.iaea.org/topics/regulatory-infrastructure.

[2] 徐倩：《我国核电安全法律体系现状与立法浅析》，载 http://www.deheng.com.cn/asp/newssql/html/201572810000421.htm。

[3] 有关内容可以参见赵威：《原子能立法研究》，载《法学杂志》2011 年第 9 期。

[4] 王少华：《中国核电监管领域的法律真空》，载《能源》2015 年第 2 期。

[5] 黄倩：《中国核事业立法拖延 27 年　归因主管部门频繁变动》，载《检察日报》2011 年 4 月 7 日。

则、技术性标准等具体问题多是以部门规章或指导意见、命令等形式出现的，其中具有推荐性质的指导性文件和参考居多，它们的法律层级太低；而且有些文件是就某一方面迫切需要加强管理或碰到需解决的问题而临时制定的，目的在于解决局部问题，具有短期性特征，缺乏稳定性和持久性。而我们知道核技术及核材料辐射的持久性决定了核能利用是一个长期性的事业，它需要系统的规划和长久、稳定的规范。为防止行政机关利用核能基本法缺少这一因素，滥用有关法律规定的模糊授权来制定大量因应急需要而产生的质量低、关注短期效益、保护部门利益却损害社会公众利益以及危及将来的核能基本法权威的行政性规范或规章等现象，应及早制定核能基本法。

此外，相关部门规章多由不同的部门根据各自的职责自行制定，具体规范之间显得凌乱、不成体系，相互之间的冲突难免。相关法律规范由国家能源局、国家原子能机构、国防科技工业局和国家核安全局等在自己的官网上给出，不仅没有一个是较为完全体现我国现有核能方面法律法规体系的，而且相互之间有重复列举等现象。[1] 这非常不利于人们系统了解及实施核能方面的法律规范，为实施相关法律制造了一些不应有的障碍。

比如，在核责任方面，《产品质量法》规定，因核设施、核产品造成损害的赔偿责任，法律、行政法规另有规定的，依照其规定。[2] 根据该规定，可以得知，在无其他规定时，应该适用该法有关产品责任的规定，即在核产品造成损

---

〔1〕 如国家能源局主要从职能的角度列举的法规有《核两用品及相关技术出口管制条例》《核出口管制条例》《核电厂核事故应急管理条例》《核材料管制条例》《民用核设施安全监督管理条例》等（参见“第一篇第五章 核电法律法规”，http://www.nea.gov.cn/n_home/nyflfghb/index.htm）；列举的相关法规和部门规章有：《放射性矿产资源监督管理暂行办法》《电磁辐射环境保护管理办法及放射环境管理办法》等（参见“第二篇 第二章主要相关法规、规章及规范性文件”，http://www.nea.gov.cn/n_home/nyflfghb/index.htm）；列举的政策性文件有：《核电厂运行经验交流实施规则（试行）》《核电厂运行安全规定》《核电厂设计安全规定》《核电厂厂址选择安全规定》等 14 个（参见“第四篇第三章第三节 核电建设”，http://www.nea.gov.cn/n_home/nyflfghb/index.htm）。国防科技工业局列举的法规和政策有：《核材料管理条例》《核两用品及相关技术出口管制条例》《核产品转运及过境运输审批管理办法（试行）》《国家核应急预案》《核事故辐射影响越境应急管理规定》《核出口管制清单》《核进出口及对外核合作保障监督管理规定》《国防科技工业军用核设施安全监督管理规定》等（参见国防科工局“政策法规”，http://www.sastind.gov.cn/n4235/index.html）。国家原子能机构列举的法律法规政策有：《放射性污染防治法》《放射性物品运输安全管理条例》《关于加强铀矿地质勘查工作的若干意见》《核电厂设计安全规定》等 23 个，而且法律、法规、规章及政策不分，混杂在一起（参见国家原子能机构“政策法规”，http://www.caea.gov.cn/n16/n1130/index.html）。环保部国家核安全局网站上罗列的政策法规最多，有 93 个，但它没有区分法律、法规、规章和政策，只是混合排列（参见环保部国家核安全局“政策法规”，at http://nnsa.mep.gov.cn/zcfg/index.htm）。

〔2〕 《产品质量法》（2009 年修订）第 73.2 款。

害的情况下,生产者、销售者要承担主要责任。然而,由于核材料和核电站建设、运营和维护等特殊性与高风险性,国际上,核责任一般主要由核设施的经营者承担,而非核设备、核产品的提供者承担。按照处理核事故责任的两个国际公约,即《核能方面第三当事者责任公约》(以下简称《巴黎公约》)和《关于核损害的民事责任的维也纳公约》(以下简称《维也纳公约》)的规定,因核电站等核设施发生事故造成的核损害的赔偿责任,除公约另有规定情形外,应由核设施的经营者承担,而不是由核设备、核产品的提供者承担;并且对责任人的赔偿责任规定了最高限额。我国没有参加上述两个公约,为了处理核电建设中的涉外合同问题,国务院于 1986 年 3 月 29 日就有关核电站发生核事故的责任问题作出批复,[1]其内容借鉴了《维也纳公约》,吸纳其基本原则,主要规定如下:(1)在核电站现场内发生核事故所造成的损害,或者核设施的核材料于其他人接管之前,以及在接管其他人的核材料之后,在中华人民共和国境内发生核事故所造成的核损害,该营运人对核损害承担绝对责任;其他人不承担任何责任。(2)对于一次核事故造成的核损害,营运人对全体受害人的最高赔偿额合计为人民币 1800 万元。对核损害的应赔偿总额如果超过前款规定的最高赔偿额,中华人民共和国政府将提供必要的、有限的财政补偿,其最高限额为人民币 3 亿元。(3)对直接由于武装冲突、敌对行动、暴乱,或者由于特大自然灾害所引起的核事故造成的核损害,任何营运人都不承担责任。(4)如果损害是由致害人故意的作为或者不作为造成的,有关营运人只对该致害人有追索权。批复规定的内容与《产品责任法》规定有冲突。国际上通常是营运者承担。2017 年通过的《核安全法》规定核安全方面的责任主要由核设施运营机构来承担,体现了对这一国际通行做法的认可。

鉴于因核设施、核产品造成损害的赔偿责任的复杂性,需要有专门的法律作出规定。目前有关部门正在起草《原子能法》。在有关的专门法律尚未制定出来以前,根据本法的授权,可以适用行政法规的特别规定。法律、行政法规没有特别规定的,则仍适用本法第四章关于产品责任的规定。

四、核能主管部门多变,相关权责不明或重叠,易带来潜在风险

由于缺少核能基本法的明确规定,对于核能发展的主要管理机构,目前涉及部门较多,这样不利于集中、有效的管理。目前有以下机关直接涉及核能领

[1] 即《国务院关于处理第三方核责任问题给核工业部、国家核安全局、国务院核电领导小组的批复》(国函[1986]44 号)。

域:国有资产监督管理委员会、国家国防科学技术工业局(2008年合并到工信部中)、国家发改委、国家原子能机构(隶属于工信部)、[1]国家能源局(隶属于发改委)、国家核安全局(隶属于环保部)、环保部、科技部8个部门;[2]此外,还有卫生部(核辐射方面)、公安部(核材料安全、安保方面等)、商务部(核技术、核材料等出口方面)、外交部、国防部等。

1984年国家核安全局[3]成立后,我国就开始启动原子能法的编制工作,具体是由它会同原核工业部(当时的主管部门)、卫生部等政府部门起草,但最终起草工作主要由国家科委来主导,而核工业部与科委之间沟通时有不畅。结合其他因素,原子能法历经30余年,一拖再拖,迟迟没有出台,[4]主管部门的法律地位,难以通过基本法来确定。而更为严重的是:这一没有经过核能法"确定"的主管部门自身也在频繁变动中,又使人们觉得该法立法的迫切性不高,且立法活动缺乏持续性。1988年后,核工业部合到能源部里,再后来并到国家发改委,在其下设立了能源局。民用核工业的发展则由中国核工业总公司来承继,承担核军工、核电、核燃料、核应用技术等领域的科研开发、建设和生产经营,以及对外经济合作和进出口业务,其主管部门为国务院成立的国防科工委。2008年国务院机构改革后,国防科工委变为国防科工局,归工信部管。这样就导致核能基本法的制定无法连续下来,而核工业部解散后,核能的主管部门也变得扑朔迷离:发改委还是工信部?还是二者享有同等的主管

[1] 中国国家原子能机构是中国政府核工业主管部门,负责核领域政府间及与国际组织的交流与合作,并牵头负责国家核事故的应急管理工作。负责研究、拟定中国和平利用核能事业的政策和法规;负责研究、制定中国和平利用核能事业的发展规划、计划和行业标准;负责中国和平利用核能(除核电外)相关项目的论证、审批、监督、协调项目的实施;负责核安保与核材料管制;负责核进出口审查和管理;负责核领域政府间及与国际组织的交流与合作,代表中国政府参与国际原子能机构事务;承担国家核事故应急管理办公室的日常工作,负责研究制定国家核事故应急预案并组织实施;负责核设施退役及放射性废物管理。

[2] Government Structure and Ownership, http://www.world-nuclear.org/information-library/country-profiles/countries-a-f/appendices/nuclear-power-in-china-appendix-1-government-struc.aspx.

[3] 1984年10月成立国家核安全局,独立客观地进行民用核设施核安全监督,当时至1998年由国家科委代管,国家科委副主任任国家核安全局局长,具有独立的人事、外事、财务权以及机关行政管理、基建后勤职能。1998年后,并入国家环保总局,设立核安全与辐射环境管理司(国家核安全局),负责全国的核安全、辐射安全、辐射环境管理的监管工作,2003年以后,国家环保总局对外保留国家核安全局的牌子,环保总局副局长任国家核安全局局长;2008年3月国家环保总局升格为环境保护部,对外保留国家核安全局牌子,环境保护部副部长任国家核安全局局长。

[4] 参见黄倩:《中国核事业立法拖延27年 归因主管部门频繁变动》,载《检察日报》2011年4月7日。

权力？而且国家环保部又设立了国家核安全局，规定由其负责核能监管；再加上核能的管理还涉及科技部、卫生部、公安部及安全生产总局等多个行政部门，至少有10个部门涉及核管理事务，[1]其中哪一个部门起到主导作用，从现有的法规中难以明显看出。但总的来说，目前监管机构的独立性、权威性不足，如国家核安全局在环保部之下，是其一个部门甚或一个“司”，独立性不够。[2] 日本、韩国、法国等的核监管部门，直接对总理或首相负责，不隶属于任何一个部门，有监管权和审批项目权。

核电的建设首先要获得项目批准，这是由发改委管理的。在项目核准前要编制一些报告和文件，这些报告和文件必须获得相关部门的批准或认可，主要包括能源局（在发改委下设立，通常其局长由发改委副主任兼任）、国家原子能机构[3]（设在工业和信息化部下，其主任由工信部副部长兼任）、国防科工局、环保部和核安全局，这些报告是项目核准的基础。在核电的建设、调试、运行等阶段主要的管理部门是能源局、环保部和核安全局。其中能源局是主管部门，核安全局是监督管理部门。

根据国防科工局副局长王毅韧的观点，国家原子能机构作为核工业行业主管部门，将不断完善核安全与核应急体系、提升核安保整体能力、保障铀资源和核燃料供应、加强乏燃料和放射性废物管理，确保“核安全有保证、铀资源有保障、核安保有能力、核废料有去处”。[4] 国防科工局与该机构的部分职能重合，主要拟定核、航天等工业的产业、技术政策和发展规划，实施行业管

---

〔1〕 有人认为有12个部门涉及核能管理事宜。如国家地质局主管铀矿的勘测、开采等事宜，放射性工作的许可由卫生、公安等部门主管等。参见王少华：《中国核电监管领域的法律真空》，载《能源》2015年第2期。

〔2〕 参见王少华：《中国核电监管领域的法律真空》，载《能源》2015年第2期。

〔3〕 国家原子能机构研究和拟定我国和平利用原子能事业的政策和法规，负责研究制定我国和平利用原子能事业的发展规划、计划和行业标准。其主要职能有：1. 研究和拟定我国和平利用原子能事业的政策和法规；2. 负责研究制定我国和平利用原子能事业的发展规划、计划和行业标准；3. 负责我国和平利用核能重大科研项目的组织论证、立项审批、负责监督、协调重大核能科研项目的执行；4. 实施核材料管制，实施核出口审查和管理；5. 负责核领域政府间及国际组织间交流与合作，代表中国政府参加国际原子能机构及其活动；6. 牵头组织国家核事故协调委员会，负责研究制定国家核事故应急计划并组织实施。国家原子能机构设五个业务司：行政司（负责国家原子能机构的行政、后勤和保障体系，负责核材料管制的实体保卫和核电站消防工作的管理）、系统工程司（负责组织重大核能科研项目的论证，负责核电站和核燃料的发展规划以及重大项目的建设、管理和监督，负责国家核事故应急的日常工作）、国际合作司（负责组织、协调原子能领域政府及国际组织间的交流和合作，承办核进出口许可审查及政府保证）、综合计划司（负责审批核能研究规划，编制核能开发的年度计划）和科技质量司（负责组织开展核能预先研究，制定核能技术标准）。

〔4〕 冯华：《核工业发展 安全有保证（政策解读）》，载《人民日报》2017年2月16日。

理;负责国家核电建设、同位素生产和民用爆破器材生产流通的行政管理。其系统工程二司(国家原子能机构、国家核事故应急办公室、核电办公室):组织核电建设;组织实施核、兵器工业军转民发展规划和重大民品项目;承办国家核事故应急协调委员会的日常工作。

从现有的部门规章规定看,核电发展规划等主要由发改委下设的国家能源局负责,能源局拟订核电发展规划、准入条件、技术标准并组织实施,提出核电布局和重大项目审核意见,组织协调和指导核电科研工作,组织核电厂的核事故应急管理工作。[1] 国防科工局拟定核产业和技术政策、发展规划,实施行业管理,负责国家核电建设、同位素生产等的行政管理。其下设的系统工程二司组织核电建设,组织实施核、兵器工业军转民发展规划和重大民品项目,承办国家核事故应急协调委员会的日常工作。国家原子能机构的职责有:研究和拟定我国和平利用原子能事业的政策和法规,负责研究制订我国和平利用原子能事业的发展规划、计划和行业标准,负责我国和平利用核能重大科研项目的组织论证、立项审批、负责监督、协调重大核能科研项目的执行,实施核材料管制,实施核出口审查和管理,负责核领域政府间及国际组织间交流与合作,代表中国政府参加国际原子能机构及其活动,牵头组织国家核事故协调委员会,负责研究制订国家核事故应急计划并组织实施。

而核能利用的安全监管主要由环保部国家核安全局负责,但其主要职责在于保护环境,而核能发展不仅仅限于环境保护,故其独立性、权威性相对于核电发展的安全性和重要性而言远远不够。我国核电领域的法规不够健全,当遇到涉及庞大的资金投入和重大风险决策分歧时,不同部门的冲突会降低工作效率和决策科学化,可能会为核电事故埋下隐患。以核电管理为例,一座核电站从前期设计规划建设到后期运营监管过程中,科技部会参与到技术研发层面,而项目选址和审批又牵扯到发改委和地方政府,后续的运营监管则又由环保部的国家核安全局来负责。放射工作的许可则按照《放射性同位素与射线装置放射防护条例》的规定,由卫生、公安部门审管。这样的职能划分存在的潜在危险便是:核能利用过程中,管理部门彼此之间协调不畅时会留下核事故隐患;当建设核电项目有利益时,各部门争着管;万一发生核事故,就会出

---

〔1〕 参见“国家能源局简介”,http://www.nea.gov.cn/n_home/n_nyjjj/index.htm。2013 年 3 月,《国务院机构改革和职能转变方案》将原国家能源局、国家电力监管委员会的职责整合,重新组建国家能源局,由国家发展和改革委员会管理;其主要职责是,拟订并组织实施能源发展战略、规划和政策,研究提出能源体制改革建议,负责能源监督管理等。但没有涉及核电方面的具体事宜。

现责任主体不明，相互推诿扯皮的情况，[1]以致会带来更大损害，也可能无法追究有关当事人责任。因此这种无统一的法律规定，缺少主导作用的主管部门导致的核能领域多头监管、职能交叉等问题，必须通过立法尽快解决。

九龙治水带来的危害是：职责不明、管理效率低下、沟通与协调难度加大、时间成本增加等，还不用说相互推诿等现象。

中国核安全局监督管理人员不足（核电比较发达的国家通常一台机组配备35 名左右的监管人员，法国和日本各有 50 多台机组，监管人员分别有2000 多人，而我国 41 台在运和在建机组只有监管人员 300 人，平均每台不到 8 人）。[2] 核监管是一个技术、法律等方面要求较高的行为，如果没有专门性人才，人员经常流动或监管队伍不稳定等，显然会对监管带来不利影响。

五、部分法律规范内容陈旧、滞后[3]

就核能利用的专门法规和规章看，《核实施安全监管条例》《核材料管制条例》《核电厂核事故应急管理条例》及《国务院就第三方核损害赔偿的答复》等几个非常重要的核产业方面的行政法规都是 20 世纪 80 - 90 年代制定的，它们规定的内容具有严重的滞后性，已经不能适应现实发展的需求，急需根据实际情况进行修改、调整。它们未能根据改革后的机构职能划分作相应的调整，以致出现部门职责划分矛盾重叠的情况。如在核材料管理方面，根据现行行政法规和规章规定，国家核安全局、核工业部、国防科学技术工业委员会、国家原子能机构以及其他有关部门都有权对核材料进行管制。而其中的有些机构已经被撤销，但现行立法并没有相应地作出修改，如《核材料管理条例》规定核工业部负责管理全国的核材料，但核工业部 1988 年后就已经不存在了。

再如，核电技术标准方面，相关技术标准不健全导致法律的实施缺乏技术支撑。核电领域的法律实施由于其技术性特征明显必须需要有严格技术标准来支撑，一般有国家标准、行业标准与企业标准。其中，严格来说，技术先进的企业其标准应该引领行业标准和国家标准，而行业标准、国家标准主要起到安全等方面的最低限度的保障作用，企业标准带有一定的任意性，而行业标准和国家标准带有强制性。长期以来，由于国内企业自身技术等因素，我们在创设

---

[1] 参见黄倩：《中国核事业立法拖延 27 年　归因主管部门频繁变动》，载《检察日报》2011 年 4 月 7 日。

[2] 参见王少华：《中国核电监管领域的法律真空》，载《能源》2015 年第 2 期。

[3] 相关论述可参见胡帮达、汪劲、吴岳雷：《中国核安全法律制度的构建与完善：初步分析》，载《中国科学》2014 年第 3 期。

引领行业标准方面,贡献较小,多数是引进参照国外的企业标准、行业标准等来制定本国标准,故其多数核电标准基本是参照 20 世纪 80 年代初的国外标准和现成文件制定的,较为落伍,不能反映核技术方面与时俱进的要求。例如,日本福岛核事故造成很大的损失,有一部分就是没有考虑到海啸带来的危害,我们应该由此在我们的标准中想到海啸还有其他我国所特有的地质等自然因素可能引发的灾害等规定。此外,我们在国产化材料选择方面也没有规定。[1]

六、现有法律规定的内容不全,难以覆盖核能活动的所有领域

从现有的相关法规来看,规定的内容不够全面,难以覆盖核能利用领域各个方面,如专门针对核辐射导致的损害的法律责任,目前只有在有关民事法律中有原则性的规定,除国务院于 1986 年和 2007 年发布的两个批复外,尚无具体的行政法规或部门规章,更无专门核损害责任法或赔偿法。实际上在有关国际条约和各核利用国立法中,核事故法律责任是核运用方面的一个重要组成部分,多数国家专门将核损害责任法独立出来。我国目前尚未加入任何一个有关核事故责任的国际条约中,虽然核领域"预先防范"及安全至上等是最高原则,但这不等同于我们不需要核损害责任的立法。从发展核事业的角度而言,尽早制定这方面的法律,既为核能可能影响到的人群放心并接纳核事业(如核电站的建设等)创造条件,以增加核能事业从业者责任感,认真做好防范工作,又可在国际上树立负责任的核大国形象。

此外,在核反应堆、核燃料循环设施、核材料管制、放射性废物管理、放射性物质运输、核技术应用等方面,现有的立法也存在严重缺位。除了核电事业外,核能还在医疗、采矿和地质勘探、食品、农业、环境保护、科学研究等多个领域有着广泛的用途,而目前法律、行政法规及部门规章却对核能在这些领域应用的详细规范较少见到,能看到的多是涉及放射性辐射的防护及人身、环境保护等。这方面的立法也亟须补充和加强。

由于核活动技术性强、风险高,韩国、日本等均建立有类似于半官方性质的技术支撑部门,一方面研究和开发核技术,另一方面制定符合核能本身发展所需的核技术标准,便于在开展核活动过程中,规避不必要的风险。

我国《民事诉讼法》(2012 年)第 28 条规定:"因侵权行为提起的诉讼,由侵权行为地或者被告住所地人民法院管辖"。《最高人民法院关于适用〈中华

---

〔1〕 参见王少华:《中国核电监管领域的法律真空》,载《能源》2015 年第 2 期。

人民共和国民事诉讼法〉的解释》(2014 年 12 月 18 日最高人民法院审判委员会第 1636 次会议通过)第 24 条规定:民事诉讼法第 28 条规定的侵权行为地,包括侵权行为实施地、侵权结果发生地。第 26 条规定:因产品、服务质量不合格造成他人财产、人身损害提起的诉讼,产品制造地、产品销售地、服务提供地、侵权行为地和被告住所地人民法院都有管辖权。那么,存在相应的问题:核事故受害人众多,如何选择管辖地? 让受害人得到及时、充分、有效的赔偿? 核事故造成跨界损害时,民事诉讼管辖及法律适用管辖的冲突问题如何解决?

关于核电企业自身责任能力问题,核设施经营者、设计者、制造者、建设者等可以通过保险降低部分风险,保险的特殊性,会引起无休止的连环追索诉讼。[1] 笔者认为,该问题值得探讨。

核责任归责原则方面,无明确规定:无过错责任还是过错推定?《民法通则》第 106、123、124 条,2014 年修改《环境保护法》第 66 条规定提起环境损害赔偿诉讼的时效期间为 3 年,从当事人知道或者应当知道其受到损害时起计算。第 64 条规定因污染环境和破坏生态造成损害的,应当依照《中华人民共和国侵权责任法》的有关规定承担侵权责任。2008 年修改《水污染防治法》第 85 条规定因水污染受到损害的当事人,有权要求排污方排除危害和赔偿损失。由于不可抗力造成水污染损害的,排污方不承担赔偿责任;法律另有规定的除外。

水污染损害是由受害人故意造成的,排污方不承担赔偿责任。水污染损害是由受害人重大过失造成的,可以减轻排污方的赔偿责任。水污染损害是由第三人造成的,排污方承担赔偿责任后,有权向第三人追偿。[2]

2015 年修改的《大气污染防治法》第 125 条规定排放大气污染物造成损害的,应当依法承担侵权责任。[3]

2015 年修改的《固体废弃物污染环境防治法》第 84 条规定受到固体废物污染损害的单位和个人,有权要求依法赔偿损失。赔偿责任和赔偿金额的纠纷,可以根据当事人的请求,由环境保护行政主管部门或者其他固体废物污染环境防治工作的监督管理部门调解处理;调解不成的,当事人可以向人民法院提起诉讼。当事人也可以直接向人民法院提起诉讼。国家鼓励法律服务机构

---

〔1〕 参见秦志军、郭伟:《建立核损害赔偿机制 促进核电发展》,载《中国电力企业管理》2004 年第 11 期。

〔2〕《水污染防治法》第 85 条。

〔3〕《大气污染防治法》第 125 条。

对固体废物污染环境诉讼中的受害人提供法律援助。第85条规定造成固体废物污染环境的,应当排除危害,依法赔偿损失,并采取措施恢复环境原状。第86条规定因固体废物污染环境引起的损害赔偿诉讼,由加害人就法律规定的免责事由及其行为与损害结果之间不存在因果关系承担举证责任。[1]

2013年修改的《海洋环境保护法》第90条规定造成海洋环境污染损害的责任者,应当排除危害,并赔偿损失;完全由于第三者的故意或者过失,造成海洋环境污染损害的,由第三者排除危害,并承担赔偿责任。对破坏海洋生态、海洋水产资源、海洋保护区,给国家造成重大损失的,由依照本法规定行使海洋环境监督管理权的部门代表国家对责任者提出损害赔偿要求。[2]

在责任方面,我国目前虽说有原则性或框架性规定(《侵权责任法》第70条的原则规定及国务院的两个文件),尚未形成系统的核损害赔偿法律制度。国务院的规定是准行政法规性质,效力等级较低不说,可操作性还不强,而且,核损害的赔偿责任与一般民事侵权损害赔偿有很大的不同,核事故损害的被害人通常是不特定的,按照一般的规定,难以救济被害人。未规定核损害赔偿的强制性责任保险和财政保证具体形式、财政来源、保证形式以及赔偿顺序等;重要问题如环境损害、预防措施、恢复措施、合理措施等费用没有规定;损害范围过窄;关键概念如核损害、核事故等没有界定。[3] 赔偿数额过低,其规定的3亿元人民币在80年代还是比较高的数额,但随着经济发展水平的不断提高,这一数额显然已经落后于时代,对受害人难以做到全额赔偿,而且,核损害赔偿是否要设最高赔偿限额?是值得探讨的问题。境外核损害责任追究问题,核材料运输过程中的责任问题等均无规定;同时,规定的诉讼时效过短。在责任归责方面,如下问题尚不明确:采用过错责任原则、无过错责任原则还是其他?由于核损害的特殊性,确定核责任人也是个较为复杂的问题,如何确定并分配不同主体之间的责任,是一个需要明确的问题。赔偿范围如何界定?责任人可否抗辩、如何抗辩?等等,都需要有相应的规定。作出这些规定的目的在于及时有效充分保护无辜受害者的正当权益。此外,法律法规对相关市场主体的权利、义务、权力、职责没有做到对等,过分强调核设施营运人及其工作人员的责任和义务,已有的责任条款基本都是针对营运单位,而对监管机构

---

〔1〕《固体废弃物污染环境防治法》第84、85、86条。

〔2〕《海洋环境保护法》第89条。

〔3〕蔡先凤:《核损害民事责任研究》,第252-253页。

自身应负的责任没有规定或规定不细,有欠公正与公平。[1]

核安全和核运行监管方面的内容较为丰富,尽管如此,也主要是通过行政法规、部门规章来调整,而上位法《核安全法》在经历了很长时间的酝酿后才初步实施。当然,目前最大的问题是核基本法及核责任法的缺失,给核事业发展带来的消极影响,不容忽视。

核应急工作的基础能力薄弱:目前,我国的核应急体系,无论是人员队伍,还是资源配备都严重不足,已难以适应核应急工作全面开展的需要;国家核应急指挥中心的硬件功能不全,信息平台建设尚在构建的初级阶段;各级核应急指挥中心尚未互联互通,不能适应事故情况下应急指挥与协调的需要;核应急技术装备严重不足,技术水平也亟待提高;国家尚未正式组建各类核应急技术支持中心及专业救援分队。

核应急设施建设缺少整体规划指导,各级核应急组织的基础设施建设严重不足,参差不齐,只能基本满足核应急工作的最低需求;在个别省,急需建立的核应急指挥中心的建设经费不能及时足额到位;一些核设施的应急通信系统设备老化,没有及时改造更新。

核应急准备与响应工作亟待规范和加强:其他核设施的核应急准备与响应工作亟待规范和加强;从全国范围来说,核电厂以外的其他核设施以及各类核活动的核应急工作,还处于初级或起步阶段。特别是军用核设施(指国防科技工业军用核设施),核应急工作基础能力薄弱,应对突发事件的能力较差。

部分省级核应急体系建设严重滞后,除了建有核电厂的省外,其他核设施比较集中的四川、甘肃、北京等省市,尚未建立省级核应急体系。

七、中国尚未加入核责任等方面的重要的国际条约

作为一个核大国,在核责任方面,我们尚未加入任何一个国际核责任条约,这是一个明显的欠缺。我们认为,尽管民用核能的关键在于预防,其核心是安全,而责任主要起到威慑作用,对一个国家的整体利益不会带来任何不利影响,只会对核能事业带来积极作用。核安全和核责任在核活动中的关系相互依存、不可分离:安全原则应该贯彻到核活动的一切范围之中,而核责任作为促使核活动当事人能够做到"安全"的外在压力,要让严格的核责任似"达摩克利斯之剑"悬在有关当事人的头上,从另外一个方面保证核安全目标的

〔1〕 王少华:《我国核法律体系缺什么?》,载《中国核工业》2012年第1期。

实现。中国不加入核责任方面的国际条约从某种意义上说,对我国国内法相关方面的完善也带来了一定的消极影响。

中国在国内的相关行政法规或规章中已经对核法律责任做出了规定,也就是说我们并不回避核法律责任。为此,不论从国际形象和责任担当的角度还是从国内法律制度完善及对相关当事人施加一定的约束的角度看,加入有关核责任国际条约的利大于弊。

八、核发展方面相关人才(包括立法人才)培养的法律制度严重不足

核能技术是一个十分复杂而又要求甚高的技术领域,它需要具体执业人员有较高的技术水平、执法素养等。我国在30多年民用核事业发展过程中,没有出现相应的核能领域人才培养的法律法规。尽管我们核能方面人才队伍建设是较为成功的,但为了使已有的政策和做法能够制度化、规范化,增强可预见性,相应的立法规范是必需的。

第三节　中国核能法律制度存在不足的原因

作为中国打出去的重要名片之一核技术、核设施和核产品,其在国内应该有一个相对较为完善的核法律制度。核法律涉及事宜应当包括核安全及其监管机构设置、核材料的开发、运输与使用、核设施许可制度、核活动管理制度、核辐射防护制度、核损害赔偿法律责任等方面。但通过前文的分析可以看出,中国目前的核能方面的法律制度尚未建立,在不少方面还处于空白状态。[1]我们认为这种情况主要由以下原因造成。

宏观上与我国核工业长期以来受计划经济运行模式的影响,按计划经济管理核工业的思维定式维持较久,法律在这方面的功能与作用,显然得不到体现。核活动的技术性较强、风险较高,老百姓对之了解不充分、缺少核活动方面的知识普及等,都会对立法产生负面影响。还有核工业的链条很长,涉及部门很多,既有核工业部门,也有核监督管理部门、能源主管部门,按照过去“部门立法”的惯例,要协调不同部门之间的关系,显然增加了立法难度:沟通程

〔1〕 当然,至今没有哪一个国家敢于声称其核能法律制度是完善的,都或多或少存在一些不足。但我们不能由此而不去分析我国核法律制度存在不足的原因;分析原因旨在为完善我国相关制度提供研究目标,为提出有效建议进行充分论证。此外,通过比较他国的民用核能立法,我们需取他人之长补自己之短;不同国家有不同的优点或可借鉴之处,有益的、适合我国国情的需要采纳。

度、时间成本、立法效率等均会出现问题。本节以下部分仅作简要分析。

一、在中国核行业主要由国家控制和垄断，产生相应法律制度的动力不足

我国核电发展起自计划经济时代，主要由国家行政安排进行，体现了较强的国家垄断色彩。至今，仍由政府成立的企业在运营核电厂等经济组织，计划色彩较浓，国家政策在调整核能发展方面起到了法律调整的作用。从某种意义上说，政策或政府的行政法规或规章调整，效率更高、更及时。但随着市场经济发展，民营资本的介入、核企业涉及其他相关主体等也在进入法律调整的范围之内。

目前国内从事核电运营的企业主要有中国核工业集团（中核集团）、中国广核集团有限公司（广核集团，1994 年建立，广东省政府持股 45%，中核集团 45%，中国电力投资公司持股 10%）及国家电力投资集团公司[1]（国电集团，2015 年 5 月 29 日由中国电力投资集团公司与国家核电技术有限公司合并而成[2]）三大集团及它们各自投资控股的公司，如中国国家核电公司（中核集团持股 97%，中国三峡公司、中远集团及航天投资控股有限公司共持 3%）、大亚湾核电运营管理有限责任公司、江苏核电有限公司等数十家核电运营公司及相关的核工程建设公司等。[3] 其他涉及核行业的企业如提供核电设备和核原料的企业，也多是国有企业或国家控股的企业（多数由前述有核电许可证的公司设立的合资公司或投资的子公司等），如国家核电技术公司、上海电气、东方电气、中核科技、国家核示范公司、华龙国际核电技术公司、核电运行研究所（1982 年由国家核电集团设立于武汉）等。[4] 即使将来大唐、国电、华

---

[1] 国家电投是我国三大核电开发建设运营商之一，也是五大发电公司（其他四个大唐、国电、华电和华能）中唯一拥有核电的公司。拥有辽宁红沿河、山东海阳、山东荣成等多座在运或在建核电站，以及一批沿海和内陆厂址资源，是实施三代核电自主化的主体、载体和平台，以及大型先进压水堆国家科技重大专项的牵头实施单位，肩负着国家三代核电自主化、产业化、国际化的光荣使命，具备核电研发设计、工程建设、相关设备材料制造和运营管理的完整产业链和强大技术实力。参见“集团介绍”，at http://www.spic.com.cn/jtgk_dhzy/jtjs/。

[2] 参见李春莲：《央企重组再下一城 中电投和国家核电正式合并》，载《证券日报》2015 年 6 月 1 日。

[3] 具体信息可以参见“会员单位”，at http://www.china-nea.cn/html/2009-06/304.html。

[4] 具体信息参见这几个企业的网站及 Government Structure and Ownership，http://www.world-nuclear.org/information-library/country-profiles/countries-a-f/appendices/nuclear-power-in-china-appendix-1-government-struc.aspx。

电、华能和中核建等公司可以获得核电建设和运营许可执照，[1]它们也基本上都是国家控股的企业。核行业主要由国家垄断和背书，在法律上要求的迫切性相对较弱，主要靠政策等。但市场化之后，必须有相应的法律制度，特别是国际化后，规章建制是国际通行的做法。

中国核电要安全高效地发展，在"一带一路"倡议中走出去，就要高度关注风险问题，特别是东道国的政策风险、环境风险和法律风险等。而讲到法律风险，我们必须自身在国内的法律制度要健全，以便为考量东道国法律制度是否健全提供参照。

中国在核技术的国际标准制定中也要有更多的话语权，特别是随着中国技术的不断发展和完善。中国核企业走出去三大方面：核技术的主动性，可以将部分研发放在国外（非核心类的），与相关国家合作（如 2016 年 11 月 9 日在英国伦敦成立的"中英核联合研发与创新中心"就是一例，[2]对中国在英国的核技术和设备等的输出，就有积极意义），利于本土化；与核技术配套的核电装备、核材料、核方案及核服务等，优质供应；核电走出去与国家战略相配合、对接，顺势而为等。[3] 此外，还需要与走出去相配套的法律制度与标准等。

2016 年 11 月发布的《电力发展"十三五"规划（2016－2020 年）》再次重申了到 2020 年装机容量达到 5800 万千瓦（2015 年年底，只有 2700 万千瓦）。[4]

正在起草的《核电管理条例》（2016 年 9 月征求意见稿）等相关规定可以进一步完善，如它规定的"核电控股股东或者实际控制人是其核电项目的核安全管理责任主体。控股股东或者实际控制人的法定代表人是核安全管理的第一责任人"[5]及"核电控股股东或者实际控制人负责本企业的天然铀供应保障"[6]等与《公司法》的规定及公司在实际运作中的情况不符：通常股东不可能直接干预公司的运作，都是通过股东会或股东大会来进行，真正在公司设

[1] 参见欧阳凯：《核电牌照准入门槛首次明确　华能大唐华电有望》，载《每日经济新闻》2016 年 9 月 21 日。

[2] 参见泮昊：《中英首个核联合研发中心揭牌》，载《中国核工业报》2016 年 11 月 16 日，第 1 版。

[3] 参见盛安陵：《今后全球核电发展看中国》，载《中国核工业报》2016 年 11 月 2 日，第 8 版。

[4] 2016 年 11 月发布的《电力发展"十三五"规划（2016－2020 年）》。

[5] 《核电管理条例（草案）》（2016 年 9 月）第 20 条"企业安全管理责任"。

[6] 《核电管理条例（草案）》第 56.3 款。

立后掌握权力的应该是董事及董事会。此外，该条与《侵权责任法》第 70 条规定的“民用核设施的经营者应当承担侵权责任”之规定相冲突。该款规定值得商榷。制定法律，不仅要看现在，还要看将来的发展情景，增强其可预见性。不论是外国的核责任法还是核责任方面的国际条约，都没有作出类似的规定，它们多直接规定具体运营或管理的人〔1〕，承担主要核责任。如韩国法律规定：核运营商应当对核反应堆的操作等所造成的核事故损害负责；但国家间的武装冲突、战争、内战或暴乱中的核操作所造成的损害除外。〔2〕日本的法律也是规定，核运营人承担无过错责任，且不设上限，要进行全额赔偿，但考虑到促进核事业的发展，政府可以给予其一定的援助；除了核运营人之外，核设施、核设备制造者、核燃料提供者等均不负责任（被称为核责任集中原则）。〔3〕1963 年的《关于核损害的民事责任的维也纳公约》规定，核装置的管理人应在其规定情况下对核损害负有责任，包括核损害是在他的核装置中发生的一次核事件造成的，或者核事件所造成的核损害涉及的核材料是来自或产生于他的核装置，或核事件所造成的核损害涉及的核材料已经运至他的核装置处等。〔4〕 而就该装置而言，系指由装置国指派或认可的管理该装置的人。〔5〕这些规定值得借鉴。

如第 23 条关于市场准入的规定：国家对核电项目控股股东或者实际控制人实行准入制度。

核电业主的多元化急需法律规范：中国核电市场是巨头博弈之地。缺乏核电资质的经济体不断地跃跃欲试，争相进入核电市场，而核电的高投资又需要大量资金，两者的平衡需要法律规范。目前我国有控股建设核电资质的只有中核集团、中广核集团、中电投集团三家，也就是说，在五大发电集团中，只有中电投集团拥有核电资质，华能集团、大唐集团、国电集团、华电集团目前还在门外徘徊。在核电高额的经济回报和政策优惠的诱惑下，几家电力巨头除了在各种场合积极呼吁，争取核电开发控股资质外，主要是在核电市场上参股

〔1〕 这里的“人”不仅仅指自然人（个人），它系指任何个人、合伙公司、任何组成公司或没有组成公司的私人或公共团体、根据装置国法律享有法人资格的任何国际组织以及任何国家或其任何组成部分。

〔2〕 《韩国核责任法》（2011 年）第 3.1 款。

〔3〕 参见曹原：《日本核损害赔偿制度及其与我国的比较》，载《黑龙江省政法管理干部学院学报》2014 年第 4 期。

〔4〕 参见 1963 年《关于核损害的民事责任的维也纳公约》第 2 条。

〔5〕 参见 1963 年《关于核损害的民事责任的维也纳公约》第 1 条。

核电建设，开发新的厂址，以积累经验，希望获准后能尽快进入角色。核电主体资质不开放，必将影响核电市场的公开竞争和核电的高效发展，尤其是资金的筹集效率。但“开放”由于其高风险性，必须要有一定的条件，其中的关键是要有一个“明示”的统一的门槛要求：如企业必须具有一定的核电运行经验和人才积累等才能拿到控股资质。[1] 我们目前没有，但如果有了这样的规定，仍然不行，还需要进一步细化，使其具有可操作性。此外，核能开发利用中涉及到众多的法律关系主体，包括核能的行政主管部门、核设施营运单位以及涉核工作人员等；具体到核电站的涉核主体则包括法人代表、高级管理人员等，涉核工作人员则包括反应堆操纵员、值长等，他们需要什么样的资质和要求，法律也应给予相应的规定。目前这方面我们也是有严重欠缺的。我国核安全局根据《民用核设施安全监督管理条例》的法律规定，通过颁发许可证的方式来保证具备相应资质的企业法人从事核设施的建造和运行；相关涉核工作人员必须通过专业资格考试方可取得上岗资格，特别是对反应堆操纵员的选拔、培养、使用，我国已有一套成熟的实践经验。但对于肩负更大责任的核电站高管，尤其是负有最终核安全责任的法人代表，则没有相应的法律规定其核级资质。立法规范包括法人代表在内的高管资质，提高核电企业管理人员的业务素质，最大限度地避免人为因素，是当前需要迫切解决的问题。

中国核工业联盟，2014 年 1 月，由中核集团、中广核、国家核电和一些支持实体组成，由政府主导来实现一定的协同作用，促使相互之间和谐。这是一个“行业自律组织”，非公司制，其成立目的是消除出口市场不利或不当竞争情形。国家能源局将密切参与，与外交部、商务部、国资委、国家核安全局与其一直保持紧密联系。

二、过分注重技术及产业发展政策，而对立法与规范重视不够

长期以来，过分依赖政策指导产业发展的思维和意识，无形之中产生过并继续在产生不利影响。从中国核能发展的历史看，早在 20 世纪 50 年代为了应对当时的国际处境，党和国家领导人特别强调技术的研发和拥有，出台一系列政策加强研究，在其他方面面临挫折时，唯有核技术发展一直没有受到太多影响，到 20 世纪 60 年代取得显著成果，对应对当时的核大国威慑起到了很强的回击作用。此后，形成的传统就是通过政策等调整、规范核工业发展的惯性一直延续至今，对核能立法可以说起到一定的不利作用。

---

〔1〕 王少华：《中国核电监管领域的法律真空》，载《能源》2015 年第 2 期。

有关部门对核能领域立法给不给予高度关注和重视直接影响到相关法律的制定和通过的进程。它也从一个侧面反映核能领域发展要不要以法律作为规范指南。以日本为例，在其核能发电1963年正式投入使用前，日本就颁布了《原子能损害赔偿法》和《原子能损害赔偿补偿协议法》(1961年)以及这两部法律的实施条例(1962年)。[1]

就算是《核安全法》已经制定了，我们也未将《核安全法》实施的行政法规与部门规章协调统一起来。甚至有人认为：过去在我们没有《核安全法》的情况下，我们的核安全在全球做得也是非常不错的，似乎以此来说明"法律有无"对核事业发展并无太多的影响。实际上，在法治国家建设的前提下，法律先行是确保任何产业发展的前提和先导。

另外，即使《核安全法》明确了几家单位的责任，进一步理顺对行业监督与管理的职责，实现运营与监督的分工，意图提高核安全监管工作的相对独立性与有效性，但在实际工作中，可能由于注重产业的快速发展，相关政策不断变动，有可能忽视监管，进而导致《核安全法》在现实中实施的弱化。如果制定《核能基本法》或《核能促进法》等，用核法律取代核产业政策，规范核产业发展，增强稳定性和产业发展的可预见性，树立核法律权威，则必将能促进核产业健康发展。促使《核能基本法》或《核能促进法》与《核安全法》的有效实施。

三、核产业较为独特，立法需求内在动力不足使立法相对滞后

核产业较为独特，离百姓日常生活较远，不像轻工等产业那样普及和被百姓所知，国内相关主体对立法的需求不是很迫切客观上使立法相对滞后。核事业涉及的主体不同于其他产业，它主要有核电运营部门、核材料开采、运输、提炼、运用部门等，还涉及医疗等机构，一般直接接入的主体不多，很多是被动与核产业有联系，如核事故造成的被损害人等。所以在核能立法中，《核安全法》和《核责任法》是有关使用核能国家关注的重点。对我国而言，这两方面立法主要体现于行政法规、部门规章及地方性法规和部门规章等之中，没有把它上升到立法机关制定的规范性文件中。[2] 从我国核事业的健康发展和"一带一路"倡议实施看，只有《核电管理条例》或核责任方面的规章是远远不够

---

〔1〕 参见曹原：《日本核损害赔偿制度及其与我国的比较》，载《黑龙江省政法管理干部学院学报》2014年第4期。

〔2〕 具体分析参见前文的相关部分。

的,通过立法机关制定核安全和核责任方面的法律是势在必行。

我们在宣传、普及核技术原理及其运营与安全等领域及鼓励公众参与方面有很大的努力空间。公众参与、公众监督越多越有效,将来的效果可能会越好。公众参与,增加核电投资者和运营人员的责任感,虽然增加了一些可能的障碍,但避免了一些风险,特别是选址问题等。

四、核技术及核能产业本身的复杂性等影响立法进程

20 世纪 80 年代,国内有一部分学者和专家就对核能立法提出了建议,并且就核能方面的基本法《原子能法》提出立法草案,但由于各种各样的原因,该法至今没有通过。《核安全法》尽管于 2017 年 9 月通过,也是经历了几年的反反复复,遭遇了几次挫折[如原计划 2016 年通过的《核安全法》(草案)在该年年底被迫搁浅]。这些都说明,核能领域法律制定和通过的艰难程度。但是什么原因导致立法的艰难?是涉及利益相关方过于复杂还是核领域发展的规律没有准确把握?实际上,国外立法经验、国际条约及国际原子能机构等的工作都给我们提供了有益的参考。我们需要加强各方面的研究,以促使相关法律尽早制定。良法是规律的反映,核领域的法律也不能例外。

其实,制定有些法律不一定非得要至善至美,如核能基本法能够将一些基本原则、主管核能领域的机构、调整的范围及核能基本法律框架作出规定即可,这样可以降低执法难度,为相关法律制定奠定法律基础,也可以让核能事业的发展能够做到有法可依。日本、[1]韩国、美国等国家早期制定的原子能法,也是这么做的。如果总是以立法条件不成熟、争议较多等为由将核能领域的一些重要法律迟迟不制定、公布,对我国核事业的发展及核技术走出去战略都会带来一些不利的影响。

---

〔1〕 参见曹原:《日本核损害赔偿制度及其与我国的比较》,载《黑龙江省政法管理干部学院学报》2014 年第 4 期。

第三章　民用核能相关的国际组织与国际条约及它们可以提供的立法借鉴

自日本福岛核事件以后，核能立法在我国引起高度关注，目前核能基本法《原子能法》正在草拟制定之中。在这个过程中，我们可以借助国际组织的努力及有关国家的立法经验，与国际组织合作，积极参与国际组织的活动，通过相关平台，利用立法上的后发优势，制定出科学合理先进的核能基本法。自20世纪核能用于和平目的以期造福人民之际，国际组织就起到了积极作用，先是联合国，后来成立的国际原子能机构发挥的作用日渐增大。正是由于核能使用的技术性、科学性、高风险性及国际性等，相关的国际组织在核能民用的立法方面大有用武之地。此外，有关国家的立法受到了国际组织和国际条约的影响，为此，我们先简要分析相关的国际组织，接着分析有关的国际条约，然后分析这些内容对我国核能立法可能提供的参考与借鉴。[1]

第一节　有关核能领域协调的国际组织

在核能领域，对各国民用核活动协调的政府间国际组织主要有联合国、国际原子能机构及经济和合作发展组织中的原子能机构等，对各国核活动进行协调和推动的还有一些非政府间国际组织。有关分析见下文。

一、核能和平使用国际协调的回顾

关于核能（早期限于对其认识上的偏差和表达习惯，人们用“原子能”的较多）利用的国际协调，自联合国建立之始就已经引起高度关注。1945 年 8 月 6 日和 9 日美国分别在日本广岛和长崎投下两颗代号分别为“小男孩”和“胖子”的原子弹（分别相当于 1.5 万吨和 2.1 万吨 TNT 当量），分别造成至

〔1〕 至于典型国家立法内容的分析及它们对我国立法的借鉴，参见第一章。

少6.6万人和4万人丧生、16万人和6万人伤残,并留下严重后果。这种杀伤力使爱好和平的国家对武力使用原子弹持坚决否定的态度,故联合国在1945年10月24日成立之后,联合国大会于1946年1月24日通过的第一个决议就是"设置委员会处理由原子能的发现所引起的问题",决定设立联合国原子能委员会。根据决议规定,该委员会的职能应当是:(1)以推进各国间为达到和平目的而作基本科学情报的交换;(2)必要范围内控制原子能,以确保其仅为和平目的而使用;(3)摒除国防军备中原子武器以及其他一切为广大破坏之主要武器;(4)以检查及其他方法,有效保卫遵行国家免受破坏及规避行为之危险。该决议代表着核能和平利用的重要性一开始就得到国际社会的重视,而且赋予委员会有采取控制、检查的权利和手段。决议还规定,联合国原子能委员会由安理会代表加上加拿大代表组成,对安理会负责,以确定建立国际管制原子能应用的制度来保证其完全用于和平目的。[1] 然而由于美、苏两国自该委员会设立之初各自的动机不纯,都从自己的利益角度出发,顽固地坚持自己的立场,最终使该委员会自1949年起就一事无成,但直到1952年才解散。[2] 解散后的原子能委员会,其部分职能纳入到裁军委员会当中,并继续发挥作用。虽然从直接效果上看,原子能委员会没有取得什么明显成就,如自1949年起,苏联、英国等先后都试制原子弹成功,[3]且相互之间都形成威慑,但其讨论的种种政策建议,部分促成了国际原子能机构的建立,也为以后的美苏核谈判提供了历史借鉴。1950年3月15-19日,世界拥护和平大会常设委员会在斯德哥尔摩开会,发表斯德哥尔摩宣言,要求"无条件禁止使用原子武器"。[4] 1951年12月29日,美国实验用的增值锅炉发电成功(约100千瓦小时)。英国1953年4月30日,开始建原子能发电站(4万千瓦,预

[1] See United Nations General Assembly Session 1 Resolution 1. Establishment of a Commission to Deal with the Problems Raised by the Discovery of Atomic Energy A/RES/1(I)24 January 1946.

[2] See International Atomic Energy Agency, "IAEA Turns 40: Key Dates & Historical Developments," Supplement to the IAEA Bulletin, September 1997, p. 4, http://www.iaea.org/Publications/Magazines/Bulletin/Bull393/Chronology/chronology.pdf.

[3] 1939年10月,美国政府决定研制原子弹,1945年造出了三颗。一颗用于试验,两颗投在日本。1945年8月6日投到广岛的原子弹,代号为"小男孩",重约4.1吨,威力不到20000吨。同年8月9日投到长崎的原子弹,代号为"胖子",重达4.5吨,威力约20000吨。其他国家爆炸第一颗原子弹的时间是:苏联——1949年8月29日;英国——1952年10月3日;法国——1960年2月13日;中国——1964年10月16日(打破发达国家的核垄断,在全面禁止和彻底销毁核武器方面有了话语权和倡议权),印度——1974年5月18日。

[4]《世界拥护和平大会常委会关于禁止原子武器的呼吁书》,载《山东省人民政府公报》1950年第6期。

定1956年完成)。1953年7月,美国制订发电用原子反应堆PWR计划。1953年12月8日美国总统艾森豪威尔在联合国大会演讲,提出“原子能用于和平”的倡议,呼吁建立一个独立的“国际原子能机构”。1954年4月2日,印度总理尼赫鲁提交了一份关于核试验的“停止协议”,这是禁止核试验呼吁的首次提出,为后来的国际条约打响了头炮。1955年12月3日,根据联合国大会913(X)号决议通过设立联合国原子辐射效应科学委员会(原子能和平利用的国际机关[1])。1956年10月26日,82个国家在联合国通过了《国际原子能机构规约》,根据规定该规约于1957年7月29日正式生效,当年国际原子能机构成立,10月该机构召开首次全体会议。1959年12月1日,《南极条约》通过,规定南极只能用于和平目的,禁止核试验。1960年6月1日,国际劳工组织大会通过《保护工人以防辐射公约》。1961年7月通过《核能领域中第三方责任的巴黎公约》,1963年通过巴黎公约的补充公约和《核损害民事责任维也纳公约》,1967年1月27日的《关于各国探索和利用包括月球和其他天体的外层空间活动所应遵守原则的条约》在1966年12月19日联合国大会通过,1967年1月27日开放供签署,1967年10月10日生效,无限期有效。该条约是国际空间法的基础,号称“空间宪法”,规定了从事航天活动所应遵守的10项基本原则。其中,原则四——限制军事化原则:不在绕地球轨道及天体外放置或部署核武器或任何其他大规模毁灭性武器。此后有多个核方面的国际条约通过,对调整国际社会核能和平使用起到了积极作用。

21世纪以来,随着恐怖主义活动越来越猖獗,核材料或核技术如果落入恐怖主义分子手中,则将对人类带来毁灭性的打击。全球核保护存在一定的不安全性,核材料与核技术有被滥用的危险。数据显示,世界现存大量可用于制造核武器的核材料,这些材料足以制造出超过十万枚核炸弹。然而在许多地区,核材料和核技术缺乏有效的保护,这些物资一旦落入恐怖主义分子之手,可能造成灾难性的后果。为应对这一威胁,核安全峰会应时而生,目的是凝聚国际社会共识,加强各国在核安全领域的合作。自2010年4月在美国华盛顿举行全球首届核安全峰会起,又分别于2012年3月26日至27日在韩国首尔、2014年3月24日在荷兰海牙、2016年3月31日至4月1日在华盛顿

[1] 参见《原子能大事年表》,载《世界经济文汇》1957年第2期。

举行了第二、三、四届核安全峰会。[1] 四次峰会的主题分别是："通过加强国际合作来应对核恐怖主义威胁""应对核威胁、安全保卫核原料和设施、防止非法核走私、强化放射性物质的管理""加强核安全，防范核恐怖主义"及"加强国际核安全体系"等，峰会就核恐怖主义威胁以及通过多边合作采取应对措施、全球核安全体系建设、国际原子能机构作用、核材料、放射源、核安全与核能安全等问题展开了广泛讨论等。这些会议对国际社会的核安全使用将起到积极推动作用。在海牙峰会上，习近平主席全面系统阐述了中国的"核安全观"，其中提到"四个并重"，即"发展和安全并重、权利和义务并重、自主和协作并重、治标和治本并重"，展现了作为一个主要核大国的责任与担当意识。

二、政府间国际组织

在推动全球核安全使用方面，诸多的国际组织起到了难以估量的作用，特别是联合国和国际原子能机构。下文就这些方面做简要分析和论述。

（一）联合国及其机构

联合国的重要使命之一在于维护世界和平，保障人权。在成立之初对核武器（原子弹）的使用就给予高度关注，此后核能使用一直是其关心的议题，它在推动核能和平利用、促进核裁军、缓和核军备竞赛造成的紧张局势，设立国际原子能机构并支持该机构开展活动、完善核能法律制度的制定和实施发挥了重要作用。据统计，联合国至2010年年底通过的宣言、条约共205项，其中涉及核能领域的有17个，有关核能宣言的12个，通过国际原子能法律文书5个，还有大量的联合国大会决议，对和平使用核能及防范将核能用于核武器及其他爆炸装置作出了努力。此后，至2017年年底，联合国大会等也通过相关文件，对核能和平使用作出相应的决议，如核武器禁用等。[2] 在推动相关

---

〔1〕 这里需要说明的是，核安全峰会这个两年一次的会议机制是由奥巴马一手倡导起来。2009年4月5日，刚上任不久尚踌躇满志的奥巴马，提出"无核世界"理念。这决定了推动核安全合作是他任内外交安全政策的主要基调之一。为此，全世界分别在2010年、2012年、2014年和2016年召开四次核安全峰会。如果不是世界大势所趋，人心所向，任谁倡导都会应者寥寥。在冷战期间美苏恐怖核平衡时代，1968年国际社会就签署了《核不扩散条约》。1996年联合国又通过《全面禁止核试验条约》，这两个条约迄今都是人类推动核裁军和保障核安全的法律基石。参见潼康：《"最后一届"核安全峰会，意味全球核合作结束了?》，载《中国之声》2016年3月31日。

〔2〕 2017年联合国第72届大会通过的涉及核方面的决议有20多件。See Resolutions of the 72nd Session, http://www.un.org/en/ga/72/resolutions.shtml。

国际组织的成立及制定国际条约方面[1],联合国的主要成就是: 1957 年促成国际原子能机构的设立,1963 年先通过《部分禁止核试验条约》,1996 年通过《全面禁止核试验条约》,尽管尚未生效,但其影响不容低估。2017 年 7 月 7 日,联合国大会通过了《禁止核武器条约》,[2]尽管五大常任理事国没有与会,但根据规定从 2017 年 9 月 20 日,该条约对外开放签字,自第 50 个成员批准书之日起 90 天后生效,其意义同样不可小觑。安理会作为联合国集体安全机制的核心及有权采取行动的机构,在执行《联合国宪章》《国际原子能规约》等方面,可以采取实质措施防止核扩散、减少核威胁,有权调查涉及核扩散问题,判断核能利用是否威胁、破坏和平等,并提出解决问题的方式,作出决定,甚至在和平手段不能解决时可以采取军事行动。截至 2011 年 6 月 10 日,安理会一共通过了 30 个涉及核领域的决议,主要是对无核武器国家进行安全保障及对伊拉克、伊朗、朝鲜等国家的核问题作出的决议等。国际法院于 1974 年受理澳大利亚、新西兰诉法国南太平洋核试验案,1996 年为联合国大会关于核武器使用合法性问题提供过咨询意见。《国际原子能机构规约》规定:与其解释或实施有关的任何问题或争端,未能以谈判方式解决,有关各方又未商定其他解决方法,则应按照国际法院的规约,提交国际法院。在联合国大会授权下,机构的大会及理事会都有权请求国际法院,就机构活动范围内的任何法律问题发表咨询意见。[3]

联合国原子辐射效应科学委员会(UNSCEAR)。UNSCEAR1955 由联合国大会设立,在联合国体系下其任务是评估和报告暴露于电离辐射的水平和影响。具体来说有:(1)以适当和有用的形式接收和汇编联合国会员国或各专门机构成员提供的以下放射学信息: 1)关于环境中电离辐射和放射性的观测水平的报告;2)有关已在国家科学机构或国家政府当局进行或以后进行的电离辐射对人类及其环境的影响的科学观察和实验报告。(2)建议在样品采集和样品分析手段的程序及用于样品分析的辐射计量程序等方面使用统一标准。(3)以综合方式汇编和集中上文(1)1)项中提到的关于放射性水平的各种报告。(4)审查和核查上文(1)2)项所指的国家报告,评估每一份报告,以确定其对委员会目的的有用性。(5)制定年度进展报告,并编制关于辐射水

---

〔1〕 参见陈刚:《国际原子能法》,中国原子能出版社 2012 年版,第 84 - 85 页。

〔2〕 "联合国通过《禁止核武器条约》 核大国无一参与", at http://news. sina. com. cn/w/sy/2017 - 07 - 08/doc - ifyhvyie0629860. shtml;2018 年 4 月 22 日访问。

〔3〕 《国际原子能机构规约》(1989 年修订)第 17 条。

平和辐射对人类及其环境的影响的报告以及上述第(4)段所提供的评价和可能需要进一步研究的研究项目的迹象。(6)根据其认为适当的时间,不时向秘书长、联合国会员国或各专门机构成员发布和分发文件和评价。[1] 世界各国政府和组织都依赖于委员会的评估,作为评估辐射风险并制定保护措施的科学依据。成立之初,联合国大会指定阿根廷、澳大利亚、捷克斯洛伐克、法国、印度、英国、美国、日本及苏联等 15 个联合国成员国作为该委员会的成员提供科学家,到 1973 年又增加德国等 5 国的科学家成为委员会的成员,到 1986 年又增加中国科学家为其委员会的成员,到 2011 年白俄罗斯、乌克兰等 6 国的科学家又增加进去,故现在的委员会含 26 个国家的科学家。[2] 自成立以来至 2017 年,该委员会共联合发布了约 27 个主要的出版物,[3] 这些权威报告是主要的信息来源。委员会的工作方案由大会通过,并通常延展 4 – 5 年的时间。秘书处将由联合国成员国、国际组织和非政府组织提交相关数据进行整理,聘用专家对这些数据进行分析,研究相关的科学文献,并整理出科学评价。秘书处每年提交评估报告由委员会各届会议审查,在审查结束时,实质性的评论得以出版。在年度会议方面,委员会迄今已举行了 60 多届年会。关于其秘书处:设在维也纳的小型秘书处与联合国环境规划署在功能上的联系,它组织年度会议并准备委员会审议的文件。

(二)国际原子能机构

说到国际机构对各国立法的影响,国际原子能机构(International Atomic Energy Agency, IAEA)及其规约应当是首当其冲的。IAEA 是一个同联合国建立关系,并由世界各国政府在原子能领域进行科学技术合作的机构。总部设在奥地利的维也纳,现任总干事天野之弥[4]。组织机构包括大会、理事

〔1〕 See Mandate of the Committee, at www. unscear. org/unscear/en/about_us/mandate. html.

〔2〕 See Historical milestones, at www. unscear. org/unscear/about_us/history. html.

〔3〕 具体报告的内容 See UNSCEAR Publications, at www. unscear. org/unscear/en/publications. html。

〔4〕 天野之弥(日本人)自 2009 年 12 月接任巴拉迪;其前任是有斯特林·科尔(1957 – 1961,美国人)、西格瓦德·埃克隆德(1961 – 1981,瑞典人)、汉斯·布利克斯(1981 – 1997. 12,瑞典人)、穆罕默德·巴拉迪(1997 – 2009. 11,埃及人)。See IAEA Director Generals, https://www. iaea. org/about/history。

会[1]和秘书处。截至 2018 年 2 月,有成员 169 个。[2] 在 1954 年 12 月第九届联合国大会通过决议,要求成立一个专门致力于和平利用原子能的国际机构。经过两年筹备,有 82 个国家参加的规约会议于 1956 年 10 月 26 日通过了国际原子能机构(以下简称原子能机构)的《规约》。[3] 原子能机构宗旨谋求加速和扩大原子能对全世界和平、健康及繁荣的贡献,确保由其本身或经其请求或在其监督或管制下提供的援助不用于推进任何军事目的。比较突出的是:国际原子能机构在安全利用核能的国家监管框架,特别是在建立该领域国家机构体系和向这些机构授权上,以及在制定安全利用核能的法律基础方面,向各成员国提出建议。[4] 为了履行这些职责,原子能机构设有一个紧急情况反应中心,该中心拥有 24 小时的反应能力、训练有素的工作人员以及与全世界 220 个联络点通信的能力。该中心还是对付核事故问题机构间委员会的秘书处,这个秘书处是联合国系统协调核事故和放射性紧急情况对付措施的中心点。

说到 IAEA 对各国核能立法的影响,不得不说 IAEA 的职责、使命及其反复强调的安全原则在各国立法中的重要性。根据《规约》规定,可以将 IAEA 的工作概括为三大支柱:核核查和安保(nuclear verification and security)、核安全[5](safety)和核技术转让[6]。其实第一项和第二项工作都是涉及核

---

〔1〕 由 35 国组成的理事会为该组织最高执行机构;秘书处由总干事领导下的专业人员和工作人员组成,总干事由理事会任命,6 名副总干事负责 6 个独立的部门;下设科学咨询委员会、技术援助委员会、行政和预算委员会和保障委员会;每年召开一次由全体成员国代表组成的大会。由 35 个理事国组成,其中 13 个为指定理事国,22 个为选举理事国。指定理事国由世界核技术(包括原材料生产)最先进国家(10 个)和有关地区最先进国家(3 个)担任,任期一年。Policy Bodies, https://www.iaea.org/about/policy.

〔2〕 1957 年 7 月 29 日国际原子能机构规约生效时有 56 个国家加入该机构,中国于 1984 年加入。具体成员及批准或加入的年份(朝鲜 1974 年加入,1994 年退出)参见"Member states", https://www.iaea.org/about/memberstates; See List of Member States, https://www.iaea.org/about/governance/list-of-member-states。

〔3〕 该规约分别于 1963 年 1 月 31 日、1973 年 7 月 1 日和 1989 年 12 月 28 日进行过修改。See Statute, at https://www.iaea.org/about/overview/statute.

〔4〕 See Item 6, Section A of Article III of Statute of the IAEA(1989).

〔5〕 涉及核运用方面还有一个是核保障措施(safeguards),根据 IAEA 网站上的解释,核保障体系由 IAEA 秘书处对各成员国对于它们关于核材料和核活动所作出承诺的正确性和完整性进行独立确认的一系列技术措施构成。What We Do, http://www.iaea.org/OurWork/SV/Safeguards/what.html.

〔6〕 See *A Short History of the IAEA*, http://www-pub.iaea.org/MTCD/publications/PDF/Pub1032_web.pdf.

运用的安全问题,安保主要是防止核技术被不当之人如恐怖分子获得,而核安全更强调的是对一般公众以及核运用本身过程中不对环境和人身造成损害等。如果为了利用而失去安全保障,则是适得其反。根据《规约》规定,IAEA 的使命有:(1)为各国核合作提供平台;(2)帮助各成员国根据自己的社会、经济目标背景,出于和平目的规划和使用核科技,包括发电及以可持续方式向发展中国家提供便利的相关技术和知识的转让;(3)形成核安全标准,并基于这些标准推动核能运用领域高水平安全的成就和维持,同时保护人类健康和环境免遭电离辐射的威胁。(4)通过督查制度保证成员国遵守《核不扩散条约》和其他不扩散协议中的承诺,仅出于和平目的使用核材料和核实施。[1] 如果对上述使命进行归纳的话,不难看出"安全"是其核心使命所在,也是 IAEA 目标实现的最根本保证。实际上,所有其他核国际条约及有关国家的核能立法之首要原则,都可以归之于"安全"原则,前文所述的 11 个原则主要就是围绕"安全"而从不同的角度和层面展开论述的。

此外,各国在使用核能时,均将安全看为立法的第一原则。如《日本原子能法》规定核能利用应出于和平目的并遵守确保安全原则,[2] 芬兰专设"一般原则"章节并以"安全原则"为指导进行详细规定。[3] 针对上述原则、国际机构和有关国家立法示例,各国核能立法均采用的最基本的原则一目了然,那就是应坚持安全第一的立法原则。这既是有关国际条约的要求,也与核能自身性质和发展规律相符合。

为协助有关国家的立法活动,IAEA 在 2003 年和 2010 年分别出版《核法律手册》两个文本。根据 2003 年手册,一个国家的核法律体系可以分为四个层次:首先是宪法性的规定,它们处于最高级别;其次是立法机关制定的成文法;再次是行政机关颁布的行政法规和部门规章,主要涉及管理、详细并具有较高技术性的规则等;最后一级是非强制性指导文件,主要包括帮助操作人员和有关组织在活动时能够遵守法律规定的推荐性内容。[4]

成员国一直鼓励原子能机构编拟指导性的意见,以协助各国对未来可能

---

〔1〕 See *The IAEA Mission Statement of the International Atomic Energy Agency*, http://www.iaea.org/About/mission.html.

〔2〕 See Articled 2 of *Atomic Energy Basic Act* (Act No. 186 of 1955, Latest Revision: Act No. 155 of December 3, 2004), http://www.nsc.go.jp/NSCenglish/documents/laws.htm.

〔3〕 See Chapter 2 and Chapter 2A of Finland Nuclear Energy Act, 990/1987; amendments up to 342/2008 included.

〔4〕 See the 2003 Handbook of Nuclear Law, pp. 3 – 4.

的重返事件作出规划,并就对付此种情形提供国际上协商一致的指导意见。据此,原子能机构于 1996 年在其《安全丛刊》中发表了一份对核动力源卫星重返的紧急情况规划和防范措施的文件。这份文件的目的是以全面综合概述当空间系统使用的核动力源意外地重返地球大气层并对地球表面产生影响时,可能出现的事故或紧急情况的管理情况。该文件的主要对象是负责对潜在的放射性紧急情况作出规划的政府组织,而且,在即将出事而又尚未作出任何规划的情况下,这份文件可以为迅速采取行动提供宝贵的参考。

鉴于原子能机构的法定和法律职责、经验以及久经考验的基础设施,理应由原子能机构作为联合国系统内一切涉及辐射安全的活动,包括那些与外层空间活动有关的活动的参照点。此外,原子能机构致力于在《援助公约》和《规约》为其规定的职责范围内,利用各种资源来促进、便利并支持缔约国之间的合作。为此,原子能机构准备提供下述方面的援助。

收集下述方面的资料并传播给缔约国和成员国:

(1)发生核事故或辐射紧急情况时可提供的专家、设备和材料;(2)可用来对付核事故或辐射紧急情况的方法、技术和研究成果;(3)收到请求时在下述任何方面或其他适当的方面向缔约国或成员国提供援助;(4)发生核事故和辐射紧急情况时编拟应急计划以及适当的法规;(5)为处理核事故和辐射紧急情况人员制定适当的培训方案;(6)发生核事故或辐射紧急情况时转达援助请求及有关的资料;(7)拟订适当的辐射监测方案、程序和标准;(8)对建立适当的辐射监测系统的可行性进行调查;(9)发生核事故或辐射紧急情况时向缔约国或请求援助的成员国提供为初步评估事故或紧急情况而拨出的适当资源;(10)在出现核事故或辐射紧急情况时为缔约国和成员国斡旋;(11)为获得并交换有关的资料和数据而与有关的国际组织建立并保持联络,并将这些组织的清单提供给缔约国、成员国和上述各组织。[1]

针对上述职能,IAEA 的内部组织机构分为:向总干事汇报的办公室、管理部、核能部、核安全和安保部、核科学和运用部、保障部及技术合作部 7 个具体部门。[2]

中国由于历史原因一直徘徊在其之外,并将《核武器不扩散条约》视为苏美等大国限制中国核武器发展的歧视性条约,长期对此持批评态度。改革开放后,随着中国地位的提升,国际原子能机构在和平利用核能、监督防治核扩

---

〔1〕 See Our Work, https://www.iaea.org/ourwork.

〔2〕 See Organizational structure, https://www.iaea.org/about/organizational-structure.

散等方面受制于苏美的控制和垄断，没有发挥出应该有的作用，中国加入既可以融入核技术的国际交流环境，也能促进中国在支持发展中国家发展和和平利用核能发挥积极作用。1983 年 9 月在当时的机构总干事布里克斯等的努力下，在处理好台湾问题（在有关出版物使用“中国台湾”，在非政府性基础上对台湾核设施进行监督、给予保障）后，中国正式提出加入机构的申请，同年 10 月 11 日机构大会通过决议，接纳中国为成员，1984 年 1 月 1 日，中国成为正式成员，并于当年成为机构的第 13 个制定理事国；[1] 作为联合国的专门机构，它也将中文作为其官方语言。此后，中国通过机构了解世界主要核工业国家的发展状况，开展与相关国家的合作，也让世界了解中国和平利用核能的决心和情况。加入机构，在核能和平利用方面，帮助甚大：如核技术培训、核安全法规体系建设、辐射防护水平提升、核情报系统的建立、国际核科研合作项目展开及核技术会议交流等，这些对中国的核管理、核事业发展起到了巨大作用。加入后中国核工业正在向民用方面发展，对我国核电事业的开拓及发展、引进先进核技术、达到并维持国际标准的核安全水平等起到了积极作用。中国也参与了相关国际法文件制定、修改，代表广大发展中国家的利益发声，促进核能和平利用与保障机制的公平及平衡发展，起到应有的作用。[2]

（三）经济合作与发展组织（经合组织）——核能机构

经合组织前身是 1960 年 12 月 14 日在巴黎成立的欧洲经济合作组织，1961 年取代前者取名经合组织。其内设的核能机构是一个半自治性机构，设于法国巴黎。该机构前身是 1958 年成立的欧洲核能机构。20 世纪 70 年代，在接纳了澳大利亚和日本为成员国之后改用了现名。随后，又吸收了美国和加拿大。其目标是“通过国际间的合作，在维持和进一步发展出于和平目的安全、环保和经济性地使用核能的科学、技术，法律基础方面帮助各成员，提供权威的评估、对于关键问题形成共同的理解，以作为政府在核能决策及扩展 OECD 在能源和可持续发展方面的政策分析提供参考。”[3] 现在，该机构的成员包括了欧洲、美洲、亚洲和澳洲的 31 个国家，即澳大利亚、奥地利、比利时、加拿大、捷克、丹麦、芬兰、法国、德国、希腊、匈牙利、冰岛、爱尔兰、意大利、日本、韩国、卢森堡、墨西哥、荷兰、挪威、葡萄牙、俄罗斯、斯洛伐克、斯洛文尼亚、

---

〔1〕 参见蒋心雄：《我国首次参加国际原子能机构大会前后》，载张华祝主编：《中国与国际原子能机构》。

〔2〕 参见陈刚：《国际原子能法》，中国原子能出版社 2012 年版，第 94 页。

〔3〕 See The Strategic Plan of the Nuclear Energy Agency: 2011 – 2016, http://www. oecd – nea. org/no. info/en – gb/aboutus/.

西班牙、瑞典、瑞士、土耳其、英国和美国。机构成员国拥有的核电机组约占全世界核电装机容量的86%，核发电量占成员国发电量的20%左右。

该机构关注的活动或事务主要有：核安全与管制、核能开发、放射性废物管理、放射防护与公共卫生、核法律和核责任、核科学、数据银行、信息与通信等。其组织架构分为"委员会"和"管理"两个部分。"委员会"是核能指导委员会，主要含有：核设施安全委员会、核管制活动委员会、放射性废物管理委员会、辐射防护和公共卫生委员会、核科学委员会、数据银行管理委员会、核能源发展和燃料循环技术和经济研究委员会、核法律委员会等。"管理"主要由总干事统领下设有法律部门、核安全技术和规制、核科学部门、核发展部门、总秘书处和数据库(NEA Data Bank)等具体部门，来运作该机构。

在国际合作方面，欧洲委员会参与该机构的工作，国际原子能机构也与其有合作协议。现在，该机构还与中东欧国家及苏联的一些非成员国在核安全、辐射防护和核法律等方面开展合作，并在核安全研究方面提供帮助。该机构对国际原子能法的贡献主要是制定、修订和完善核损害责任制度的《巴黎公约》体系。

(四)其他政府间国际组织

涉及核方面事宜的还有其他一些国际组织，如国际劳工组织、世界卫生组织、国际海事组织、联合国粮农组织等在劳动者和一般社会成员核辐射防护和安全、放射医疗、放射农业和海事运输领域参与部分特殊的国际原子能法律文书及国际标准的制定与实施管理。

关于区域性的核能国际组织的作用等，本书不再分析。

三、非政府国际组织

(一)世界核电营运者协会

世界核电营运者协会(World Association of Nuclear Operators, WANO)。WANO组织通过其成员利用其制定国际上通用的性能指标，对各国的核电运营者进行统一管理和协调，有利于加强核电技术、经验和事故情报的交流，从而不断提高世界核电站的安全可靠性。它是世界上所有核电站组成的促进安全的组织。该组织至今已成功运作26年，为核电站的安全可靠运行作出了很大的贡献。根据其指标的实际应用情况和积累的经验反馈，WANO组织决定更新最初制定的指标体系，从而进一步地提高核电站的安全可靠性。为促进WANO内部信息的自由交流，每个会员只有在得到信息提供国授权的情况下才能向WANO以外发布。1979年3月28日的美国三里岛事故，特别是1986

年4月26日的苏联切尔诺贝利灾难性事故,严重扭曲了核电的形象,动摇了公众对核电的信任感。有识之士一致认为核事故的影响是没有国界的。因此,无论是哪家核电站,都有责任保证其核电站安全可靠的运行,而整个核电界则有共同的责任来不断地改善核电站的安全可靠性。因此,需要加强国际交流合作,以确保类似事故不再发生。在美国核动力运行研究所(INPO)和国际电力生产和配电者协会(UNIPEDE)的大力支持下,由英国中央电力管理局主席马歇尔爵士倡议,于1989年5月15日在莫斯科成立了该组织。[1] 它是一个将核安全和卓越的运行业绩作为首要目标的、非营利性的、非政府组织,其使命是促进文化上和运营上的经验的交流,共同促进核安全水平的提高。通过相互协助、信息交流和良好实践推广等活动来评估、比较和改进核电厂的业绩,并最终提高全球核电站的安全性和可靠性。[2] 目前,WANO下辖4个区域中心,1个办公室(莫斯科、东京、巴黎、亚特兰大中心和伦敦办公室)。为了顺应中国地区迅速发展的核电形势,于2012年在香港开设了伦敦办公室香港办事机构。

WANO理事会制定了长期目标,即强WANO的运行经验计划,使它成为WANO会员之间运行经验信息和服务的主要来源;作为提高核安全性和可靠性的有效手段,促进和发展WANO同行审议计划;制定和管理WANO业绩指标,使核电厂能够确定有意义的目标和衡量进展;发展分享最佳实践的手段和为会员解决已知业绩问题提供帮助;支持核电厂工作人员的专业和技术发展;提高WANO内部的联系能力,以加强核电厂之间关于安全性和可靠性的信息交流;加强每个地区实现上述目标的能力和资源。

WANO的组织章程规定:任何核电厂营运者只要遵从WANO的使命并向WANO作出承诺就可以加入WANO。[3] 每个WANO会员都有权指定一名正式代表和若干名观察员参加大会。大会每年召开1次年度大会,每2年选举1位WANO会长为双年度大会服务。WANO理事会管理WANO的活动,由8名到9名有表决权的理事组成。伦敦办公室必须接受WANO理事会的领导。伦敦办公室主要职能是在工作协调和高效联系方面帮助地区中心完成WANO的使命。理事会必须为地区中心任命1名主任。主任是理事会的

---

〔1〕 http://www. wano. info/en - gb/aboutus/wanohistorySafety is everyone's business: a brief history of WANO.

〔2〕 See Our Principles, at http://www. wano. info/en - gb/aboutus/ourmission.

〔3〕 至2015年年底,该组织共有231个成员。See http://www. wano. info/en - gb/members/wanoworldmap2015 WANO World Map.

无表决权的理事。为了实现 WANO 的使命,每个地区中心必须保持与协调中心和其他地区中心的密切联系。地区中心还必须促进地区会员之间的有效联系。

在性能指标方面,WANO 有自己的要求。自其成立后,它立即制定了以下几个指标供各成员电站使用、自我检查,看是否符合标准,以提升管理水平和业绩:(1)机组能力因子(unit capability factor);(2)非计划能力损失因子(unplanned capability loss factor);(3)强迫损失率(forced loss rate);(4)集体辐照剂量(collective radiation exposure);(5)7000 小时非计划紧急停堆数(unplanned scrams per 7000 hours critical);(6)安全系统性能(safety system performance),包括高压安注系统性能(SP1)、辅助给水系统性能(SP2)和应急交流电系统性能(SP5);(7)燃料可靠性(fuel reliability);(8)化学指标(chemical performance);(9)电网相关损失率(grid – related loss factor);(10)工业安全事故率(industrial safety accident rate);(11)承包商工业安全事故率(contractor industrial safety accident rate)。

WANO 协助各成员的工作方案如下:[1] 同行审查(Peer Reviews)、运营经验(Operating Experience)、技术支持和交流(Technical Support and Exchange)及专业和技术发展(Professional and Technical Development)。

WANO 通过 5 项工作方案为其成员提供一系列高品质的产品和服务。

1. 同行评审的目的是帮助成员比较他们的经营业绩和卓越标准,该类评估由他们运营之外的一个独立团队通过深入、客观的审查而得出。协会要求核电厂至少 6 年接受一次同行评估。

2. 运营经验使成员能够从其他核电站的经验中吸取经验,并向他们发出警示,以防止类似事件发生。

3. 技术支持和交流由 4 种不同的活动组成:指南和良好做法;运营商交流;绩效指标和技术支持任务。同时,帮助成员从他们的同行的经验中学习。

4. 专业和技术开发使用各种场景或条件为 WANO 成员提供他们的专业知识和技能的信息交流论坛。具体活动包括讲习班、会议、研讨会、专家会议和培训课程。

5. 相互交流以确保 WANO 的使命和活动都与所有内部和外部的观众共享。这包括 WANO 成员、媒体、业内厂商、新进入者和考虑将能加入其能源

---

〔1〕 http://www.wano.info/en – gb/programmes/WANO offers its members a series of high – quality products and services through five main programmes.

结构的国家。

WANO 成员通过参加 WANO 活动，可以从别的核电站有经验的专家那里学习到有用的经验，促进自己所在核电站安全的提高，且不与政府之间发生任何关系，可以避开利益冲突，同时相关信息为商业机密，不得外泄。这些活动均集中于核能本身的专业性、安全性。

（二）世界核协会

世界核协会（World Nuclear Association，WNA），世界核协会原名铀协会（UI），成立于1973年，最初是由铀贸易的生产商和铀用户组成的世界行业性协会，2000年更名为世界核协会。世界核协会总部设在英国伦敦，是一个寻求在未来世纪中促进核能作为一种可持续能源，在世界各地广泛应用的全球性非政府工业组织，是代表全球核工业的国际组织。

该协会现有会员约120个，分别来自33个国家。其业务范围涉及核能发电和核燃料循环的所有环节。世界核协会为他们在技术、商业和政策方面的交往提供便利，并促进公众更广泛地了解核技术及其成员。它的使命是通过提供权威信息，形成共同的行业地位及对能源辩论有所贡献等来促进在有重要国际影响力的人士（包括决策者，意见领袖，媒体和公众的核工业代表等）之间对核能有着更广泛的了解。〔1〕 世界核能协会（世界核协会）是全球性的工业组织，旨在促进核能的和平利用作为全球未来几百年的可持续能源资源。具体来说，世界核协会关注的是核能发电和所有的核燃料循环方面，包括采矿，转化，浓缩，燃料制造，工厂制造，运输和处理废燃料的安全。

世界核协会是一家非营利的独立组织，宗旨是和平利用核能、促进核电产业发展，成员包括全世界180个左右核工业相关机构。

该协会成员负责铀矿开采、转化、浓缩和燃料制造，反应堆供应商，重大核工程，建筑和废弃物管理公司和世界上大多数国家的核能发电等。其他成员提供在核运输、法律、保险、经纪、行业分析和融资等领域的国际化服务。协会继续招收新的会员，特别是在生产核电或对核能运营正在积极考虑的非经合组织国家。该协会会员已经分布在占世界人口的80%的国家。〔2〕

目前，WNA 拥有180家成员单位，几乎包括世界所有的铀矿开采、转化、

---

〔1〕 See Our Mission, at www. world – nuclear. org/our – association/who – we – are/mission. aspx.

〔2〕 See World Nuclear Association Members, http://www. world – nuclear. org/our – association/membership/our – members. aspx.

浓缩与燃料制造企业，以及世界主要的反应堆供应商，核工程、建造和废物管理公司。法国电力公司、法国阿海珐集团公司、加拿大铀矿公司、通用－日立公司、韩国水力电力公司、日本三菱重工、日本东芝公司、美国西屋公司等世界主要的公司都是其成员单位，中国核工业集团公司、中国广东核电集团有限公司、大亚湾核电运营管理有限责任公司也是 WNA 的成员单位。世界核协会获得如下评价：加入世界核协会对于集团公司及时了解世界核燃料市场的新规则、新动态，更多地捕捉核燃料贸易的商机，建立有效的核燃料贸易信息交流渠道，加强与世界同行的交流与合作，实现集团公司核燃料产业发展"满足国内、面向国际、立足竞争、自主发展"的基本思路和实现天然铀供应"三个三分之一"战略，充分"利用两种资源，开拓两个市场"，进而对促进核电事业的发展具有十分重要的意义。

第二节　民用核能的国际条约

一、相关核能事故推动国际核条约的形成与发展

1954 年 6 月 27 日，苏联建成了世界第一座试验核电站，功率为 5000 千瓦，在奥布宁斯克市投入运行；6 月 30 日宣布，其 5 万千瓦至 10 万千瓦的原子能发电站正在建设中。[1] 1956 年 8 月 27 日全球首个商用核电站在英国科尔德霍尔投入运行，功率为 5 万千瓦（一直运行到 2003 年，共 47 年）。1957 年 12 月，美国第一座商用核电站在宾夕法尼亚州希平港投入运行，功率 9 万千瓦。1959 年 4 月，法国第一座商用核电站——马库勒核电站投入运行，功率 4 万千瓦。1964 年 8 月，第三次国际和平利用核能会议在日内瓦召开，全球核电建设开始蓬勃发展。[2]

核能是污染很少的能源之一。但是当核设施发生事故时，放射物质会大量泄漏到环境中，对空气、江河海洋、地下水、土壤等造成污染，进而危害动植物和人群，这叫核污染或放射性物质污染。世界上曾几次发生核事故或放射性污染，现简介如下：

1. 1957 年 9 月 29 日，苏联秘密核工厂"车里雅宾斯克 65 号"存放核废料的仓库发生爆炸，当局紧急疏散 11000 名居民。

---

〔1〕 参见《原子能大事年表》，载《世界经济文汇》1957 年第 2 期。

〔2〕 International Atomic Energy Agency, IAEA 40 Turns, Supplement to the IAEA Bulletin, September 1997, https://www.iaea.org/sites/default/files/39301280124su.pdf.

2. 1957年10月10日,英国的温德斯凯尔(现称塞拉菲尔德)核综合设施,发生了西方核工业历史上最惨重的事故。大火烧毁了两个生产钚的反应堆之一的核心部分,使放射性云状尘埃进入大气层。多年后,泄漏出的辐射物引起的癌症死亡人39例。此次核灾难是三英里岛核电站事故发生前最为严重的反应堆事故。

3. 1957－1958年,苏联在乌拉尔山脉的克什特姆城附近发生了一起严重的事故。据最先报告这一灾难的原苏联遗传学家若列斯麦德维杰夫估计,在一次爆炸后,几百人因受到核辐射而患病致死。

4. 1979年,在宾夕法尼亚哈里斯堡附近的三里岛电厂发生了美国有史以来最严重的核事故,其中一个反应堆的一部分熔化,迫使居民在放射性气体漏入大气层之后撤离电厂所在地。

5. 1986年4月26日,原苏联位于基辅市郊区的切尔诺贝利核电站由于4号反应堆爆炸起火,大量放射性物质外泄,死亡31人,受放射性物质严重伤害的有237人,有13万居民被迫紧急疏散,也使欧洲一些国家受到污染。此次事故产生的放射性尘降物数量是在广岛投掷的原子弹所释放的400倍。

6. 1987年9月28日,德国巴伐利亚疾病研究所丢失的放射性同位素铯－137的铅储罐,被当做废品卖给一家废品收购站,因收购站工人将铅罐砸开,致使放射性物质外泄,造成3人死亡,20多人患放射病,200多人受到伤害。[1]

7. 1988年1月6日,美国俄克拉荷马州的一座核电站,由于对核材料筒加热不当引起爆炸,造成1名工人死亡,100人受伤。

8. 1992年11月,法国发生了最严重的核事故:3名工作人员未穿防护服进入一座核粒子加速器后受到伤害。

9. 1998－2002年,印度在4年间核电站共发生了6次核泄漏事故。

10. 1999年9月30日东海村核事故。发生在东京东北部东海村铀回收处理设施的核事故是日本历史上最为严重的核灾难。事故发生时,工人们正在混合液体铀。

11. 2003年12月29日,韩国荣光核电厂5号机组发生核泄漏事故。

12. 2004年8月9日,日本中部福井县美滨核电站再次发生蒸汽泄漏事故,导致4人死亡,7人受伤。

---

〔1〕 世界上发生的几次核事故,http://www.scau.edu.cn/wlkj/sht/ycjx1/envproinfo2.htm#世界上发生的几次核事故。

13. 2005年5月，英国塞拉菲尔德核电站的热氧再处理电厂因发生放射性液体泄漏事件被迫关闭。

14. 2011年3月12日，日本9级地震后，导致的日本福岛县第一和第二核电站发生安全事故。

其他核事故：[1]

1. 1966年1月17日帕利马雷斯氢弹事故：在西班牙海岸上空进行加油时，美国一架B－52轰炸机与KC－135加油飞机发生相撞。撞击之后，加油机彻底毁坏，B－52轰炸机惨遭解体，所携带的4枚氢弹"逃离"破裂的机身。其中两枚氢弹的"非核武器"撞地时发生爆炸，致使490英亩（约合2平方公里）的区域被放射性钚污染。搜寻人员在地中海发现了其中一个装置。

2. 1968年1月21日图勒核事故：由于舱内起火，美国一架B－52轰炸机的机组人员被迫作出弃机决定，在此之前，他们本可以进行紧急迫降。B－52轰炸机最后撞上格陵兰图勒空军基地附近的海冰，导致所携带的核武器破裂，致使放射性污染物大面积扩散。

3. 1970年12月18日加卡平地核事故：在巴纳贝利核试验过程中，美国内华达州加卡平地地下一万吨级当量核装置发生爆炸，实验之后，封闭表面轴的插栓失灵，导致放射性残骸泄漏到空气中。现场的6名工作人员受到核辐射。

4. 1985年8月10日K－431核潜艇事故：在符拉迪沃斯托克（K－431核潜艇）补充燃料过程中，E－2级K－431核潜艇发生爆炸，放射性气云进入空中。10名水兵在这起核事故中丧命，另有49人遭受放射性损伤。

5. 1987年9月13日戈亚尼亚核事故：在巴西的戈亚尼亚，一名垃圾场工人撬开了一个废弃的放疗机，并拆掉了一小块高放射性的氯化铯，灾难就此降临到这座城市，当时共有超过240人受到核辐射。由于被放射性材料的亮绿色蒙骗，孩子们用手接触并涂抹在皮肤上，导致几个街区污染，不得不拆除。

6. 1993年4月6日托木斯克－7核爆炸：这起发生在西伯利亚托木斯克的核事故是由硝酸清洗容器时发生爆炸导致的。爆炸致使托木斯克－7的回收处理设施释放出一个放射性气体云。

上述事故说明在核电使用的任何一个环节都可能出现风险，对核能使用进行严密的法律规范，非常有必要。其中每一次核事故都对核能的国际协调起到警醒或提示的作用，对推动有关国际条约的形成有一定的作用。

---

〔1〕全球重大核事故一览，载《中国日报网》2011年3月13日。

二、核能方面的国际条约及主要内容

核能管理和立法的国际化在全球至少走过了50多个年头。国际原子能机构为引导各国和平发展和利用核能一直在积极努力，并形成了一系列的管理规范、技术标准和防范措施等。对有关国家或个人违反有关规定所带来的行为和后果会追究严格责任。核能方面的国际条约虽然看起来是规定各国的主要义务，它们本质上在帮助本国完善自己的核法律制度，长远地看是对国际社会有积极意义，然而就实际而言，本国首先是最先的获益者，其国内立法与其说是履行国际义务，还不如说是更好地造福于本国人民。

国际原子能机构至2018年2月22日有169个成员（中国1984年1月1日加入），[1]其管辖的国际条约见表一：

表一 国际条约名称及相关信息[2]

目序	条约名称	通过时间	开放签约	生效时间	成员国或缔约国[3]
核安全方面的条约（IAEA管辖）[4]					
1	《核安全条约》	1994.6.17	1994.9.20	1996.10.24	84（至2017.12.18）
2	《核事故及早通知公约》	1986.9.24	1986.9.26	1986.10.27	121（至2017.3.3）
3	《核事故或辐射紧急情况援助公约》	1986.9.24	1986.9.26	1987.2.26	115（至2017.3.3）
4	《乏燃料及放射性废物管理安全联合公约》	1997.9.5	1997.9.29	2001.6.18	78（2018.2.16）
核安保方面的条约（IAEA管辖）					
5	《核材料实物保护公约》	1979.10.26	1980.3.3	1987.2.8	156（2018.1.11）

---

〔1〕 朝鲜1974年加入，1994年退出。See Member States of the IAEA, https://www.iaea.org/about/memberstates.

〔2〕 1－11 See *Treaties under IAEA's Auspices*, http://ola.iaea.org/ola/treaties/multi.html.

〔3〕 具体至某一时间见各数字括号内。

〔4〕 List of Treaties to be Featured at the Treaty Event, 18 and 19 September 2017, https://ola.iaea.org/ola/treaty－event/2015/overviewtreaties/overviewtreaties.pdf.

续表

目序	条约名称	通过时间	开放签约	生效时间	成员国或缔约国
6	《核材料实物保护公约补充修正案》	2005.7.8		2016.5.8	116(至 2018.2.28)[1]
核责任方面的公约(IAEA 管辖)					
7	《核损害民事责任维也纳公约》	1963.5.19	1963.5.21	1977.11.12	40(2014.1.27)[2]
8	《核损害补充赔偿公约》	1997.9.12	1997.9.29	2015.4.15	10(2017.6.6)[3]
9	《强制性争端解决选择性议定书》	1961.4.18	1963.5.21	1999.5.13	2(1999.4.13)
10	《适用维也纳公约和巴黎公约联合议定书》	1988.9.21	1988.9.21	1992.4.27	28(2014.4.30)
11	《核损害民事责任维也纳公约修正议定书》	1997.9.12	1997.9.29	2003.10.24	13(2015.11.26)[4]
其他(与 IAEA 相关的条约)					
12	《不扩散核武器公约》	1968.6.12	1968.7.1	1970.3.5	191(2018.2.12)
13	《制止核恐怖行为国际公约》	2005.4.13		2007.7.7	114(2018.2.26)[5]

[1] 已经生效,根据前一公约第 20 条规定生效。See Article 20 of Convention on the Physical Protection of Nuclear Material.

[2] 在所有涉核 36 个国家中,只有阿根廷、亚美尼亚、白俄罗斯、巴西、保加利亚、捷克、匈牙利、哈萨克斯坦、立陶宛、墨西哥、俄罗斯、斯洛文尼亚、西班牙、乌克兰和英国 15 个国家批准;十大核国家只有俄罗斯、英国和乌克兰等批准,美国、法国、韩国、日本等核大国均未批准。See Status, at http://www.iaea.org/Publications/Documents/Conventions/liability_status.pdf.

[3] 10 个国家中有阿根廷、加拿大、印度、日本、罗马尼亚、阿联酋和美国 7 个涉核国家。See Status, at http://www.iaea.org/Publications/Documents/Conventions/supcomp_status.pdf.

[4] 其中涉核国家阿根廷、白俄罗斯、哈萨克斯坦、罗马尼亚、阿联酋 5 国。See status, at http://www.iaea.org/Publications/Documents/Conventions/protamend_status.pdf.

[5] See Status of International Convention for the Suppression of Acts of Nuclear Terrorism, https://treaties.un.org/Pages/showDetails.aspx? objid=0800000280057ab0&clang=_en.

续表

目序	条约名称	通过时间	开放签约	生效时间	成员国或缔约国
14	《核能领域第三方责任巴黎公约》	1960. 7. 29（1964 年和 1982 年修订）		1968. 4. 1	15(2018. 2. 26)[1]
15	《关于核能领域第三方责任巴黎公约的补充公约》	1963. 1. 31		1974. 12. 4	14(2018. 2. 26)[2]
16	《海上核材料运输民事责任公约》	1971. 11. 29		1975. 7. 15	14(2018. 2. 26)[3]
17	《全面禁止核试验条约》	1996. 9. 10		尚未生效[4]	163（缔约国）

此外还有：《非洲无核武器区条约》（1996 年 4 月 11 日签订）[5]、《拉丁美洲禁止核武器条约》（1967 年 2 月 14 日签订）[6]、《南太平洋无核区条约》（1985 年 8 月 6 日）、《东南亚无核区条约》（1995 年 12 月）、《IAEA 和欧洲原子能共同体（EURATOM）验证协议》、《防止倾倒废弃物和其他物质污染海洋环境公约》、《海洋生命安全公约》。它们主要约束那些有核技术和正在发展核技术的国家。

---

〔1〕 See Status of Convention on Third Party Liability in the Field of Nuclear Energy, at https://treaties. un. org/Pages/showDetails. aspx? objid = 080000028010a6ab&clang = _en.

〔2〕 See the Status of Convention supplementary to the Convention on Third Party Liability in the Field of Nuclear Energy, at https://treaties. un. org/Pages/showDetails. aspx? objid = 08000002800fe6f7&clang = _en.

〔3〕 See the Status of Convention Relating to Civil Liability in the Field of Maritime Carriage of Nuclear Material (with Final Act and official Russian and Spanish translations), at https://treaties. un. org/Pages/showDetails. aspx? objid = 0800000280107d4b&clang = _en.

〔4〕 根据《全面禁止核试验条约》规定，在其所列的 44 个有核能力国家全部交存批准书后第 180 天起生效。44 国是美、俄、英、法、中五个核国家及印度、巴基斯坦、以色列等“核门槛”国家和其他有核能力的国家。目前中国、朝鲜、埃及、印度、伊朗、以色列、巴基斯坦和美国尚未批准，未满足生效条件。See Comprehensive Nuclear - Test - Ban Treaty, at http://www. oecd - nea. org/law/multilateral - agreements/comprehensive - test - ban - trea ty. html.

〔5〕 此条约是继 1959 年南极、1967 年中南美洲、1985 年《南太平洋无核区条约》、1995 年《东南亚无核区》之后，第 5 个签署广泛区域作为无核区的条约。

〔6〕 IAEA Documents & Conventions, https://www. iaea. org/publications/documents.

(一)核安全方面公约的主要内容

核安全方面的公约主要有以下四个,各公约的主要内容如下:

1. 核安全公约的主要内容

《核安全公约》(Convention on Nuclear Safety)于1994年6月17日由国际原子能机构在其总部举行的外交会议上通过,它自机构大会第三十八届常委会期间的1994年9月20日起开放供签署,并在保存人(机构总干事)收到第22份批准书、接受书或核准书之日起第90天生效,其中应包括17个至少有一座堆芯已达到临界的核设施国家的此类文书。公约共四章35条,含序言、第1章"目的、定义和适用范围"、第2章"义务"、第3章"缔约方会议"和第4章"最后条款和其他规定"。其核心是第1、第2章。

该公约的目的是使各核能利用国家在本国加强核安全措施,并通过国际合作(包括适当情况下与安全有关的技术合作)在世界范围内实现和维持高水平的核安全,在核设施内建立和维持防止潜在辐射危害的有效防御措施,以保护个人、社会和环境免受来自此类设施的电离辐射的有害影响,防止带有放射后果的事故发生和一旦发生事故时可减轻此种后果,[1]以使人类社会在发展的同时保护自己的生存环境。它对公约中3个重要概念"核设施""监管机构"和"许可证"进行了界定:核设施指"在成员管辖下的任何陆基民用核动力厂,包括设在同一场址并与该核动力厂的运行直接有关的设施,如贮存、装卸和处理放射性材料的设施。当按照批准的程序永久地从堆芯卸出所有核燃料元件和安全贮存以及其退役计划经监管机构同意后,该厂即不再为核设施";监管机构指"由缔约方授予法定权力,颁发许可证,并对核设施的选址、设计、建造、调试、运行或退役进行监管的任何一个或几个机构";许可证"指由监管机构颁发给申请者使其对核设施的选址、设计、建造、调试、运行或退役承担责任的任何批准文件"。[2]在公约中对它们作出这样的界定,利于各国立法的协调和制定。该公约明确规定它只适用于核设施的安全。

在"义务"一章它分四个方面进行规定,即"一般义务""立法和监管""安全优先考虑"及"设施的安全"等。

在一般义务履行的方面,它要求各国必须采取立法等有效措施来履约,如要求"每一缔约方应在其本国法律的框架内采取为履行公约规定义务所必需

---

〔1〕《核安全公约》第1条。

〔2〕《核安全公约》第2条。

的立法、监管和行政措施及其他步骤”。[1]

立法和监管框架方面，公约规定各缔约国有义务在本国的法律框架内，采取必要的立法、监督、行政措施及其他步骤，保证核安全。《核安全公约》要求每一缔约方应建立并维持一个管理核设施安全的立法和监管框架，它们包括：可适用的本国安全要求和安全法规的制定，对核设施实行许可证制度和禁止无许可证的核设施运行的制度，对核设施进行监管性检查和评价以查明是否遵守可适用的法规和许可证条款的制度，对可适用的法规和许可证条款的强制执行，包括中止、修改和吊销许可证等。每一缔约方应建立或指定一个监管机构，委托其实施核安全方面的立法和监督管理框架，并给予履行其规定责任所需的适当的权力、职能、财政与人力资源。每一缔约方应采取适当步骤确保将监管机构的职能与参与促进或利用核能的任何其他机构或组织的职能有效地分开。对于许可证持有者的责任，它规定：每一缔约方应确保核设施安全的首要责任由有关许可证的持有者承担，并应采取适当步骤确保此种许可证的每一持有者履行其责任。[2]

在一般安全方面，共有7条，它首先规定要优先考虑“安全”，要求每一缔约方应采取适当步骤确保从事与核设施直接有关活动的一切组织为核安全制定应有的优先政策，然后在财政（财政资源在每座核设施整个寿期内充足）与人力资源（采取适当步骤，以确保备有数量足够、受过相应教育、培训和再培训的合格人员，在每个核设施整个寿期内在该设施中或为该设施从事一切有关安全的活动）、人的因素（采取适当步骤，以确保在核设施的整个寿期内都要考虑到人的工作能力和局限性）、质量保证（采取适当步骤，以确保制订和执行质量保证计划，以便使人相信一切核安全重要活动的具体要求在核设施的整个寿期内都得到满足）、安全的评价和核实（采取适当步骤以确保在核设施建造和调试之前及在其整个寿期内进行全面而系统的安全评价及利用分析、监视、试验和检查进行核实，以确保核设施的实际状况和运行始终符合其设计、可适用的本国安全要求以及运行限值和条件）、辐射防护（采取适当步骤，以确保由核设施引起的对工作人员和公众的辐射照射量在各种运行状态下保持在合理可行尽量低的水平，并确保任何个人受到的辐照剂量不超过本国规定的剂量限值）和应急准备（采取适当步骤，以确保核设施备有厂内和厂外应急计划，并定期进行演习等，及采取适当步骤，以确保可能受到辐射紧急

---

〔1〕《核安全公约》第4条。

〔2〕《核安全公约》第7-9条。

情况影响的本国居民以及邻近该设施的国家的主管部门得到制订应急计划和作出应急响应所需的适当信息）等，以实现真正的核能安全的使用。[1]

在“设施的安全”方面，它含有选址、设计和建造、运行3项内容。对于设计，它要求每一缔约方应采取适当步骤，以确保制定和执行相应的程序，以便：评价在该核设施的预定寿期内可能影响其安全的与厂址有关的一切有关因素；评价拟议中的核设施对个人、社会和环境的安全可能造成的影响；必要时重新评价前两个分款中提及的一切有关因素，以确保该核设施在安全方面仍然是可以接受的；在邻近拟议中的核设施的缔约方可能受到此设施影响的情况下与其磋商，并应其要求向这些缔约方提供必要的信息，以便它们能就该核设施很可能对其自己领土的安全影响进行评价和作出自己的估计。对于设计和建造，它要求每一缔约方应采取适当步骤以确保：核设施的设计和建造能提供防止放射性物质释放的若干可靠的保护层次和保护方法（纵深防御），以防止事故发生和一旦事故发生时能减轻其放射后果；设计和建造核设施时采用的工艺技术是经过实践证明可靠的，或经过试验或分析证明合格的；核设施的设计考虑到运行可靠、稳定和容易管理，并特别注意人的因素和人机接口。对于运行，它要求每一缔约方应采取适当步骤以确保：初始批准核设施的运行是基于能证明所建造的该设施符合设计要求和安全要求的相应安全分析和调试计划；对于由安全分析、试验和运行经验导出的运行限值和条件有明确的规定并在必要时加以修订，以便确定运行的安全界限；核设施的运行、维护、检查和试验按照经批准的程序进行；制定对预计的运行事件和事故的响应程序；在核设施的整个寿期内，在安全有关的一切领域备有必要的工程和技术支援；有关许可证的持有者及时向监管机构报告安全重要事件；制订收集和分析运行经验的计划，以便根据获得的结果和得出的结论采取行动，并利用现有的机制与国际机构、其他运营单位和监管机构分享重要的经验；就有关的过程而言，由核设施运行所导致的放射性废物的生成应在活度和数量两方面都保持在实际可行的最低水平，与运行直接有关并在核设施所在的同一厂址进行的乏燃料和废物的任何必要的处理和贮存，要顾及形态调整和处置。[2]可以看出，条约对运行规定的最为详细，因为运行中最容易出现问题，上述诸多事故中，运行过程中的不当操作几乎是导致事故发生的唯一原因。

核安全公约的以上规定实际上给各国核能法律制度，尤其是核安全法，提

---

〔1〕《核安全公约》第11－16条。

〔2〕《核安全公约》第17－19条。

供了重要参考或主要内容,在各国立法中将上述各条中的"适当措施"加以细化并以特定的法律形式采纳或颁布,对核能事业的发展可以起到积极作用。

该公约的其他两章主要涉及程序、修改、生效、退约、争端解决等事务性的内容,一般在国内立法中无须体现,此处不述。

国际原子能机构提倡的安全十项基本原则中的原则二"政府作用"主张各国必须建立和维持一个有效、合法、政府性质的安全框架,包括独立的主管部门,对产生辐射危险的设施或活动进行规范,并明确不同主体之间的责任分配,政府的主要职责是立法、制定实施的法规规章及其他必要的标准与措施,但最终的首要责任无疑是被许可人承担,如果它是政府的一个部门,则其责任必须与主管部门的责任明确分开。[1]政府作用的最终体现就是相关法律规定实施情况。这些内容与公约内容相吻合。

1996 年 3 月 1 日,我国全国人民代表大会常务委员会第十八次会议决定:批准由国际原子能机构 1994 年 6 月 17 日在维也纳举行的外交会议上通过的《核安全公约》。1996 年 4 月 9 日,中国代表向国际原子能机构总干事提交了国家批准书。自此之后的第九十天起,该公约对中国生效。中国既然加入并批准了该条约,则应该履行自己的义务,并将上述内容反映到自己的法律体系之中。

2.《及早通报核事故公约》主要内容

《及早通报核事故公约》(Convention on Early Notification of a Nuclear Accident)于 1986 年 9 月 24 – 26 日机构大会特别会议通过,1986 年 9 月 26 日在维也纳和 1986 年 10 月 6 日在纽约开放供签字。[2] 根据该公约第 12 条规定,在三个国家表示同意受其约束之日起 30 天后生效,最终该公约在 1986 年 10 月 27 日生效。公约是在国际原子能机构主持下制定的,其目的是进一步加强安全发展和利用核能方面的国际合作,通过提供迅速交换信息的机制加强对核事故的国际响应,以最大限度地减少超越国界的放射性后果。

公约由序言和正文组成,共 17 条。主要内容涉及公约的适用范围、缔约方义务、国际原子能机构的义务以及争端的解决等。

公约第一条明确规定了其适用范围。它指出本公约适用于引起发生或可

---

〔1〕 See IAEA: Fundamental Safety Principles, The IAEA in Austria, November 2006, STI/PUB/1273.

〔2〕 该公约由 IAEA 主持制定,于 1986 年 9 月 24 日经在维也纳召开的国际原子能机构特别大会通过,这也是在切尔诺贝利核电站事故后仅用短短的 5 个月时间就通过的国际核能合作公约。属于事故之后的应对之举(苏联有一段时间没有及时通报,造成无法挽回的损失与损害)。

能发生放射性物质释放，并已造成或可能造成对另一国可能具有放射性安全重要影响的国际、超越国界释放的涉及一缔约方特定设施或活动的任何事故〔1〕。为了统一对“特定设施或活动”的认知，公约并用列举方式对“这类设施和活动”进行了规定，即不论何处的任何核反应堆；任何核燃料循环设施；任何放射性废物管理设施；核燃料或放射性废物的运输和贮存；用于农业、工业、医学和关于科研目的的放射性同位素的生产、使用、贮存、处置和运输以及用放射性同位素作空间物体的动力源设施。〔2〕

有关缔约方的义务内容，是公约的最重要的内容之一。首先，要求缔约方在核事故发生时及发生之后及时、有效地通报事故所有信息，并建立多层次信息沟通平台，以便将超越国界的辐射后果减少到最低限度，如要求“一旦发生事故，缔约方必须立即直接或通过国际原子能机构将该核事故、事故的性质、发生时间及其确切地点酌情通知实际受影响或可能实际受影响的国家和国际原子能机构”〔3〕。公约还具体列举了“应提供的情报内容”，主要涉及：核事故的时间、确切地点及其性质；涉及的设施或活动；核事故的起因和可预见的发展；放射性释放的一般特点；预报放射性物质超越国界释放所需的当前和预测的气象和水文条件的情报；有关放射性物质超越国界释放的环境监测结果；已采取或计划采取的场外保护措施；预测的放射性释放过程中的行为。〔4〕其次，要求各缔约方积极响应核事故发生国提出的请求；在相关缔约国通报核事故发生后，其他缔约国拥有积极响应的义务，如要求缔约国应“尽其实际可能迅速地响应受影响的缔约国关于谋求提供进一步情报和进行协商的请求，以尽量减少对该国的辐射后果”〔5〕。最后，要求各缔约国积极参与核事故的处理。各缔约国必须直接或通过国际原子能机构将其主管当局和联络点以及负责收发通知和信息的联络中心通知国际原子能机构和其他缔约方。〔6〕为促进共同利益，各缔约国可考虑酌情缔结有关本公约主题事项的多边或双边协定。公约做这方面的规定，它遵循了预防性原则，要求事故发生地国在事故发生后，采取积极的预防和控制措施，向可能受跨界影响的国家及民众告知该事故的潜在危险，提供相关信息资料，以便可能其他国家采取必要措施，最大限

〔1〕《及早通报核事故公约》第1条第1款。

〔2〕《及早通报核事故公约》第1条第2款。

〔3〕《及早通报核事故公约》第2条(a)款。

〔4〕《及早通报核事故公约》第5条第1款。

〔5〕《及早通报核事故公约》第6条。

〔6〕《及早通报核事故公约》第7条第1款。

度地减少损害。

有关国际原子能机构的义务内容,也是公约的主要内容之一。公约规定了国际原子能机构的通报、提供信息、保持联络以及其他义务。例如,公约规定"国际原子能机构应将其所收到的任何通报通知缔约方成员国、实际受影响或可能实际受影响的其他国家以及相关国际组织"[1]。另外,公约还特别规定了机构对毗邻有核计划的非缔约国的邻国的保护义务,如要求机构"应其本身无核活动但有一个有积极核计划的非缔约国毗邻的缔约国的请求,对建立一个适当的辐射监测系统及其可行性进行调查研究。"[2]公约对国际原子能机构义务的规定,一方面让机构明确自己职责所在,另一方面也给缔约国提供交流和寻求帮助的平台。

关于争端的解决方面,公约做如下规定:"若缔约国之间,或一缔约国与机构之间,对本公约的解释或适用发生争端,争端各方应进行磋商,以期通过谈判或以争端各方均能接受的任何其他和平方式解决争端。"

公约第 12 - 16 条涉及条约的生效、暂时适用、修正、退约等程序性内容,与其他国际条约的一般规定无异,在此不予论述。

公约的上述规定使各国通报义务规范化、制度化,为各国提供了处理核事故的国际合作框架,加强和促进了世界核能利用活动的健康发展。公约通过后,在国际原子能机构的推动下,国际社会建立了国际核事故信息沟通机制,并为各国建立国家核事故应急响应机制提供了动力和模型。

对《及早通报核事故公约》,中国于 1986 年 9 月 26 日签字,1987 年 9 月 10 日批准,1987 年 10 月 11 日生效;同时中国政府声明保留:"中国不受《及早通报核事故公约》第 11 条第 2 款规定的两项争端解决程序约束"(原文本语言为中文和英文;由政府提供)。[3]

3.《核事故或辐射紧急情况援助公约》主要内容

《核事故或辐射紧急情况援助公约》(Convention on Assisitance in the Case of a Nuclear Accident or Radiological Emergency)于 1986 年 24 - 26 日在维也纳召开的国际原子能机构特别大会上通过。1986 年 9 月 26 日在维也纳和 1986 年 10 月 6 日在纽约开放供签字,并于 1986 年 10 月 27 日生效。公约

---

〔1〕《及早通报核事故公约》第 7 条第 3 款。

〔2〕《及早通报核事故公约》第 8 条。

〔3〕 Declarations/reservations made upon expressing consent to be bound and objections thereto, http://www.iaea.org/Publications/Documents/Conventions/cenna_reserv.pdf.

由序言和正文组成，共 19 条，其中最重要内容是涉及缔约方义务的第 2、3、8 条；国际原子能机构义务的第 5 条以及涉及争端解决的第 7、11 条。

该公约的目的是为各国之间在发生核事故或辐射紧急情况下进行国际合作提供一个合作框架。它要求各缔约国应按照本公约条款互相进行合作并与国际原子能机构进行合作，以便在发生核事故或辐射紧急情况时迅速提供援助，以尽量减少其后果并保护生命、财产和环境免受放射性释放的影响。为了便于这种合作，各缔约国可达成双边或多边安排，或酌情达成双边和多边相结合的安排，以防止或尽量减少在发生核事故或辐射紧急情况下可能造成的伤害和损失。[1]

公约的主要内容涉及缔约国义务、援助国权利、国际原子能机构职责以及争端的解决问题、援助实施程序等问题。

关于缔约国义务方面。首先，各缔约国都可以请求援助。在核事故或辐射紧急情况下，要求缔约国有义务进行合作、迅速提供援助，以尽量减少其后果和影响。在核事故或紧急情况发生时，各国都可以请求援助。如"若一缔约国在发生核事故或辐射紧急情况时需要援助，不论这种事故或紧急情况是否起始于其领土，管辖或控制范围内，它可以直接或通过机构向其他缔约国和向机构或酌情向其他政府间国际组织请求这种援助"。[2] 其次，被请求援助国有义务对此类请求给予回复。如"受到此种援助请求的每一缔约国，应迅速决定并通知请求国，它是否能够提供所请求的援助及其范围和条件""各缔约国应在其力所能及的范围内确定并通知机构，在核事故或辐射紧急情况下向其他缔约国提供援助可动用的专家、设备、物资以及据此能够提供这种援助的条件，尤其是财务条件"。[3] 最后，缔约方有义务设立主管当局和联络点并对援助的指导和管理的具体事项作了一般规定。公约第 4 条规定各缔约国应设立主管当局和联络点，并要求联络点和机构内的联络中心能够连续不断地可供使用。如果发生变动，应及时通知机构。[4] 公约规定：除另有协议外，对援助的全面指导、管理、协调和监督应是请求国在其领土范围内的责任。请求国应尽其所能为援助的妥善和有效管理提供当地的设施和劳务。援助期间任一方提供的设备和物资的所有权不得变动，并应确保这类设备和物资的

[1] 《核事故或紧急情况援助公约》第 1 条。

[2] 《核事故或紧急情况援助公约》第 2 条第(1)－(2)项。

[3] 《核事故或辐射紧急情况援助公约》第 2 条第(3)－(4)项。

[4] 《核事故或辐射紧急情况援助公约》第 4 条。

归还。[1]

关于援助国的权利。为了保证援助国利益，推动援助国积极参与核事故或辐射紧急情况处理，公约给予援助国一些特定的权利，以保证援助国顺利完成援助任务。如“请求国应给予援助方的人员必要的特权、豁免和便利，以便履行其援助职务。这类特权和豁免包括：(a)对上述人员履行职务时的作为或不作为豁免请求国的逮捕、拘留和法律程序，包括刑事、民事和行政管辖，以及(b)免除征税、关税或其他课征，但通常计入商品或劳务价格内之税捐除外”。同时规定“本条不要求请求国给予其国民或永久居民前述各条款规定的特权和豁免”，要求上述“受益人均有义务遵守请求国的法律和规章，不干涉请求国的内政”。[2] 对援助方为援助目的而运入请求国境内的设备和财物：应免除征税、关税或其他课征；免于没收、扣押或征用；请求国应确保此类设备和财物的归还；如果援助方提出要求，请求国应尽其所能安排对援助所用的可收回的设备在归还之前进行必要的清除污染。[3] 这种对援助国及其人员的倾向性的保护性条款，体现了人道主义立场和关怀，为援助提供了便利。

关于国际原子能机构义务。国际原子能机构的职责主要是收集和传播有关情报，这些情报具体内容如下：在发生核事故或辐射紧急情况下可动用的专家、设备和物资，应急的方法、技术和可供使用的研究成果；在有关缔约国提出援助请求时，应制订有关核事故和辐射紧急情况的应急计划和有关法律，制订培训计划，传递援助请求和有关情报，制订适当的辐射监测计划、程序与标准，对辐射监测系统进行可行性调查，提供用于对事故或紧急情况进行初步评价目的的适当资源，在缔约国和成员国之间起中介作用，与相关国际组织建立并保持联络。[4]

其他条款涉及援助过程中的费用问题及终止、与其他国际协定的关系、争端的解决、生效、暂时适用、修正、退约等一般程序性问题，在此不作具体论述。

《核事故或辐射紧急情况援助公约》的上述规定，为国际社会确立了核能灾害的国际援助体系，也为其他国际援助提供借鉴。

对于《核事故或辐射紧急情况援助公约》，中国的签署、批准和生效时间分别为：1986 年 9 月 26 日、1987 年 9 月 10 日、1987 年 10 月 10 日。同时，中

---

[1] 《核事故或辐射紧急情况援助公约》第 3 条。

[2] 《核事故或辐射紧急情况援助公约》第 8 条第 2、6、7 款。

[3] 《核事故或辐射紧急情况援助公约》第 8 条第 3－4 款。

[4] 《核事故或辐射紧急情况援助公约》第 5 条。

国政府发表声明，提出保留条款，即在个人由于重大过失造成伤亡或损失的情况下，中国不适用《核事故或辐射紧急情况援助公约》第 10 条第 2 款；“中国不受第 13 条第 2 款规定的两项争端解决程序约束”（原文本语言为中文和英文；由政府提供）。[1]

4.《乏燃料管理安全和放射性废物管理安全联合公约》主要内容

《乏燃料管理安全和放射性废物管理安全联合公约》（Joint Convention on the Safety of Spent Fuel Management and on the Safety of Radioactive Waste Management）于 1997 年 9 月 5 日在国际原子能机构总部举行的外交会议上通过，1997 年 9 月 29 日在维也纳开放供签署。根据公约第 40 条规定，该联合公约将向保存人（机构总干事）交存第 25 份批准书、接受书或核准书之日后第 90 天生效，其中包括 15 个均有一座在运行中的核动力厂的国家的此类文书。条约最终于 2001 年 6 月 18 日生效。

公约共 7 章 44 条，含序言、第 1 章“目的、定义和适用范围”、第 2 章“乏燃料管理安全”、第 3 章“放射性废物管理安全”、第 4 章“一般安全规定”、第 5 章“其他规定”、第 6 章“缔约方会议”、第 7 章“最后条款和其他规定”，其核心内容是第 2、3、4 章。

“联合公约”是关于核废料处理的第一个有法律约束力的国际条约，被认为是《核安全公约》的姊妹篇。作为确保对人类和环境提供保护的全球机制的一部分，它体现了缔约方为实现和保持这些领域的高水平安全所做的承诺。目的是“通过加强国家措施和国际合作在世界范围内实现和保持高水平安全”“确保提供对潜在危害的有效防御措施，以便保护个人、社会和环境免受电离辐射的有害影响，从而满足当代人的需求和渴望，同时又不损害子孙后代满足其需求和渴望的能力”“防止发生具有放射性后果的事故和一旦发生事故时减轻事故后果”。[2]

第 1 章“目标、定义和适用范围”。公约首先对相关概念及其适用范围做一定界定。比如“核设施”“放射性废物管理”和“乏燃料管理”3 个概念。“核实施”指的是“以需要考虑安全的规模生产、加工、使用、装卸、贮存或处置放射性物质的民用设施及其有关土地、建筑物和设备”；“放射性废物管理”指的是“与放射性废物的装卸、预处理、处理、整备、贮存或处置有关的一切活

---

〔1〕 Declarations/reservations made upon expressing consent to be bound and objections thereto, http://www.iaea.org/Publications/Documents/Conventions/cenna_reserv.pdf.

〔2〕《乏燃料管理安全和放射性废物管理安全联合公约》第 1 条（i）、（ii）、（iii）。

动,包括退役活动,但不包括场外运输,放射性废物管理也可涉及排放";"乏燃料管理"指的是"与乏燃料的装卸或贮存有关的一切活动,不包括场外运输,乏燃料管理也可涉及排放"。[1] 在公约的适用上,其规定了三类适用范围:民用核反应堆运行所产生的乏燃料的管理安全;民事运用产生的放射性废物的管理安全;其他某些排放。[2] 对于军用或国防计划所产生的乏燃料和放射性废物,则仅当其被永久转为民用计划时才适用。

第2、3章规定的是"乏燃料管理安全"和"放射性废物管理安全"。公约突出了主权国家承担乏燃料和放射性废物管理责任原则。它强调,乏燃料和放射性废物管理安全的最终责任在于对应这些材料拥有管辖权的国家身上。为确保国家对乏燃料和放射性废物管理安全的最终责任,公约要求缔约方采取适当的立法、监管和行政措施,确保个人、社会和环境在乏燃料管理和放射性废物管理的所有阶段均受到充分保护,免受选址、设计和建造、设施评价、运行和关闭期间发生的放射性危害,以充分保护个人、社会和环境免受放射危害。[3] 在"一般安全要求"规定方面,体现了3点主要原则:所有阶段得到充分管理原则、监管机构责任原则和保护后代原则。如要求"在充分尊重国际认可的准则和标准的本国的立法框架内,通过在国家一级应用监管机构核准的适当保护方法,对个人、社会和环境提供有效保护"。[4] 要求缔约方要"努力避免那些对后代产生的能合理预计到的影响大于对当代允许的影响的行动""避免使后代承受过度的负担"。[5] 公约对乏燃料和放射性废物管理涉及的"已存在的设施""拟议中设施的选址""设施的设计和建造""设施的安排评价""设施的运行""乏燃料的处置"和"核设施关闭后的制度化措施"作了详细规定。

第4章对"一般安全规定"作了规定,共有9条内容,是本公约最重要的内容。它确立了缔约方履约措施,包括立法、监管框架,许可证持有者责任制度,人力、财力和质量保证制度,运行辐射防护措施,应急准备制度等制度。首先,在立法和监管框架方面,公约明确提出国家立法监管框架必须包含以下内容:制定可适用的本国安全要求和辐射安全条例;乏燃料和放射性废物管理活

---

[1] 《乏燃料管理安全和放射性废物管理安全联合公约》第2条第(f)、(i)、(o)款。

[2] 《乏燃料管理安全和放射性废物管理安全联合公约》第3条。

[3] 《乏燃料管理安全和放射性废物管理安全联合公约》第4-17条。

[4] 《乏燃料管理安全和放射性废物管理安全联合公约》第4条(iv),第11条(iv)。

[5] 《乏燃料管理安全和放射性废物管理安全联合公约》第4条(vi)、(vii),第11条(vi)、(vii)。

动的许可证审批制度；禁止无许可证运行乏燃料或放射性废物管理设施的制度；合适的制度化的控制、监管检查及形成文件和提交报告的制度；强制执行可适用的条例和许可证条款；明确划分参与乏燃料和放射性废物不同阶段管理的各机构的责任。[1] 其次，规定了每一缔约国应设立相关监管机构。它要求每一缔约方"建立或指定一个监管机构，委托其执行第19条提到的立法和监管框架，并授予履行其规定责任所需的足够的权力、职能和财力与人力。"[2]然后规定了许可证持有者的首要责任原则，如公约规定"每一缔约方应确保乏燃料或放射性管理安全的首要责任由有关许可证的持有者承担，并应采取适当步骤确保此种许可证的每一个持有者履行其责任""若无此种许可证持有者或其他责任方，此种责任由对乏燃料或对放射性废物有管辖权的缔约方承担。"[3]此外，公约还要求每一缔约方必须配备相关合格人员、足够的财力，作出财政规定、编制质量保证大纲、运行辐射防护。公约还要求缔约方编制适用的应急计划并进行演习，这种应急计划既有针对本国的乏燃料和放射性废物管理设施，也包括针对邻国的乏燃料和放射性废物管理设施。如规定"每一缔约方应确保在乏燃料或放射性废物管理设施运行前和运行期间有适当的场内和必要时的场外应急计划。此类应急计划应以适当的频度进行演习""在缔约方的领土可能受到附近的乏燃料或放射性废物管理设施一旦发生的辐射紧急情况的影响的情况下，该缔约方应采取适当步骤，编制和演习适用于其领土内的应急计划"。[4]

第5章"其他规定"内容，规定了"超越国界运输"和"废密封源"问题。首先，它规定了超越国界运输必须满足的条件、不得将乏燃料或放射性废物运至南极地区以及不得损害其他权利。如要求启运国必须得到批准并仅在事先通知抵达国和得到其同意的情况下进行，要求途经过境国的运输受相关国际义务的制约，要求抵达国必须具备符合本公约的方式管理乏燃料或放射性废物所需的监管体制、行政管理和技术能力。[5] 指出"缔约方不允许将其乏燃料或放射性废物运至南纬60度以南的任一目的地进行贮存或处置"[6]。其次，公约的相关规定不损害或影响其他权利，具体包括：利用一切国家的船舶和航

---

[1] 《乏燃料管理安全和放射性废物管理安全联合公约》第19条第2款。
[2] 《乏燃料管理安全和放射性废物管理安全联合公约》第20条第1款。
[3] 《乏燃料管理安全和放射性废物管理安全联合公约》第21条第1、2款。
[4] 《乏燃料管理安全和放射性废物管理安全联合公约》第25条第1、2款。
[5] 《乏燃料管理安全和放射性废物管理安全联合公约》第27条第1款。
[6] 《乏燃料管理安全和放射性废物管理安全联合公约》第27条第2款。

空器行使国际法中规定的海洋、河流和空中的航行权及自由权;有放射性废物运来处理的缔约方将处理后的放射性废物和其他产物返回或规定将其返回启运国的权利;缔约方将其乏燃料运至国外进行后处理的权利;有乏燃料运来后处理的缔约方将后处理作业产生的放射性废物和其他产物返回或规定将其返回启运国的权利。[1] 最后,关于"废密封源处置"等相关问题,要求缔约方在本国的法律框架内采取适当步骤,确保废密封源的拥有、再制造或处置以安全的方式进行。

第6、7章涉及缔约方会议和其他的一般性内容。第六章缔约方会议共9条内容,涉及缔约方会议三种形式及其要求。其中缔约方会议要求缔约方有提交报告的义务,并规定其报告内容必须涉及其乏燃料管理政策、乏燃料管理实践、放射性废物管理政策、放射性废物管理实践以及放射性废物的定义和分类所用的准则。[2] 其他规定共7条内容,涉及分歧的解决,签署、批准、接受、核准和加入,修正和生效等一般程序内容,在此不予具述。

《乏燃料管理安全和放射性废物管理安全联合公约》是有关核废料管理以及保护个人与环境免受放射性影响的主要国际法律文件。它采用的是一种鼓励性机制,机构通过向缔约方提供优惠、便利赢得国家的认同和尊重。一方面,公约的相关规定给予各国在处理乏燃料和放射性废物安全管理上标准性指导,另一方面,其相关规定也为各国提供重要的立法和政策借鉴和指导。

2006年9月13日,中国加入《乏燃料管理安全和放射性废物管理安全联合公约》。2006年12月12日公约对我国正式生效。同时,我国全国人民代表大会常务委员会做出如下声明:(1)中华人民共和国对于"跨境移运"(如第2条第U款和第27条提及)的解释如下:在同意由另一成员方国内机构决定的跨境移运之前,任何作为目的地的《乏燃料管理安全和放射性废物管理安全联合公约》成员国应向来源地国确认所谓的跨境移运,以及得到所谓的来源地国的批准。(2)除非中华人民共和国政府发出单独通知,《乏燃料管理安全和放射性废物管理安全联合公约》不适用于中华人民共和国澳门特别行政区。[3] "[与上述宣言相关的附加声明 - 2007年7月3日接到]"根据《中华人民共和国香港特别行政区基本法》和《中华人民共和国澳门特别行政区基

---

〔1〕《乏燃料管理安全和放射性废物管理安全联合公约》第27条第3款。

〔2〕《乏燃料管理安全和放射性废物管理安全联合公约》第30条、第32条第1款。

〔3〕 中国法律法规信息库,《全国人大代表常务委员会关于加入〈乏燃料管理安全和放射性废物管理安全联合公约〉的决定》,http://law.npc.gov.cn/FLFG/。

本法》，中华人民共和国政府决定该公约适用于香港特别行政区，除非通知，不适用于澳门特别行政区。由中华人民共和国在公约第 2 条第 U 款和第 27 条作出的宣言，同样适用于香港特别行政区。

(二)核安保方面公约的主要内容

1.《核材料实物保护公约》

核安保方面的公约主要是《核材料实物保护公约》，该公约于 1980 年 3 月 3 日在维也纳和纽约同时开放签署，1987 年 2 月 8 日正式生效。它由序言、23 条正文及 2 个附件加 1 个最后文件组成，其实体内容集中于前 13 条，[1]后面 10 条主要涉及程序和争端解决方面的事宜[2]。

《核材料实物保护公约》是 13 项反恐怖主义文书之一，也是核材料实物保护领域中唯一的具有国际法律约束力的承诺。本公约的目的是在世界范围内实现和维护对用于和平目的的核材料和核设施的有效实物保护；防止和打击与核材料和设施有关的犯罪；促进缔约方开展国际合作。公约认为其适用范围是“国际核运输中的用于和平目的的核材料”，但在某些例外的情况下也适用于国内使用、贮存和运输期间用于和平目的的核材料[3]。

其主要内容涉及：核材料运输及境内核材料的国家责任、核材料遗失的国家责任、与核材料有关的蓄意犯罪行为及其惩处、被控罪犯的诉讼和引渡等相关内容。

公约首先规定缔约国对核材料运输及其境内核材料负有保护责任。它规定“每一缔约国应在其国内法律范围内采取符合国际法的适当步骤，以便尽可能切实保证在进行国际核运输时，其国境内的核材料、装载在往来该国从事运输活动并属其关系的船舶或飞机上的核材料，均按照附件 I 所列基本予以保护”[4]。除非得到相关保证，任何缔约国不得输出或批准输出核材料，不得从非缔约国输入或批准输入核材料，不得为本公约的非缔约国提供通道。“每一缔约国应在其法律范围内，对自该国某一地区经由国际水道或空域至本国另一地区的核材料，给予附件 I 所列级别的实物保护”。[5]

关于核材料遗失的国家责任方面。公约规定“各缔约国应彼此直接或经由国际原子能机构指明并公布国家主管当局和联系单位，它们各自负责实物

---

〔1〕 具体参见《核材料实物保护公约》第 1－13 条。

〔2〕 具体参见《核材料实物保护公约》第 11－23 条。

〔3〕《核材料实物保护公约》第 2 条第 1、2、3 款。

〔4〕《核材料实物保护公约》第 3 条。

〔5〕《核材料实物保护公约》第 4 条第 1－4 款。

保护核材料并在核材料未经许可被移动、使用或更换，或确实受到此种威胁时负责协调追回和采取对策行动。”“各缔约国在核材料被偷窃、抢劫或任何非法盗取，或确实受到此种威胁时，应依照本国法律尽可能向任何提出请求的国家提供合作和协助，以追回和保护这种材料。”[1] 缔约方应彼此合作和磋商，以便为国际运输中的核材料实物保护系统的设计、维护和改进提供指导。

关于犯罪行为的界定、管辖、被控罪犯的起诉或引渡内容体现在公约第7至13条内容。其中第7条规定了7种蓄意犯罪行为并要求缔约国依据其国家法律，予以惩处。这7种蓄意犯罪行为分别是：未经合法授权，收受、拥有、使用、转移、更换、处理或散布核材料，并引起或可能引起任何人死亡或重大财产损害；偷窃或抢劫核材料；盗取或以欺骗手段取得核材料；以武力威胁或使用武力或任何其他恐吓手段勒索核材料；威胁使用核材料引起任何人死亡或重伤或重大财产损害，或迫使一个自然人、法人、国际组织或国家做或不做某种行为；图谋进行上述前3项行为；以及参与上述任何犯罪行为[2]。各缔约方应采取必要措施，在下列情况下确定对某些犯罪的管辖权：犯罪行为发生在本国境内或发生在本国登记的船舶或飞行器上；被指控的犯罪嫌疑人属于本国国民；该犯罪嫌疑人在本国领土内而本国不将其引渡给有关条款所述国家。[3] 被指控的犯罪嫌疑人在其境内的缔约方如果不引渡该犯罪嫌疑人，应毫不例外地和无不适当延迟地将案件移交其主管部门，以便通过本国法律规定的程序进行起诉。[4] 缔约方应在刑事诉讼方面相互提供最大限度的协助。[5]

《核材料实物保护公约》的上述规定要求国家采取强制手段保障其领土内以及国际运输过程中的核材料受到绝对控制，同时通过国际合作，保证核材料只为和平目的而利用。

2.《核材料实物保护公约补充修正案》

2005年7月，缔约方一致同意修订《核材料实物保护公约》并加强其规定。修订后的“公约”改名为《核材料和核设施实物保护公约》，“序言”部分的内容表述由8点增加到15点，增加“确信需要核技术转让，铭记实物保护对于保护公众健康、安全、环境和国家及国际安全至关重要”等内容。实质条款

---

〔1〕《核材料实物保护公约》第5条第1－2款。

〔2〕《核材料实物保护公约》第7条。

〔3〕《核材料实物保护公约》第8条第1、2款。

〔4〕《核材料实物保护公约》第10条。

〔5〕《核材料实物保护公约》第13条第1款。

方面，共涉及第1、2、5、6、7、11、13、14条和第16条共9条，[1]其中最重要的是增加了第2条之A，规定了“核材料和核设施实物保护”应当遵守的十二个基本原则，即国家的绝对责任、国际运输中的责任、法律和监管框架、主管部门、许可证持有者责任、安保文化、威胁、分级方案、纵深防御、质量保证、意外情况计划和保密问题。[2] 这些原则对确保核材料和核设施实物安全运行等起到至关重要的作用。

其生效后对缔约方保护在国内和平使用、贮存和运输中的核设施核材料方面具有法律约束力。它还规定国家之间在迅速采取措施查找和追回被盗或被偷运的核材料、减轻蓄意破坏所导致的任何放射性后果以及打击有关犯罪行为方面扩大合作。但是，修订案至今未能生效。

1988年12月12日中国向机构总干事提交加入文书，同时发表声明不受公约第17条第2款所规定的两种争端解决程序的约束。1989年1月2日对我国生效。2009年9月14日中国提交了《核材料实物保护公约》修订案批准书，成为俄罗斯之后，第二个递交该公约修订案批准书的核武器国家。

《核材料和核设施实物保护公约》的上述规定为国际上在核材料保护方面的合作提供指南，也为各国的立法提供了参考。

（三）核责任方面的国际条约

核责任方面的国际条约主要分为两大类，一类是国际原子能机构管辖下的条约，被称为“维也纳体制”；另一类是OECD管辖下的条约，被称为“巴黎体制”。前者由《核损害民事责任维也纳公约》（1963年）及《核损害民事责任维也纳公约修正议定书》（1997年）；后者由《核能领域第三方责任巴黎公约》（1960年）及《关于核能领域第三方责任巴黎公约的补充公约》（1963年），[3]主要向OECD国家开放，但其有关内容，对我国立法也有一定的借鉴意义，本章也会略作介绍。除了前述两个体系之外，核责任条约还包括相对独立的海上核材料运输民事责任公约与核损害补充赔偿公约，以及将两个体系连接起来的一个公约。本章也会简要分析一下。

---

〔1〕 具体内容参见《核材料实物保护公约补充修正案》修订案，INFCIRC/274/Rev. 1/Mod. 1，2016年5月18日。

〔2〕 各基本原则的具体内容参见《核材料实物保护公约补充修正案》修订案第6条，INFCIRC/274/Rev. 1/Mod. 1，2016年5月18日。

〔3〕 这两个公约分别由1964年、1982年和2004年通过的议定书进行了三次修正。See IAEA Action Plan on Nuclear Safety - Nuclear Liability, https://www.iaea.org/newscenter/focus/nuclear-safety-action-plan.

1."维也纳体制"

(1)《核损害民事责任维也纳公约》

《核损害民事责任维也纳公约》(以下简称《1963 年维也纳公约》,CSC),于 1963 年 5 月 21 日由国际原子能机构在维也纳通过并于同日开放供签署,1977 年 11 月 12 日正式生效。公约共由序言和 29 条正文组成。

公约旨在通过制定对核能和平利用造成的损害提供财政保护的一些最低标准、实现缔约方国家法律的统一,为公众提供一定的保护。本公约适用于其所定义的核装置或核材料在往来该装置的运输过程中发生的核事件所引起的核损害。它不适用于不构成大规模核损害危险的装置和放射性物质,即已到达最后制成阶段并可以用于任何科学、医学、农业、商业或工业用途的放射性同位素。

为减少分歧,统一认识,公约首先对相关概念做一些界定,涵盖"核材料""放射性产物或废物""核反应堆""核装置""核损害"和"核事件"等 12 个概念,其中核心概念是"核材料""核装置"和"核损害"。"核装置"指的是陆基反应堆、核材料生产或加工厂、除因运输而贮存的仓库以外的任何贮存核材料的设施;"核材料"指的是不包括天然铀和贫化铀的核燃料以及放射性产物或放射性废物;"核损害"是指:"1. 由于来自、产生于一个核装置或运往一个核装置的核材料中的或属于上述核材料的核燃料、放射性产物或废物的放射性性质或放射性性质同毒性、爆炸性或其他危险性质的结合而引起或造成的丧失生命、任何人身损害或多财产的损失或破坏;2. 由此引起或造成的在主管法院的法律规定范围之内的任何其他损失或破坏;3. 如装置国法律有规定,还包括由核装置任何其他辐照源所发射的其他电离辐射所引起或造成的丧失生命、任何人身损害或财产的损失或破坏。"[1]

公约主要内容涉及运营者责任、个人责任、赔偿限额和责任时效、投保责任和求偿权、主管法院法律权限等。

首先,确定核事故的责任,是本公约最重要的内容。公约明晰了核装置营运者三种情况下的责任:(1)核装置营运者的专属责任。如"除本公约另有规定外,任何非运营者对核损害一律不承担责任"。[2] 当核损害责任涉及多个运营者时,"在无法合理区分每个营运者对损害所应承担责任的情况下,有关

---

〔1〕《核损害民事责任维也纳公约》第 1 条第 1 款第(12)项。

〔2〕《核损害民事责任维也纳公约》第 2 条第 5 款。

的营运者应共同和分开来承担责任”[1]。营运者承担专属责任原则排除根据民事责任一般规则可能承担责任的任何其他人的责任。(2)核装置营运者的绝对责任。公约规定“营运者对核损害的责任是绝对的”。“绝对”责任,意味着受害方不必证明营运者存在过错或过失,只有在核事件直接由于武装冲突行为、战争行为、内在或暴乱或除非相关国家法律另有规定由于特大自然灾害所引起的情况下才可以排除责任。[2] (3)营运者不承担责任情况。公约规定,“对核装置本身的损害或对在核装置地点使用的或拟使用的同该装置有关的任何财产的核损害,或者对运输工具的核损害”。[3]

其次,公约规定了核损害中的个人责任。本公约的各项规定不影响“任何个人对核损害应承担的责任”。“如果营运者证明核损害完全或部分地是由于受到损害的人的重大疏忽,或者由于此人蓄意造成损害的行为或失职所产生,如果主管法院的法律有此规定,它可以全部或部分地免除营运者对此人所受损害给予赔偿的义务。”[4]

再次,公约确定了核损害最低责任限额和责任时效。如它规定“营运者对每一核事件的赔偿可以由装置国限制为不得少于500万美元[5]。”[6]同时确定索赔期为核事故之日起10年。

复次,公约规定营运者必须投保与其责任限额相当的保险,或以其他财政保证金来担保其确能履行赔偿责任。对核损害的应赔额如果超过营运者的最高赔偿限额,国家应提供有限的补充赔偿。如公约规定“营运者必须按照装置国所规定的数目、类别和条件保持保险费或其他财政保证金,以抵偿他对核损害所负的责任。在上述保险费或其他财政保证金不够支付对营运者提出的核损害赔偿要求的情况下,装置国应提供必要的款项保证上述赔偿要求得到偿付……”[7]

最后,法院管辖权和判决效力。公约规定“在其境内发生核事件的缔约方的法院,或在事件发生在任何缔约方境外(核材料运输过程中)的情况下应

---

[1] 《核损害民事责任维也纳公约》第2条第3款。

[2] 《核损害民事责任维也纳公约》第4条第1、3款。

[3] 《核损害民事责任维也纳公约》第4条第5款。

[4] 《核损害民事责任维也纳公约》第4条第7款。

[5] 按当时金本位价算,1963年4月29日美元与黄金的比价。

[6] 《核损害民事责任维也纳公约》第5条。

[7] 《核损害民事责任维也纳公约》第7条第1款。

负责任的营运者装置所在缔约方的法院享有专属管辖权”[1]。在无例外情况下，一旦“有审判权的法院作出的最后判决，应在其他任何缔约方国境内得到承认。”[2]此外，公约还规定了受害者不分国籍、户籍或居所享有同等待遇。[3]

公约还有一重要目的是为确保所有缔约方制定与本“公约”所规定的核损害民事责任法律制度相一致的法律和条例。为达成目的，公约要求“各缔约国将与本公约规定事项有关的国内法律和条例的抄本送交总干事参考，并分发给其他缔约国”。[4]

《1963年维也纳公约》为核损害民事责任确立了一套基本的法律框架，便于对某些和平利用原子能的情况所造成的损害，提供财政上的保障，有利于保护公众利益，促进核工业的健康发展以及核能领域的国际合作，有助于发展国与国之间的友好关系。但是，随着时代变化，公约明显存在某些不足。

（2）《修正〈关于核损害民事责任的维也纳公约〉的议定书》

1997年9月8日至12日，国际原子能机构外交大会审议并通过了《修正〈关于核损害民事责任的维也纳公约〉的议定书》（以下简称《1997年维也纳议定书》），1997年9月29日在维也纳开放供签署，2003年10月24日正式生效。议定书由24条正文组成。该议定书的目的在于进一步修订和完善《1963年维也纳公约》的一些不足，使受害者能够获得更加充分和合理的赔偿。

与《1963年维也纳公约》相比，《1997年维也纳议定书》有下列明显变化：第一，扩大了“核损害”定义的解释。《1963年维也纳公约》对于核损害定义只笼统地界定为由核事件所引起或造成的人身伤害死亡和财产损害或损失，以及管辖法院的法律规定的其他经济损失或损害。《1997年维也纳议定书》将“核损害”增加了“环境损害”相关内容，体现了可持续发展理念。如“受损坏环境的恢复措施费”“由于环境的明显损坏所引起的收入损失，这种收入来自环境的任何利用或享用方面的经济利益”“预防措施费用以及由此类措施引起的进一步损失或损害”以及为一般民事责任法所认可的“环境损坏所造成的损失以外的任何其他经济损失”。[5] 这一扩展，为提起索赔增加了多种原因，反映了国际社会对环境保护的重视。第二，明确了适用的地理范围。议

[1] 《核损害民事责任维也纳公约》第11条。
[2] 《核损害民事责任维也纳公约》第12条。
[3] 《核损害民事责任维也纳公约》第13条。
[4] 《核损害民事责任维也纳公约》第19条。
[5] 《1997年维也纳议定书》第1条第1款第（iv）（v）（vi）（vii）项。

定书规定，本议定书适用于任何地方所遭受的核损害，无核国家国民的受害者一样能够公平地获得赔偿，即使这些无核国家没有缔结任何与核损害民事责任有关的国际责任协定。但是装置国的立法可以排除在“非缔约国领土内或在非缔约国按照《国际海洋法》建立的任何海区内”所遭受的损害，条件是“在其领土或其按照《国际海洋法》建立的任何海区内有核装置和不提供对等互惠”。[1] 议定书同时规定其“不得适用于非和平目的的核装置”。[2] 这些规定给予了无核国家国民享受同等的损害赔偿权利，但是对有核的非缔约国采取区别对待原则。第三，增加了营运人责任的最低限额以及要求建立国家保付赔款制度。该议定书将核事故营运人的赔偿责任限额由原来的500万美元提高到3亿美元特别提款权。如果核装置国提供公共资金，则营运人的最低责任限额可以降低到1.5亿美元特别提款权。[3] 但是，任何情况下，营运者最低数额不得少于500万美元提款权，同时要求装置国确保提供相关规定数额的公共资金。议定书这一规定明确了核装置国与营运人共同承担核事故的风险原则，既能保证受害人的基本利益，又确保国家核工业的发展。第四，延长了诉讼时效期限。考虑到核损害辐射后果的特殊性，国际社会普遍认为《1963年维也纳公约》规定的10年诉讼时间太短，难以充分保护受害人利益。议定书将诉讼时效延长到核事件发生之日起30年。如果受害人“了解到或本应了解到该损害和对该损害负有责任的营运人之日起3年内未提出诉讼，依据该议定书要求赔偿的权利应服从主管法院法律规定的时效或时效的消失，但不得超过前款规定的10年或30年期限”[4]。这一强制性规定，修改了《1963年维也纳公约》中的任意性条款。总之，修订后的议定书，在民事责任归责原则方面、环保权益方面、赔偿限额等方面都比以往有很大进步。

《1963年维也纳公约》及《1997年维也纳议定书》是由国际原子能机构制定的国际公约，具有全球性意义，它们共同构成国际社会关于核损害民事责任赔偿的法律体系，对于指导和完善国际社会的核损害赔偿制度有着不可忽视的意义。

---

[1] 《1997年维也纳议定书》第3条第IA条。

[2] 《1997年维也纳议定书》第3条第IB条。

[3] 《1997年维也纳议定书》第7条第1款。

[4] 《1997年维也纳议定书》第8条。

2."巴黎体制"

(1)《核能领域第三方责任巴黎公约》

《核能领域第三方责任巴黎公约》(Paris Convention on Third Party Liability in the Field of Nuclear Energy)(以下简称《1960年巴黎公约》),是1960年7月29日由经合组织前身欧洲经济发展组织主持制定并通过的,1968年4月1日生效。其适用范围是欧洲原子能共同体成员国,有17个缔约国,包括英国、法国、德国、比利时、西班牙、瑞典、瑞士、芬兰、荷兰、意大利、丹麦、挪威、奥地利、卢森堡、葡萄牙、希腊和土耳其。《1960年巴黎公约》是世界上最早制定的关于核损害责任的地区性国际公约。该公约经过1964年、1982年和2004年三次修订。公约由24条正文组成。

《1960年巴黎公约》的目的是制定统一的核损害责任和基本规则,同时融合缔约国国内立法并采取必要措施,确保核事故发生后,受害人能够获得充分和公正的赔偿,同时又不会因此而阻碍为了和平目的而进行的核能的生产和应用方面的开放工作〔1〕。公约明确规定其适用范围不包括"非缔约国领土内发生的核事件和核损害",但是"承担责任的营运人的核设备在其领土内的缔约国的立法另有规定",缔约国可以在其国内立法中将该公约扩展至非缔约国领土内发生的核事件和核损害。〔2〕这表明《1960年巴黎公约》一般适用于缔约国领土内发生的核事件和个人及财产遭受的损害。

公约主要内容包括:营运人的严格责任制、免责范围、最高责任额标准、管辖法院及诉讼时效等。

关于营运人严格责任内容。公约把发生在缔约国领土内发生的核事件所造成的损害的责任都归为核设施营运人。如公约规定"营运人将对任何人的损害或生命丧失或对其财产的损害和损失承担责任"〔3〕,"除有另外规定外,任何非营运人对核事件造成的损害一律不承担责任"。〔4〕这种严格责任规定有利于简化损害索赔程序,因为它只需证明损害和核事件存在因果关系,而无须证明营运人是否有过失。关于免责范围,公约规定核装置营运人"对直接由于武装冲突、敌对行动、内在或暴动等行为,或根据国内立法规定,特定自然灾害等引起的核事件所造成的核损害,不承担责任,除非该核装置在其领土的

〔1〕《1960年巴黎公约》序言。

〔2〕《1960年巴黎公约》第2条。

〔3〕《1960年巴黎公约》第3条。

〔4〕《1960年巴黎公约》第6条第2款。

缔约国的法律另有规定”。[1] 关于最高责任额标准。公约规定“对核事件造成的损害需要支付的赔偿总额不应超过本条确定的最高责任额”，即1500万SDRs，但不得少于500万SDRs。[2] 关于管辖法院和诉讼时效。一般认为，在其境内发生核事件的缔约国法院对于案件具有审判权。如果审判权属于一个以上缔约国的法院，则应视具体情况而定。[3] 另外，公约还规定了10年的诉讼时效制，但如果另有约定，可以用立法形式相对延伸期限。

最后，公约还要求缔约国按照公约对由核事件产生的要求进行国际立法或国家立法，为各国关于核损害民事责任立法提供指导和借鉴。

（2）《关于核能领域第三方责任巴黎公约的补充公约》

《1960年巴黎公约》通过后，缔约国认为其还不能完全满足现实要求，需要进一步完善。1963年1月31日欧洲经济合作组织在比利时布鲁塞尔通过的《关于核能领域中第三方责任的〈1960年巴黎公约〉的补充公约》（Convention Supplymentary to the Paris Convention of 1960），又称《1963年布鲁塞尔补充公约》（Brussels Supplymentary Convention）。补充公约同样经过1964年、1983年和2004年三次修订。公约于1974年12月4日生效，其成员包括多数《1960年巴黎公约》的缔约国，但是2004年附加议定书尚未生效。补充公约由25条正文组成。

相对于《1960年巴黎公约》，《1963年布鲁塞尔补充公约》在内容上主要有以下变化：

第一，公约适用范围具体化。相对于《1960年巴黎公约》模糊的规定，布鲁塞尔公约显得明确得多。其规定，遭受损失范围不仅限于缔约国领土，还包括“位于公海上或公海上空的并在一缔约国成员或在其国内注册的船只或飞机上”，条件是按照《1960年巴黎公约》，该缔约国的法庭拥有审判权。[4] 第二，建立公共基金，提高赔偿责任限额。赔偿数额的提高是本公约最重要的目的，它通过建立所有缔约国分摊的基金统筹机制来确保赔偿数额的来源。公约规定，将“每次事件提供上限为1.2亿SDRs”[5]。这一数额的赔偿通过三个措施保障：一是营运人提供上限至少为500万SDRs，要求缔约国必须以立法形式从保险费或其他财政保证金中提供，公约建议最高责任限额为1.5亿

[1] 《1960年巴黎公约》第9条。

[2] 《1960年巴黎公约》第7条第1－2款。

[3] 《1960年巴黎公约》第13条第1－3款。

[4] 《1963年布鲁塞尔公约》第2条第1款。

[5] 《1963年布鲁塞尔公约》第3条第1款。

SDRs;二是由核装置的缔约国提供500万-7000万SDRs;三是由缔约国公共基金提供7000万-1.2亿SDRs。[1] 如果超过1.2亿SDRs的赔偿额,则将保护的责任限额提高到1.75亿SDRs这一数额,这些数额由核设施所在国筹集的公共基金提供,如果1.75亿SDRs仍不能达到损害赔偿要求,则可以启动缔约国分摊的公共基金来提供赔偿数额,其资金来源按公约规定的计算方法筹集。[2]

公约规定只有《1960年巴黎公约》的缔约国,才能成为或继续成为补充公约的缔约国。

3.其他相对独立的公约

(1)《核损害补充赔偿公约》

《核损害补充赔偿公约》(Convention on Supplementary Compensation for Nuclear Damage)是1997年9月12日在国际原子能机构与《1997年维也纳议定书》同时通过的。1997年9月29日在机构第41届大会上开放供签署。根据第××条,该公约将在至少有5个其核装置容量单位数量最少为400000的国家交存文书后第90天生效,最终于2015年4月17日生效。该公约是一个独立的、全球性的法律文件,所有国家都可以成为其缔约国。但某些条款仅适用特定国家,如"第XVIII.1T条和XIX.1条仅接受《1963年维也纳公约》或《1960年巴黎公约》缔约国,或声明其国家立法与本公约附件规定相一致的国家,条件是其境内拥有一个以上民用核装置的国家,应当是1994年《核安全公约》缔约国"[3]。公约共由7章27条内容和1个附件组成。其核心内容是第2、3、4章。

公约主要目的是根据政府与国际互助原则,建立一个涵盖了《1960年巴黎公约》和《1963年维也纳公约》及其修正所规定的赔偿制度的全球性核损害补充赔偿制度,补充有关缔约国国内法规定可获得的赔偿,以及在该国家赔偿不足以弥补核损害的情况下基于缔约方提供的公共资金的补充赔偿制度。主要内容涉及资金统筹机制、适用的地理范围、资金分配方案、司法管辖等内容。

第一,统筹机制的建立是该公约最大的亮点,公约的第2、3章对此作了规定,共9条内容。《核损害补充赔偿公约》建立了3个层次的赔偿制度,对一次核事故提供总资金为6亿美元提款权的赔偿。第一、二层次赔偿由核装置

---

[1] 《1963年布鲁塞尔公约》第3条第2款。

[2] 《1963年布鲁塞尔公约》第4、8条。

[3] 《核损害补充赔偿公约》序言。

营运人及/或由装置国共同提供或保证，其资金为3亿美元提款权或在核事件之前任何时间内向保存人具体说明的一个更大数额，或自本公约开放供签署之日起最多10年内，提供至少1.5亿美元提款权的过渡性数额。[1] 1.5亿美元提款权这一过渡性数额的设置，保证了那些经济弱国或那些获得较少私人保险的营运人责任限额低的国家能够及时、顺利地加入本公约。这一层次的赔偿是按照非歧视原则分配，即"所作赔偿不分国籍、户籍或居所公平分配"[2]。第三层次赔偿由所有缔约国按照规定方案筹措的国际公共基金提供。其资金筹集方式按照规定方案进行："该缔约方核装机容量与每装机容量300美元提款权的乘积的数额；和核事件发生的前一年所评定的该缔约方的联合国会费分摊比率与所有缔约方的此种比率总和之比值乘以依据第(i)分款所有缔约方计算得到的数额之总和的10%所得之数额。"[3]这一规定意味着缔约国分摊国际公共基金的计算包含两部分，第一部分是缔约国的核装机容量，第二部分是其联合国会费分摊比率。公约同时规定"不得要求联合国会费分摊比率最小而又无核反应堆的国家承担分摊额"[4]。这一规定使无核反应堆的小国不需要提供国际公共基金，保护了小国利益。公约还规定，"最高分摊数额不得超过(b)分款确定的所有缔约方的分摊数额之总和的规定的百分数。就一具体缔约方而言，规定的百分数应是以百分数表示的其联合国会费分摊比率加上8个百分点。在核事件发生时，如果各缔约国的总装机容量等于或大于625000单位，这一百分数应增加1个百分点。当该容量超过625000单位时，每增加75000单位应再增加1个百分点"[5]。这意味着核电大国(以其核装机容量为衡量标准)分摊的基金比率更大。

第二，补充基金的适用地理范围具体化。公约规定，补充基金只适用下列情况所受的核损害：(a)缔约方领土内；(b)缔约方领海外的海区内或海区上空：在悬挂缔约国国旗的船上或船舶本身，或在缔约国领土内注册的航空器上或航空器本身，或在缔约国管辖的人工岛、装置或建筑物上或其本身；或缔约国国民；不包括在非本公约缔约方国家领海内或领海上空所受的损害；(c)在于勘探或开放专属经济区或大陆架自然资源有关的缔约方的专属经济区内或

---

[1] 《核损害补充赔偿公约》第Ⅲ条第1(a)款。

[2] 《核损害补充赔偿公约》第Ⅲ条第2款。

[3] 《核损害补充赔偿公约》第Ⅳ条第1(a)款。

[4] 《核损害补充赔偿公约》第Ⅳ条第1(b)款。

[5] 《核损害补充赔偿公约》第Ⅳ条第1(c)款。

其上空或缔约方的大陆架上。[1] 这一规定把非缔约国领土内遭受的核损害排除在补充公约适用范围内。国际公共基金的使用有严格条件，必须是在缔约国领土内，为和平目的而利用的核装置，以及根据《1960 年巴黎公约》和《1963 年维也纳公约》及与本公约附件相符的国内法律规定，缔约国法院具有管辖权时，才可以使用这些基金。为了保证公共基金分摊数额的公正性，公约要求各缔约国必须完整提交"核装置清单"。

第三，法院管辖和适用法律。公约规定核损害有关的管辖权属于发生核事件的缔约方的法院，若发生在一缔约方专属经济区，也属于缔约方法院，如果发生在缔约方领土或专属经济区之外，或不能确定核事件发生的地点，则其有关诉讼的管辖权仅仅属于装置国的法院。如果对诉讼管辖权存在争议，则应通过协商一致方式确定。[2] 同时，在一般情况下，一旦法院作出判决其效力应该得到承认与执行。在适用法律上，只能在《1960 年巴黎公约》《1963 年维也纳公约》和本公约附件中选择其一，一般情况下，可适用的法律是主管法院的法律。[3]

第四，不追溯条款。不追溯条款设置目的是允许不同核损害责任制度的国家加入条约而不改变其法律。本公约的不追溯条款体现在附件第 2 条内容上，其规定"如果缔约国的国家法律在 1995 年 1 月 1 日包含有并在以后继续包含有下列规定，则认为该国家法律与（本附件）第 3、4、5 条和第 7 条规定一致，即对于发生事件的核装置场址外具有重大核损害的核事件规定严格责任；当有责任的营运人以外的任何人员在法律上有责任对核损害提供赔偿时，要求这类人员赔偿；确保为此类赔偿可行。就民用核动力厂而言，至少 10 亿 SDRs，就其他民用核装置而言，至少 3 亿 SDRs"[4]。目前，美国是唯一符合这一规定的国家，因此它是唯一适用该不追溯条款的附件参加国。

公约第 6 章和第 7 章涉及争端的解决、最后条款等一般程序问题，在此不具体论述。

公约的上述规定既保护了受害者利益，使受害者在遭受核损害时，能够获得及时、充分的赔偿；同时又降低了核设施营运人的风险，增加了缔约国政府间的国际互助，促进了核工业的发展。

---

〔1〕《核损害补充赔偿公约》第Ⅴ条第 1 款。

〔2〕《核损害补充赔偿公约》第ⅩⅢ条。

〔3〕《核损害补充赔偿公约》第ⅩⅣ条。

〔4〕《核损害补充赔款公约》附件第 2 条第 1 款。

(2)《海上核材料运输民事责任公约》

《海上核材料运输民事责任公约》(Convention Relating to Civil Liability in the Field of Marintime Carriage of Nuclear Material)于1971年12月2日,在布鲁塞尔召开的海上核材料运输的国际法律会议上通过。公约是在国际海事组织、国际原子能机构和经合组织核能署共同协商基础上达成的,并于1975年7月15日生效。公约由12条正文组成。

该公约就海上材料运输问题对《1963年维也纳公约》和《1960年巴黎公约》进行补充。鉴于《1963年维也纳公约》和《1960年巴黎公约》的有关规定,即在海上核材料运输过程中发生核事件所造成的损害,应当由核装置营运人负责。本公约主要目的是要"确保海上核材料运输过程中引起的核事故所造成的损害仅由核装置经营人负责"[1]。其他任何人对此种核事故都应给予免责,包括对核装置本身或对载有核材料的运输工具造成的损害。但是,核装置经营人的绝对责任原则并不影响"核动力船舶经营人对该船的核燃料或放射性废物或产生的废料的核事故引起的损害所承担的赔偿责任"[2]。

(3)《关于适用维也纳公约和巴黎公约联合议定书》

《关于适用维也纳公约和巴黎公约联合议定书》(Joint Protocol Relating to the Application of the Vienna Convention and the Paris Convention)(以下简称《1988年联合议定书》)是1988年9月21日在国际原子能机构和经合组织核能署的共同努力下通过的,并在同日开放供签署。根据议定书第Ⅶ条规定,"至少5个《1963年维也纳公约》当事国和5个《1960年巴黎公约》当事国交存批准书、接受书、核准书或加入书起三个月后生效",议定书最终在1992年4月27日生效。该议定书由11条正文组成。

公约的通过与切尔诺贝利核事故有直接关联性。切尔诺贝利事故表明,核损害的地理范围具有超越国界性,《1963年维也纳公约》和《1960年巴黎公约》不足以满足这类核事故的损害赔偿要求,必须在国际层面上通过法律来规制核活动。因此,有必要通过一个联合议定书,将性质相似而适用地理范围不同的两个公约联系起来,最大限度地扩展其适用的空间范围和促进其规定的民事责任制度的有效实施。《1988年联合议定书》承担着两个目的:一是发生涉及两个公约缔约国的核事故时,消除因同时适用两个公约可能产生的法律冲突;二是扩展两个公约建立的民事责任制度,为核事故受害者提供更加广

---

[1]《海上核材料运输民事责任公约》序言。

[2]《海上核材料运输民事责任公约》第3条。

泛的保护[1]。《1988 年联合议定书》将《1963 年维也纳公约》和《1960 年巴黎公约》有机联系起来,构成整个国际核损害赔偿体系。其主要内容如下:

首先,在赔偿范围上,两个公约应互相承认赔偿的适用范围。在处理核损害赔偿时,一个公约的缔约国可以被视为另一个公约的缔约国。如它规定,"在 1963 年维也纳缔约国领土内的核设施的营运者对于在既是《1960 年巴黎公约》当事国又是本议定书当事国的国家领土内造成的核损害应按照该公约承担责任;在《1960 年巴黎公约》缔约国领土内的核设施的营运者对在既是《1963 年维也纳公约》当事国又是本议定书当事国的国家领土内造成的核损害应按照该公约承担责任"[2]。公约的这一规定,意味着加入该联合议定书的国家,只要是两公约的任一缔约国都可以成为求偿主体。

其次,当两公约发生法律冲突时,应二选一。议定书规定,对于同一起核事故,同时能适用《1963 年维也纳公约》和《1960 年巴黎公约》时,两者只能适用其一。适用的公约应是该设施所在国为其当事国的那个公约。在核设施以外发生的而且设计运输过程中核材料的核事故情况下,适用的公约应是该核设施所在国为其当事国的那个公约。

最后,两个公约的缔约国相互承认适用条款。它规定参加《1960 年巴黎公约》的本议定书缔约国"适用《1963 年维也纳公约》第一至十五条",参加《1963 年维也纳公约》的本议定书缔约国"适用《1960 年巴黎公约》第一至十四条"。[3]

议定书扩大了每个公约所规定的核损害民事责任具体制度的利益,在两个公约之间建立联系,消除对同一起核事故同时适用两个公约而引起的法律冲突。有利于落实有效的核损害民事责任制度,使受害人和受害环境获得合理赔偿和恢复。

三、有关国际机构制定的规范或标准对民用核法律调整的影响

除了条约之外,IAEA 还通过出版一些推荐性的安全准则供各国制定核安全法时参考:《基本安全原则》(2006 年)[4]、《放射源安全和安保行为准

---

[1] 《1988 年联合议定书》序言。

[2] 《1988 年联合议定书》第Ⅱ条第(a)(b)款。

[3] 《1988 年联合议定书》第Ⅳ条。

[4] Fundamental Safety Principle, http://www - pub. iaea. org/MTCD/Publications/PDF/Pub1273_web. pdf.

则》(2004 年 1 月)[1]、《放射源的进口和出口导则》(2005 年 3 月)[2]、《研究核反应堆安全行为准则》(2006 年 9 月)、[3]《电离辐射防护与辐射源安全基本标准》(安全系列 No. 115)[4]、《放射性物质安全运输规定》[安全系列 No. TS – R – 1(ST – 1,已修订),1996 年][5]、《核安全、辐射安全、放射性废弃物安全和运输安全的法律和政府的基础结构》(GS – R – 1,2000 年 9 月)。[6]这些准则或规定,可以说是一定程度上对核活动具体领域的规律与成熟做法的归纳与提炼,对核运营国家相应的核活动指南或标准的制定有着重大参考价值,甚至有些可以直接搬用。因此,我们在完善自己的核能法律制度时也需要加以参考。限于篇幅,本章不再一一介绍和分析,具体可以参阅各文件本身的规定。

四、对上述国际条约规定的简要评述

从上述核能国际条约的内容来看,在民用核能方面,国际社会对核安全、安保与核责任最为关注,制定的国际条约的数量也是最多,特别是核责任国际条约,包括议定书等,多达 7 个。但是,从批准或加入条约的国家数量来看,核安全、安保方面的缔约国数量(如《核安全公约》缔约国有 84 个,《核事故及早通知公约》有 121 个,《核材料实物和实施保护公约》有 156 个)远远多于核责任条约缔约国的数量(如核责任条约方面数量最多的《核损害民事责任公约》只有 40 个成员,其他公约的缔约国多在 10 个左右)。[7] 这说明,各国形成共识较为容易,但当真正涉及国家责任与义务时,都会有所谨慎或警觉;而对于

---

[1] Code of Conduct on the Safety and Security of Radioactive Sources, http://www – pub. iaea. org/MTCD/publications/PDF/Code – 2004_web. pdf.

[2] Guidance on the Import and Export of Radioactive Sources, http://www – pub. iaea. org/MTCD/publications/PDF/Imp – Exp_web. pdf.

[3] Code of Conduct on the Safety of Research Reactors, http://www – pub. iaea. org/MTCD/Publications/PDF/CODEOC – RR_web. pdf.

[4] International Basic Safety Standards for Protection Against Ionizing Radiation and for the Safety of Radiation Sources(Safety Series No. 115), http://www – pub. iaea. org/MTCD/Publications/PDF/SS – 115 – Web/Start. pdf.

[5] Regulations for the Safe Transport of Radioactive Material, http://www – pub. iaea. org/MTCD/publications/PDF/Pub1098_scr. pdf.

[6] Legal and Governmental Infrastructure for Nuclear, Radiation, Radioactive Waste and Transport Safety Requirements(GS – R – 1), http://www – pub. iaea. org/MTCD/publications/PDF/Pub1093_scr. pdf.

[7] 主要核国际条约或公约的缔约国数量参见本章的表一。

可能波及各国共同利益的安全和安保问题,多数国家容易接受并愿共同努力。

就条约的实际功效而言,我们认为核安全和核安保公约得到更多的重视且多数国家愿意加入此类公约,是有其合理性的。因为,在核领域做到防患于未然,远比损害发生后进行赔偿等手段进行救济更有价值和意义。注重核材料开采运输中、核设施核运行中等方面安全、安保措施的采取以确保核损害不发生是最为明智和经济的做法。如果等到核事故发生后再去采取补救措施,其效果远不如事先采取措施来得更好:核事故一旦发生,很多危害造成的情况不具有可恢复性。所以,核安全和核安保法律制度无论怎么强调都不为过。我们想,这可能是3个方面公约中,核安保公约缔约国数量最多、核安全公约缔约国数量其次而核责任条约缔约国数量最少的重要原因。有人可能会认为,核事故鲜有发生,制定这么多的核责任条约是否有些画蛇添足或无事找事之嫌疑。我们认为,不能因为核事故或核事件很少发生而否认核责任国际公约的作用。从承担责任主体的角度看,它们可以起到事前威慑的作用。法律的强制力很大程度上体现在其对有关当事人的拘束力上。有一个更为严厉的责任追究或补偿机制,可以从防范的角度,加强对核运营人和相关人员的约束,使他们对自己的核活动行为采取谨慎、周密的态度,避免事故的发生。从受害者的角度看,可以起到事后补救作用。核事故鲜有发生并不代表不发生,万一发生,通过这种机制给予受害人以充分、有效的赔偿,是十分重要的。从社会公众和核能事业发展的角度看,对公众接受核电站的设置及核事业的其他行为能起到一定的积极作用。

总的来说,核国际条约对有关国家的核立法及国际责任的担当与国际核能安全、健康的发展起到了积极作用。从各公约规定的具体内容来看,由于多数直接反映核领域活动的基本规律,不少公约的条文可以通过适当方式转换为本国相关法律规范的内容。这方面的分析,可以参见本章最后一节和本书第4章的有关论述。

第三节 可供我国借鉴的国际立法

有学者在综合各国原子能立法大致情况的基础上,指出核能规范的领域主要有以下4个方面:(1)原子能利用:核设施设计、建造、运行、反应堆监督管理、辐射防护等;(2)核材料管理:开采、冶炼、运输、持有、贸易等;(3)核技术研究和人员培训;(4)有关上述各项的国际合作。[1] 这一结论对我国立法有总体上的建设意义,但要将上述四方面涉及的法律问题变成法律规范,我们需发挥立法上的后发优势,在借鉴与我们文化背景、立法传统有诸多相似之处的日韩两国及世界上最大的核能利用国——美国的立法经验的基础上,还可以借鉴本章所述的国际条约或有关国际组织的立法建议,以使我国的立法在质量上、可操作方面具有明显的优点,有助于我国的核能事业的发展。本章就国际立法可以提供的借鉴做些探讨。

一、相关国际组织提供的立法借鉴

(一)IAEA《核法律手册》与《核法律手册:实施立法》提供的借鉴

IAEA 的《核法律手册》与《核法律手册:实施立法》实际上对各国的核能立法的整体规划提供重要参考。

因为核技术不仅仅影响一个国家,它可能影响周边邻国;其事故也不是一个阶段性的损害,由于放射性的特征,它可能影响上千年,殃及子孙万代。所以各国都非常重视运用该技术的同时,注重安全。发达国家早在 20 世纪 40 年代后期开始了原子能方面的立法活动。国际原子能机构设立后,为协调各国关系及核能的和平利用做了大量的工作。随着民用核能需求国家的增加,该机构还分别在 2003 年和 2010 年专门针对原子能立法发布了《法律手册》,为各国立法提供参考和模板。

由于原子能技术立法方面,共通性较强,特别是在安全防护、建厂地址选择、事故预防和紧急预案等方面,各国的国情或“特色”一般较少有发展空间,受各国政治、经济和社会体制的影响,至多可能在管理部门、方式、法律称谓等方面可能会有不同的区别。至于规范核技术发展和利用的原则、基本内容、程序等是有诸多共同之处的。所以多数国家的核能基本法规定的内容大同小异。这一点客观上为核能基本法的制定创造了一些有利条件。国际原子能机构(IAEA)制定的《核法律手册:实施立法》意在为欲发展和运用核技术的国家的立法者提供立法上的帮助,甚至于立法的具体技术细节如法律条款所用名称,如用“条”(article)、“节”(section)也做了一定的讨论。[2]

---

[1] 参见陈俊:《我国核法律制度研究基本问题初探》,载《中国法学》1998 年第 6 期。

[2] Carlton Stoiber, Abdelmadjid Cherf, Wolfram Tonhauser, Maria DE Lourdes VEZ Carmona, Handbook on Nuclear Law: Implementing Legislation, The IAEA in Austria, August 2010, STI/PUB/1456, p.2.

核能管理和立法的国际化在全球至少走过了50多个年头。国际原子能机构为引导各国和平发展和利用核能一直在积极努力,并形成了一系列的管理规范、技术标准和防范促使等。对有关国家或个人违反有关规定所带来的行为和后果会追究严格责任。国际原子能机构现有152个成员,但主要是约束那些有核技术和正在发展核技术的国家。

一国必须将核立法放在十分恰当的位置,以为核技术的安全、安稳与和平使用奠定基础。[1] IAEA在2003年《核法律手册》中强调:各国要想确保核能技术的安全与和平使用,只能通过颁布和实施调整这一技术的有效的国家法律框架来实现。IAEA很早就开始帮助有关成员方制定形成本国的核技术框架,且这种需求在快速增加。自2003年以来,数量更多。这主要是基于以下事实:60多个目前没有利用核能发电的成员最近纷纷对这一方式表示了极大的兴趣。[2] 目前多数这样的国家,其核法律限于电离辐射的非发电运用,如出于医疗、农业和工业目的的辐射源使用。如果它们转向核能发展方向,它们需要通过立法来与相关的国际条约及IAEA形成的指南文件的规定相一致。手册的目的在于为各国立法提供参考文本和条文,但这只是一个起点和必要的基本轮廓,它需要各国根据自己的立法实践与传统、文化和社会规范、经济结构和自身核项目的特征等进行调整,以形成符合自己国家需要的核法律。手册主要集中于规范核及其他辐射材料和相关技术的和平使用的立法框架的核心要素,而对于各国核能或电离辐射的发展或提升相关的立法不提供指导。

2010年手册提倡3S(safety, security and safeguard)理念是其立法指导的核心和关键所在,关注由于核材料及电离辐射使用而带来的安全、安稳和环境保护问题。它强调安全、安稳和安保彼此之间的相互关系,包括以综合和协同方式反映这种关系的立法需求。一个成熟规范的安全(safety)基础设施能确保放射材料的安全(security);同样,一个有效的安保系统,包括设计和实施较为稳妥的控制和管理核材料国家系统能强化安全措施,如阻止非法贩卖或制止和查明涉及核或其他辐射材料非授权行为。手册建议3S理念应该被用作各国立法的指导性原则,它有助于立法起草者们避免立法中出现漏洞、重复,

---

〔1〕 See International Atomic Energy Agency, Considerations to Launch a Nuclear Power Programme, IAEA, Vienna(2007).

〔2〕 See Carlton Stoiber, Abdelmadjid Cherf, Wolfram Tonhauser, Maria DE Lourdes VEZ Carmona, Handbook on Nuclear Law: Implementing Legislation, The IAEA in Austria, August 2010, STI/PUB/1456.

不一致现象或不当复杂化、结构松散的法律出现，否则会给相关法律的解释或适用带来问题。[1]

手册只是提供参考，没有放之四海而皆准的立法方式。核法律必须适合本国国情，切合本国的法律体系、结构并反映本国核项目发展的方向和水平。但是尽管各国法律体系有不同要求，在核领域，各国间立法框架达成最大限度的协调和一致会带来实质利益，特别是涉及与公共安全和安稳工作特定风险（包括具有跨境性质的风险）相关的领域、不同国家间材料和技术广泛转移领域等。

3S 反映 3 个技术领域，它们需要建立一个充分的法律和管制框架，以确保核能与电离辐射的和平利用而阻止非和平使用。它们之间相辅相成，相互补充：一个领域做得好，能促进其他两个领域的良性发展。如核材料实物保护得好，有助于核材料的安全使用，也就防止了恶意目的的使用，做到了“安全”（security）。

在 2003 年《核法律手册》中，就立法形式而言，是制定一部统一综合的法律还是针对不同的核主体分别制定单行法（如核发展法、核责任法、核材料运输法、核废料处理法等），由各国自行决定，它受历史、文化和立法经验与可行性等多方面的影响，特别是历史和立法可行性通常是决定一国核法律整体框架的决定性因素。[2] 立法程序繁杂且时间较长的国家，可能会通过修改现行相关法律来增加有关核方面的内容，而不会对整个法律进行修订；立法程序简洁的国家可能会制定新的核法律，并将其内容扩展到相关领域而非修改现行法。不过，基于 3S（safety, security and safeguards）理念，在决定核材料或放射性材料及与它们相关的技术使用方面，制定一部“综合性”的法律有诸多优势。但不论采取何种立法方式，都必须审核所有相关法律文件或内容以规避不一致、混乱及解释和运用中的难以操作的难题等。一部综合性的核法律框架可以包括除法律名称以外的以下内容：(1)立法目的或宗旨；(2)法律调整范围；(3)关键术语定义；(4)主管机构；(5)授权或批准（如许可、准许运营等）；(6)审查或审核；(7)执行；(8)被许可人、运营者和使用者责任；(9)有关核领域的具体章节，包括：辐射防护，辐射源和放射性材料，核设施和核退役或

---

[1] See Stoiber, Carlton, Cherf, Abdelmadjid, etc., *Handbook on Nuclear Law: Implementing Legislation*, The IAEA in Austria, August 2003, STI/PUB/1160, p. 4.

[2] See Section 1. 5. 4 of Stoiber, Carlton, Cherf, Abdelmadjid, etc., *Handbook on Nuclear Law: Implementing Legislation*, The IAEA in Austria, August 2003, STI/PUB/1160.

核电厂关闭安全,应急准备和反应,核原料的开采及冶炼,放射性材料的运输,放射性废料和乏燃料,核责任及范围,保障条款,进出口管制,核安全与物理,实物保护及最终条款(生效日期、修改和废除等)。

根据2003年手册,一个国家的核法律体系可以分为四个层次:首先是宪法性的规定,它们处于最高级别;其次是立法机关制定的成文法;再次是行政机关颁布的行政法规和部门规章,主要涉及管理、详细并具有较高技术性的规则等;最后一级是非强制性指导文件,主要包括帮助操作人员和有关组织在活动时能够遵守法律规定的推荐性内容。[1]

根据2003年手册,专家们认为使核法律与其他方面的法律区别开来的特征是以下的一些基本概念,它们通常以基本原则的形式出现,也被视为核法律的基本原则。它们是:(1)安全原则。(safety principle,主要从核本身的自然特征所具有的风险性,即由此而应该采取的措施),可以分解为两个分原则,即禁止原则和保护原则,该原则又被称为"预防原则"。任何法律都是风险和利益的平衡。对于核事业而言,严格的技术措施是规避风险必须加以关注的。(2)安保原则(security principle)。该原则主要是为了防止核材料和核设施的被盗、误用、滥用或蓄意破坏等。[2] 现在我们谈论核安全使用,不可忘记核技术发展的源头是有关国家出于军事目的的军事项目。如同核材料和技术被用于非和平目的会带来健康与安全风险一样,它们也会引起对个人和社会的安保风险。辐射源的丢失或遗弃能使人在无意识中遭受生理损害;恐怖分子或犯罪集团获得辐射源导致他们对辐射发散设备进行生产并从事不良行为。特定类型核材料的扩散能导致针对国家或次国家团体进行核爆炸的行为的发生。所以,法律措施必须保护能引起安保风险特定类型和数量的核材料,并对它们的安全负起责任。这些措施能够对抗合法使用核材料与技术中的意外和人为方面因素引发的风险。(3)责任原则。核能运用会涉及多个主体,如研发组织、核材料加工或提炼商、核装置或电离辐射源生产商、医疗从业人员、工程建造公司、建筑公司、核装置运营人、金融机构和主管部门等。那么,谁的责任最大?通常所有对与核相关活动能有所控制的实体都应当承担其相应的安全责任。然而,通常是获得授权进行与核能或电离辐射相关具体活动的运营

---

〔1〕 See Stoiber, Carlton, Cherf, Abdelmadjid, etc., *Handbook on Nuclear Law: Implementing Legislation*, The IAEA in Austria, August 2003, STI/PUB/1160, pp. 3 -4.

〔2〕 See Stoiber, Carlton, Cherf, Abdelmadjid, etc., *Handbook on Nuclear Law: Implementing Legislation*, The IAEA in Austria, August 2003, STI/PUB/1160.

商或被许可人承担主要责任，他们承担确保其活动符合安全、安保和保护环境等要求。(4)许可原则。多数国家法律规定，法律不禁止的活动，当事人可以自由举办，但对于可能引起环境或人身伤害可识别风险的活动，通常要事先获得主管部门的许可。核技术会带来特殊风险，核法律通常要求涉及可裂变材料和放射性同位素活动应事先获得许可。有时也可用授权(authorization)、特许(licence)、许可证(permit)或批准(approval)等词。该原则实施时，要考虑到核活动可能影响到第三方的情况。(5)持续控制原则。运营人获得许可后，主管部门还必须有持续能力对有关运营人核活动进行监控，以确保活动安全、符合安保原则和授权条件。该原则意味着核法律必须提供法定检查员随时能够自由地对所有核材料使用和储存的场所进行检查的机会和条件。(6)赔偿原则。由于核技术使用因素的复杂和多样，无论如何预防都无法彻底排除带来损害的情况，可能在使用核技术过程中对人、物和环境带来损害，核法律应规定国家应采取特定措施在发生核事故时，提供充分的赔偿。(7)可持续发展原则。该原则源自环境保护领域，在核能技术领域，它更显突出，因为核材料和核技术的不当使用给健康、安全、环境带来的损害更容易影响到子孙万代，所以这一原则在核技术使用方面特别重要。(8)遵守国际法原则。由于核辐射影响具有跨国性，在A国发生的核事故会影响到周边甚至更多的国家，所以有关国家必须遵守国际法(包括该国加入的多边、地区性和双边国际条约和习惯国际法)有关规定，履行国际条约义务。(9)独立性原则。国家核主管部门在核能管理、控制方面具有独特的作用，因此必须充分注意到在核立法中特别强调由核专家组成的主管部门做出的涉及核安全的决策不应受到核能开发或促进实体的干预。考虑到与核技术相关的重大风险，在涉及安全问题时，其他利益必须让位于主管者独立和专业性的裁定。(10)透明度原则。战争时期(包括冷战前期)出于军事目的对核技术、核材料等要求保密有其合理性，但在民用时期，核能只能出于和平目的而使用，公众对核技术的了解和信任已经客观上要求，必须将出于经济和社会发展目的而使用不同核技术涉及的风险和利益的所有可能的信息公之于社会公众、媒体、立法机关和其他利益群体等。该原则要求涉及核能开发、使用和规制的组织或机构应将所有关于核能使用的方式、过程(特别是涉及可能影响公众健康、安全和环境的核事故、事件)等的信息让公众容易获取。(11)国际合作原则。核能的国际维度基于以下几个因素构成：首先，就安全和环境而言，跨国影响的潜在性要求各国政府间协调彼此间的政策，开发合作项目以降低对本国公民、领土、全球人口以及作为一个整体的星球的损害的风险。同时，一国关于如何提高安全水平的经验与他国情况的改善有着密切联系,及时广泛地分享这样的经验对取得世界范围内核活动和核实施安全改善和水平提高至关重要。其次,核材料的使用涉及不遵守国界的安全风险。恐怖分子行为的威胁、与非法贩卖走私核材料相关的威胁及核爆炸物的扩散等长期以来已被视为要求进行高水平国际合作的重大事项。再次,大量的国际法文件已经颁布以对有关国家在核领域的义务进行法典化。不仅政府必须本着诚信原则履行义务,而且立法者在制定涉及这些义务涵盖的内容的国家法律框架时,那些文件的条款也限制了它们的自由选择权。最后,核产业日益增长的多国性特征,核材料和设施跨越国境频繁移动,使对这些的有效控制依赖于不同国度的私人和公共实体的共同和联合行动。基于以上原因,国家的核能立法应当做出充分规定以鼓励核能公共实体和私人使用者积极参与到核领域有关的国际活动中。

由于核调整非常强的技术性特征,立法上制定一个较为概括或宏观的法律框架而让行政法规(也称辅助立法)等去具体规定技术标准和要求等似乎更为合理。该法律只要明确一般政策目标(如和平使用)、指定具体机构的作用或职能以及有关行为人(包括主管机关、其他政府部门、核与放射性原料及相关技术的使用人)的责任等。这样的话,主管部门的作用就是在其职责范围内指定具体的技术和管理规则。这种方式可以让立法机关和有关部门根据具体情况的变化(包括技术发展、国家在使用核能及电离辐射项目中的方向调整等),更为有效及时地做出调整。显然,这种方式对主管部门的要求较高,特别是制定有关规则使特定领域的专家的作用发挥至为关键。

(二)OECD 核能机构提供的借鉴

OECD 核能局(NEA)原则上为其成员立法框架的构建及内容等提供意见和参考。在立法领域,其目标是帮助建立健全和平利用核能所需的国家和国际法律制度,包括核材料和设备的国际贸易,以解决核损害责任和赔偿问题,并作为一个核法律信息和教育中心。具体来说有三个方面:基于共同接受的和平利用核能的国际原则形成、加强和协调核能立法;对国际核责任制度的现代化作出贡献并鼓励相关利益方之间加强条约合作以妥善解决核损害带来的责任与赔偿问题;收集、分析和传播一般的核法律信息及主题性的核法律问题。[1]它在要求每个成员国提供的立法概况就下列核能法专题进行详细审查:采矿制度,放射性物质,核设施,核材料和设备贸易,辐射防护,放射性废物

〔1〕 See Nuclear Law, at http://www.oecd - nea.org/law/.

管理，不扩散和实物保护，运输以及核第三方责任。[1] 此外，还将这九个方面的内容可以分布在不同法律规范中（具体内容见表二）。由此我们可以推知，这些要求实际上对成员国的立法提供了核能立法的基本法律框架和涉及的内容。这些无疑对我国核能立法也有较好的启示和借鉴意义。

表二　核能法律制度涉及的内容[2]

项	内容	调整的法律法规
1	核能材料开采规制	矿业法等
2	辐射物质和设备的管理	核能基本法，辐射物质和设备管理法等
3	核设施的建造、运营和管理	核能基本法，核设施法等
4	核材料贸易	核能基本法，出口管制法，贸易法等
5	辐射保护	核能基本法，辐射保护法等
6	放射性废物管理	核能基本法，放射性废物管理法等
7	核不扩散和物理保护	核能基本法，不扩散及物理保护法
8	运输	核材料仓储法、运输法等
9	核责任及第三方责任	核能基本法，核责任法或核第三方责任法等

从目前各国核法律体系看，它们的制度基本上将上述内容体现在各相关国内法中。当然，就法律规范的体系完整和内容看，韩国是诸多国家中立法最为完善和系统的。因此，它也能为我国核法律制度的构建、完善等提供重要参考。

二、重要国际条约提供的立法借鉴

由于核能领域技术性较强，共性的内容较多。窥斑见豹，下文仅以《核安全公约》《核责任条约》为例来说明国际条约对国内立法的影响。

（一）《核安全公约》与我国《核安全法》

《核安全公约》除“序言”共有 4 章 35 条。其实体上的、可供我国立法参

---

〔1〕 See Nuclear Legislation, http://www.oecd-nea.org/law/legislation/.

〔2〕 See OECD: *Nuclear Legislation in OECD Countries* (2015-09-16), http://www.oecd-nea.org/html/law/legislation.

考的内容主要集中于第1章、第2章共19条。[1]

第1章规定了“目的”:加强国际领域与技术领域的合作,在世界范围内实现和维持高水平的核安全;在核设施内建立和维持防止潜在辐射危害的有效防御措施,以保护个人、社会和环境免受来自此类设施的电离辐射的有害影响;防止带有放射后果的事故发生和一旦发生事故时减轻此种后果。该目的为我国核安全法几乎全部借鉴:第一章总则中第1条规定其目的是:保障核安全,预防与应对核事故,安全利用核能,保护公众和从业人员的安全与健康,保护生态环境,促进经济社会可持续发展。

第2、3条的“定义和适用范围”分别:定义中的“核设施”指在其管辖下的任何陆基民用核动力厂,包括设在同一场址并与该核动力厂的运行直接有关的设施,如贮存、装卸和处理放射性材料的设施。我国核安全法对“核设施”借鉴了此定义,只是将其进一步细化,列举出4种情形:(1)核电厂、核热电厂、核供汽供热厂等核动力厂及装置;(2)核动力厂以外的研究堆、实验堆、临界装置等其他反应堆;(3)核燃料生产、加工、贮存和后处理设施等核燃料循环设施;(4)放射性废物的处理、贮存、处置设施。“适用范围”为“核设施的安全”,我国核安全法是将地域范围加上去,实质范围还是“核设施安全”。

第二章“义务”规定了四个方面共16条:(1)一般规定,含履约措施、提交报告、已有的核设施;(2)立法和监督管理:立法和监管框架、监管机构;(3)一般安全考虑:安全优先、财政与人力资源、人的因素、质量保证、安全的评价和核实、辐射防护、应急准备;(4)设施的安全:选址、设计和建造、运行。如果分别对照我国《核安全法》的第一章总则部分第2-13条,《核安全法》的第二章至第六章“核设施安全、核材料和放射性废物安全、核事故应急、信息公开和公众参与和监督检查”等基本上是按上述内容进行了细化,[2]并结合中国的实际情况做了相应的调整和描述。当然也增加了一些我国实际需要的内容,如信息公开和公众参与方面的不少规定,公约中没有。《核安全法》除了前述六章之外,有关法律责任的规定,公约中也是没有的。

(二)核损害民事责任方面

尽管我国没有核损害赔偿方面的法律,但我国在1986年就由国务院发布了《关于处理第三方核责任问题给核工业部国家核安全局国务院核电领导小

〔1〕 核安全公约的第三章缔约方会议与第四章最后条款和其他规定,基本上涉及程序等方面的问题。具体参见《核安全公约》(1996年)第20-35条。

〔2〕 具体内容参见《核安全法》(2017年)第3-74条。

组的批复》，该批复规定：在中国境内，经政府指定，经营核电站的单位，或者从事核电站核材料的供应、处理、运输，而拥有其他核设施的单位，为该核电站或者核设施的营运人。营运人依法取得法人资格。在核电站现场内发生核事故所造成的核损害，或者核设施的核材料于其他人接管之前，以及在接管其他人的核材料之后，在中华人民共和国境内发生核事故所造成的核损害，该营运人对核损害承担绝对责任；其他人不承担任何责任。[1] 该条规定核损害责任的承担者是核电站运营人，而承运人的设立必须具备严格的条件。它还规定：对于一次核事故所造成的核损害，营运人对全体受害人的最高赔偿额合计为人民币1800万元。对核损害的应赔总额如果超过前述规定的最高赔偿额，中国政府将提供必要的、有限的财政补偿，其最高限额为人民币3亿元。[2] 这些条款规定了运营者应该承担的最高赔偿额及政府超过在运营人最高限额之外应当承担的最高额。

上述条款的内容从相关国际条约中都能够找到相关依据。如《关于核损害民事责任的维也纳公约》规定：运营者对核损害的责任是绝对的；[3] 运营者对每一核事件的赔偿可以由装置国限制为不得少于500万美元。[4]《核能领域第三方责任公约》规定，核事故受害者只能向核电站等核设施运营者主张赔偿责任；[5] 责任方承担的赔偿额度不超过相当于1500万美元特别提款权的等量货币值。[6]

除了这两个条约之外，其他国际法文件都能够为我国立法提供借鉴（这里不一一列举分析）：对于已经加入或批准并对我国生效的条约，反映到我们的国内法（广义上的，包括立法机关的法律、国务院的行政法规及部门规章等）中是履行国际义务；对于没有对我国生效的条约，虽然不对我国产生约束

---

〔1〕《国务院关于处理第三方核责任问题给核工业部国家核安全局国务院核电领导小组的批复》（1986年3月29日）第1－2条。

〔2〕《国务院关于处理第三方核责任问题给核工业部国家核安全局国务院核电领导小组的批复》（1986年3月29日）第3－4条。

〔3〕《关于核损害民事责任的维也纳公约》（1963年）第4.1款。

〔4〕《关于核损害民事责任的维也纳公约》（1963年）第5.1款。

〔5〕 See Article 6 of Convention on Third Party Liability in the Field of Nuclear Energy (adopted on 29th July 1960, and amended by the Additional Protocol of 28th January 1964 and by the Protocol of 16th November 1982).

〔6〕 See Article 7 of Convention on Third Party Liability in the Field of Nuclear Energy (adopted on 29th July 1960, and amended by the Additional Protocol of 28th January 1964 and by the Protocol of 16th November 1982).

力，但也可以为我国立法所借鉴。上面提到的核法律责任方面的条约，虽然对我国并不产生约束力，但不影响我国对其内容的参考。其实，其他国家，也采取类似措施，如日、韩、美三国均未加入有关核责任方面的国际条约（三国批准或加入的条约见表三至表五），但它们均制定了本国的责任法，而且内容多借鉴了国际条约的内容。这样做的背后，无非就是核技术及核责任追究的共通性等所导致。此外，韩国的《核安全法》，也在很大程度上借鉴了《核安全条约》，因为规律性的内容反映到法律中，较少受到国情、文化等因素的影响。因此，在我国完善核能法律制度时，这一点是必须要注意到的：既节省立法成本，提高效率，又可以将核能领域具有共性的内容反映到法律之中，同时还可以基于本国国情做适当的调整。

日本、韩国和美国加入或批准的国际条约方面的情况（至2017年年底）。

表三　日本加入或批准的国际条约方面的情况（至2017年）[1]

《核不扩散条约》	生效	1976年6月8日
《核材料实物保护公约》	生效	1988年11月27日
《核材料实物保护公约补充修正案》	生效	2016年5月8日
《核事故及早通知公约》	生效	1987年7月10日
《核事故或辐射紧急情况援助公约》	生效	1987年7月10日
《核损害民事责任维也纳公约》	非成员方	/
《核损害民事责任维也纳公约修正议定书》	没有签字	/
《核损害补充赔偿公约》	生效	2015年4月15日
《核安全公约》	生效	1996年10月24日
《乏燃料管理安全和放射性废物管理安全联合公约》	生效	2003年11月24日

表四　韩国在批准国际条约方面的情况（至2016年年底）[2]

《国际原子能机构规约》	生效	1957年8月
《核不扩散条约》	生效	1975年4月23日
《核材料实物保护公约》	生效	1987年2月8日

〔1〕 See Japan(2015 Edition), https://cnpp.iaea.org/countryprofiles/Japan/Japan.htm#.

〔2〕 See Republic of Korea, at https://cnpp.iaea.org/countryprofiles/KoreaRepublicof/KoreaRepublicof.htm.

续表

《核材料实物保护公约修正案》	生效	2016 年 5 月 8 日
《及早通报核事故公约》	生效	1990 年 7 月 10 日
《核事故或辐射紧急情况援助公约》	生效	1987 年 7 月 10 日
《核损害民事责任维也纳公约》	非成员方	/
《核损害民事责任维也纳公约修正议定书》	没有签字	/
《核损害补充赔偿公约》	没有签字	/
《核安全公约》	生效	1996 年 10 月 24 日
《乏燃料管理安全和放射性废物管理安全联合公约》	生效	2002 年 12 月 15 日

韩国也批准了很多与核技术研发相关的条约（本章不述）。

表五　美国在批准国际条约方面的情况（至 2017 年年底）[1]

《核不扩散条约》	生效	1970 年 3 月 5 日
《核材料实物保护公约》	生效	1987 年 2 月 8 日
《核材料实物保护公约》（修正）	生效	2016 年 5 月 8 日
《及早通报核事故公约》	生效	1988 年 10 月 20 日
《核事故或辐射紧急情况援助公约》	生效	1988 年 10 月 20 日
《核损害民事责任维也纳公约》	非成员方	/
《核损害民事责任维也纳公约修正议定书》	没有签字	/
《核损害补充赔偿公约》	生效	2015 年 4 月 15 日
《核安全公约》	生效	1999 年 7 月 10 日
《乏燃料管理安全和放射性废物管理安全联合公约》	生效	2003 年 7 月 14 日

〔1〕 See the websites of "Status" of the related treaties or conventions, at https://www.iaea.org/resources/treaties/treaties - under - IAEA - auspices.

第四章　中国民用核能法律制度的完善

第一节　中国核能发展状况与法律制度完善概述

一、中国核能发展概况

（一）国内核能发展概况

中国核能事业起步于1955年1月15日毛泽东主席的一个讲话，当时受到美国等核大国的威胁，毛泽东主张中国要研究和制造原子弹，[1]此后通过决策、实施至1964年10月中国第一颗原子弹研制成功。[2] 20世纪七八十年代随着和平与发展世界主题的形成，我国核技术的研究与发展开始转向民用，由此开启中国民用核能的时代，经过近40年的发展，中国的民用核技术已经在世界上获得了一席之位。其间，核电站建造始自1970年，而在十一五期间的2005年开始，核电建设进入了一个快速发展阶段。中国的核电技术主要从法国、加拿大和俄罗斯引进，然后很大程度上基于法国的成分进行了本土研发，构成特定阶段中国的核技术水平。最新的技术收购来自美国（通过日本东芝拥有的西屋电气）和法国。国家核电技术公司基于西屋AP1000开发出的CAP1400核技术，拥有自主知识产权，已经开始出口。[3]

前文已经分析中国完善民用核能立法有着迫切的内在要求。中国针对能源消耗巨大及面对渐增的温室气体减排压力和日渐枯竭的化石能源等现实，在其他清洁能源技术可广泛利用前，核能仍将起重要作用。所以，虽有反对声音，但中国主流观点还是坚持发展核能，而在安全前提下的核能发展需有相应的法律制度作保障。在“一带一路”等倡议下，作为中国的重要名片之一——

---

〔1〕 参见中共中央文献研究室编：《毛泽东文集》（第7卷），人民出版社1996年版，第27页。

〔2〕 参见熊玠：《习近平时代》，中共中央党校出版社2016年版，第16－18页。

〔3〕 See Nuclear Power in Argentina（updated 22 May 2017），at http://www.world－nuclear.org/information－library/country－profiles/countries－a－f/argentina.aspx.

核电技术[1]，对相关战略的实现起到举足轻重的作用。中国要成为核电强国，即输出核电领域的标准，[2]除在技术上过硬之外，我们也必须在法律制度等软件方面能够提供强有力的保障，这样在国内发展核能有坚实的基础和强大的后盾，在走向海外时，也能够有充分的说服力让他人接受中国方案。

中国目前发展急需能源，"十三五"规划中的100个大项目中就有实现"核电运行装机容量达到5800万千瓦，在建达到3000万千瓦以上"这项。[3]而2017年国务院同意的《"十三五"核工业发展规划》提出"安全高效发展核电"，"到2020年，我国核电运行和在建装机将达到8800万千瓦"。发展新能源是实现未来可持续发展的必然趋势，核电作为低碳能源，是新能源的重要组成部分，是我国未来能源可持续发展的重要基础。据经济合作与发展组织和国际能源署联合预测，到2050年，全球核电发电量将在现有基础上翻番，发电比例将达世界发电总量的17%。但目前我国核电在发电总量中的比重还较低，仅占3%左右，远低于全球11%的平均水平。因此，要在确保安全的前提下，高效发展核电。[4] 当下，我国有11个核电站在运营（分布于浙江、江苏、广东、福建、辽宁、广西和海南，运行核电机组共38台）。截至2018年2月，有20台核电机组在建，分别位于浙江、辽宁、山东、福建、广东、广西、江西、河南、河北、湖北和海南，在建机组达28台，已经计划建39个，已经拟建（100台）和进一步拟建（79台）为179台；[5]到2020年增长速度是接近5倍；由于能源需求急剧增加，即便到那时，也只占总电力的4%左右。中国有可能是核技术和服务的主要提供者，尤其在亚洲。根据前面的数据，中国在建的反应堆约占总量的三分之一以上。

---

[1] 核电技术是中国新能源这张名片的重要组成部分；其他代表中国的名片主要有：中国桥梁、中国航天、中国电商、中国交通、中国超算等。参见《了不起！这6张"中国名片"震撼世界！你都知道吗?》，载《经济日报》2017年2月4日。

[2] 参见李刚：《核电出海，中国制造新名片》，载《人民日报》2017年4月5日。

[3] 盘点"十三五"期间中国要上的100个大项目，载 http://news.sohu.com/20160306/n439515351.shtml，2016年3月6日访问。

[4] 参见余惠敏：《〈"十三五"核工业发展规划〉发布 我国核工业正"由大变强"》，载《经济日报》2017年2月13日。

[5] Nuclear Power in China (updated January 2018), http://www.world-nuclear.org/information-library/country-profiles/countries-a-f/china-nuclear-power.aspx.

表一 中国目前(2018 年 8 月)在运核反应堆[1]

单位	省份	净发电能力(每台)	型号	运营商	商业运营开始
大亚湾 1&2	广东	944 MWe	法国 M310	CGN	1994
秦山一期	浙江	298 MWe	CNP－300	CNNC	1994.4
秦山二期,1&2	浙江	610 MWe	CNP－600	CNNC	2002,2004
秦山二期,3&4	浙江	619, 610 MWe	CNP－600	CNNC	2010,2012
秦山三期,1&2	浙江	677 MWe	Candu 6 PHWR	CNNC	2002,2003
方家山 1&2	浙江	1020 MWe *	CPR－1000 (M310+)	CNNC	2014.12,2015.2
岭澳一期,1&2	广东	950 MWe	French M310	CGN	2002,2003
岭东/岭澳二期,1&2	广东	1007 MWe	CPR－1000 (M310)	CGN	2010.10,2011.8
田湾 1&2	江苏	990 MWe	VVER－1000	CNNC	2007,2007
田湾 3&4	江苏	990 MWe	VVER－1000	CNNC	2018.2
宁德 1&2	福建	1018 MWe	CPR－1000	CGN & 大唐	2013.4,2014.5
宁德 3&4	福建	1018 MWe	CPR－1000	CGN & 大唐	2015.6,2016.7
红沿河 1&2	辽宁	1061 MWe	CPR－1000	CGN & SPI	2013.6,2014.5
红沿河 3&4	辽宁	1060 MWe *	CPR－1000	CGN & SPI	2015.8,2016.9
阳江 1&2	广东	1020 MWe *	CPR－1000	CGN	2014.3,2015.6
阳江 3&4	广东	1020 MWe *	CPR－1000+	CGN	2016.1,2017.3
阳江 5	广东	1000 MWe	ACPR1000	CGN	2018.6
福清 1&2	福建	1020 MWe *	CPR－1000 (M310+)	CNNC & 华电	2014.12, 2015.10

[1] Nuclear Power in China(updated January 2018), http://www.world－nuclear.org/information－library/country－profiles/countries－a－f/china－nuclear－power.aspx.

续表

单位	省份	净发电能力（每台）	型号	运营商	商业运营开始
福清 3&4	福建	1000 MWe	CPR－1000（M310＋）	CNNC & 华电	2016.10，2017.9
防城港 1&2	广西	1020 MWe *	CPR－1000	CGN	2016.1，2016.10
昌江 1&2	海南	610 MWe	CNP－600	CNNC & 华能	2015.12，2016.8
台山	广东	1660 MWe	EPR	CGN	2018.6
三门 1&2	浙江	1157 MWe	AP1000	CNNC	2018.6，2018.8
海阳 1&2	山东	1157 MWe	AP1000	SPIC	2018.8
总共：45		42976 MWe			
备注	CGN 代表中广核集团，CNNC 代表中核集团				

中国近期或远期规划中还有 179 个核反应堆，[1]这些反映了中国发展自己未来核电的规划和空间。然而，我们的核立法还跟不上核事业的发展，有一定的滞后性。为此，在我们的规划中，对立法提出了明确的要求和目标。

根据规划，到 2020 年，我国要在核电法规和技术标准方面，在核安全、核设施管理、核应急、放射性废物管理，以及工程设计、制造、建设、运营等方面，建立起完整的符合中国国情并与国际接轨的核电法规和标准体系。[2] 这一规划的任务很关键，因为核能产业是高科技、高危险行业，只有体系化的制度才能确保其安全、稳定、规范、健康、持续地发展；一旦发生事故，也能得到法律的制度性应急保障和善后处理。但要完成这一任务，却又面对着很多问题。1984 年就开始提出制定核能基本法，可到 2007 年制定规划时已经 23 年过去了，核能法还不见踪影；如今，规划颁布也已经近 12 年过去了，核能基本法的通过似乎还看不到突破性的进展，期间只是出台了有关放射性材料运输和放射性废料管理方面的两个条例（参见前文）。因此，针对前文所述的我国核能立法的现状、不足与当下的立法进程，我们认为可以从以下 3 个方面来加快完

〔1〕 See Nuclear Power in China (updated November 2018), http://www.world-nuclear.org/information-library/country-profiles/countries-a-f/china-nuclear-power.aspx.

〔2〕 参见国家发改委《核电中长期发展规划（2005－2020 年）》（2007 年 10 月）。

善我国核能利用的法律制度。

（二）中国核技术出口情况[1]

基于拥有自主知识产权及得到核燃料充分循环能力支持的CAP1400反应堆和华龙一号反应堆的开发，在发改委层面出口核技术已成中国既定政策，中国核技术出口的政策由国家发改委决定，出口具有自主知识产权并以完全燃料循环能力为支撑的核技术。利用中国的经济和外交影响，将"走出去"政策政治方面提升到一个较高的水平上。2015年1月，国务院宣布在2014年1030亿美元对外贸易和投资的基础上，对于产业出口，特别是核能和高铁，可以给予新的激励和融资方面的支持。2017年5月，备受关注的"一带一路"倡议（BRI）正式启动，促进全球连通性和贸易并邀请相关国家成为BRI的合作伙伴。来自银行的750亿美元、通过一个新的丝绸之路基金获得的200亿美元及作为援助资金的120亿美元的中国资金，与巴基斯坦、印度尼西亚、东欧和非洲北部的项目一道被提及。CNNC和国家电力投资集团有限公司/国家核电技术公司（SPIC/SNPTC）是CAP1400的主要技术出口商，后者自2013年的目标就在于探索全球市场，特别是在南美和亚洲。华龙一号反应堆也用于出口，中广核将重点放在欧洲，国家核电集中于其他地方，尤其是巴基斯坦和南美洲。

表二　中国核电站的出口销售和展望[2]

国家	核电厂	型号	预估成本	公司	状态	融资
巴基斯坦	恰希马3&4	CNP－300	23.7亿美元	CNNC	在建	中国融资19亿美元中的82%，进出口银行（1号、2号机组也是CNP－300，由中国早期建造）
	卡拉奇海岸1&2	华龙一号	96亿美元	CNNC	均在建	65亿美元，供应商融资，可能中国融资，占其中的82%，进出口银行

〔1〕See Nuclear Power in China (updated November 2018), http://www.world－nuclear.org/information－library/country－profiles/countries－a－f/china－nuclear－power.aspx.

〔2〕See Nuclear Power in China (updated January 2018), http://www.world－nuclear.org/information－library/country－profiles/countries－a－f/china－nuclear－power.aspx.

续表

国家	核电厂	型号	预估成本	公司	状态	融资
罗马尼亚	切尔那沃达 3&4	Candu 6	77 亿欧元	CGN	已计划	完成部分已建机组，中国融资，进出口银行和中国工商银行
阿根廷[1]	阿图查 3	Candu 6	58 亿美元	CNNC	已计划	当地投入大部分，中国融资 20 亿美元，中国工商银行
	阿根廷第五核反应堆	华龙一号	70 亿美元	CNNC	设想中的供应商融资	中国工商银行起主导作用
英国	布拉德韦尔	华龙一号	/	CGN	承诺将来的机会	/
伊朗	马克兰海岸	2 x 100 MWe	/	CNNC	2015 年 7 月达成协议	/
土耳其	Igneada	AP1000，CAP1400	/	SNPTC	涉及西屋公司的独家谈判，2014 协议	/
南非	Thyspunt	CAP1400	/	SNPTC	为提交标书准备	/
肯尼亚	/	华龙一号	/	CGN	2015 年 7 月 MOU	/
埃及	/	华龙一号	/	CNNC	2015 年 5 月 MOU	/
苏丹	/	ACP600?	/	CNNC	框架协议，2016 年 5 月	/

[1] 2012 年 6 月，阿根廷政府就一个第四核动力装置（重水反应堆）的研究与中国政府签署了核合作协议，该装置建立在阿图查，由中国提供资金支持并转移燃料制造等技术。See Nuclear Power in Argentina（updated 22 May 2017），at http://www. world – nuclear. org/information – library/country – profiles/countries – a – f/argentina. aspx.

续表

国家	核电厂	型号	预估成本	公司	状态	融资
亚美尼亚	梅察莫尔	1 个核反应堆	/	CNNC	正在洽谈	/
	/	HTR600	/	CNEC	/	/
哈萨克斯坦	/	合资燃料核电站	/	CGN	/	/

在巴基斯坦，两个新的 300 兆瓦的 CNP－300 压水堆机组正在由中国中远公司对外工程公司 Chasma 建造，还有两个更早时候建成的，它们由中国核工业集团公司所供应。

2013 年中核集团宣布了对巴基斯坦的卡拉奇滨海电厂出口双 ACP1000 单位协议，耗资 96 亿美元。现在，该厂将使用华龙一号技术，由中国中远工程公司建造。第一批工程于 2015 年 8 月开工，第二批于 2016 年 5 月开工。中核集团是热衷于更广泛地出口华龙一号反应堆，并说它对 EPC，BOT 和 BOO 项目模型是开放的。在 2014 年 5 月罗马尼亚核电公司（Nuclearelectrica）与中广核签署了协议拟在切尔纳沃德建造两个新的核反应堆，目前前者已有两座 Candu 6 新反应堆。在 2013 年 11 月两家公司已经签署两个核合作协议和一个建设 3、4 号机组的意向书。在 2015 年 11 月，两家公司签署了进一步的开发、建设两个 CANDU 6 机组的协议。预计工程建设自 2018 年开始。在 2014 年 7 月，阿根廷总统和中国国家主席签署高级别协议在阿图查建设 PHWR 3 号机组对。中国核工业集团公司将依靠长期融资来提供大部分设备和技术服务。Candu 能源将是中国核工业集团公司一个分包商。九月 utility NASA 与中核集团签署了商业框架合同来推进这一点，以中国核工业集团公司秦山三期机组为参考来设计 Candu 6 机组。这将在本地有 38 亿美元的投入，另外 20 亿来自长期的融资安排下的中国和其他国家。

国家核电技术公司热衷于出口 CAP1400 反应堆，并认为土耳其和南非有很好的发展前景。在 2014 年 11 月国家核电技术公司与土耳其的 utility EUAS 和西屋签署了协议，开始独家谈判，以在土耳其开发建造四个核反应堆的电站。在 2014 年 12 月，国家核电签署了两个协议，以期在南非推动核电站的建设，中国核工业集团公司签署了另外一个。中国核工业建设集团公司（CNEC）向阿联酋的迪拜、沙特阿拉伯、南非和印尼推介高温气冷堆技术，并与其中一些签署了协议。上文所述的由 ACP100 主导的小型核反应堆的发展,主要是针对出口市场,在国内以建示范核反应堆为主。作为支撑核技术出口的服务产业,后处理能力的形成十分重要。此外,具体的核出口,中国国家电网公司(SGCC)在巴西正在建造2084公里特高压直流输电线路,价格成本超过23亿美元。[1]

二、完善中国核能法律制度概述

好的法律往往就是特定领域规律的反映。核技术带有较强的技术性,其内在的规律性使各国之间在制定符合规律的核法律方面有着更多的可供借鉴或参考之处。前文就我国核能立法的现状、不足及存在的原因进行了分析和论证,本章在此基础上,结合有关国家的立法经验及国际条约的建议,试图提出并论证完善相关核能法律制度的建议。

根据规划,到2020年,我国要在核电法规和技术标准方面,在核安全、核设施管理、核应急、放射性废物管理,以及工程设计、制造、建设、运营等方面,建立起完整的符合中国国情并与国际接轨的核电法规和标准体系。[2] 某一领域的基本法律应具有权威性、稳定性、指导性、体系性的特点。核能是高科技高危险行业,只有在以基本法为核心构成的法律体系的轨道上运行,才能确保核事业的规范、健康发展,一旦发生事故,也能得到法律的制度性应急保障和善后处理。我们现在多情况下是依据行政法规、部门规章行事,采取一事一议、个案处理的行政策略,缺乏整体性、长远性和全局性的核能法律体系,这样是不利于我国核能产业的健康发展。因此,核能基本法制定已刻不容缓。

核能除了可以提供高效、清洁的电力外,在农业、医疗卫生、生物技术以及地质勘探等方面也广有用武之地。核能发展有其自身的特殊性,须有特殊的法律原则与规范,建立与中国核工业相适应的基本法律规范体系非常必要。我国核技术发展于20世纪60年代前后,但当时主要是为了应对超级大国的核威慑,是出于军事和自卫发展的需要。1964年10月16日,罗布泊上空升起的第一颗原子弹爆炸的蘑菇云标志着我国自主建设核工业的开始。此后近20年间,中国核能的发展一直体现为核弹头的增长,服务于军事目的。20世纪80年代初,中国的核事业开始部分转向民用,尝试发展核电;同时积极融入国际社会,于1984年1月1日成为IAEA的成员。中国发展民用核工业至今

---

〔1〕 See Nuclear Power in Argentina(updated 22 May 2017),at http://www.world-nuclear.org/information-library/country-profiles/countries-a-f/argentina.aspx.

〔2〕 参见国家发改委《核电中长期发展规划(2005-2020年)》(2007年10月)。

不过30多年。1991年,中国第一座核电站——浙江海盐秦山核电站建成发电。中国加入了很多核发展方面的国际条约,但中国没有自己的核能方面的基本法。前文已述,中国目前主要依靠行政法规和部门规章来进行核能方面的管理。

我们认为在《能源法》难以很快通过的情形下,[1]我国构建的核能体系应该是:《宪法》、《核能基本法》、行政法规和部门规章及地方性法规。对此,我们不妨先制定核能方面的基本法,如《中华人民共和国核能法》。在具体内容方面,借鉴发达国家的经验,参照国际原子能机构的《法律手册》,构建核能基本法的主要内容,特别是明确核能事业的主管部门,避免多头管理、相互推诿的现象。然而核能法毕竟只是一个宏观层面的基本法律,对于大的政策路线以及技术方向会有涉及,但是具体的技术标准法规、实施细则还需要修改或增设配套的法律。实际上,核管理需要集中统一管理,一是增强管理部门的责任感,二是能够提高管理和使用效率,三是一旦发现事故,能够及时有效处理。在内容上,核基本法主要涉及核电厂的建设发展、使用、核材料的开采、提取、运输、核废料的处理等以及法律责任等。

要考虑核行业的鲜明特点,将促进发展和防范风险结合起来。既要注意平衡的问题,还要注意核安全、核安保、核保障、核不扩散问题。此外,还要特别注意核的可持续发展,最重要的是有严格的许可制度,没有许可是不可以从事核行业的。对于公众最关心的核安全,郑玉辉表示,立法应当涉及铀矿资源的勘测和开采、整个核燃料循环、放射性废物处置、放射性物质运输、核技术应用、市场准入、事故应急、核损害赔偿、法律责任等各个方面,尤其是对核安全管理所涉及的不同部门的职责、市场准入的资质要求等都会有所规定。随着中国走出去战略的落实和“一带一路”倡议的践行,核技术和核设备、核材料的出口等也十分重要,对此,相应的法律制度也需要完善。立法步骤设想:先制定核能基本法,具体部门法如核安全法、核安保法、核发展法、核责任法、核工作人员法等,然后是国务院的行政法规,再次是具体主管部门的部门规章、运行标准、指南和地方性法规等。

目前我国在技术性文件方面的导则、标准仍不够完善,现在的技术规定过于依赖国际原子能机构,对于我国的核监管经验提炼不足,导致其适用性和可操作性受到一定限制。此外,核行业和其他行业标准衔接存在较大问题,对于

[1] 很长一段时间国内早期的起草者将该方面的基本法命名为《原子能法》,我们认为是值得商榷的,在现代语境下,取名《核能法》更为科学、合理。具体分析参见后文相关部分。

同一技术范畴内的标准化对象,有的标准之间存在内容重复、交叉或者相互矛盾的现象。“当然,现在核行业内部标准本身就不统一,因为引进技术的问题,导致采用的标准各不相同。技术标准不统一,给管理也会带来问题。不过,我国 2007 年已经成立标准化领导小组,开始安排制定和审核中国自己的标准。”周涛告诉记者。

核能领域,尽管法律法规、技术标准、指导规则很重要,但这只是一方面,因为再好的法律或制度都要靠人去执行的。实际上,在已发生的 3 次事故中,由于工作人员操作的不当或失误是事故发生的直接或最主要的原因。人可以发现解决问题,人也能导致问题的发生或加重损害程度。根据 IAEA2010 年的年度报告,报告给机构燃料事故告知分析系统(FINAS)的当年发生的有关事件表明,导致事件的根本原因均与组织和人员因素相关。[1] 因此,除了在核电企业内部,要注重对员工核安全文化的培养外,通过法律规定明确相关机构和人员操作、管理的流程、注意事项、待遇、职责及相应法律责任等也十分关键。只有真正将安全意识贯彻到员工的行为中,并始终进行严格的规范操作,才能从细微处发现安全隐患,防患于未然。

第二节 中国核能法律体系构建的设想及其立法原则

每一次核事故之后,都会引起人类对核能和平使用的争议,尤其是遭到一部分人的反对。特别是 1986 年 4 月 26 日发生的切尔诺贝利核电站给人类带来的惨痛教训:2397864 人因受到核辐射而患病,其中有 453391 人是儿童(事故发生后出生的,因为他们的父母受到辐射影响);50 万当时响应政府号召前去清理污染现场的军人和平民中,约有 10 万人在 30 - 40 岁因受到严重辐射而死亡。但这场事故的主要原因,是人类自身的失误或过于自信而导致:一是现场工作人员严重违反操作规程,二是苏联政府在事故发生后谎报、瞒报、拖沓处理等让损害结果进一步加大。一次国家级的失误操作,带走数以万计的生命,且祸害至今。技术本身没有错,错在人类自身的不谨慎,不能因噎废食。

德国计划到 2022 年停止使用核能,一是为了保护环境,二是为了避免将来遭到恐怖主义分子袭击核电站等而可能带来的灾难性的后果。

核基本法是各国必不可少的,它是整个核能发展法律的基石。它规定整

[1] See IAEA, Nuclear Safety Review for the Year 2010, IAEA/NSR/2010, Printed in the IAEA in Austria, July 2011.

个核能发展的基本问题与框架。核安全法是核能健康稳定发展的前提。按照国际公约的规定,核安全是整个核能事业发展的基本前提和保障。责任承担是一种不得已而为之的方法,主要起到威慑作用,让其成为一把达摩克利斯之剑悬在有关当事人的头上,让他们时刻注意:在任何情况下,无论怎么强调安全都不为过。

为了利于核能法律制度的构建和完善,必须加大对核知识和核安全方面的普及和宣传,让公众对核能有更科学全面的认识;因为公众的正确认知不仅是制定核能良法的基础,也是将来实施相关法律制度的保障。整个过程大致如下:构建和完善核能立法公众参与制度。核能利用、核电站的建立等涉及公众利益,在立法过程或重大立项过程中,应当采取鼓励公众参与、专家论证、政府决策相结合的措施,[1]以使立法真正符合民意、符合规律、造福于民,而不用造成冲突甚至阻碍。

我们认为我国核能方面的法律体系应该如下:处于最高级别的是《宪法》的有关规定,然后是核能方面的基本法《核能法》,主要集中于核能原材料的开采、加工、运输,核设备的管理及核电站的建设、运营和管理,核辐射的防护,核废料和过期核电站的处理等,至于核损害责任在该法中作出原则性的规定。由于核损害责任变得越来越重要,不少国家专门制定了核损害责任法。我国也可以借鉴有关国家的做法,在我国现有立法基础上,制定核责任方面的单行法,这样既降低核能法通过的难度(因为核损害责任可以暂且不放在其中,内容少些,分歧也会少些),又能使万一有受到核事故损害的案例发生,现有民法方面的规定可以为有关当事人提供一定的救济。韩国的立法体例也许值得我们借鉴,关于核责任保险问题,可以对核运营人或被许可方,在基本法中做出强制性的原则规定,具体实施可以由国务院和相关部门专门制定具体实施的行政法规和部门规章。更多的是去解决核行业的一些特殊问题,比如规划制度,核原料、核材料物质管制制度,核设施管制制度、准入机制,放射性物质运输、放射性废物管理制度,核保安问题,辐射防护制度,核损害赔偿制度以及法律责任制度等。

一、立法体系的构想

核能法律体系构建的设想。核能发展涉及四个方面,即先是安全、安保和监督,然后就是违规后法律责任。国外原子能法主要涉及这两个方面:发展和

---

〔1〕 参见宋爱军:《我国核能安全立法研究》,湖南师范大学2009年硕士学位论文,第65页。

责任。

在全国人大(含其常委会)立法层面的具体立法内容可以有:基本法(全面统领核事业方方面面的法律)、核安全(核设施管理与核安全方面的事宜)法、主管机构法(研究、开发、运用、管理、监管、材料开采提炼与运输)、核责任法(核损害赔偿等方面的事宜)、核事业发展法(促进核发展、规划、核技术研究与开发等方面的法律)、放射性污染防治法、核材料(核燃料)与核废弃物运输法(核原料及核材料管理、运输方面的事宜)、核废弃物处置法(核废料、乏燃料及废弃核电站处置方面的事宜)、核与辐射事故应急法(含核信息或损害信息公告或通知、核事故应急处置)、核事件评估法、核材料管控法、核设施运营和管控法及核进出口管制方面的法律。各相关法律之间的衔接、协调的有机统一,避免冲突,[1]基本法和各分支(部门法之间的关系)相互兼容和统一。

关于构建合理、科学的核能利用法律体系。

核能利用牵涉的范围很广,涉及核材料[2]矿产的勘探、开采、加工,核燃料及核设备的运输和管理,核电站的建设、运营和管理,核辐射的防护,核废料、过期核电站的处理和核损害赔偿制度等。20 多年前,有学者曾提出核能法律体系构想如下:以《原子能法》[3]为基本法律依据,制定《放射性矿产资源勘察开采条例》《放射性矿产资源勘察开采登记条例》《核电站投资管理条例》《促进核电设备技术国产化条例》《核设施管理条例》《核材料运输管理条例》《核材料管理条例》《放射性同位素及其制品和辐射装置管理条例》《民用核设施安全监督管理条例》《核事故应急条例》《核承压设备管理条例》《核电站保护条例》《核损害赔偿条例》等行政法规。[4] 我们认为这一观点在当时具有一定的合理性,并且有些内容类似的行政法规后来也陆续制定了,[5]但随着形势的发展,我们应与时俱进,发挥立法上的后发优势,构建如下的核能利用法律体系:具有最高效力的《宪法》的有关规定是立法依据;具有权威性、

---

[1] 参见周凤翱、丛丹:《国际原子能机构核保障制度及其立法对我国的启示》,载《华北电力大学学报》(社会科学版)2015 年第 5 期。

[2] 含裂变燃料如铀 235、钚 239、铀 233、铀 238 和钍 232 等及聚变燃料如氢的同位素氘、氚,锂 6 和其化合物等。

[3] 实际上根据核能形成的特征及时代的发展,我们认为用“核能法”取代“原子能法”更为适宜。

[4] 参见耿志成:《关于建立原子能法的体系的初步探讨》,载《中国能源》1991 年第 22 期。

[5] 如《核电厂核事故应急管理条例》(1993 年)类似于《核事故应急条例》《放射性同位素与射线装置安全和防护条例》(2005 年)类似于《放射性同位素及其制品和辐射装置管理条例》及《放射性物品安全运输管理条例》(2009 年)类似于《核材料运输管理条例》等。

稳定性、指导性、全局性特点的核能法(《核基本法》)应是该法律体系的核心和基础;核能利用的有关单行法(如《核能促进法》《核安全法》《核损害赔偿责任法》《核电发展法》《放射性污染防治法》等)是该体系的重要内容,该部分构成核能利用法律的主体。接下来是国务院制定的落实、执行上述法律规定的行政法规,再后面便是有关部门制定具体实施行政法规的规章及有关具体实施标准等,最后是各地方人大与政府制定的地方性法规规章等。

就目前而言,最迫切的是制定出核能基本法及有关单行法,这一部分留下文论述。前文已述,核能利用方面我们已有10多个条例和70多个部门规章等,对这些部分进行恰当的整理和归类,然后是在没有核基本法的前提下,尽快制定能一定程度上弥补核能法缺失的行政法规,如《放射性矿产资源开采登记加工管理条例》《核电管理条例》《核设施安全管理条例》《核损害赔偿条例》等,与已有的条例对核能利用活动形成较为全面的监管,以确保安全。对于众多的部门规章,需要进行分门别类的梳理和总结,删除重复过时的内容;对于需要继续沿用但又是临时性的规定,需予以补正,使其成为长久稳定的部门规章;相互之间矛盾冲突的进行协调;对于目前尚无具体实施措施,进行补充;然后就是有关标准的制定,特别是安全标准、技术标准、核工作人员技能标准等。至于地方性法规,有关省市,特别是有核能发电厂的地方政府,应该尽快完成相关规定,以既规范核电厂运营者行为,又为当地人解除后顾之忧。

二、确定立法原则

关于核能立法的基本原则问题,应坚持以安全第一的立法原则。这既是有关国际条约的要求,也是我国现有立法一以贯之的立法原则。《国际原子能机构规约》规定该机构工作可以概括为三大支柱:核核查和安保(nuclear verification and security)、核安全(safety)[1]和核技术转让。[2] 其实第一项和第二项工作都是涉及核运用的安全问题,安保主要是防止核技术被不当之人如恐怖分子获得,而核安全更强调的是对一般公众以及和运用本身过程中不对环境造成损害等。如果为了利用而失去安全保障,则是适得其反。因此,

---

〔1〕 涉及核运用方面还有一个是核保障措施(safeguards),根据IAEA网站上的解释,核保障体系由IAEA秘书处对各成员国对于它们关于核材料和核活动所作出承诺的正确性和完整性进行独立确认的一系列技术措施构成。What We Do, http://www.iaea.org/OurWork/SV/Safeguards/what.html.

〔2〕 参见A Short History of the IAEA, http://www-pub.iaea.org/MTCD/publications/PDF/Pub1032_web.pdf。

各国在使用核能时，无一不将安全看为立法的第一原则。国际原子能机构的使命有：(1)为各国核合作提供平台；(2)帮助各成员国根据自己的社会、经济条件、目标与背景，出于和平目的来规划和使用核科技，包括发电及以可持续方式向发展中国家提供便利的相关技术和知识的转让；(3)形成核安全标准，并基于这些标准推动核能运用领域高水平安全的成就和维持，同时保护人类健康和环境免遭电离辐射的威胁；(4)通过督查制度确保成员国遵守核不扩散条约和其他不扩散协议中的承诺，仅出于和平目的使用核材料和核实施。[1]实际上，所有的国际条约及有关国家的国内法中所有核能立法原则，都可以归之于"安全"原则，如《法律手册》中的11个原则主要就是围绕"安全"而从不同的角度和层面展开论述的。我国一直以来以提高人民生活水平构建和谐社会为目标，坚持任何活动以"以人为本"为落脚点和指导，在核能方面的安全就具有特别重要的意义，因此立法必须以其为最高原则，保障本代人安全，也要保证子孙后代的安全。我国核能立法所应遵循的原则，应该参照2003年IAEA《核法律手册》规定的核法律11项基本原则，具体内容参见本书第一章。2010年IAEA《核法律手册》界定的核心原则是本章论述的重点。

2010年IAEA《核法律手册》进一步凝练了2003年手册中的基本原则，提倡3S(safety，security与safeguard)理念是核能立法指导的核心和关键所在，关注由于核材料及电离辐射使用而带来的安全、安保和环境保护问题。它强调安全、安保和履约保障彼此之间的相互关系，包括以综合和协同方式反映这种关系的立法需求。一个成熟规范的安全(safety)基础设施能确保放射材料的安全不被盗窃或非法分子所得(security)；同样，一个有效的安保系统，包括设计和实施较为稳妥的控制和管理核材料国家系统能强化安全措施，如阻止非法贩卖或制止和查明涉及核或其他辐射材料的非授权行为。而履约保障措施(safeguard)是指核实确保本国遵守自己的国际承诺，不用核材料或核技术来开发核武器或核爆炸装置之关键手段。[2] 此外，该措施还适用于涉及相关

---

[1] 参见 The IAEA Mission Statement of the International Atomic Energy Agency, http://www.iaea.org/About/mission.html。

[2] See Stoiber, Carlton, Cherf, Abdelmadjid, etc., *Handbook on Nuclear Law: Implementing Legislation*, The IAEA in Austria, August 2003, STI/PUB/1160, p. 121. Stoiber, Carlton, Cherf, Abdelmadjid, etc., *Handbook on Nuclear Law: Implementing Legislation*, The IAEA in Austria, 2010, STI/PUB/11456, p. 113.

核材料、核设施、核设备等的进出口等。[1] 手册建议3S理念应该被用作各国立法的指导性原则，它有助于立法起草者们避免立法中出现漏洞、重复和不一致现象或不当复杂化、结构松散的法律出现，否则会给相关法律的解释或适用带来问题。[2] 3S反映了3个技术领域，它们需要建立一个充分的法律和管制框架，以确保核能与电离辐射的和平利用而阻止非和平使用。它们之间相辅相成，相互补充：一个领域做得好，能促进其他两个领域的良性发展。如核材料实物保护的好，有助于核材料的安全使用，也就防止了恶意目的的使用，做到了"security"。

国际原子能机构的安全标准确立了核、辐射、放射性废物和运输安全的法律、政府和监管基础设施的基本要求。安全不仅是对外的，对核电厂或其他核企业内部的员工等也需要考虑。有学者建议，生态安全保障是实施核活动的充要前提。核能利用国家在生态安全保障方面，除了应制定核能利用苛刻的准入条件、生态安全标准和严格的法律责任外，如果在生态安全监管领域相关国内立法不完善或缺乏实践经验的情况下，对已有的国际法律规范的直接援引和利用，同时自觉地接受严格的国际组织（如IAEA）监督，不啻为较为务实的经验做法：一方面，可以有效地解决由于立法或制度滞后可能带来的核能利用行为缺乏合法性和正当性的尴尬；另一方面，亦可以有效地实现核能利用中对放射性物质倾弃或排放的监管，从而避免灾难性生态安全事故的发生。[3] 该观点有可供借鉴之处，但也有值得商榷的地方：国际法要得到直接运用，需通过特定的路径——转化或有法律直接的规定。

1964年9月，周恩来还对参加第一次核试验的工作者们提出的十六字方针："严肃认真，周到细致，稳妥可靠，万无一失"，对核事业和其他高精尖科技行业的发展具有很强的指导意义，[4]应该成为我们法律的一部分。《核安全法》也有所体现。1970年2月，周恩来提出发展核电事业时要求遵循"安全、实用、经济、自力更生"的方针，[5]尽管只是政府首脑提出的要求，没有变成

[1] See Stoiber, Carlton, Cherf, Abdelmadjid, etc., Handbook on Nuclear Law: Implementing Legislation, The IAEA in Austria, 2010, STI/PUB/11456, p. 113.

[2] See Stoiber, Carlton, Cherf, Abdelmadjid, etc., *Handbook on Nuclear Law: Implementing Legislation*, The IAEA in Austria, 2010, STI/PUB/11456, p. 4.

[3] 参见刘洪岩：《核能利用与生态安全保障的国际法律规制》，载《学术交流》2015年12月5日。

[4] 参见杨明伟：《创建、发展中国原子能事业的决策》，载《党的文献》1994年第3期。

[5] 参见杨明伟：《创建、发展中国原子能事业的决策》，载《党的文献》1994年第3期。

法律上的规范，对今天仍有意义。

三、参考IAEA的职责、使命与安全原则

根据《规约》规定，可以将IAEA的工作概括为三大支柱：核核查和安保（nuclear verification and security）、核安全（safety）[1]和核技术转让。[2] 其实第一项和第二项工作都是涉及核运用的安全问题，安保主要是防止核技术被不当之人如恐怖分子获得，而核安全更强调的是对一般公众以及和运用本身过程中不对环境和人身造成损害等。如果为了利用而失去安全保障，则是适得其反。

根据《规约》规定，IAEA的使命有：（1）为各国核合作提供平台；（2）帮助各成员国根据自己的社会、经济、目标背景出于和平目的规划和使用核科技，包括发电及以可持续方式向发展中国家提供便利的相关技术和知识的转让；（3）形成核安全标准，并基于这些标准推动核能运用领域高水平安全的成就和维持，同时保护人类健康和环境免遭电离辐射的威胁；（4）通过督查制度保证成员国遵守核不扩散条约和其他不扩散协议中的承诺，仅出于和平目的使用核材料和核实施。[3]如果对上述使命进行归纳的话，不难看出"安全"是其核心使命所在，也是IAEA目标实现的最根本保证。实际上，所有其他核国际条约及有关国家的核能立法之首要原则，都可以归之于"安全"原则，前文所述的11个原则主要就是围绕"安全"而从不同的角度和层面展开论述的。

此外，各国在使用核能时，均将安全看为立法的第一原则。如日本原子能法规定核能利用应出于和平目的并遵守确保安全原则，[4]芬兰专设"一般原则"章节并以"安全原则"为指导进行详细规定。[5]

---

〔1〕 涉及核运用方面还有一个是核保障措施（safeguards），根据IAEA网站上的解释，核保障体系由IAEA秘书处对各成员国对于它们关于核材料和核活动所作出承诺的正确性和完整性进行独立确认的一系列技术措施构成。What We Do, http://www.iaea.org/OurWork/SV/Safeguards/what.html.

〔2〕 See *A Short History of the IAEA*, http://www - pub.iaea.org/MTCD/publications/PDF/Pub1032_web.pdf.

〔3〕 See *The IAEA Mission Statement of the International Atomic Energy Agency*, http://www.iaea.org/About/mission.html.

〔4〕 See Articled 2 of *Atomic Energy Basic Act* (Act No. 186 of 1955, Latest Revision: Act No. 155 of December 3, 2004), http://www.nsc.go.jp/NSCenglish/documents/laws.htm.

〔5〕 See Chapter 2 and Chapter 2A of Finland Nuclear Energy Act, 990/1987; amendments up to 342/2008 included.

针对上述原则、国际结构和有关国家立法示例，我国核能立法应采用的最基本的原则一目了然，那就是应坚持安全第一的立法原则。这既是有关国际条约的要求，也与我国现有核能立法一以贯之的原则相符合。我国一直以来以提高人民生活水平构建和谐社会为目标，坚持任何活动以"以人为本"为落脚点和指导，在核能方面的安全就具有特别重要的意义，因此立法必须以其为最高原则，既要保障本代人安全，也要保证子孙后代的安全。但安全原则的法律控制必须能反映出核活动和核实施的风险层级，以采取不同的应对措施。[1]

在完成上述任务之后，对现有的法律法规、规章、指导原则等进行梳理和提炼。针对现有法律的不足进行完善，如完善和有效实施《放射性污染防治法》。对于行政法规及规章可以提升到法律高度的进行规范，对于没有的法律要及时进行制定，唯有此，才能真正有效促进我国核能法律制度的早日建成和完善。

本章主要就基于现有核能领域没有的核能基本法等单行法没有进行制定而展开论述。故对现有专门的核运用法律——《放射性污染防治法》的完善这里做一点论述。该法规定的其目的为"为了防治放射性污染，保护环境，保障人体健康，促进核能、核技术的开发与和平利用，制定本法"，[2]我们认为"促进核能、核技术的开发与和平利用"表达可以进一步完善，该法的题目的关键词是"防治"，从逻辑上说应该会对核能、核技术的开发与和平利用产生限制或制约的作用，直接产生促进作用似乎不好解释。但是，长远地看，它显然会有利于核能、核技术的发展，防治好则没有负面影响，反而带来收益，发展无疑会得到肯定，但这不是防治可以直接促进的，我们建议改为"为促进核能、核技术的开发与和平利用创造积极条件"更为合理。在调整范围方面，现行法律规定它只适用于在我国"领域和管辖的其他海域在核设施选址、建造、运行、退役和核技术、铀（钍）矿、伴生放射性矿开发利用过程中发生的放射性污染的防治活动"，即核设施（主要是核电站）、核材料开发、利用过程中产生的放射性污染之防治。核设施的相关活动好理解，然而对于核材料的开发、利用方面的活动是否覆盖了医用、工业使用等方面的放射性污染的防治？对此是否需要制定相应的实施条例以给予明确？对于污染防治的主管部门，我们

[1] See International Nuclear Law: *History, Evolution and Outlook*(2010), OECD NEA No. 6934, p. 422, http://www.oecd-nea.org/law/isnl/10th/isnl-10th-anniversary.pdf.

[2] 《放射性污染防治法》(2003年)第1条。

认为应该明确一个主导部门（环境保护部）负主要责任，而不仅仅国家放射性污染防治标准及与“国务院其他有关部门，按照职责分工，各负其责，互通信息，密切配合，对核设施、铀（钍）矿开发利用中的放射性污染防治进行监督检查”；它在其中应该有更高权威、更多授权且更为独立；本着权责相当原则，卫生部、公安部等部门的许可授权权限应统一由环保部来实施，以及避免保护主义，又在责任出现时不会相互推诿；确立环保部在放射性污染防治领域监督、处置的权威及集中管理的职能。完善放射性废弃物管理制度，设立核材料完整流程登记制度，从源头、使用到流经的各个环节直至成为废弃物被处置等处于监督之下，避免曾经出现过市民将放射性污染物带回家给家庭带来毁灭性灾难事件的再次发生。对于放射性污染废弃物的国际转移更要通过制度严格把关。[1] 加大公众对放射性污染物的认知程度。制定放射性污染防治条例，以有效实施该法律。

四、中国核能法律制度制定的模式

关于核能利用立法模式方面，主张不要一开始就决定制定一个大而全的法律，我们不能贪多，而将基本法集中于核能发展最主要问题方面。在我国，结合现行立法状况，借鉴国外的有益经验，我国核能立法可以采取以下模式：构建以《核能（基本）法》为基础的法律体系，即《核能法》为基本法；然后依据核能利用的“核电发展”与“非核电发展”两个体系，制定《核安全法》《核发展法》《核责任法》《核信息披露法》等单行法（但单行法如果规定的过多，在立法成本和实施效果方面也会带来诸多问题）。例如，在有关自然资源开采的法律中规定涉及核材料开采及运输的内容，在有关空气污染、水污染及土壤污染等治理的法律中规定。以此为基础，制定相应的行政法规和部门规章。核电的前端和后端都十分重要，核电是核心，但环境保护（核材料的开采、运输）与后端的处理如乏燃料和高放废物的处置等，也不能忽视。在立法的内容方面必须让它们衔接起来，不留空隙。做好核立法的顶层设计，统筹协调，循序渐进，又要抓住主要矛盾打开局面，切勿抱着一步到位的思想而无法推进。[2]

迫于中国现状，如前所述，将核燃料的勘察、开采、冶炼的管理等放到核能基本法中，似有不妥；如果规定，我们认为也只是非常原则的，具体内容等放到《矿产资源法》等中更为恰当，只是对此类勘察等活动有特别之处的给予特别

---

〔1〕 参见宋爱军：《我国核能安全立法研究》，湖南师范大学2009年硕士学位论文，第63页。

〔2〕 参见张弛：《美国原子能立法趋势研究及我国立法的建议》，载《中外能源》2016年第10期。

规定而已。另外,我们认为长远地,在基本法中明确将核燃料限定于“铀”显然不够周全,因为尽管目前的核燃料主要是铀,但随着技术的发展,其他核燃料如核聚变燃料可能会成为主要燃料,基本法中最好不要出现具体燃料之名。至于目前我国原子能立法中是否将有关内容规定的过细,我们认为不需要过细,因为现有的相关法律和行政法规等对有些方面的内容已经有较为细致的规定。

在调整范围方面,有学者从我国核行业协会《原子能立法草案》研究小组提供的资料中提炼如下内容:《原子能法》的调整范围可包括铀矿地质的勘察和采冶、核材料的管制、核设施的管理、核技术应用的管理、放射性废物的管理、核安全的管理、核应急的管理、核损害赔偿的管理以及核进出口管理等。并在分析有关资料中得出以下结论:广义上的核法律规范指的是原子能相关法律体系所包含的各项法律、法规、法令、规章制度、国家发布的技术规范、国际公约等的总和;而狭义的原子能法是指各国用于指导原子能和平利用的基本法,涉及产业链的两端,包括铀矿的开采、冶炼、加工、核燃料生产、核设施的设计建造、核废料的处理以至核事故治理及损害赔偿等领域的法律规范。然后有学者进一步指出狭义的原子能法是我国境内所进行的原子能研究、开发和利用活动的基本法律规范的总和,主要调整范围可以含以下几点:(1)核原料及核材料的管理;(2)核设施管理与核安全;(3)核技术的研究开发;(4)辐射防护和环境保护;(5)核废料处置;(6)应急措施;(7)核损害赔偿责任和保险。[1] 这种观点很有价值,其内容实际上是核能法的基本框架。还有学者建议将核规划制度也纳入基本法之中,[2]我们认为目前如果将其详细内容纳入基本法之中,会使基本法的内容过于庞杂,不利于通过。如果要涉及该方面内容的话,可以有原则性规定,其他留待将来专门制定《核能发展法》,当下以尽快通过基本法为目标,重点放在安全、管制、防护、管理、授权与许可、应急措施及处罚等方面。此外,关于责任和保险可以有原则性规定,具体条文另行制定专门的核责任和保险法。政府对于核责任人可以基于一定的条件提供特定辅助或支持,由于核事业的特殊性,没有一定的激励政策,让责任人承担无限制的责任,可能会使人们不愿或不敢进入核行业。因此,政府在一定程度上对核

〔1〕 参见赵威:《原子能立法研究》,载《法学杂志》2011 年第 9 期。

〔2〕 核规划制度是指对核能开发利用的重大项目,由政府主管部门统筹安排,合理进行,包括核能矿产勘探开采的规划、核电发展规划、核废物处置规划,也即从核能利用的最初矿产勘探开发到最终核废料的处置均应当列入国家规划,有计划、分步骤的实施。参见黄锡生等:《中国核能利用立法现状及前瞻》,载《绿叶》2011 年第 4 期。

电企业或其他核企业的特殊辅助政策或态度十分重要。通过保险或特殊措施为万一发生核事故提供兜底性保障，会有助于核事业的发展。日本在这一方面的经验颇值参考。[1]

第三节　关于中国核能基本法的名称及其基本内容

本节讨论我国核能法的制定。尽快制定综合性的核能基本法(《原子能法》)，涵盖核能政策的制定、实施，核事业的规划，核电厂核设施的设计、建立与运营，核安全与核安保，核知识产权，核材料的开发运输等，核责任，核废料，乏燃料及废置设施的处理，核设施或核技术，核材料的出口，国际合作等涉及核事业的原则性的规定等内容。[2] 早在20世纪80年代就开始酝酿，但迟迟未出台。2011年3月11日，日本福岛核事件发生后，对核能基本法的制定在中国又引起了普遍关注。当时不少媒体报道，当年年底中国核能方面的基本法《原子能法》草案会制定出来征求意见。然而，直至2016年，仍未见到该法征求意见稿草案的身影。这至少说明，核能基本法的制定并非易事，可能会涉及方方面面的问题。不过，对于一个核大国而言，在民用核能经过了20多年的发展之后，仍无统领核活动领域的基本法，也是不妥的，这会制约核能事业的进一步发展。本节无意对核能利用方面的立法做全面阐述，仅对该立法可能涉及的基本法的名称、立法原则和立法框架等三个问题做点分析和探讨，以期抛砖引玉。

一、核能基本法的名称

关于这部法律的名称是用“原子能法”还是“核能法”，我们认为用“核能法”更为准确，也符合时代发展的趋势。因为核能量主要是因原子核发生裂变或聚变而产生，用核能比原子能更能反映其本质，另外，原子能主要在核能出现的早期使用，是历史因素造成的，现在使用的越来越少。这一点与2010年手册中的观点也不谋而合。当然使用何名，并不影响该部法律的本质，只是体现出各国立法者的偏好而已。[3] 自20世纪70年代以后，国际社会用“原

---

〔1〕 参见曹原:《日本核损害赔偿制度及其与我国的比较》，载《黑龙江省政法管理干部学院学报》2014年第4期。

〔2〕 参见王少华:《我国核法律体系缺什么?》，载《中国核工业》2012年第1期。

〔3〕 See Stoiber, Carlton, Cherf, Abdelmadjid, etc., *Handbook on Nuclear Law: Implementing Legislation*, The IAEA in Austria, 2010, STI/PUB/1456, p. 10.

子能”一词越来越少，多被核能替代，现在有关国家立法或有关协议或条约中几乎不用“原子能”，如芬兰1987年制定的法律名为《芬兰核能法》，[1]爱尔兰1991年用《辐射保护法》替代1971年《原子能法》，[2]捷克1997年制定的核能法律名称为《核能与电离辐射和平利用法》，[3]加拿大用2000年生效的《核安全和控制法》取代了1946年的《原子能控制法》，[4]2006年法国制定的核能基本法名为《核领域透明与安全法》（核透明和安全法），[5]波兰于2011年3月通过核能发展法律草案用的是“核能”而非原子能等，这些均是例子。近年来，在有关国际合作谈判中，鲜有用“原子能”一词的，如2010年8月美国和越南就核能合作协定谈判展开磋商，阿根廷和巴西承诺推动两国双边核能领域合作，2011年3月法国沙特正式签署核能合作协议等。20世纪70年代后制定的核能法只有匈牙利等少数国家还在用“原子能法”（例如，1986年《原子能法》）一词。

（一）我国制定核能基本法的历史回顾及对《原子能法》称谓的质疑

我国核能基本法的立法最早可追溯至1984年，当时我国有关部门就开始组织起草《原子能法》，后来很长一段时间内没有结果。[6] 不过，此后至2011年3月11日日本福岛核事件发生之间，学者们的探讨并没有彻底终止，其间他们发表的论文或译著多称核能方面的基本法律为《原子能法》。[7] 福岛事件的发生，又引起人们对核能基本法的制定的普遍关注，陆续有学者先后发表

---

〔1〕 See Nuclear Legislation in OECD Countries—Regulatory and Institutional Framework for Nuclear Activities – Finland, 2009, p. 3, http://www. oecd – nea. org/html/law/legislation/canada. pdf.

〔2〕 See Nuclear Legislation in OECD Countries—Regulatory and Institutional Framework for Nuclear Activities – Ireland, 2009, p. 3, http://www. oecd – nea. org/html/law/legislation/canada. pdf.

〔3〕 See Nuclear Legislation in OECD Countries—Regulatory and Institutional Framework for Nuclear Activities – Czech, 2009, p. 3, http://www. oecd – nea. org/html/law/legislation/canada. pdf.

〔4〕 See Nuclear Legislation in OECD Countries—Regulatory and Institutional Framework for Nuclear Activities – Canada, 2009, pp. 3 – 4, http://www. oecd – nea. org/html/law/legislation/canada. pdf.

〔5〕 See Nuclear Legislation in OECD Countries—Regulatory and Institutional Framework for Nuclear Activities – France, 2009, p. 6, http://www. oecd – nea. org/html/law/legislation/canada. pdf.

〔6〕 参见郑玉辉：《中国〈原子能法〉立法30年》，载《中国核工业杂志》2014年第6期；刘武俊：《原子能立法难产27年的立法反思》，载《人大研究》2011年第7期。

〔7〕 如耿志成：《关于建立原子能法的体系的初步探讨》，载《中国能源》1991年第22期等，及徐原总译审的《世界原子能法律解析与编译》（法律出版社2011年版）。虽然也有称“核法律制度”的（如陈俊：《我国核法律制度研究基本问题初探》，载《中国法学》1998年第6期），但很少。

相关论文,但其中用“原子能”指称“核能”的仍然居多。[1] 当时不少媒体报道,2011 年年底我国核能方面的基本法《原子能法》草案会制定出来征求意见,然而,这样的预言并没有实现。进入 2014 年后,在起草小组专家的努力下,目前已形成了 12 章 70 条的《原子能法(草案)》征求意见稿,[2] 并且该法曾被列入 2014 年国务院立法计划中。[3] 存在立法与实际情况不符的现象。2014 年 3 月 24 日,习近平主席在荷兰海牙核安全峰会上发表重要讲话时指出:“没有规矩,不成方圆。各国要切实履行核安全国际法律文书规定的义务……巩固和发展现有核安全法律框架,为国际核安全努力提供制度保障和普遍遵循的指导原则。”[4] 这实际上既是在国际会议上表明中国切实履行核安全等方面法律义务,也是对我国核能法律体系的构建和完善提出了要求,起到了重要指示作用。

当下人们对是否制定核能方面的基本法可以说已无太大争议,多数人也认为制定这部法律的实质内容就是对核能利用的基本问题进行规范,至于称谓似乎无关紧要。然而,我们认为,作为核能领域基本法制定的后来者,应当发挥后发优势,吸取核能利用立法领域一切先进的成分,特别是名称。因为法律名称是该部法律核心内容最为凝练、简洁和准确的概括和表达,它也能反映出一部法律的本质及其立法目的。[5] 因此,时过境迁,该部法律的名称沿用《原子能法》是否适宜,很值得推敲。

(二)使用《核能法》替代《原子能法》的理由

1. 1970 年以来有关国家立法称谓的借鉴

根据我们梳理的有关国家,特别是经济与合作发展组织(OECD)主要国家,核能方面立法名称的结果,我们发现“原子能法”是“二战”后不久有关国家就核能立法常用的名称,如 1946 年美国制定的《原子能法》,加拿大制定的

---

[1] 2011 年 3 月福岛核事件以后,笔者搜索到的有关学术论文用的多是“原子能法”,如赵威的《原子能立法研究》(《法学杂志》2011 年第 10 期),彭峰的《我国原子能立法之思考》[《上海大学学报》(社会科学版)2011 年第 6 期],刘武俊的《原子能立法难产 27 年的立法反思》(《人大研究》2011 年第 7 期)和郑玉辉的《〈原子能法〉,应顺势而生》(《中国核工业》2011 年第 10 期)等。

[2] 参见郑玉辉:《中国〈原子能法〉立法 30 年》,载《中国核工业》2014 年第 6 期。

[3] 参见徐锦婷:《〈原子能法〉为我国原子能事业发展点亮“灯塔”》,载《中国核工业报》2014 年 5 月 6 日。

[4] 《习近平在荷兰海牙核安全峰会上的讲话》,载外交部网:http://www.fmprc.gov.cn/mfa_chn/ziliao_611306/z yjh_611308/t1140457.shtml.

[5] See Stoiber, Carlton, Cherf, Abdelmadjid, etc., *Handbook on Nuclear Law: Implementing Legislation*, the IAEA in Austria, 2010, STI/PUB/1456, p. 9.

《原子能控制法》,1953年澳大利亚的《原子能法》,1955年日本的《原子能基本法》,1958年韩国的《原子能法》,1959年德国的《原子能法》[1]及1962年印度的《原子能法》等。但自20世纪70年代以后,国际社会使用“原子能”一词越来越少,它在一般情况下被“核能”所替代,有关国家立法或多数国际协议或条约中几乎很少用“原子能”一词。如立法方面,除了匈牙利、俄罗斯、波兰、白俄罗斯及孟加拉国(匈牙利1986年制定的核能基本法名称为《原子能法》、俄罗斯1995年制定的为《原子能利用法》[2]、波兰2000年制定《原子能法》、白俄罗斯2008年制定《原子能使用法》、孟加拉国2012年制定了《原子能规制法》),多数国家在20世纪70年代后核能基本法的立法名称都采用核能法之称谓。这方面的例子有:挪威1972年制定的《核能活动法》,芬兰1987年制定的《芬兰核能法》(取代20世纪50年代的《原子能法》),[3]爱尔兰1991年用《辐射保护法》替代1971年的《原子能法》,捷克1997年制定的《核能与电离辐射和平利用法》,加拿大用2000年生效的《核安全和控制法》取代1946年的《原子能控制法》,2006年法国制定的《核领域透明与安全法》(核透明和安全法),立陶宛2011年制定的《核能法》[4],韩国2011年将其原先的《原子能法》废除,改而制定《核促进法》与《核安全法》,而西班牙早在1964年制定的开发和控制核能的基本法律就已经率先使用《核能法》。[5]在所有有核能基本法的28个国家中,目前有6个国家继续使用“原子能法”,即美国、英国、日本、印度、德国、澳大利亚。后来制定核能基本法的22个国家中,只有匈牙利等5个国家使用“原子能法”(其中4个是东欧转型国家,孟加拉国、白俄罗斯和波兰还没有核电使用),近80%的国家使用了核能法这一名称。有关国家基本法的名称及制定时间可以参见本书第1章第2节中的“表四:主要国家核能法制定概括”。

2. 国际条约用语的启示

核能使用的国际条约是核能基本法制定的重要依据,由此使核能基本法

---

〔1〕 For details, please see *Nuclear legislation in OECD countries*, http://www.oecd-nea.org/law/legislation/.

〔2〕 See 1986 Atomic Energy Act of Hungary (revised in 1996), http://www.oecd-nea.org/law/nlb/60-hungary.pdf.

〔3〕 See *Nuclear legislation in OECD countries - Finland*, http://www.oecd-nea.org/law/legislation/.

〔4〕 See Nuclear Law Bulletin No. 88 - Volume 2011/2, p. 88.

〔5〕 有关上述国家核能立法的具体内容和法律名称等详细内容参见 *Nuclear Legislation in OECD Countries*, http://www.oecd-nea.org/html/law/legislation。

的制定不能脱离核国际法方面的相关框架与约定。我们仔细比较、分析有关核国际条约后，发现它们的名称中，更是鲜能见到“原子能”一词，除了与国际原子能机构相关的条约用“原子能”外，绝大多数的国际条约用的均是“核”一词（主要条约名称可参见本书第3章第1节）。如《核事故及早通知公约》《核事故或放射性紧急事件援助公约》《核材料实物保护公约》《核安全公约》《核损害民事责任维也纳公约》《海上核材料运输民事责任公约》《核损害补充赔偿公约》《核事故或辐射紧急情况援助公约》《不扩散核武器公约》和《制止核恐怖行为国际公约》等。[1] 近来在有关国际合作谈判中，用“原子能”一词的更为罕见，如2010年8月美国和越南就核能合作协定谈判展开磋商，阿根廷和巴西承诺推动两国双边核能领域合作，2011年3月法国沙特正式签署核能合作协议等中，使用的均是“核能”。当然对于1956年10月26日通过《国际原子能机构规约》而于1957年10月成立的国际原子能机构由于历史原因而在其名称中使用“原子能”一词，由于大家约定俗成仍沿用原先的名字无可厚非，当然，为了更为科学、合理起见，将该名称进行更新也并非不可能。

3. 规范对象：核能——本身的性质

就技术层面和核能量产生的过程而言，用“原子能”一词似乎也有不准确之嫌。因为核能量主要是因原子核发生裂变或聚变而产生，用核能（准确地说是“原子核能”）比用“原子能”更能精确反映其本质（不难理解为何我们称“原子能”是“原子核能”的俗称）。而且，就一般公众、媒体及学术用语目前现实而言，多年来“原子能”似乎离我们越来越远，公众对核能的理解、接受和使用程度远甚于“原子能”。由于特定的历史背景，使“原子能”与“原子弹”等有着千丝万缕的联系，“原子能”让人们容易将其与军事目的或军工挂起钩来。实际上，我们今天提到的核能更多的是涉及民用事业，与百姓生活（最常见的如医疗上的放射透视等）密切相关。因此，如果该方面的基本法还沿用《原子能法》，似与时不宜，未能做到与时俱进，也不利于将来的实施与执行。

比较有意思的是，2010年，国际原子能机构（IAEA）颁布的《核法律手册》专门针对立法“名称”做了一个说明（这是2003年《核法律手册》中所没有的）。它认为，“原子能”一词主要在核能出现或利用的早期使用，这是历史因素造成的；从科学的角度而言，电离辐射是原子核发生反应而导致的，所以用“核”术语看上去更为精确和切合当下情况。当然，使用何名，并不影响该部

---

[1] See *Treaties under IAEA's Auspices*, http://ola.iaea.org/OLA/treaties/multi.asp.

法律的本质,只是体现出各国立法者的偏好而已。[1] 但如果考虑到实施效果,我们认为,在中国还是会有所区别的,因为核能在中国民用领域发展已经经历了20多年,一般民众已经熟悉了核能,而对于原子能的认知和理解可能还相对陌生。

4. 中国未来立法体系的考量

此外,还要考虑核能基本法与其他核能方面相关专门法律之间的关系:这些法律名称与核能基本法是否协调和统一?中国已经加入了诸多核能方面的国际条约(具体情况见第2章),在构建和完善核能方面的法律框架、体系时,相关条约的名称和内容必将成为我们参考的重要内容。前文已经分析,诸多的国际条约均是采用"核"或"核能"一词,中国已经加入民用核能方面的6个主要条约,将来也可能会加入诸如核民事责任方面的条约。而这些条约多要通过国内立法加以实施。因此,对核能使用相关领域的具体立法只是时间问题。如果通过的基本法采用的名称是《原子能法》,而其他法律使用的是"核能"或"核"等,则从语义上看似乎有些不协调,如已经制定的《核安全法》、将来可能制定的《核责任法》《核损害赔偿法》《核能促进法》《核材料管理法》等。因此,从未来立法的逻辑性和承继性角度看,用《核能法》称谓代替《原子能法》更为合理。

基于以上分析,我们认为,"原子能"是特定历史时期的产物与时代的称谓,随着时代的发展,考虑到多数国家的立法实践及国际条约中的用语,我国正在起草的核能领域的基本法名称用"核能法"或"核能基本法"比用"原子能法" 更为准确,也能符合时代发展的趋势和要求。

二、核能基本法的法律框架

《核法律手册》(2003年)认为,核法律目标是为以充分保护个人、财产和环境方式从事与核能和电离辐射相关的活动提供一个法律框架。[2] 显然核能基本法的主要职能是提供法律框架,而非具体细节,即与核能活动相关的方方面面。因此,关于核能利用立法架构,我们主张在参考IAEA建议、有关国家经验和我国已有研究的基础上来确定,但不要一开始就决定制定一个大而

---

〔1〕 See Stoiber, Carlton, Cherf, Abdelmadjid, etc., *Handbook on Nuclear Law: Implementing Legislation*, The IAEA in Austria, 2010, STI/PUB/1456, p. 10.

〔2〕 See Stoiber, Carlton, Cherf, Abdelmadjid, etc., *Handbook on Nuclear Law: Implementing Legislation*, The IAEA in Austria, August 2003, STI/PUB/1160, p. 5.

全的法律,而将基本法集中于核能发展最主要问题方面。

(一)IAEA《核法律手册》论述的框架

2003 年和 2010 年《核法律手册》均认为一部综合性的核法律框架可以包括除法律名称以外的以下内容:(1)立法目的或宗旨;(2)法律调整范围;(3)关键术语定义;(4)主管机构;(5)授权或批准(如许可、准许运营等);(6)审查或审核;(7)执行;(8)被许可人、运营者和使用者责任;(9)有关核领域的具体章节,包括:辐射防护,辐射源和放射性材料,核设施和核退役或核电厂关闭安全,应急准备和反应,核原料的开采及冶炼,放射性材料的运输,放射性废料和乏燃料,核责任及范围,保障条款,进出口管制,核安全与实物保护及最终条款(生效日期、修改和废除等)。[1] 但同时,它们也指出:上述框架只供参考,因为没有放之四海而皆准的立法框架。核法律必须适合本国国情,切合本国的法律体系、结构并反映本国核项目发展的方向和水平。尽管各国法律体系有不同要求,但在核领域,各国间立法框架达成最大限度的协调和一致会带来实质利益,特别是涉及与公共安全和安稳工作特定风险(包括具有跨境性质的风险)相关的领域,及不同国家间材料和技术广泛转移领域等。

(二)日本、韩国核能立法经验[2]

早期一些国家通过的原子能法或核能法,多数是条款相对较少,内容相对简明扼要。这方面日本是一个典型。日本 1955 年颁布、2004 年修改后的《原子能法》,也就 21 条,再加上 6 个补充性规定,即 1956 年的生效条款及 1967 年、1978 年、1998 年、1999 年和 2004 年的 5 次修正。其法律正文的基本框架如下:共 9 章,分别是一般规定(第 1 - 3 条,目的、基本政策和定义)、原子能委员会和核安全委员会(第 4 - 6 条,建立、职责、组织、运营和权限)、原子能开发机构(第 7 条,日本原子能机构)、与核能相关的材料的开发和获取(第 8 - 11 条,采矿法的特别规定、购买命令和转让命令、核源材料的控制及财政

---

〔1〕 See Stoiber, Carlton, Cherf, Abdelmadjid, etc., *Handbook on Nuclear Law: Implementing Legislation*, the IAEA in Austria, the IAEA in Austria, August 2003, STI/PUB/1160, p. 17; Stoiber, Carlton, Cherf, Abdelmadjid, etc., *Handbook on Nuclear Law: Implementing Legislation*, The IAEA in Austria, 2010, STI/PUB/1456, p. 5.

〔2〕 日本福岛核辐射事件的直接和主要原因是地震和海啸,但也有部分人为因素;不过,这些人为因素并非立法问题,而是执法有瑕疵,未能依法办事。如有关设备超龄服役、有关监管活动由东京电力公司进行自我监管等,这些都是不符合日本有关核能安全使用、有效监管等法律规定的。参见《日本核电站存在设计漏洞"七分天灾三分人祸"》,载法制晚报 2011 年 3 月 21 日。

激励等)、核燃料的控制(第 12 - 13 条,核燃料的规制及和核燃料转让的命令)、反应堆的控制(第 14 - 16 条,核反应堆建造的规制、转让和再造、重新选址的规制等)、专利发明等措施(第 17 - 19 条,专利法中的措施、限制转让和财政激励等)、辐射危险的防护(第 20 条)和赔偿(第 21 条)。[1]

韩国原先的原子能法被分为核安全法和韩国核能促进法两部分,因此可以将它们合在一起视为核能基本法,它们的侧重点不同,前者侧重于“安全”,而后者偏向于安全之外的其他宏观事宜,因此其规定的内容相对比较简单和原则。它共有 6 章 23 条。各章如下:第 1 章总则(2 条,目的:在于提供与核能的研究、发展、生产及使用相关的事项,通过促进学术研究以及工业进步,来提升人民生活水平以及福利水平;相关词语的解释);第 2 章原子能委员会(主管机关之一,共 6 条,规定委员会的性质、职能、组成、适格成员任期及运行等);第 3 章核能推广、研究及发展等综合计划的制订及实行(本法的核心部分,共 8 条,规定了核能推广综合性计划的制订、综合性计划的执行、核能研究及发展机构、核能研究及发展项目的推广、核能研究及发展项目的费用分担、强制征收、专利补贴的支付、实际情况的调查)等内容;第 4 章核能研究及发展基金(共 3 条,分别规定了核能研究及发展基金的建立、基金会的管理及运行、基金的使用等内容);第 5 章补充条款(共 2 条,规定了机密性、在核能使用方面对公务人员的津贴的内容)及第 6 章惩罚条款(共 2 条,惩罚条款和行政处罚)。

(三)我国学者目前的建议框架

20 世纪 90 年代末,有学者在综合各国原子能立法大致情况的基础上,指出核能规范的领域主要有 4 个方面。(1)原子能利用:核设施设计、建造、运行、反应堆监督管理、辐射防护等;(2)核材料管理:开采、冶炼、运输、持有、贸易等;(3)核技术研究和人员培训;(4)有关上述各项的国际合作。[2] 这可以看作其所认为的核能法最简洁的法律框架。

2011 年,有学者从我国核行业协会《原子能立法草案》研究小组提供的资料中提炼如下内容:《原子能法》的调整范围可包括铀矿地质的勘察和采冶、核材料的管制、核设施的管理、核技术应用的管理、放射性废物的管理、核安全的管理、核应急的管理、核损害赔偿的管理以及核进出口管理等。并在分析有

---

〔1〕 For details, see *Atomic Energy Basic Act* (Act No. 186 of 1955, Latest Revision: Act No. 155 of December 3, 2004), http://www.nsc.go.jp/NSCenglish/documents/laws.htm.

〔2〕 参见陈俊:《我国核法律制度研究基本问题初探》,载《中国法学》1998 年第 6 期。

关资料中得出：狭义的原子能法是指各国用于指导原子能和平利用的基本法，涉及产业链的两端，包括铀矿的开采、冶炼、加工、核燃料生产、核设施的设计建造、核废料的处理以至核事故治理及损害赔偿等领域的法律规范。但他通过自己的比较研究认为，原子能法是我国境内所进行的原子能研究、开发和利用活动的基本法律规范的总和，主要调整范围含：(1)核原料及核材料的管理；(2)核设施管理与核安全；(3)核技术的研究开发；(4)辐射防护和环境保护；(5)核废料处置；(6)应急措施；(7)核损害赔偿责任和保险。[1] 这些观点均很有价值，体现了学者们对我国核能法基本框架的可贵探索。

(四)本书的观点

迫于核能发展的需要及我国目前立法的现状，先制定一部涉及核能发展重大问题的基本法即可，它无须面面俱到；否则起不到统领作用，同时也使该法律的酝酿、通过会耗费很长时间，不利于核事业的发展。参照IAEA的2003年和2010年的《核法律手册》及多数国家的立法模式，结合我国的立法经验、已有的立法内容及加入的有关国际条约，贯彻3S理念，将已有的有关规定进行提炼，制定一部框架性的核能法，让现有的与核能相关的法律法规和将制定的法律法规"群龙有首"，既务实又很有效。

就我国立法框架而言，在比较《核法律手册》(2003年和2010年)与日本的立法及学者已有研究的基础上，我们不妨将核能法的框架设定如下：总则(含目的、定义、原则、调整范围)、核能主管机关、核活动的批准、核能研发、核电厂及其他核设施的建造和运营(含它们的建造、运营和核研究反应堆的建造和运营及相关行为人的责任)、核反应堆和相关设备的制造等(含相关行为人的责任)、核燃料循环企业和核材料的使用等(含相关行为人的责任)、放射性同位素和发射产生装置、核材料与核废料的处置与运输、核活动检查管理和监督、惩罚规定、其他规定和附则等部分。至于核燃料的勘察、开采、冶炼及运输的管理等具体规定，不宜放到核能基本法中，但可以做出非常原则的规定，详细内容由《矿产资源法》《交通运输法》予以明确；关于核损害赔偿责任，核基本法中可以有原则性规定，详细内容由单行法给予明确。

具体立法运作，也并非一切从头开始。实际上我国现在制定核能基本法等于在补课，因为核能民用已经走过20多个年头，不论在实际运作还是在立法经验上，已有一定的积累，现在要做的主要是在已有的立法基础上，提炼、协调、补充。即提炼是将目前已有行政法规甚至部门规章规定的某些内容上升

---

[1] 参见赵威：《原子能立法研究》，载《法学杂志》2011年第9期。

到核能基本法的层面；协调是将有关法律中规定的与核事业发展有关的内容，通过核能法将它们与其关系进行规范、援引，通过该法中特定条款加以适用，而无须重复立法；补充就是指将现有法律中对核事业发展尚未规定的，或虽有规定但过于原则或简单的，通过核能法加以明确界定并指明通过单行法细化，如核安全、核损害责任方面的规定等。这样首先要做的工作就是对有关核事业发展的法律法规进行研究、甄别和分析，然后结合现在核事业发展状况及其趋势，完成核事业的基本立法。

现在多数国家的核能基本法只规定核能的民用事宜，至于军用方面通常由其他法律另行规定。我们可以在基本法中通过条文明确另行立法或授权有关军事机关就核能军用事宜立法。除了采矿、运输、法律责任外，核活动和核技术还涉及很多领域，如环境保护、产业安全、土地使用规划、行政程序、政府伦理及电费规定等[1]，而不同的选择可能会产生不同的法律及其适用的主体。核能基本法不可能对这些问题全部作出规定，但可以在其中作出一些衔接性的原则规定，具体调整规范由其他相关法律加以明确。这样在核能方面有一个主干法，其他法律与其相补充。这种做法也是多数国家的做法，如美国[2]、日本等国的立法就是例子。

因此，在核能利用立法步骤方面，我们主张不能贪多，不要一开始就试图制定一个大而全的法律，而将精力集中于该法律体系的核心——解决核能发展最主要问题的核能法的制定上，并使其具有权威性、稳定性、指导性和全局性等特点，让现有的与核能相关的法律法规和将制定的法律法规“群龙有首”。实际上，早期一些国家制定的原子能法，多数条款也相对较少，内容相对简单，如日本1955年的《原子能法》，至2004年修改后，共21条，加上后来修正的6个补充性条款。[3]

作为核领域基本法的《核能法》应更多地去解决核行业发展的共性或典型问题，比如核原料、核材料物质管制监管制度，核设施管制制度、准入机制

---

[1] See Stoiber, Carlton, Cherf, Abdelmadjid, etc., *Handbook on Nuclear Law: Implementing Legislation*, The IAEA in Austria, August 2003, STI/PUB/1160, p. 4.

[2] 美国民用核材料和核设施的基本法是《1954年原子能法》(后经多次修改)。以其为核心，其他单行法律有《1982年核废物政策法》《1985年低水平辐射废物政策修正法案》《1978年铀尾矿辐射控制法》《1978年核不扩散法》等。此外，《1974年能源重组法》《行政程序法》(第5章至第8章)及《国家环境政策法》等也对核能作出相关规定。See Governing Legislation, http://www.nrc.gov/about-nrc/governing-laws.html.

[3] See *Atomic Energy Basic Act*, Act No. 186 of 1955 (Latest Revision: Act No. 155 of December 3, 2004).

(以许可制度为核心)及核电站的建设、运营和管理,放射性物质运输、放射性废物和过期核电站管理制度,核保安问题,辐射防护制度,核损害赔偿制度以及法律责任制度(许可证持有人或相关运营人的法律责任制度),重点放在安全、管制、防护、管理、授权与许可、应急措施及处罚等方面。有人建议核规划制度也应纳入基本法之中,[1]我们认为目前如果将其详细内容纳入基本法之中,会使基本法的内容过于庞杂,不利于通过。如果要涉及该方面内容的话,可以在核能法中做原则性规定,具体内容留待将来专门制定《核能发展法》。至于责任和保险可以有原则性规定,具体条文另行制定专门的核责任和保险法。由于核损害责任变得越来越重要,我国可以借鉴多数国家单独制定《核损害责任法》的经验,在现有立法基础上,另行制定核责任法,[2]但在基本法中有原则性的规定。这样既降低核能基本法通过的难度(内容少,分歧也会少),又能使万一有受到核事故损害的案例发生,该法与民事法律等有关规定可以为有关当事人提供一定的救济。[3] 而且,将核燃料的勘察、开采、冶炼的管理等放到核能基本法中,似有不妥,如果规定,我们认为也只是非常原则的,具体内容等放到《矿产资源法》等中更为恰当,只是对此类勘察等活动有特别之处的给予特别规定而已。

关于核能法的基本框架,不妨可作如下设定:总则(含目的、定义、原

〔1〕 核规划制度是指对核能开发利用的重大项目,由政府主管部门统筹安排,合理进行,包括核能矿产勘探开采的规划、核电发展规划、核废物处置规划,也即从核能利用的最初矿产勘探开发到最终核废料的处置均应当列入国家规划,有计划、分步骤地实施。参见黄锡生等:《中国核能利用立法现状及前瞻》,载《绿叶》2011 年第 4 期。

〔2〕 作为核安全重要保障的核责任法是核能基本法之外另外一个十分重要的法律,国际社会一直给予高度关注,并先后通过了 5 个条约或议定书(含 1963 年《核损害民事责任维也纳公约》、1997 年《核损害补偿责任公约》及《维也纳公约修正议定书》、1960 年通过并分别于 1964 年、1982 年和 2004 年修改的《核能领域第三方责任巴黎公约》及 1988 年《与适用维也纳公约和巴黎公约相关的联合议定书》)。福岛核事件后,IAEA 下的国际核责任专家组(INLEX)于 2012 年提出的"便于全球建立核责任制度的建议"中要求"所有有核设施的成员国应当通过与核责任国际条约规定的原则或内容相一致且吸纳公认最佳实践的国内法"。See "IAEA Action Plan on Nuclear Safety - Nuclear Liability", at http://ola.iaea.org/ola/documents/ActionPlan.pdf.

〔3〕 有学者建议在核能基本法下,可以制定《核物料法》《核设施法》《核应急法》及《核损害赔偿法》等下位单行法[参见邓禾:《中国核能安全保障法律制度与体系研究》,载《重庆大学学报》(社会科学版)2012 年第 2 期],有一定的道理,但它们在基本法制定之后制定,也许更为合理。

则——以安全为首要的基本原则[1]、调整范围)、核能主管机关、核活动的批准、核能研发、核电厂及其他核设施的建造和运营(含它们的建造、运营和核研究反应堆的建造和运营及相关行为人的责任)、核反应堆和相关设备的制造等(含相关行为人的责任)、核燃料循环企业和核材料的使用等(含相关行为人的责任)、放射性同位素和发射产生装置、核材料与核废料的处置与运输、核活动检查管理和监督(含公众监督[2],由于公众最为关心的核安全问题,故《核安全法》中专门规定的公众参与内容,[3]我们认为是适当的,对此,核能基本法可以不做规定)、惩罚规定、其他规定和附则等部分。

第四节 中国核能运用的主管部门

一、中国核能运用主管部门概述

核能主管部门问题,是核能发展中十分重要的议题,它直接关系到核能运转的效率、安全、对环境和人民生命健康的保护等。因此,在 IAEA 相关的官网上介绍各国核能发展状况(如"各国核电概况")时,将各国的主管机关放在突出的位置(置于法律规范之前)。[4] 根据《核法律手册》及多数国家的立法经验,完善其规范相对容易的做法,就是在核能基本法中,明确主管的部门及其职责。除了明晰不同部门之间的关系外,主管部门应是一个独立于核电企业、环保部和其他部委并直接对国务院负责的监管部门,它应该具有较强的独立性,享有授权核电项目审批权、执行权、监管督查权,并且在核能法中明确规

〔1〕 中国核能发展的政策一直是"和平利用""安全第一"。2015 年 1 月 14 日,国家核安全局、国家能源局和国防科工局联合发布《核安全文化政策声明》重在推动全行业核安全文化培育与发展;它指出,中国奉行"理性、协调、并进"的核安全观,其内涵核心为"四个并重",即"发展和安全并重、权利和义务并重、自主和协作并重、治标和治本并重",它是现阶段中国倡导的核安全文化的核心价值观,是国际社会和中国核安全发展经验的总结(具体内容参见《中国环境报》2015 年 1 月 23 日)。但仅有政策、声明等是不够的,还必须将其体现在法律之中。特别是在中国在"一带一路"建设中,要将自己的核电技术推销出去(参见《国务院关于加快培育外贸竞争新优势的若干意见》国发〔2015〕9 号),有更为规范的法律制度,更利于核电技术的海外贸易。

〔2〕 至于公众监督的形式,可以探讨。有人建议:在核电站所在地设立核电安全监督委员会,其性质是群众团体性质。委员会组成人员可以包括政府代表、企业代表、公众代表以及有关利害关系人等,但当地普通公众代表名额必须占 70% 以上;形式:包括定期查看运行数据、听取汇报、实地考察、走访周边群众、调阅历史档案、媒体合作等。参见王少华:《我国核法律体系缺什么?》,载《中国核工业》2012 年第 1 期。

〔3〕 参见《核安全法》(2017 年)第 63 - 69 条。

〔4〕 See Country Nuclear Power Profiles, https://cnpp.iaea.org/pages/index.htm.

定其具体的职责权限。通过制定基本法，明确政府各部门的职责分工和政府与企业单位的权利，加强核设施安全监管的有效性。根据2017年国际原子能机构的《确保安全的政府、法律和监管框架》之规定，监管机构必须是一个独立的机构，即政府必须确保监管机构在安全相关决策上的有效独立，并确保监管机 构与拥有可能不适当地影响其决策之职责或利益的实体在职能上分离。[1]全球核安全监管框架的目标之一是加强成员国监管机构的透明度、开放性、独立性、技术能力或资质和有效性等。

在核能这样一个高风险、高技术行业，其发展之初，就应该有一部基本法来对它的发展进行规范、指导，减少失误和危险的发生。但现在我国还没有这样一部基本法。通过立法来明确各个部门之间的职责界限，并由法律强制力来保障。以防出事时，大家都推脱责任。目前核能基本法（现在起草小组用的是"原子能法"）起草小组由工信部牵头，环保部、国防科工局（工信部）、发改委（国家能源局）等相关部委参加组成，说明将来这部法律的实施及核能主管部门在它们当中产生，或由它们分工负责。有学者建议核能的主管部门由发改委下的国家能源局担当。[2] 从"能源"一词的角度看，不无道理，但在实际操作中会有一定的困难，如核电厂的运作、核材料的运输和废弃物的处理等也由能源局主管的话，不太现实，其管理的难度、技术要求以及核损害造成的威胁远不同于煤炭、石油等传统能源，主管部门就不同的内容可分别由工信部和发改委进行明确分工，其他部门配合。

二、中国目前核能利用主管部门规定方面的现状[3]

中国目前在核能利用主管部门方面，没有统一的核能基本法的法律规定，主要由国务院的行政法规或相关部门的规章来明确核能主管部门事宜。当下，涉及核能利用的管理部门有：国家工业和信息化部管理的国家原子能机构和国防科技工业局、国家发展和改革委员会管理的国家能源局[4]、生态环境部国家核安全局、国家卫生健康委员会和公安部等多个部门。

国家原子能机构和国防科技工业局担当核能方面的主要管理和监查责任。国家原子能机构主要负责：研究和拟定中国和平利用原子能事业的政策

[1] See IAEA, Governmental, Legal and Regulatory Framework for Safety(2016), p.6.

[2] 参见黄锡生等：《中国核能利用立法现状及前瞻》，载《绿叶》2011年第4期。

[3] 也可参见本书第2章的相关部分。

[4] 它们被称为"国务院部委管理的国家局"，参见《国务院关于部委管理的国家局设置的通知》（国发〔2008〕12号）。

和法规；研究制定中国和平利用原子能事业的发展规划、计划和行业标准；中国和平利用核能重大科研项目的组织论证、立项审批、负责监督、协调重大核能科研项目的执行；实施核材料管制，实施核出口审查和管理；核领域政府间及国际组织间交流与合作，代表中国政府参加国际原子能机构及其活动；牵头组织国家核事故协调委员会，负责研究制定国家核事故应急计划并组织实施。[1] 而国防科工委负责：拟订核、航天等的生产和技术政策、发展规划、实施行业管理；负责组织管理国防科技工业的对外交流与国际合作；以中国国家原子能机构（CAEA）的名义组织协调政府和国际组织间原子能方面的交流与合作。[2] 能源局的主要职责有：拟订能源发展战略、规划和政策，提出相关体制改革建议；实施对石油、天然气、煤炭、电力等能源的管理；提出发展新能源和能源行业节能的政策措施；开展能源国际合作。核能作为新能源的主要部分，上述管理自然将其包括在内。具体而言它负责核电管理，拟订核电发展规划、准入条件、技术标准并组织实施，提出核电布局和重大项目审核意见，组织协调和指导核电科研工作，组织核电厂的核事故应急管理工作。[3] 可以看出上述有关机构的职责有重合之处。

生态环境部国家核安全局主要负责核安全、辐射安全及辐射环境保护的监管方面的工作。根据规定，它负责核安全（核设施、核安全设备的许可、设计、制造、安装和无损检验活动、进口核安全设备的安全检验、核材料管制与实物保护）和辐射安全（核技术利用项目、铀、钍矿和伴生放射性矿的辐射安全和辐射环境保护、放射性废物处理、处置的安全和辐射环境的保护、放射性污染防治、放射性物品运输安全、输变电设施及线路、信号台站等电磁辐射装置和电磁辐射环境的监督管理、核与辐射应急响应和调查处理）的统一监督管理；负责贮存、处置放射性固体废物的许可等。它还需拟定核安全、辐射安全、电磁辐射、辐射环境保护、核与辐射事故应急有关的政策、规划、法律、行政法规、部门规章、制度、标准和规范等，并组织实施。然而，实际上当我们再去分析包括卫生行政主管部门、公安部门及安全生产行政主管部门在内的其他部门的有关监管活动时，可以发现，它们对核安全和辐射防护也在一定范围内有职权或职责参与，如对放射工作的许可由卫生、公安部门审管等。

这样，核能安全监管体制面临多头监管、部门职能分配重叠、权力过于分

---

[1] 中华人民共和国国家原子能机构，http://baike.baidu.com/view/867984.htm。

[2] 中华人民共和国国家国防科技工业局，http://baike.baidu.com/view/1762638.htm。

[3] 国家能源局，http://baike.baidu.com/view/1687128.htm。

散等问题,[1]不利于对核能利用整个过程的持续、有效监管,其潜在的危险是由于存在部门利益且难以平衡,有利益的环节或事项争着管,吃力不讨好、风险责任难度大的领域可能极力避开,这样会为监管留下漏洞和死角。一旦发生核污染,就会相互推诿,降低监管效力,延误时机,带来更多损害,甚至无法追究有关当事人责任。

三、有关发达国家对核能利用主管部门的规定

根据《核法律手册》及多数国家的立法经验,在核能基本法中,都会明确主管的部门及其职责,并特别强调其在监管及相关决策过程中具有独立性,不受任何实体、政府或非政府机构的不正当影响。[2] 加拿大根据其《核安全和控制法》的规定,成立了加拿大核安全委员会,为主管部门(联邦层面与地方层面),其主要职责是规制:核能的开发、生产和运用;出于防止对环境、人的健康与安全和国家安全而带来不合理风险的核物质、规定的设备和信息的生产、拥有和使用;履行加拿大在核不扩散、保障措施和安全方面的承诺等。该委员会在制定有关涉及核能或核材料、核设备或核技术及其他指定的物质的进出口、运输的规范方面享有广泛的授权。法国根据《核透明和安全法》,专门设立了具有较强独立性的核安全局,主管法国国内的核能事宜,甚至它可以制定法律框架。[3] 芬兰法律规定,其贸易产业部是核事业的最高管理和控制部门,而辐射和核安全局主管核安全与颁发许可执照等事宜,政府任命的核能咨询委员会就核能利用决策方面的事宜提供咨询并与贸易产业部一道准备。[4]

这里有必要着重介绍日本的核能主管机构的设置,它对中国也许有较强的借鉴意义。

---

〔1〕 参见赵威:《原子能立法研究》,载《法学杂志》2011 年第 10 期。

〔2〕 做到"独立",必须符合 6 个条件:监管与非监管功能的制度性分离,监管官员的固定任期,对剔除政治背景监管人员的限制,主管部门独立的财政预算和雇员录用权,向没有职责冲突的官员或组织负责,与出版、媒体及公众的接触不受限制等。See Stoiber, Carlton, Cherf, Abdelmadjid, etc., *Handbook on Nuclear Law: Implementing Legislation*, The IAEA in Austria, 2010, STI/PUB/1456, pp. 25 – 26.

〔3〕 See *Nuclear Legislation in OECD Countries—Regulatory and Institutional Framework for Nuclear Activities – France*, 2011, , p. 3, http://www. oecd – nea. org/html/law/legislation/france. pdf.

〔4〕 See Articles 54 – 56 of Finland Nuclear Energy Act, 990/1987; amendments up to 342/2008 included.

日本根据核能活动的性质不同，分别由不同部进行管理。[1] 其主管部门主要有经济贸易产业部、教育文化体育科技部（MEXT）及土地基础设施和运输部（MLIT）。经贸产业部负责确保稳定有效的能源供给及核能的利用，包括核技术发展和政策制定等；它还被授权管理安全规制及核能利用许可事宜，即采矿与提炼、核燃料制作、核电生产、乏燃料再加工与储存及辐射废弃物的处置等。它下面设有自然资源和能源局、核与产业安全局和核废弃物管理组织等，它们具体负责各自权限范围内的事宜。MEXT 负责核能方面的科技事宜，包括政策制定、核技术开发、管理研究反应堆的安全规范、辐射危险防范、核材料使用和运输（源自核燃料循环设施和核电厂的材料除外）、放射性同位素的使用、储存和运输及核能的和平使用（保障）等；它还负责第三方责任事宜。其下设的科技政策局管理核规范事宜，该局分为政策、研究与协调、基础设施政策、核安全、规划与评估及国际科技事务 6 个处；这 6 个处分别负责与核能发展相关的各方面事宜。MLIT 主要负责所有放射性材料的运输问题，不论采用何种运输方式。

日本的核咨询机构有原子能委员会、核安全委员会、辐射理事会、能源政策特别委员会和其他咨询机构。这里主要介绍前两个。原子能委员会的作用很大，不隶属于哪个“省”（类似于中国的部委），而是对日本内阁总理大臣直接负责，它不仅有监管的职责，还有审批的职责；它负责核能的开发和利用，可能影响到政府的政策与法规制定，其可以针对以下问题提出建议：原子能利用政策、协调涉及核活动不同部门之间的关系、处理核燃料和核反应堆（安全问题除外）规范的内容、推动核能研究、培训核能领域专家与技术人员的政策、搜集数据、统计准备和核能利用的研究等。核安全委员会负责核安全和健康保护，其主要职能有：界定核能安全利用的规制政策；颁发核燃料、源材料及核反应堆的安全指南；颁发源自核能使用和电离辐射危险的防范指南及提出它认为适宜的任何辐射安全方面的其他建议；它同时还协助有关部门（如许可局）在颁发相关许可证方面的事宜，确认在安全和辐射保护方面无问题。[2]

实际效果证明日本在核能管理和利用方面，成就还是较为突出的。日本

---

〔1〕 See *Nuclear Legislation in OECD Countries—Regulatory and Institutional Framework for Nuclear Activities - Canada*, 2009, p. 4, http://www.oecd-nea.org/html/law/legislation/canada.pdf.

〔2〕 See *Nuclear Legislation in OECD Countries—Regulatory and Institutional Framework for Nuclear Activities - Japan*, 2011, pp. 13 - 16, http://www.oecd-nea.org/html/law/legislation/japan.pdf.

于1966年开始利用核电,至今拥有的核电机组分别为50个,[1]发电量为280万亿瓦时(排名世界第三),占本国发电总量的32.7%。[2] 尽管福岛核辐射事件的直接原因是地震和海啸,但其中也暴露了日本在核电监管方面存在的重大缺陷是:如核活动特别是核事故信息披露不充分,这是由于立法不足导致的。[3] 而对于核电厂检查由东京电力公司自身对核电厂运营进行自身检查,容易出现数据作假现象,核电机组超期服役,增加事故发生的概率和损害程度,这些是由未能严格依法进行监管导致的。总体上,日本核能利用方面的监管还是有很多值得我们借鉴的,而福岛事故的教训也为我们明确主管机关及其职能提供了有益思考。

在韩国,与核相关的活动根据情况主要由原子能委员会、教育科技部或知识经济部组织和监督,有时是三方联合行动。后两个部门由特设部门与公共或准公共性质的技术团体构成。研究方面,韩国原子能研究机构起主导作用。教育科技部是主要的主管部门,其主要职责是实施除了明确由知识经济部和原子能委员会管辖的事情之外的原子能法,其职责主要有:制定促进科技项目的基本政策;协调负责制定与核能相关的政策的各部门间管辖;举办高素质科学家和工程师培训项目;资助国家研究中心和政府内的附属研究机构;促进国际技术合作,确保科技进步的理想环境。具体核能方面的事宜由其下设的核能源局来落实,该局分为核政策处、原子能国际合作处、核安全处及辐射安全处等,具体负责相关领域的事宜。知识经济部的职责是根据原子能委员会的建议提出与能源生产和资源利用相关的一般政策,其职责由一系列的保护资源及确保能源合理使用的活动来完成。具体说,它界定与核能发展项目相关的基本政策,监督核电厂的能源生产。其下设的电力办公室含核电处,该处负责制定核电厂发展的基本政策,监督控制核电厂的建造与运营,控制核燃料的供需及协调与辐射废物及乏燃料处理相关的事宜。

原先韩国重要的咨询性机构之一是原子能委员会,其主要职责有:规划核能和平利用的一般政策,协调相关行政部门的关系,核能领域有资格实体的花费估算和分配,推动核能利用方面的研发活动,培训研究人员与工程师,采取与辐射废弃物管理相关的措施及其他由主席提交给委员会并被视为重要的其

---

〔1〕 See *Nuclear Power Plants Information*, http://www.iaea.org/cgi-bin/db.page.pl/pris.oprconst.htm.

〔2〕 See The International Energy Agency, 2011 *Key World Energy STATISTICS*, at http://www.iea.org/textbase/nppdf/free/2011/key_world_energy_stats.pdf, pp. 16-17.

〔3〕 参见《日本核电站存在设计漏洞“七分天灾三分人祸”》,载《法制晚报》2011年3月21日。

他事情。另一咨询机构是韩国核能安全机构，主要职责是辅助政府在许可和管理活动方面（特别是涉及公共健康与环境保护问题）做些工作，主要活动有：安全审查与核装置评估，核装置检查，管理与技术标准的研发，放射性同位素与电离辐射源的规制及规制政策完善的技术支持等。[1] 2011 年之后，韩国核安全和安保委员会，具有较大职权，直接向总理负责，提高权威性和独立性。

从日韩两国的做法可以看出，一般情况下，核能的主管部门最好能由一个明晰的部门来承担主要管理和监督职能，但由于核技术的复杂性及其活动的多样性，涉及的部门不可能单一，往往又需要相关部门有所侧重的配合与合作。另外，正是由于核能活动的复杂性和跨部门性，建立高于各部门之上又有一定协调和监督实权的咨询机构，也就成为一种必然之举，也是国际原子能机构《核法律手册》所提倡的。[2] 所以，日本等国均采用了这种模式。建议建立一个独立于各部门之上、直接向国务院总理负责的监管委员会，既负有监管职责，同时又有相关项目的审核与批准权，当然对其权力也要负有相应的职责。[3] 通过立法，提高现有人员的素质的同时，扩充监管人员的队伍。

四、对中国核能利用主管部门的设想

如前所述，在中国，目前核能基本法（现在起草小组用的是“原子能法”）起草小组由工信部（国防科工局）牵头，环保部、发改委（国家能源局）等相关部委组成，说明将来这部法律的实施及核能主管部门在它们当中产生，或由它们分工负责。

如何确定核事业主管部门？最理想的情况是设立一个全能的独立机构，对核能事业进行全方位的监管，但这种情况难以实现，世界上也很少有国家采用这种模式。有学者建议核事业主管部门应由发改委能源局担当。这种观点虽有一定的合理性，[4]但就中国的实际情况而言，我们认为核能利用方面的监管由工信部担当核能事业的主管部门更为合理，并由其下设的原子能局或国防科工委负责核事业的具体事宜。理由如下：（1）发改委能源局主管全国

---

〔1〕 See Nuclear Legislation in OECD Countries—Regulatory and Institutional Framework for Nuclear Activities - Korea, 2009, pp. 13 - 18.

〔2〕 See Nuclear Legislation in OECD Countries—Regulatory and Institutional Framework for Nuclear Activities - Korea, 2009, pp. 32 - 33.

〔3〕 参见王少华：《我国核法律体系缺什么?》，载《中国核工业》2012 年第 1 期。

〔4〕 详细内容参见黄锡生等：《中国核能利用立法现状及前瞻》，载《绿叶》2011 年第 4 期。

能源发展上的宏观事宜，而根据中国发展规划，至2020年，核能也只占中国所有能源的4%左右，[1]该比例很低，让能源局主管这一比率的核事业，它是否有精力或时间对核能进行有效监管，是问题之一。(2)在核能利用过程中，能源局不可能对具体细节如核电厂运营进行监管。因为从职能划分上看，发改委的主要职责不是管细节或具体运作性的问题，它管宏观发展和政策制定如核技术研究、推广和战略规划等，[2]而核能在产业等领域的具体应用和运行一般由工信部(如同日本的经贸产业部)等实业管理部门[3]管理。

至于核安全监管方面的职责，我们认为仍由生态环境部国家核安全局履行，而且为加强核能安全利用的统一监管，可将国家卫生健康委员会、公安部等有关核辐射方面的安全管理和监管事宜划入环保部国家核安全局的职责范围内，使其与国家原子能机构和国防科工局在核安全利用方面构成核能监管的三驾马车。但工信部、环保部作为主管部门后，相关部门也应履行各自部门的职责，如能源局在核能发展的大政方针、政策和规划等方面负有责任，交通运输部对核材料安全运输负有一定职责等。

根据2003年国际原子能机构《核法律手册》确定的核法律的11项原则中的"独立性原则"就是要求主管部门在监管时做到"独立"。[4] 因此，除了明晰其与不同部门之间的协调、合作、互助关系外，中国的核能主管部门在监管方面应有相对独立的监管权，尤其是独立于核电企业或被许可核使用的有关实体及有关部委，就核安全和利用等重大事宜可直接对国务院负责，在监管方面享有授权核电项目审批权、执行权、监管督查权等及较强的自由裁量权，但这些必须在核能法中明确规定并细化。至于主管部门的具体监管职责，《核法律手册》罗列了28种，主要围绕安全和监管两项核心内容，从制定相关标准和法规到具体监查、评估、许可授权再到实施等不同角度进行了规定，[5]

---

[1] 参见国家发改委:《核电中长期发展规划(2005－2020年)》(2007年发布)。

[2] 其他国家的做法与此相似，如核技术研究与推广机构在美国隶属于能源部，在法国隶属于生态、能源、可持续发展与海洋部。参见彭峰:《中国原子能立法之思考》，载《上海大学学报》(社会科学版)2011年第6期。

[3] 韩国没有类似于中国工信部或日本的经贸产业部等类似机构(如果说有，也只有知识经济部较为接近)。其核能源局(注意非"能源局")虽设在教育科技部下，但具有一定的独立性。其设在教育科技部下的理由可能是因为核能利用方面的技术因素所致。

[4] See Stoiber, Carlton, Cherf, Abdelmadjid, etc., *Handbook on Nuclear Law: Implementing Legislation*, The IAEA in Austria, August 2003, STI/PUB/1160, pp. 9, 26－27.

[5] See Stoiber, Carlton, Cherf, Abdelmadjid, etc., *Handbook on Nuclear Law: Implementing Legislation*, The IAEA in Austria, 2010, STI/PUB/1456, pp. 30－32.

限于篇幅,不一一罗列。

此外,学习外国经验,为充分做到安全使用核能,可以设立核能利用与安全委员会等咨询机构,并赋予它们在规划、发展及安全决策方面一定的决策权,以最大可能地避免核事故或核损害的发生,减少核能利用带来的负面影响。

核能行业与一般行业的重大区别在于政府监管的突出作用。政府对核安全实施独立监督是核事业健康发展的重要保证,这在客观上要求其设立的核主管机构能够有效地专司其职。关于主管部门问题,根据 IAEA 颁布的 2003 年及 2010 年《核法律手册》及多数国家的立法经验,理论上立法相对容易些,就是在核能基本法中,明确规定核能的主管部门及其职责即可。除了明晰不同部门之间的关系外,主管部门应是一个独立于核电企业、环保部和其他部委并直接对国务院负责的监管部门,它应该具有较强的独立性,享有授权核电项目审批权、执行权、监管督查权,并且在核能法中明确规定其具体的职责权限。通过制定基本法,明确政府各部门的职责分工和政府与企业单位的权利,加强核设施安全监管的有效性。

我们认为,根据核能利用主管部门的变革及其职能的划分,在目前的体制下,核能利用主管部门根据不同的内容,可分别由工信部和环保部分担,并进行明确分工:如核能利用方面的管理和监督工作由前者的国家原子能机构或国防科工局承担;而核安全监管方面的职责,由后者的国家核安全局担当;其他有关部门进行配合,如发改委能源局管核能的宏观发展和政策制定如核技术研究、推广和战略规划等,[1]交通运输部对核材料的安全运输负有责任,等等。

我国一直以来以提高人民生活水平构建和谐社会为目标,坚持任何活动以"以人为本"为落脚点和指导,在核能方面的安全就具有特别重要的意义,因此立法必须以其为最高原则,既要保障本代人安全,也要保证子孙后代的安全。但安全原则的法律控制必须能反映出核活动和核实施的风险层级,以采取不同的应对措施。[2] 我国已经通过的《核安全法》较好地落实了安全这一最高原则。

---

〔1〕 其他国家的做法与此相似,如核技术研究与推广机构在美国隶属于能源部,在法国隶属于生态、能源、可持续发展与海洋部。参见彭峰:《我国原子能立法之思考》,载《上海大学学报》(社会科学版)2011 年第 6 期。

〔2〕 See International Nuclear Law: *History*, *Evolution and Outlook*(2010), OECD NEA No. 6934, p. 422, http://www.oecd-nea.org/law/isnl/10th/isnl-10th-anniversary.pdf.

为避免部门职责不明、相互推诿的事情,根据《核安全公约》的有关规定,借鉴韩国的做法设立一个独立的核安全监管机构,监督核安全方面的法律实施。该机构可以建立在目前核安全局的基础上,将其从环境保护部独立出来,成为核安全委员会,作为一个副部级单位,可以直接向总理负责(现在的国家核安全局,属于部委管理的国家局,其局长由环保部副部长兼任,也可以视为一个副部级单位,但其在环保部管理之下),然后明确其职责。它可以对国内核能研究和运用等活动进行集中监管,其下可以设立经过授权、委托的事业单位,加强研究或落实有关核安全方面的法律法规。

第五节 中国核能法律制度完善的其他方面

一、核责任法律制度的完善

我国没有加入相关的核责任法律条约,故从条约义务的角度来说,中国没有任何负担。然而,就核运营法律制度而言,核法律责任是其不可缺少的重要组成部分,特别是两次重大的核事故(1986 年切尔诺贝利核泄漏事故与 2011 年日本福岛核事故)对核法律责任的制度完善提出了迫切要求。然而,尽管核责任条约早在 20 世纪 60 年代就已经出现,但与核安全、核不扩散等条约相比,批准或加入它们的国家数量是较小的(具体情况参见第 3 章表一)。不过,不论是否加入这些条约,它们所确立的相关内容实际上为各国的核责任立法提供了重要参考(参阅第 3 章第 3 节),我国也不例外。

一般而言,核责任方面的制度的内容应该包括责任主体、归责原则、范围、程序、赔偿方式、国家补偿以及诉讼时效等。从目前的国际条约与有关国家的立法来看,责任主体主要是核运营人,这一点是通行做法。[1] 归责原则以无过错(严格责任)原则为主(如《维也纳核损害赔偿责任条约》规定核设施运营人的责任是绝对的;[2] 韩国《核责任法》规定:核运营商应当对核反应堆的操作等所造成的核事故损害负责,但国家间的武装冲突、战争、内战或暴乱中的核操作所造成的损害除外;核运营商间运输核燃料物质或其他受核燃料污染的物质从而导致的核损害须由作为核燃料物质发货人一方的核运营商负责,但若核运营商之间就核事故损害责任的问题达成特别约定,则适用该特别约定;除前述需要对核事故损害责任负责的核运营商以外,任何人无须对核损害

[1] See Article 2 of.

[2] See Article 4 of.

负责[1]），但如果第三方有过错，则第三方也应当承担相应责任，不过形式多是运营人通过追索权的方式（如韩国规定：若核损害是由第三方的故意作为或重大过失造成，那么依据本法第三条对核损害进行赔偿的核运营商保留向该第三方追索的权利[2]）要求第三方赔偿。对于赔偿范围，主要涉及的是赔偿数额该不该封顶，从现有条约中可以看出，其态度是明显的：即核设施运营人承担责任是有最高限额的（如前文提到的《核损害赔偿责任维也纳公约》的规定，韩国《核责任法》规定：核运营商对于每次核事故损害的责任范围限制在3亿特别提款权以内，除非核事故的发生是基于核运营商的故意或不作为，或者该运营商意图或已经意识到损害可能发生[3]）。尽管没有限额，利于得到更多人的支持，但对于运营人而言会带来较大负担，由于核技术的高风险性，如果不封顶，少有人愿意从事该方面的事业。但如果对于受损害人在赔偿限额之内无法得到补偿又无相关的其他救济路径，则对受害人也是不公平的。为此，应当寻求一个兼顾各方利益的方法。有些国家通过保险及政府支持或辅助来减轻运营人的负担。保险公司会否提供核责任险这一险种？是否应该成立核责任保险公司？核运营商是否该投强制险，或与政府签订协议，或自己提供特定的财政或财务安排，保证在发生核事故后能够让受害人得到充分、及时、有效的赔偿保障。有人提出"核损害赔偿法必须对核责任保险以及核责任保险合同做出明确规定"[4]是有道理的。为此，我们参照日本等国家法律制度中的规定，可以采取强制保险制度（如在正常运营时，应将所得的一部分提取出来作为买保险的费用）及政府补偿性赔偿机制作为核运营人在赔偿不力时进行补充，并将这些通过法律规范加以体现。至于赔偿程序，通常与一般的民商事程序相似；但它也有特殊性，即其损害的往往是很多人，集团诉讼常容易出现；此外，核能主管机关在特定条件下，可以有一定的调解纠纷的职能（如韩国规定"核安全与核安保委员会可以设立核责任审议委员会来调解与核损害赔偿相关的纠纷"[5]等）。赔偿方式多以赔偿金钱为主，并提供相关的医疗资源等。国家补偿在多数情况下会出现，因为从当下的核运营人来看，多

---

[1] See Article 3 of Nuclear Liability Act (Act No. 10912, 25 July, 2011).

[2] See Article 4 of Nuclear Liability Act (Act No. 10912, 25 July, 2011).

[3] See Article 3 – 2 (Limit on Liability Amount) of Nuclear Liability Act (Act No. 10912, 25 July, 2011).

[4] 蔡先凤：《核损害民事责任中的责任集中原则》，载《当代法学》2006年第3期。

[5] Article 15 (Deliberation Committee for Nuclear Liability) of Nuclear Liability Act (Act No. 10912, 25 July, 2011).

数国家有国家参与或国家支持等政府元素，在核运营人难以承担赔偿等相应责任时，国家补偿常常是迫不得已的手段（如韩国规定：发生核损害时，若核运营商依据规定所需承担的责任金额超过相关的经济担保金额，且政府认为为达到本法的目的有必要给予核运营商必要的帮助，政府应当给予必要帮助；在前述所规定的限制性条款下，政府需采取必要措施解救受害人并防止损害进一步的扩大；政府应当按照国会的决议的授权提供法律规定的帮助〔1〕）。关于时效问题，《关于核损害民事责任的维也纳公约》规定，诉讼时效为自遭受核损害者了解到或本来就应了解到这次损害和运营者对损害负有责任之日起不少于3年；但如果在核事件发生后10年内不提出诉讼，本公约规定的要求赔偿的权利即告丧失。〔2〕 韩国法律规定，自受害人或其法定代理人知道其受到本法规定的侵害且知道损害责任人之日起3年内，权利人未行使本法所规定的核损害赔偿请求权的，其权利失效；自核事故发生之日起10年内，权利人未行使本法所规定的核损害赔偿请求权的，其权利失效；但是，基于人身伤害、疾病或死亡的核损害赔偿请求权的时效期限为自核事故发生之日起的30年，30年内未行使该权利，则权利失效。〔3〕 两相比较，韩国的法律规定，似乎更进一步，对受害人而言更为公平。

我国现在已经有一个1986年的行政法规作出了一个粗线条式的规定，它基本上蕴含了核损害赔偿的基本要素（如赔偿主体、赔偿限额、诉讼时效等）在核安全法中也有一些原则性的规定，问题在于如何将它们融合在一起，借鉴相关国际条约和他国的成功做法，补充目前规定中没有规定的内容，形成较为完整的核责任法，对我国核事业的发展无疑有着重要意义，特别是在我们核能技术走出去的今天，其意义更为重大。

二、核技术、核设备投资、出口及进口等方面的法律制度

核电市场运营主体的多元化问题或资质问题，在确保安全的前提下，应该有所突破，做到按照会场机制来提高效率，提升技术水平。有人建议专门制定《核电投资法》来推动投资多元化的目标，〔4〕我们认为可能过于极端，目前尚

---

〔1〕 See Article 14 (Measures by Government) of Nuclear Liability Act (Act No. 10912, 25 July, 2011).

〔2〕 See Article 6 of the Vienna Convention on Civil Liability for Nuclear Damage.

〔3〕 See Article 13 – 2 (Extinctive Prescription) of Nuclear Liability Act (Act No. 10912, 25 July, 2011).

〔4〕 参见王少华：《我国核法律体系缺什么？》，载《中国核工业》2012年第1期。

未发现有关国家制定该法律。但为了确保核能市场的公平竞争和负有活力，目前国内核电由三家核电企业垄断的情形，需要改变。在确保核电安全的前提下，通过立法规定市场准入门槛和规则，因为涉及公共安全，其某些准入标准的强制性特征要突出，如核电厂管理团队的要求——技术性（专业性）、管理性、法律性三性合一，核运营的经验积累、核专业人才的准备，确保核电市场的投资者多元化、经营者专业化和职业化、技术创新最大化、发电效率最优化情形的出现，避免几家独大带来的技术创新动力不足、管理官僚化和效益低效等现象的出现。

注重"安全"和"安保"方面的区别，注重核材料、核设施出口方面的规范。根据国家国防科技工业局 2016 年 6 月 3 日发布的《核安保条例（征求意见稿）》规定：核安保是指预防、探知和应对涉及核材料、核设施、其他放射性物质及相关设施，以及相关活动的擅自接触、未经授权转移、盗窃、蓄意破坏或其他恶意行为。[1]

随着我国"一带一路"倡议的落实，核电技术作为我们的两张名片之一，必将是重要的出口内容，如何通过科学、严格、公平的出口法律制度确保实现政治、经济等利益的同时，确保技术上的利益不轻易受损，同时对本国、东道国和全球安全作出贡献，是十分重要的。它关乎国家利益和形象，关乎人类的和平与安全。我国核技术已经在国际社会得到一定的认可，不仅在发展中国家有技术输出，在英国等发达国家也有合作建设核电站的市场。[2] 为此，可以借鉴法国的经验，立法上将核技术出口上升到国家战略的高度，[3]并通过相应的制度将其反映出来，使核技术出口有较强的可预见性。

我国这方面的法律法规主要有《对外贸易法》和《技术进出口管理条例》等，其中前者对核技术进出口作出原则性规定，后者规定：出口核技术、核两用品相关技术、监控化学品生产技术、军事技术等出口管制技术的，依照有关行政法规的规定办理。[4] 我国首个《核两用品及相关技术出口管制条例》于

---

〔1〕 参见国防科工局：《关于征求〈中华人民共和国核安保条例（征求意见稿）〉意见的通知》，载 http://www.gov.cn/xinwen/2016-06/06/content_5079896.htm。

〔2〕 参见杨漾：《中广核：海外收入占比超两成，在英国输出中国核电技术与装备》，载澎湃新闻网，2017 年 5 月 10 日；《中广核：海外收入占比超两成，在英国输出中国核电技术与装备》，载澎湃新闻网（上海），2017 年 5 月 9 日。

〔3〕 参见《外国核电出口经验对我国的启示》，载《中国核工业》2015 年第 9 期。

〔4〕 参见《技术进出口管理条例》（2001 年）第 45 条。

1998 年 6 月 10 日由国务院发布施行，后于 2007 年修改，共 29 条。[1] 商务部、国家原子能机构于 2017 年 12 月 11 日发布《核两用品及相关技术出口管制清单》修订公告，对相关核技术及相关产品出口进行管制。它分为两部分：第一部分说明，第二部分含工业设备、材料、铀同位素分离设备和部件（《核出口管制清单》以外的物品）、重水生产厂的有关设备（《核出口管制清单》以外的物品）、研制核爆炸装置所用的试验和测量设备及核爆炸装置的部件等六个方面。[2] 2015 年 11 月 24 日，国家原子能机构、商务部、外交部和海关总署联合发布了新修订的《核出口管制清单》，并将于 2016 年 1 月 1 日起实施。与 2001 年的《核出口管制清单》相比，修订后的《核出口管制清单》充分吸收了全球核出口管制专家的最新研究成果，进一步明确了核出口管制的范围，增加管制 15 项、调整参数 17 项、整合减少重复内容 3 项。[3] 本次修订工作，对不断完善我国核出口管制体系、应对国内外核能事业发展和防核扩散形势变化具有重要意义。

目前对于核技术出口在《对外贸易法》中缺少明确的直接规定，可否在其中增加相应内容，使核方面的进出口法律制度形成一个相对完整的体系，是可以考虑的。对于走向海外后利用东道国的人力资源和人才，开发出知识产权为我国企业拥有核心知识产权的核技术等方面的法律制度或规范，我们也可以尝试作出规范，以利用外力，既降低生产等成本，同时借用全球性人才为我国的核电技术作出贡献。还可以利用参股、收购、国际合作等方式开拓核材料、核设施等方面的市场，[4] 带动整个核产业链的发展。

此外，为了避免中国商品出口到他国，国内同产业的不同企业之间的恶性竞争，[5] 相互杀价而带来两败俱伤、他人得利的现象，我国在核技术或产品、实施出口方面需制定相应的法律，既避免同行业企业之间的相互伤害，也避免可能遭受东道国的诸如反倾销等贸易救济措施所带来的不利结果。

为提高我国核技术能力的自主创新水平，开发出更多拥有自主知识产权的核技术，先进核技术的引进消化吸收再创新或与他国合作研发的模式不应

---

〔1〕 具体内容参见《核两用品及相关技术出口管制条例》（2007 年）（国务院第 484 号令）。

〔2〕 具体内容参见中国商务部发布《核两用品及相关技术出口管制清单》2017 年 12 月 19 日修订。

〔3〕 具体内容参见国家原子能机构 商务部 外交部 海关总署联合公告 2015 年第 1 号（关于修订《核出口管制清单》的公告）。

〔4〕 参见《外国核电出口经验对我国的启示》，载《中国核工业》2015 年第 9 期。

〔5〕 参见张慧：《中国核电技术出口路途尚远》，载《界面》2015 年 9 月 22 日。

该忽略。因此,核技术不仅仅要有出口方面的规定,在核技术进口方面,也需要有相应的法律制度或规范。

三、军事或其他涉及公共服务等领域方面的事宜

军事方面的规定,[1]比照《核安全法》的做法,采取授权立法规定模式,即"军工、军事核安全,由国务院、中央军事委员会依照本法规定的原则另行规定"。[2] 核废料储存选址问题:公众参与,扩大宣传。

制定符合国情的核电标准体系。核电标准体系举足轻重,发挥着贯穿核电产业上下游的作用,是保证产品质量稳定、降低成本、提高核电安全性和经济性,增强该国家核电技术国际竞争力的基本保障。[3] 我国过去民与核电技术从法国、日本和美国引进,标准多有不同,尚未形成我国主导、带有中国元素的核电技术标准,并存在以下不足:与我国法律法规的相容性、与我国工业基础和工业能力的相容性、引进标准本身的引用标准与我国标准的对应性、引进标准中的管理要求转化,如质保要求、人员资格认证、授权检验人员制度、对引进标准技术壁垒的规避等;对基础研究的制度化支持不足;标准权威性缺乏和标准采用率低。[4] 标准之中,安全标准是最核心的。对此,《核安全法》规定要从高、从严建立核安全标准体系(该法中共使用了"标准"22 次,涉及 9 个条款),且核安全标准是强制执行的标准。[5] 要根据科技进步和经济社会发展,不断提高核安全标准,就是要保障不能发生核事故。[6] 因此,如何结合我国自主创新的核技术,形成自己的标准,使核能法律的制定和修改融合核能技术本身,对标准具有一定的指导性,也就是法律本身要包含科技成分,走法律与技术相结合的综合路线,要能解决实际问题,而不是流于法规上的空话、套话。我国核电技术标准可以以现行主导技术路线为参考规范,融合我国核电发展过程中积累的实践经验而制定,参照国内外已有的技术标准,形成自主特色

---

〔1〕 国防科技工业局—核工业主管部门,载 http://w ww. sastind. gov. cn/n152/n6424542/c6424828/content. html。

〔2〕 《核安全法》(2017 年)第 92 条。

〔3〕 参见顾申杰:《中国为什么需要建设适合自己的核电标准体系?》,载《中国能源报》2016 年 3 月 22 日。

〔4〕 参见顾申杰:《中国为什么需要建设适合自己的核电标准体系?》,载《中国能源报》2016 年 3 月 22 日。

〔5〕 参见《核安全法》(2017 年)第 8 条。

〔6〕 参见法工委:《核安全法具备严标准、严制度、严监管、严处罚》,载央视网:2017 年 9 月 1 日,2018 年 2 月 26 日访问。

的标准，及时反映我国核电实践和技术发展的最新成果，形成配套完整的制度来充分保障标准的适用性、可用性、正确性和权威性。这样以使它们既和国际接轨，又符合我国国情，也是当下迫切的任务之一。根据《核安全法》规定，国务院有关部门按照职责分工制定核安全标准，[1]不同部门之间制定标准时如何进行良好沟通，使制定的标准相互之间形成完整的、可以促进核能行业安全、高效发展的标准体系，也是一个巨大的考验，这方面也需要具有一定可操作性的规定来规范。

人才培养法律制度，韩国在其《核能促进法》中有明确规定，即主管机关关注"核能使用的研究者及技术人员的培养相关事宜"[2]及建立"核能研究及发展基金"的任务之一在于"开发核能相关人力资源的项目"[3]。我国也可以在核能基本法中对相关人才的培养给予明确的规定。

福岛事件后，法律责任、保险和再保险在核能产业里变得更为关键，因此也需要有相应的法律制度。最后，就是核技术转移方面的法律制度，也应有所规范。

---

[1] 参见《核安全法》(2017年)第8.2款。

[2] Article 4 of Nuclear Energy Promotion Act(2013).

[3] Article 19 of Nuclear Energy Promotion Act(2013).

结 束 语

在全球应对气候变化、环境保护与污染治理的大环境下，清洁能源技术的使用是人类摆脱发展与环境冲突问题与困境的重要依赖。中国在城镇化过程中曾经走过的高能源耗费、高污染给中国的发展带来了沉重包袱，使建设当下和今后的美丽中国面对重大挑战。我们现在的发展要求是“推动物质文明、政治文明、精神文明、社会文明、生态文明协调发展”，目标是“把我国建设成为富强民主文明和谐美丽的社会主义现代化强国，实现中华民族伟大复兴”。〔1〕

核能技术作为清洁能源技术的重要组成部分，尽管存在高风险，特别是核泄漏、核燃料开采与运输及乏燃料与核电站退役之后的处置等安全方面的棘手问题，但由于其零排放、高效发电及技术日渐成熟等特征，使其在人类没有更多更好更高效的清洁能源技术能够取代它之前，核能技术是一种较为理想的能源技术。

我国是世界上一个核技术大国，自20世纪70年代以来我国开始民用核电的建设，并在90年代初使民用核能发电变成了现实。然而不论是我们核电站等核设施的建设，还是核设施的运营等，很长一段时间，我们都是在政策和行政决策等形式下完成，核能领域的一个又一个规划，它们几乎是在没有任何核法律（全国人民代表大会及其常务委员会通过的规范性文件）规范下的裸奔：我们到2003年才有一个真正涉及核能应用的法律，即《放射性污染防治法》，到2017年才真正有了核领域发展的专门法律《核安全法》，但至今我们仍然缺少核能领域的基本法，其他方面的专门法律（如核责任法、核领域的有关组织机构法等）也有待进一步制定和完善。规范当下的核活动主要依赖国务院的行政法规和部门规章。这种立法的现实已经难以满足我国核能技术快速发展的需求、经济社会等方面对核能技术的期待以及“一带一路”倡议下中

〔1〕《宪法修改2018内容：建议国家主席副主席任期修改（全文）》，载《人民日报》2018年2月25日。

国核技术走出国门的希冀。如何构建和完善满足我国需求的民用核能法律制度体系是一个迫切而又重大的现实问题。

基于这样一个背景,本书由“引言”“全球民用核能主要国家的发展、立法概况及相关理论”“中国核能立法的现状及其不足”“民用核能的国际组织与国际条约及它们可以提供的立法借鉴”“中国民用核能法律制度的完善”“结束语”六个部分构成。“引言”部分主要介绍写作该书的原因、意义、整体思路和书的结构等;而“结束语”部分是对全书的总结及提出的研究展望等。书的正文部分首先从全球核能发展的总体状况、主要核国家的核能立法及其主管部门的现状出发,分析它们的立法体系和经验,同时对民用核能领域的相关理论也做了简要分析。上述研究的主要目的是了解我国在全球核能发展中的位置,为我国从中可以获得的立法参考提供借鉴和理论基础。其次分析我国核能领域的立法现实与不足,以明确我们所需解决的主要立法问题和要实现的目标。再次基于核领域的技术性、高风险性等共性问题及它们对多数国家核能立法所起到的作用,分析和探讨主要的国际组织及国际条约的基本内容,为我国核能法律制度的完善提供国际视野和国际法依据,最后基于前述三章的研究和分析,提出我国民用核能领域法律制度的完善建议。以下是本书的结论和展望:

数据表明,我国虽然是一个核大国,核能发电量占全球的核电长期在5%以下,在2014年和2015年之后达5%以上(分别为5.2%和6.7%),且核发电量占全国发电总量一直低于3%,为所有核电使用的30个国家的最后一位。它说明我国在核能领域有着巨大的发展空间。而良性的发展,必须要有科学、合理、符合规律的法律制度。就核行业较为发达和成熟的国家而言,它们均有较为合理、科学的核法律制度,如美国、日本、韩国、英国和法国,它们基本上构建了从核能基本法(如《原子能法》《核能促进法》《核能领域透明和安全法》等),到一般法律(单行法,如《核安全法》《核责任法》等)再到行政法规、部门规章直至相关的标准和指南等较为完整的核能法律体系。这五个国家中的韩国和日本的核法律制度最值得我们借鉴和学习。这两个国家的法律文化背景、以成文法为主等特征与我国相似,它们在核能领域的立法时间较长,积累了丰富的经验,结合日本福岛核事件之后,它们对各自法律制度的完善和补充,也给我国核能立法带来了不少启示:如韩国2011年取消《原子能法》,用《核能促进法》和《核安全法》取代之;韩国专门设立的核安全和安保委员会(NSSR)具有较大的权限对核活动进行有效、充分的监督和管理,韩国通过专门的法律成立专门的技术辅助机构帮助和支持NSSR实现或履行其职能等,这些无不对我国立法有着较强的借鉴意义。再如日本、美国、英国的核能基本法(《原子能法》)规定的框架、内容、监管机构的设置及许可程序的规定等也给我们带来了有益启示,三国其他方面的借鉴意义参见本书第一章相关部分。至于法国,作为在20世纪70年代能源危机之后重点发展核能的国家,一度核能占本国总发电量80%以上,其速度不可谓不快,但很长一段时间它无核能基本法,主要靠单行法或相关法律促进核能事业的发展,2006年制定的核能基本法对规范法国的核能发展起到了积极作用。理论部分就核能立法与一般能源立法的关系,核能立法理念、原则、模式、核能的法律渊源及国家干预与遵循市场规律的关系,有关核能国际条约与国内立法关系,核能企业投资、运营模式与核能立法关系等理论问题进行了探索,以为后文的分析打下基础。核能立法与一般能源立法的最大区别是由于核能具有很强的技术性、专业性,其立法的国际性与共性的内容较多;立法遵循的原则有和平、安全、安保、许可、责任、合作、独立性、透明与可持续发展等;在法律渊源方面,除了国内法的一般形式之外,国际条约与技术标准是其较为突出的两个方面;此外,由于多数国家核能行业由国家或国有企业运营,其法律又体现出较强的政府干预性。这些是我们在完善我国核能法律制度时必须给予高度关注。

中国现有核能立法的现实是:尚未构建系统和健全的核法律体系,由立法机关通过的专门法律只有两部:一是注重核安全规范的《核安全法》(2017年制定),二是集中于辐射防护及污染防治等方面的《放射性污染防治法》(2003年制定)。涉及核能活动方面的法律规范有1986年的《民法通则》、2009年制定的《侵权责任法》、2013年修正的《环境保护法》等。核发展规划目前尚无法律涉及,核责任方面无专门法律,其法律规范主要体现在相关法律如《民法通则》《民法总则》《侵权责任法》等中,而核设施运营管理及有关技术标准、核材料开采、提炼运输等具体领域活动的调整则主要受行政法规和部门规章等规定的调整。核领域的专门立法在国际条约签署和加入方面,中国已加入核安全、核事故通知、核不扩散等方面的条约,但未加入核损害责任等方面的条约。上述立法现状表明我国核能法律制度目前存在的严重不足可以概括为有以下几个主要方面:缺少统率核能利用法律体系的基本法,单行法律严重欠缺,尚未构建权力机关通过的完整的核法律体系;调整核活动的法律规范效力等级较低;核法律制度中的有关规定零散、不成体系且相互冲突;多部门管理造成的职能重叠或相互推诿现象严重;核损害法律责任的法律规范单薄、未形成体系;某些内容欠缺如核发展方面相关人才(包括立法人才)培养的法律制度严重不足等。这些会在一定程度上阻碍核事业的健康发展。存在不足的原因主要有:核能发展脱胎于计划经济模式,思维惯性在该领域较为持久;在中国核行业主要由国家推进、控制和垄断,产生相应法律制度的动力不足;过分注重技术及产业发展的政策引导,而对核产业的立法与规范重视不够;核产业不像轻工等产业那样普及,国内相关主体对立法的需求不是很迫切客观上使得立法相对滞后;核技术及核能产业本身的复杂性、高风险性等影响立法进程等。

核能领域的活动和立法之全球性或国际性较为突出。自20世纪核能用于和平目的和造福人民之际,国际组织就起到了积极作用,先是联合国,后来成立的国际原子能机构发挥的作用日渐增大。正是由于核能使用的技术性、科学性、高风险性及国际性等,相关的国际组织在核能民用的立法方面大有用武之地。此外,有关国家的立法受到了国际组织和国际条约的影响,为此,我们先简要分析相关的国际组织、接着分析有关的国际条约,再结合其内容探讨它们对我国立法可以提供的借鉴和参考。本书在国际组织中重点介绍了国际原子能机构对各国立法的影响,设立该机构的《规约》明确了其使命、职责,对推动核能的和平利用、有关国家的核能立法起到了积极作用。在国际条约方面,重点分析了《核安全条约》《核事故及早通知公约》《核事故或辐射紧急情况援助公约》《乏燃料及放射性废物管理安全联合公约》《核材料实物保护公约》《核损害民事责任维也纳公约》《核损害民事责任维也纳公约修正议定书》《核损害补充赔偿公约》《适用维也纳公约和巴黎公约联合议定书》《核能领域第三方责任巴黎公约》《关于核能领域第三方责任巴黎公约的补充公约》《海上核材料运输民事责任公约》等民用核能方面国际条约的大概内容。在借鉴方面,主要分析了相关国际条约对我国在立法框架、立法内容、主管机构的设置及权限、核法律责任等方面可以提供的借鉴和参考。

在前面章节论述的基础上,本书最后一章分析论证了完善我国核能法律制度的主要建议,包括模式进路、基本框架和相关内容。这些建议紧紧围绕“好的法律就是特定领域规律的反映”之核心而提出。立法可以采取以下模式:构建以《核能(基本)法》为基础的法律体系,即核能法为基本法;然后依据核能利用的“核电发展”与“非核电发展”两个体系,制定《核安全法》《核发展法》《核责任法》《核信息披露法》等单行法(但单行法如果规定的过多,在立法成本和实施效果方面也会带来诸多问题);在有关自然资源开采的法律中规定涉及核材料开采及运输的内容,在有关空气污染、水污染及土壤污染等治理的法律中规定核污染方面的内容。以此为基础,制定相应的行政法规、部门规章与地方性法规和规章;最后是相关指南和标准等。立法进路是:先制定核能基本法和核安全法，然后是核责任法、核能促进法等相关单行法。我们设想的理想的核能立法体系或基本框架由宪法，核能基本法（全面统领核事业方方面面的法律）、核安全法（核设施管理与核安全方面的事宜）、主管机构法（研究、开发、运用、管理、监管、材料开采提炼与运输）、核责任法（核损害赔偿等方面的事宜）、核事业发展法（促进核发展、规划、核技术研究与开发等方面的法律）、放射性污染防治法、核材料（核燃料）与核废弃物运输法（核原料及核材料管理、运输方面的事宜）、核废弃物处置法（核废料、乏燃料及废弃核电站处置方面的事宜）、核与辐射事故应急法（含核信息或损害信息公告或通知、核事故应急处置）、核事件评估法、核材料管控法、核设施运营和管控法及核进出口管制方面法律等构成。最终立法的结果是避免各相关法律之间的冲突，使它们相互间形成衔接、协调的有机统一；基本法和各分支（部门法之间的关系）相互兼容和统一。我们还建议将正在讨论的核能基本法的名称由《原子能法》改为《核能法》，建立独立于国务院各部门、具有一定权威的专门的核能管理或监管部门；尽快制定核责任法；完善核技术核设备投资及出口、进口及人才培养等方面的法律制度。

总之，在今天语境下，研究民用核能法律制度不论从国内还是从国际层面研究都有深刻意义：它是帮助人类利用核能走出发展与环境困局的一个重要帮手和保障。对于中国，其意义更为重大，中国长期以来一直以化石能源为主要能源，由此带来的环境污染、气候变化让我们面对着巨大压力，借助于恰当的法律制度，促进核能利用的大发展，必将对美丽生态的中国做出积极贡献。希望本书的研究及相关建议能够在这一方面作出绵薄贡献。

由于核能涉及的面很广，对于本书探讨之外的网络语境下的核安全法律制度、核技术转让法律制度等限于精力和篇幅，本书没有介入或进行深入讨论，这将留待于今后进一步研究。而且，随着核技术的不断发展及核活动在更多国家的推广，本书的有关观点、结论或建议也会过时甚至谬误，这些也只能期待在今后的研究中不断发现、矫正和完善。

主要参考文献

一、论文

（一）中文

1. 期刊、论文集或学位论文

安太星：《核电厂核安全法律问题研究》，哈尔滨工程大学2012年硕士学位论文；

蔡先凤：《核损害民事责任中的责任集中原则》，载《当代法学》2006年第3期；

曹原：《日本核损害赔偿制度及其与我国的比较》，载《黑龙江省政法管理干部学院学报》2014年第4期；

徐海平：《跨界核损害的国家责任问题研究》，南昌大学2016年硕士学位论文；

陈慧敏：《日本核灾重掀全球反核浪潮》，载《南风窗》2011年第7期；

陈俊：《我国核法律制度研究基本问题初探》，载《中国法学》1998年第6期；

邓禾：《中国核能安全保障法律制度与体系研究》，载《重庆大学学报》（社会科学版）2012年第2期；

伏创宇：《不确定法律概念在核能法上的正当性》，载《绿叶》2012年第12期；

耿保江：《对〈核安全法（草案）〉原则的三层解读》，载《世界环境》2017年第1期；

耿志成：《关于建立原子能法的体系的初步探讨》，载《中国能源》1991年第22期；

何健军：《罗马尼亚国会通过核安全法》，载《国外核新闻》1996年第2期；

何祚庥：《我国应大幅度调整核能政策》，载《山东科技大学学报》（社会科

学版)2011 年第 3 期;

侯姗姗、申利峰等:《谈原子能法缺失对我国核安全的影响及建议》,载《核标准计量与质量》2015 年第 3 期;

胡帮达、汪劲、吴岳雷:《中国核安全法律制度的构建与完善:初步分析》,载《中国科学》2014 年第 3 期;

胡帮达:《论核安全法的基本原则》,载《中国地质大学学报》(社会科学版)2017 年第 2 期;

胡帮达:《中国核安全法制度构建的定位》,载《重庆大学学报》(社会科学版)2014 年第 4 期;

黄辉:《国际法与比较法视角下核损害第三方责任制度的构建》,中国政法大学 2010 年硕士学位论文;

黄锡生等:《中国核能利用立法现状及前瞻》,载《绿叶》2011 年第 4 期;

蒋心雄:《我国首次参加国际原子能机构大会前后》,载张华祝主编:《中国与国际原子能机构》;

李晶晶、屈植:《如何建立我国核能安全立法体系》,载《科教文汇》(下半月)2006 年第 16 期;

李森、左嘉旭:《推动核安全法立法建设,保障核能安全发展》,载《核安全》2016 年第 2 期;

凌志:《毛泽东发展核武器和平利用原子能的思想》,载《毛泽东思想研究》2009 年第 5 期;

刘风景:《〈核安全法〉的功能定位与立法策略》,载《北京联合大学学报》(人文社会科学版)2015 年第 2 期;

刘洪岩:《核能利用与生态安全保障的国际法律规制》,载《学术交流》2015 年第 6 期;

刘武俊:《原子能立法难产 27 年的立法反思》,载《人大研究》2011 年第 7 期;

刘艳阳:《叶奇蓁:推进中国核电自主化建设的元勋》,载《中国核电》2016 年第 2 期;

马忠法、彭亚媛:《论国际视野下的我国核能利用基本法的名称》,载《楚天法学》2016 年第 2 期;

马忠法:《韩国核安全法律制度及其启示》,载《韩国研究论丛》2016 年第 2 期;

马忠法、彭亚媛:《中国核能利用立法问题及其完善》,载《复旦学报》(社

会科学版)2016 年第 1 期;

彭峰:《中国原子能立法之思考》,载《上海大学学报》(社会科学版)2011 年第 6 期;

秦志军、郭伟:《建立核损害赔偿机制,促进核电发展》,载《中国电力企业管理》2004 年第 11 期;

宋爱军:《我国核能安全立法研究》,湖南师范大学 2009 年硕士学位论文;

隋金秀:《核损害的民事责任研究》,对外经济贸易大学 2010 硕士学位论文;

汤文霞:《美国会通过核安全法》,载《国外核新闻》1980 年第 9 期;

汪劲、张钰羚:《论我国〈核安全法〉的调整范围》,载《中国地质大学学报》(社会科学版)2017 年第 2 期;

汪劲:《论〈核安全法〉与〈原子能法〉的关系》,载《科技与法律》2014 年第 5 期;

王骞:《我国核废料监管机制研究》,河南大学 2015 年硕士学位论文;

王九阳:《核损害赔偿责任法律探析》,上海财经大学 2013 年硕士学位论文;

王少华:《我国核法律体系缺什么?》,载《中国核工业》2012 年第 1 期;

王少华:《中国核电监管领域的法律真空》,载《能源》2015 年第 2 期;

谢玮:《揭秘中英法三方签署欣克利角核电项目协议全过程》,载《中国经济周刊》2016 年第 42 期;

杨阿卓:《携手 30 年:相向而行,深度融合——中国加入 IAEA30 年之际访国家原子能机构副主任王毅韧》,载《国防科技工业》2014 年第 10 期;

杨明伟:《创建、发展中国原子能事业的决策》,载《党的文献》1994 年第 3 期;

张弛:《美国原子能立法趋势研究及我国立法的建议》,载《中外能源》2016 年第 10 期;

张念鹏:《核损害赔偿原则及我国立法借鉴》,中央民族大学 2013 年硕士学位论文;

张维炜:《核安全法草案二审:核损害赔偿规定如何细化成焦点》,载《中国人大》2017 年第 10 期;

张钰羚:《核安全立法的历史沿革与现实思考》,载《华北电力大学学报》(社会科学版)2017 年第 6 期;

赵威:《原子能立法研究》,载《法学杂志》2011 年第 10 期;

郑玉辉:《〈原子能法〉,应顺势而生》,载《中国核工业》2011 年第 10 期;

郑玉辉:《中国〈原子能法〉立法 30 年》,载《中国核工业》2014 年第 6 期;

中国核能行业协会主编,汪兆富执笔:《新中国 60 年核能发展大事记(1949 年 10 月—2009 年 9 月)》,载《中国核能》2009 年第 5 期;

周凤翱、丛丹:《国际原子能机构核保障制度及其立法对我国的启示》,载《华北电力大学学报》(社会科学版)2015 年第 5 期;

《外国核电出口经验对我国的启示》,载《中国核工业》2015 年第 9 期;

《原子能大事年表》,载《世界经济文汇》1957 年第 2 期;

《中国核工业》期刊综合整理:《我国〈核安全法〉问世——解读我国首部核能顶层法律》,载《中国核工业》2017 年第 9 期。

2. 报纸

冯华:《核工业发展　安全有保证(政策解读)》,载《人民日报》2017 年 2 月 16 日;

顾申杰:《中国为什么需要建设适合自己的核电标准体系?》,载《中国能源报》2016 年 3 月 22 日;

黄倩:《中国核事业立法拖延 27 年　归因主管部门频繁变动》,载《检察日报》2011 年 4 月 7 日;

贾科华:《2014 年全球新能源发电量同比增 19%》,载《中国能源报》2015 年 4 月 20 日;

李春莲:《央企重组再下一城　中电投和国家核电正式合并》,载《证券日报》2015 年 6 月 1 日;

李刚:《核电出海,中国制造新名片》,载《人民日报》2017 年 4 月 5 日;

李克强:《2016 年〈政府工作报告〉》,载《人民日报》2016 年 3 月 18 日;

欧阳凯:《核电牌照准入门槛首次明确　华能大唐华电有望》,载《每日经济新闻》2016 年 9 月 21 日;

潘自强、姜子英:《核电——现阶段最好的低碳能源》,载《中国环境报》2014 年 2 月 20 日;

泮昊:《中英首个核联合研发中心揭牌》,载《中国核工业报》2016 年 11 月 16 日;

邱学雷等:《国际原子能机构完成对我国首次国际核安保专项评估》,载《解放军报》2017 年 9 月 13 日;

佘惠敏、李芃达:《技术创新推动核电工业扬帆出海》,载《经济日报》2017

年 5 月 4 日；

佘惠敏：《〈“十三五”核工业发展规划〉发布　我国核工业正“由大变强”》，载《经济日报》2017 年 2 月 13 日；

盛安陵：《今后全球核电发展看中国》，载《中国核工业报》2016 年 11 月 2 日；

孙浩：《核安全法“诞生”保障环境安全和人民健康》，载《中国环境报》2017 年 9 月 7 日；

孙浩：《解读我国首部〈核安全法〉重大意义及最大亮点》，载《中国环境报》2017 年 9 月 7 日；

潼康：《“最后一届”核安全峰会，意味全球核合作结束了？》，载《中国之声》2016 年 3 月 31 日；

王尔德：《〈核安全法〉立法已论证》，载《21 世纪经济报道》2013 年 7 月 20 日；

王尔德：《中国将发核安全政策声明起草核安全法》，载《21 世纪经济报道》2014 年 11 月 4 日；

吴瑶等：《请给中国一部核安全法》，载《南方都市报》2013 年 3 月 16 日；

徐锦婷：《〈原子能法〉为我国原子能事业发展点亮“灯塔”》，载《中国核工业报》2014 年 5 月 6 日；

张慧：《华龙一号尚未实现技术融合 核电出口路途尚远》，载《界面》2015 年 9 月 22 日；

中共中央：《中国共产党第十八届中央委员会第五次全体会议公报》，2015 年 10 月 29 日；

中国科协科普部、中国核学会：《科学解读公众关注热点》，载《新华科技》2014 年 12 月 3 日；

《聚焦中国与国际原子能机构合作 30 周年成就》，载《中国核工业报》2014 年 10 月 22 日；

《了不起！这 6 张“中国名片”震撼世界！你都知道吗？》，载《经济日报》2017 年 2 月 4 日；

《日本核电站存在设计漏洞“七分天灾三分人祸”》，载《法制晚报》2011 年 3 月 21 日；

《我国核电安全保持世界先进水平》，载《深圳晚报》2015 年 3 月 13 日；

《中英核能合作开启“黄金时代”》，载《中国核工业报》2016 年 11 月 17 日；

《中英签署2015民用核能领域合作声明》，载《中国电力报》2015年10月24日；

《核电发展：从第一代到第四代》，载《新华能源》2015年1月6日；

佘惠敏、李芃达：《技术创新推动核电工业扬帆出海》，载《经济日报》2017年5月4日。

（二）英文

Duroyan Fertl, Germany, "Nuclear Power to be Phased Out by 2022", Green Left, June 5, 2011;

IAEA Annual Report 2013(R);

International Atomic Energy Agency, "IAEA Turns 40: Key Dates & Historical Developments", Supplement to the IAEA Bulletin, September 1997;

IAEA, "Nuclear Safety Review for the Year 2010", IAEA/NSR/2010, Printed in the IAEA in Austria, July 2011;

James Kanter, "Switzerland Decides on Nuclear Phase – Out", *New York Times*, May 25, 2011;

McDonald, Alan, "A look at Nuclear Power Generation around the World and its Future Prospects", *IAEA Bulletin* 49 – 2, 2008(3);

Nuclear Energy Institute (NEI), "U. S. Government and Nuclear Energy Industry Response to the Fukushima Accident", October 2013;

"Nuclear Power: When the Steam Clears", *The Economist*, March 2011;

International Nuclear Law: History, Evolution and Outlook (2010), *OECD NEA* No. 6934.

二、专著或编著

（一）中文

蔡先凤：《核损害民事责任研究》，中国原子能出版社2005年版；

陈刚：《国际原子能法》，中国原子能出版社2012年版；

傅济熙编著：《核损害的民事责任与赔偿》，中国原子能出版社2003年版；

高宁：《国际原子能机构与核能利用的国际法律控制》，中国政法大学出版社2009年版；

国家科学技术委员会：《核安全法规》等，科学技术文献出版社1988年版；

国新办:《中国的核应急白皮书》,2016 年 1 月 27 日;

马忠法:《应对气候变化的国际技术转让法律制度研究》,法律出版社 2014 年版;

毛泽东:《毛泽东文集》(第 6 卷),人民出版社 1999 年版;

毛泽东:《毛泽东文集》(第 7 卷),人民出版社 1999 年版;

毛泽东:《毛泽东文集》(第 8 卷),人民出版社 1999 年版;

邵津主编:《国际法》,北京大学出版社、高等教育出版社 2000 年版;

佟柔主编:《中国民法》,法律出版社 1990 年版;

习近平:《决胜全面建成小康社会　夺取新时代中国特色社会主义伟大胜利》(中国共产党第十九次全国代表大会上的报告,2017 年 10 月 18 日),人民出版社 2017 年版;

熊玠:《习近平时代》,中共中央党校出版社 2016 年版;

徐原总译审:《世界原子能法律解析与编译》,法律出版社 2011 年版;

殷雄:《世纪回眸:世界原子弹风云录》,新华出版社 1999 年版;

中共中央文献研究室编:《毛泽东文集》(第 7 卷),人民出版社 1996 年版;

《国际公法学》编写组:《国际公法学》,高等教育出版社 2016 年版。

(二)英文

Carlton Stoiber, Abdelmadjid Cherf, Wolfram Tonhauser, Maria DE Lourdes VEZ Carmona, *Handbook on Nuclear Law: Implementing Legislation*, the IAEA in Austria, August 2003, STI/PUB/1610;

Carlton Stoiber, Abdelmadjid Cherf, Wolfram Tonhauser, Maria DE Lourdes VEZ Carmona, *Handbook on Nuclear Law: Implementing Legislation*, The IAEA in Austria, August 2010, STI/PUB/1456;

Donald N. Zillman etc., *Beyond the Carbon Economy: Energy Law in Transition*, Oxford University Press, 2008;

Horbach, Nathalie, *Contemporary Developments in Nuclear Energy Law: Harmonizing Legislation in CEEC/NIS*, Springer, 1999;

IAEA, *Fundamental Safety Principles*, The IAEA in Austria, November 2006, STI/PUB/1273;

International Atomic Energy Agency, *Considerations to Launch a Nuclear Power Programme*, IAEA, Vienna(2007);

Nuclear Legislation in OECD Countries—Regulatory and Institutional Framework for Nuclear Activities - Korea, 2009;

OECD NEA, *Japan's Compensation System for Nuclear Damage*, OECD 2012, NEA No. 7089;

Peter D. Cameron, *Competition in Energy Market*, Oxford University Press, 2007;

Redgwell, Catherine, Zillman, Don, etc., *Beyond the Carbon Economy: Energy Law in Transition*, Oxford University Press, 2008;

Roggenkamp, Martham M, etc., *Energy Law in Europe*, Oxford University Press, 2007;

Tromans, Stephen, *Nuclear Law: The Law Applying to Nuclear Installations and Radioactive Substances in its Historic Context*, Hart Publishing, 2nd edition, 2010;

United Nations General Assembly: Establishment of a Commission to Deal with the Problems Raised by the Discovery of Atomic Energy A/RES/1(I), 24 January, 1946.

三、主要法律文件

(一)国内

《产品质量法》(2000 年修订);
《产品质量法》(2009 年修订);
《大气污染防治法》(2015 年);
《电力法》(2015 年);
《反不正当竞争法》(2017 年修改);
《反垄断法》(2008 年);
《公司法》(2018 年修改);
《固体废弃物污染环境防治法》(2016 年修改);
《海洋环境保护法》(2016 年);
《核安全法》(2017 年);
《核材料实物保护公约》(2008 年);
《环境保护法》(2014 年修订);
《节约能源法》(2016 年修正);
《科技进步法》(2007 年修订);

《可再生能源法》(2009年修正)；
《会计法》(2017年修改)；
《矿产资源法》(2003年)；
《民用航空法》(2017年修订)；
《侵权责任法》(2009年)；
《清洁生产促进法》(2002年修订)；
《审计法》(2006年修订)；
《水污染防治法》(2017年修订)；
《证券法》(2014年修订)；
《中国原子能法》(1984年)；
《核安全法(草案)》[2016年11月14日发布,截止日为2016年12月13日。全国人大网上发布(2017年)]；
《立法法》(2015年修订)；
《民法通则》(2009年修订)；
《宪法》(2018年修订)；
《专利法》(2008年)；
《职业病防治法》(2017年修订)；
《最高人民法院关于贯彻执行〈中华人民共和国民法通则〉若干问题的意见(试行)》(1988年)；
《放射性物品运输安全管理条例》(2009年)；
《国家核应急预案》(2013年)；
《核材料管理条例》(1987年)；
《核材料管制条例》(1987年)；
《核出口管制条例》(2006年)；
《核电厂核事故应急管理条例》(1993年)；
《核电管理条例(草案)》(2016年)；
《核电管理条例(送审稿)》国务院法制办公室公开征求意见(2016年)；
《核电中长期发展规划(2005－2020年)》(2007年)；
《核两用品及相关技术出口管制条例》(2007年)；
《技术进出口管理条例》(2001年)；
《民用核设施安全监督管理条例》(1986年)；
《能源发展战略行动计划(2014－2020年)》(国办发〔2014〕31号)(2014年)；

《中国第一次核试验成功中华人民共和国政府声明》(1964 年);
《电磁辐射环境保护管理办法》(1997 年);
《放射环境管理办法》(1990 年);
《放射性矿产资源监督管理暂行办法》(1987 年);
《放射性污染防治法》(2003 年);
《关于加强铀矿地质勘查工作的若干意见》(2008 年);
《国防科技工业军用核设施安全监督管理规定》(1999 年);
《核安全文化特征》2017 年 2 月,国家核安全局(2017 年);
《核安全文化政策声明》2014 年 12 月 19 日,国核安发〔2014〕286 号(2015 年);
《核安全文化政策声明》2015 年 1 月 14 日,国家核安全局、国家能源局和国防科工局联合发布(2015 年);
《核产品转运及过境运输审批管理办法(试行)》(2000 年);
《核出口管制清单》(2001 年);
《核电厂厂址选择安全规定》(1991 年);
《核电厂设计安全规定》(1991 年);
《核电厂运行经验交流实施规则(试行)》(2005 年);
《核进出口及对外核合作保障监督管理规定》(2002 年);
《核事故辐射影响越境应急管理规定》(2002 年)。

(二)国际
《1960 年巴黎公约》;
《1963 年布鲁塞尔公约》;
《1988 年联合议定书》;
《1997 年维也纳议定书》;
《东南亚无核区》(1995 年);
《乏燃料及放射性废物管理安全联合公约》(1997 年);
《海上核材料运输民事责任公约》(1971 年);
《核安全公约》(1994 年);
《核不扩散条约》(1968 年);
《核材料实物保护公约》(2005 年修订);
《核能领域第三方责任巴黎公约》(2004 年修订);
《核事故或辐射紧急情况援助公约》(1986 年);

《核损害补充赔偿公约》(1997 年);

《核损害民事责任维也纳公约》(1963 年);

《及早通报核事故公约》(1986 年);

《南太平洋无核区条约》(1985 年);

《全面禁止核试验条约》(1996 年);

《维也纳公约修正议定书》(1997 年);

《与适用维也纳公约和巴黎公约相关的联合议定书》(1988 年)。

(三)国外

Finland Nuclear Energy Act, 990/1987; Amendments up to 342/2008 included;

Statute of the IAEA(1989);

Nuclear Law Bulletin No. 88, Volume 2011/2;

Nuclear Law Bulletin No. 97, Volume 2016/1;

The Atomic Energy Act of 1954, Public Law 83 – 703 in Nuclear Regulatory Legislation, NUREG – 0980 Vol. 1, No. 6;

Nuclear Regulatory Legislation, NUREG – 0980 Vol. 1, No. 6;

Article 3 of Nuclear Safety Act(July 25, 2011);

Atomic Energy Basic Act, Act No. 186 of 1955(Latest Revision: Act No. 155 of December 3, 2004);

《1974 年能源重组法》,美国;

《1978 年核不扩散法》,美国;

《1978 年铀尾矿辐射控制法》,美国;

《1982 年核废物政策法》,美国;

《1985 年低水平辐射废物政策修正法案》,美国;

《出于和平目的安全使用核能法》,亚美尼亚,1999 年 3 月 1 日生效;

《低水平辐射废物政策修正法案》,美国,1985 年;

《公众辐射安全法》,白俄罗斯,1998 年;

《国家环境政策法》,美国;

《行政程序法》(第 5 – 8 章),美国;

《核安全法》,韩国(2011 年通过,2013 年修改)共 11 章 121 条;

《核安全法》,智利,1984 年;

《核安全法》,罗马尼亚,1996 年;

《核安全法》，美国，1980 年；

《核安全和辐射控制法》，孟加拉国，1993 年；

《核安全和控制法》，加拿大，1997 年；

《核不扩散法》，美国，1978 年；

《核废物政策法》，美国，1982 年；

《核能安全使用法》，保加利亚，1998 年；

《核责任法》，韩国，2011 年；

《能源重组法》，美国，1974 年；

《设立核能管制委员会(核监管局)法》，日本，2012 年；

《铀尾矿辐射控制法》，美国，1978 年；

《原子能法》，1958 年，韩国，已于 2011 年取消，其内容被分为《核安全法》与《核能促进法》两部分，其中的《核能促进法》起到类似基本法的作用；

《原子能法》，美国，1954 年。

四、主要网站资料

Convention on Supplementary Compensation for Nuclear Damage, http://www. iaea. org/Publications/Documents/Conventions/supcomp_status. pdf;

List of Member States, https://www. iaea. org/about/governance/list – of – member – states;

US Nuclear Power Policy(updated 2018), http://www. world – nuclear. org/information – library/country – profiles/countries – t – z/usa – nuclear – power – policy. aspx;

Hungary/ Act Cxvi of 1996 on Atomic Energy, http://www. oecd – nea. org/law/nlb/60 – hungary. pdf;

2010 – 2017 Key World Energy Statistics, (2018 – 2 – 28), at http://www. iea. org/publications/;

2012 Key World Energy Statistics, (2018 – 2 – 28), at http://www. iea. org/publications/free publications;

Nuclear Power in Argentina, http://www. world – nuclear. org/information – library/country – profiles/countries – a – f/argentina. aspx;

Free Publications, http://www. iea. org/publications/freepublications/publication/KeyWorld2014. pdf;

2014 – 2017 Key World Energy Statistics(2018 – 2 – 18), http://www.

iea. org/publications;

History of the International Agency, http://www - pub. iaea. org/MTCD/publications/PDF/Pub1032_web. pdf;

Armenia(updated 2013), at https://www - pub. iaea. org/MTCD/publications/PDF/CNPP2013_CD/countryprofiles/Armenia/Armenia. htm;

History and Function, http://www. kinac. re. kr:8181/eng/about/about2_3. dos;

Atomic Energy Basic Act(Act No. 186 of 1955, Latest Revision: Act No. 155 of December 3, 2004), http://www. nsc. go. jp/NSCenglish/documents/laws. htm;

Basic Policy on the Reform of an Organization in Charge of Nuclear Safety Regulation(Cabinet Decision), http://www. cas. go. jp/jp/genpatsujiko/pdf/kakugi_en_110815. pdf;

Bulgaria (Updated 2017), at https://cnpp. iaea. org/countryprofiles/Bulgaria/Bulgaria. htm;

Finland Nuclear Energy Act, 990/1987; Amendments up to 342/2008 included;

China, at https://cnpp. iaea. org/countryprofiles/China/China. htm;

NRC Regulations Title 10, Code of Federal Regulations, at NRC Regulations Title 10, Code of Federal Regulations, https://www. nrc. gov/reading - rm/doc - collections/cfr/;

Code of Conduct on the Safety and Security of Radioactive Sources, http://www - pub. iaea. org/MTCD/publications/PDF/Code - 2004_web. pdf;

Country Nuclear Power Profiles 2013 Edition, http://www. pub. iaea. org/MTCD/Publications/PDF/CNPP2013_CD /pages/index. htm;

Country Nuclear Power Profiles, https://cnpp. iaea. org/pages/index. htm;

Country profile: United Kingdom, at http://www. oecd - nea. org/general/profiles/uk. html;

Declarations Made upon Expressing Consent to be Bound and Objections thereto, http://www. iaea. org/Publications/Documents/Conventions/cen na_reserv. pdf;

Facts and Figures, (2015 - 9 - 28), at Nuclear Energy Data - 2017, http://www. oecd - nea. org/general/facts/;

Nuclear Legislation OECD and NEA Countries Regulatory and Institutional Framework for Nuclear Activities, http://www. oecd – nea. org/law/legislation/;

Public of Lithuania (updated 2013), at IAEA. org International Atomic Energy Agency, https://www – pub. iaea. org/MTCD/Publications/PDF/CNPP2013_CD/countryprofiles/Lithuania/Lithuania. htm;

Regulatory Framework, http://www. kins. re. kr/en/reference/RegulatoryF. jsp;

France, https://www. iaea. org/PRIS/CountryStatistics/Country Details. aspx? current = FR;

China, at https://www. iaea. org/PRIS/CountryStatistics/Country Details. aspx? current = CN;

Fundamental Safety Principle, http://www – pub. iaea. org/MTCD/Publications/PDF/Pub1273_web. pdf;

Government Structure and Ownership, http://www. world – nuclear. org/information – library/country – profiles/countries – a – f/appendices/nuclear – power – in – china – appendix – 1 – government – struc. aspx;

Guidance on the Import and Export of Radioactive Sources, http://www – pub. iaea. org/MTCD/publications/PDF/Imp – Exp_web. pdf;

History, at https://www. nrc. gov/about – nrc/history. html;

Wano Offers Its Members a Series of High – Quality Products and Services through Five Main Programmes, http://www. wano. info/en – gb/programmes/;

IAEA Documents & Conventions, https://www. iaea. org/publications/documents;

IAEA 40 Turns, Supplement to the Iaea Bulletin, September 1997, https://www. iaea. org/sites/default/files/39301280124su. pdf;

International Basic Safety Standards for Protection Against Ionizing Radiation and for the Safety of Radiation Sources (Safety Series No. 115), http://www – pub. iaea. org/MTCD/Publications/PDF/SS – 115 – Web/Start. pdf;

International Convention on the Suppression of Acts of Nuclear Terrorism, http://www. nti. org/treaties – and – regimes/international – convention – suppression – acts – nuclear – terrorism/;

Country Nuclear Power Profiles, Japan (updated 2017), at https://cnpp.

iaea. org/countryprofiles/Japan/Japan. htm;

Japan's Nuclear Fuel Cycle(updated November 2017), http://www. world - nuclear. org/information - library/country - profiles/countries - g - n/japan - nuclear - fuel - cycle. aspx;

International Energy Agency, Free Publications, https://www. iea. org/publications/freepublications;

Legal and Governmental Infrastructure for Nuclear, Radiation, Radioactive Waste and Transport Safety Requirements? (GS - R - 1), http://www - pub. iaea. org/MTCD/publications/PDF/Pub1093_scr. pdf;

Legislative Framework, http://www. kins. re. kr/en/reference/LegislativeF. jsp;

List of Treaties to be Featured at the Treaty Event, September 2017, https://ola. iaea. org/ola/treaty - event/2015/overviewtreaties/overviewtreaties. pdf;

Major Laws and Ordinances Relevant to Nuclear Energy Utilization and Regulation, http://www. nsc. go. jp/NSCenglish/documents/laws. htm;

Mission & Vision, http://www. kins. re. kr/en/aboutkins/Mission. jsp;

NRA's Core Values and Principles, at http://www. nsr. go. jp/english/e_nra/idea. html;

Nuclear Law, at http://www. oecd - nea. org/law/;

Nuclear Legislation in OECD and NEA Countries: Japan(2017), http://www. oecd - nea. org/law/legislation/japan. pdf;

Nuclear Legislation OECD and NEA Countries Regulatory and Institutional Framework for Nuclear Activities, http://www. oecd - nea. org/law/legislation/;

Nuclear Legislation in OECD and NEA Countries Regulatory and Institutional Framework for Nuclear Activities Canada, http://www. oecd - nea. org/html/law/legislation/japan. pdf;

Japan Nuclear Legislation, http://www. oecd - nea. org/law/legislation/japan. html;

Nuclear Legislation, http://www. oecd - nea. org/law/legislation/;

Nuclear Power in Argentina(updated 22 May 2017), at http://www. world - nuclear. org/information - library/country - profiles/countries - a - f/argentina. aspx;

Nuclear Power in China (updated January 2018) , http://www. world – nuclear. org/information – library/country – profiles/countries – a – f/china – nuclear – power. aspx;

Nuclear Power in Japan (updated December 2017) , http://www. world – nuclear. org/information – library/country – profiles/countries – g – n/japan – nuclear – power. aspx;

Nuclear Power in Pakistan (updated January 2018) , at http://www. world – nuclear. org/information – library/country – profiles/countries – o – s/pakistan. aspx;

Pakistan (updated 2013) , at https://www – pub. iaea. org/MTCD/Publications/PDF/CNPP2013_CD/countryprofiles/Pakistan/Pakistan. htm;

Nuclear Power in South Korea (updated December 2017) , www. world – nuclear. org/information – library/country – profiles/countries – o – s/south – korea. aspx;

Nuclear Power in the United Kingdom (updated December 2017) , http://www. world – nuclear. org/information – library/country – profiles/countries – t – z/united – kingdom. aspx;

Nuclear Power in the USA (updated 2018) , http://www. world – nuclear. org/information – library/country – profiles/countries – t – z/usa – nuclear – power. aspx;

Nuclear Power Plants Information, http://www. iaea. org/cgi – bin/db. page. pl/pris. oprconst. htm;

Nuclear Regulatory Legislation: 113th Congress (NUREG – 0980) , at https://www. nrc. gov/reading – rm/doc – collections/nuregs/staff/sr0980/;

Number of Power Actors by Country and Status, at http://www. iaea. org/PRIS/CountryStatistics/CountryStatisticsLandingPage. aspx;

OECD NEA: Japan's Compensation System for Nuclear Damage 2012, No. 7089, http://www. oecd – nea. org/law/fukushima/7089 – fukushima – compensation – system – pp. pdf;

Nuclear Energy Data 2017, http://www. oecd – nea. org/ndd/pubs/2017/7365 – ned – 2017. pdf;

OECD: Nuclear Legislation in OECD Countries, http://www. oecd – nea. org/html/law/legislation;

Operational & Long - Term Shutdown Reactors, https://www. iaea. org/PRIS/WorldStatistics/OperationalReactorsByCountry. aspx;

Organizational Structure, https://www. iaea. org/about/organizational - structure;

Japan Atomic Energy Agency, http://www. jaea. go. jp/english/about/history. html;

Our Mission, at http://www. world - nuclear. org/our - association/who - we - are/mission. aspx;

Wano Principles, http://www. wano. info/en - gb/aboutus/ourmission;

International Atomic Energy Agency, https://www. iaea. org/ourwork;

Permanent Shutdown Reactors, https://www. iaea. org/PRIS/WorldStatistics/ShutdownReactorsByCountry. aspx;

Policy - Making Bodies, https://www. iaea. org/about/policy;

Regulations for the Safe Transport of Radioactive Material, 1996 Edition (Revised), http://www - pub. iaea. org/MTCD/publications/PDF/Pub1098_scr. pdf;

Republic of Korea(updated 2016), https://cnpp. iaea. org/countryprofiles/KoreaRepublicof/KoreaRepublicof. htm;

Russia's Nuclear Fuel Cycle (Updated January 2018), at http://www. world - nuclear. org/information - library/country - profiles/countries - o - s/russia - nuclear - fuel - cycle. aspx;

South Korea Nuclear Chronology, http://www. nti. org/media/pdfs/south_korea_nuclear. pdf? _=1316466791;

The 6th National Report for the Convention on Nuclear Safety 2013, at http://www. kins. re. kr/en/img/global/pdf/National% 20Report% 20for% 20the% 206th% 20CNS. pdf;

The IAEA Mission Statement of the International Atomic Energy Agency, http://www. iaea. org/About/mission. html;

The International Energy Agency, 2011 & 2017 Key World Energy Statistics, at http://www. iea. org/textbase/nppdf/free/2011/key_world_energy_stats. pdf;

The Strategic Plan of the Nuclear Energy Agency: 2011 - 2016, http://www. oecd - nea. org/1no. info/en - gb/aboutus/;

Treaties under IAEA's Auspices, http://ola. iaea. org/OLA/treaties/multi. asp;

Under Construction Reactors, https://www. iaea. org/PRIS/World Statistics/Under Construction Reactors By Country. aspx;

United Kingdom (updated 2014), at https://cnpp. iaea. org/countryprofiles/UnitedKingdom/UnitedKingdom. htm;

United States of America, at https://cnpp. iaea. org/countryprofiles/UnitedStatesofAmerica/UnitedStatesofAmerica. htm;

US Nuclear Fuel Cycle, http://www. world – nuclear. org/information – library/country – profiles/countries – t – z/usa – nuclear – fuel – cycle. aspx;

US Nuclear Power Policy (updated 2018), http://www. world – nuclear. org/information – library/country – profiles/countries – t – z/usa – nuclear – power – policy. aspx;

World Nuclear Association Members, http://www. world – nuclear. org/our – association/membership/our – members. aspx;

Operational & Long – Term Shutdown Reactors, https://www. iaea. org/PRIS/WorldStatistics/OperationalReactorsByCountry. aspx.

Nuclear Power in France (updated 2018), http://www. world – nuclear. org/information – library/country – profiles/countries – a – f/france. aspx;

Member States of the IAEA, https://www. iaea. org/about/memberstates;

"IAEA Action Plan on Nuclear Safety – Nuclear Liability", at http://ola. iaea. org/ola/documents/ActionPlan. pdf;

Statute, at https://www. iaea. org/about/overview/statute;

Comprehensive Nuclear – Test – Ban Treaty, at http://www. oecd – nea. org/law/multilateral – agreements/comprehensive – test – ban – trea ty. html;

国家电力投资集团有限公司集团介绍，http://www. spic. com. cn/jtgk_dhzy/jtjs/;

国家核安全局"政策法规", http://nnsa. mep. gov. cn/zcfg/index. htm;

国家能源局简介, http://www. nea. gov. cn/n_home/n_nyjjj/index. htm;

中国核工业集团有限公司，核电介绍，http://www. cnnc. com. cn/publish/portal0/tab432/;

中国核工业集团有限公司,核技术应用介绍, http://www. cnnc. com. cn/publish/portal0/tab434/;

中国核工业集团有限公司,核燃料,http://www.cnnc.com.cn/publish/portal0/tab433/;

环境保护部核与辐射安全中心网,核与辐射安全导则,http://www.chinansc.cn/web/static/catalogs/catalog_251600/251600.html;

中国电力投资集团公司集团介绍,http://www.cpicorp.com.cn/jtjs.htm;

Government Structure and Ownership, http://www.china-nea.cn/html/2009-06/304.html;

Status of Convention on Third Party Liability in the Field of Nuclear Energy, at https://treaties.un.org/Pages/showDetails.aspx?objid=080000028010a6ab&clang=_en;

The Status of Convention Relating to Civil Liability in the Field of Maritime Carriage of Nuclear Material (with Final Act and Official Russian and Spanish Translations), at https://treaties.un.org/Pages/showDetails.aspx?objid=0800000280107d4b&clang=_en;

国家能源局法律法规政策文件汇编,http://www.nea.gov.cn/n_home/nyflfghb/index.htm;

华南农业大学网,世界上发生的几次核事故,http://www.scau.edu.cn/wlkj/sht/ycjx1/envproinfo2.htm;

IAEA Director Generals, Access Denied, https://www.iaea.org/about/history;

Regulatory Infrastructure, at https://www.iaea.org/topics/regulatory-infrastructure;

习近平在荷兰海牙核安全峰会上的讲话,at http://www.fmprc.gov.cn/mfa_chn/ziliao_611306/zyjh_611308/t1140457.shtml;

Nuclear Legislation OECD and NEA Countries Regulatory and Institutional Framework for Nuclear Activities, http://www.oecd-nea.org/html/law/legislation;

IAEA Action Plan on Nuclear Safety - Nuclear Liability, https://www.iaea.org/newscenter/focus/nuclear-safety-action-plan;

中国广核集团(简称中广核)集团简介,http://www.cgnpc.com.cn/n471041/n471076/n471091/index.html;

中国核工业建设集团公司简介,http://www.cnecc.com/g279.aspx.

国防科技工业局“政策法规”网址,at http://www.sastind.gov.cn/n4235/n6654336/index.html。

后　　记

在人类面对环境、气候等公共问题与经济发展之间存在冲突的情形下，环境污染轻、温室气体排放少的能源的利用无疑十分重要。我们认为：在人类没有找到更为有效、更为清洁的能源之下，核能在应对环境污染、气候变化和公共健康等公共问题方面的作用是不能低估的。中国作为发展中国家，在转型经济时代，面对着环境污染的治理、气候变化的应对等国际、国内压力，对能源的需求，特别是高效清洁能源的需求是紧迫的，而核能作为一种特别的能源有其优势。中国是较早拥有核技术的国家，但中国在利用核能方面却处于与其经济发展和核技术水平发展不相适应的状态；尽管中国在 20 世纪 90 年代就已经利用核能发电，但中国核能发电不论是在占本国发电总量比例还是其发电量占全球核电的比例，都是比较低的。而这些与我们核能法律制度发展相对滞后有很大的关系。在历经改革开放 40 年之后，在建设新时期中国特色社会主义时代，制定、形成符合核能发展规律和人民根本利益的核法律制度是我们走出环境污染、气候变化等困境的重要一步。

正是基于这样的考虑，本书在司法部资助的 2013 年度国家法治与法学理论研究同名项目《中国核能利用立法问题研究》的基础（该项目研究报告于 2018 年 4 月完成）上修改而成，它试图就中国核能利用的立法问题做些探索，以期能够在推动中国核能法律制度的构建、完善以及核能充分、安全、健康和有效使用方面作出一些微博的贡献并对这些领域的研究起到抛砖引玉的作用。

此书的完成首先要感谢司法部国家法治与法学理论研究项目的支持，没有该项目的支持，就不会有这本书。2013 年年底项目中标时的兴奋情景现在仍历历在目；然而，后来却用了漫漫五年时间在团队的各位成员的大力支持下才完成此书。中标时我人在美国哥伦比亚大学法学院访学，但由于那时要合作完成访问项目（2014 年 8 月底回国），就该项目只能利用一些零散时间搜集相关资料，由此使该项目的研究受到了一定的影响。在校稿期间，我有幸得到位于慕尼黑的德国马克斯普朗克创新、竞争与税法研究所（以下简称马普所）

的资助，于 2018 年 6 月到 8 月在该所进行了短期访学，也收集和阅读了相关资料并在书稿中进行了相应补充。然而，尽管历经五年，由于国内专门研究的论文和专著不多，结合其法律制度的复杂性等，书中仍存在诸多不足，期待以后有机会进一步完善和提升。在此，对哥伦比亚大学法学院和马普所所提供的便利也表示感谢。

在这里，要特别感谢韩国高丽大学法学院国际法学教授、联合国国际法委员会委员及国际原子能机构核责任专家组成员朴基甲教授。当初申请司法部该项目时，在韩国高等教育财团的资助下，我正在高丽大学法学院做访问学者，合作导师是朴教授。因为当初与其合作研究的是“应对气候变化的国际技术转让法律制度问题研究”，在一次涉及核技术转让方面的交谈时，他很关心中国的核能立法问题，问我是否了解，当时我是一脸茫然；对此，他建议我去做点相关研究。他认为，像中国这样能源耗费大国，一定时期内核能是少不了的。他告诉我，韩国的核能占其发电总量的三分之一左右。随后，我进行了相关的检索和研究，才发现，当时中国核能立法几乎是一片空白，除了《放射性污染防治法》外，我们核能方面的利用、核电站运营的调整只是遵循相关的行政法规、部门规章及一些标准等。随之，我向司法部申请了该项目，也邀请他成为我申请的课题组成员，他非常乐意地接受了。在朴教授得知我中标后，他毫无保留地告知如何去研究，如何去查找核能立法方面的相关资料，特别是给我提供了研究核能利用和立法的数十个非常重要的网址。我完成访学任务回国后，我们也一直保持联系，并在遇到问题向他求教时，他总会在百忙之中回复我。这些为我后来课题和本书的完成创造了便利条件。在此，对朴教授的悉心指导和无私奉献表示由衷的敬意。同时也对韩国高等教育财团及高丽大学法学院提供的帮助表示感谢。

在该书完成的过程中，得到了很多老师和朋友的指点与帮助：我的硕士生导师复旦大学法学院董世忠教授、博士生导师复旦大学法学院张乃根教授、复旦大学法学院张梓太教授、李世刚教授、浙江大学经济学院王志凯教授、中国社会科学院西亚非洲研究所朱伟东教授等，他们给了我诸多的启示和指点。华东政法大学肖国兴教授、同济大学法学院朱国华教授、上海对外贸易大学法学院李亮教授也给予了我诸多的建议。我的博士生彭亚媛女士、硕士生马明远、张弛、任成、谢迪扬、郭文青及同济大学法学院将媛萍博士生等在本书的初稿、资料提供及参考文献的整理等方面也给予了很多帮助。在此向他们一并致谢。此外，本书借鉴了诸多学者和专家的论点，我们在此也向各位表示深深谢意。

在完成课题过程中，我们还到上海发电设备成套设计研究院进行了调研；感谢该院的副院长、总法律顾问屈广军先生、总工程师窦一康先生、法律事务部主任张玲惠女士以及法律顾问李晨先生等针对我们提出的问题给予的耐心解答和真知灼见的建议，对本书的完善起到了积极作用。

本书的出版还要感谢复旦大学法学院慷慨的出版资助；感谢复旦大学文科科研处的左昌柱老师，他的认真负责、为我申请该项目提出的很多宝贵意见及在完成项目过程中的无私奉献与帮助，让人感动；感谢法律出版社提供的机会和麦锐编辑的辛勤付出和大力帮助，特别是麦编辑的细致、认真与投入，使书稿变得更为严谨和完善。

由于核能法律制度方面的研究资料十分庞杂，加上时间、精力的有限和该主题涉及内容的专业，本书只是核能利用立法方面做了一点初步研究，其中肯定存在一些不足甚或谬误之处，如能得到各位读者的不吝赐教，我将感激不尽。

马忠法
上海市淞沪路2005号复旦大学法学院
2018年12月3日